1만단어를 위한 1만개의 퀴즈 3 : JLPT N1

1판 1쇄 2020년 3월 2일

저 자 Mr. Sun 어학연구소
펴 낸 곳 OLD STAIRS
출판 등록 2008년 1월 10일 제313-2010-284호
이 메 일 oldstairs@daum.net

가격은 뒷면 표지 참조
ISBN 978-89-97221-85-1
978-89-97221-81-3 (세트)

1만단어를 위한 1만개의 퀴즈 ❸

Mr. Sun 어학연구소

세상 모든 단어를 퀴즈로 배워라!

JLPT N1

JLPT N1

DAY 01~30

山岳 ~ 漠然

30일 만에 정복하는
JLPT 1급 수준 단어

Q　　　　　　　　　　　　　　　　　　A

山岳 さんがく

Q. 티베트는 높은 山岳 로 둘러싸인 나라이다.
Q. 山岳 지대에는 계단식 논을 만든다.

명 산악

さんがくちたい 山岳地帯	산악지대

お手上げ おてあげ

Q. 울고 떼쓰는 아이에 지쳐 お手上げ 인 상태이다.
Q. 이 방법도 실패하면 나로서는 お手上げ 다.

명 어쩔 도리가 없음

おてあげのじょうたい お手上げの状態	어쩔 도리 없는 상태

購読 こうどく

Q. 1년 치 잡지 購読 비용이 월마다 사는 것보다 저렴하다.
Q. 잡지 정기 購読 고객에게는 선물을 드립니다.

명 구독

こうどくりょう 購読料	구독료

感無量 かんむりょう

Q. 20년 만에 고향 땅을 밟으니 感無量 다.
Q. 네가 이렇게 훌륭하게 자란 모습을 보니 感無量 이다.

명 감개무량

かんむりょうのおももち 感無量の面持ち	감개무량한 표정

当選 とうせん

Q. 7전 8기 끝에 국회의원에 当選 되다.
Q. 별생각 없이 쓴 소설이 신춘문예에 当選 되었다.

명 당선

とうせんしゃ 当選者	당선자

物体 ぶったい

Q. UFO는 미확인 비행 物体 를 뜻한다.
Q. 포탄으로 추정되는 物体 가 발견되어 경찰에 신고했다.

명 물체

なぞのぶったい 謎の物体	수수께끼의 물체

公認 こうにん

Q. 국가로부터 公認 된 회계사 자격증이다.
Q. 인터넷 뱅킹을 하려면 公認 인증서가 있어야 한다.

명 공인

こうにんかいけいし 公認会計士	공인회계사

雛祭り ひなまつり

Q. 雛祭り 는 여자아이들을 위한 일본 전통 행사다.
Q. 히나단에 히나 인형을 장식하는 雛祭り 축제.

명 히나마츠리

きょうはひなまつり 今日は雛祭り	오늘은 히나마츠리

* 일본의 전통 행사로, '여자아이를 위한 날'을 뜻함

おとぎ話 おとぎばなし

Q. 우리 동네에 전해 내려오는 おとぎ話 를 할머니께 들었어.
Q. 권선징악의 교훈을 담은 おとぎ話 흥부와 놀부.

명 옛날이야기, 동화

おとぎばなしのおうじょ おとぎ話の王女	동화 속에 나오는 공주

Q **A**

家計 かけい

Q. 일반대출금, 카드론 등은 家計 부채에 속한다.
Q. 일용직으로 일하며 힘겹게 家計 를 꾸려나갔다.

명 가계, 살림 형편

かけいちょうさ
家計調査 가계 조사

軽蔑 けいべつ

Q. 그는 구걸하는 사람을 軽蔑 의 시선으로 바라보았다.
Q. 혐오와 달리 軽蔑 는 낮잡아보는 것이다.

명 경멸

けいべつのめつき
軽蔑の目つき 경멸의 눈초리

富豪 ふごう

Q. 로또에 당첨돼서 富豪 가 되고 싶어.
Q. 워런 버핏은 주식투자로 富豪 가 되었다.

명 부호[부자]

ふごうかいきゅう
富豪階級 부호 계급

弁護 べんご

Q. 가난한 사람들을 위해 무료로 弁護 를 맡는 변호사.
Q. 어떤 범죄자라도 弁護 를 받을 권리는 있다.

명 변호

じこべんご
自己弁護 자기변호

分離 ぶんり

Q. 탈착식이라 가방에서 어깨끈을 分離 할 수 있다.
Q. 차를 세운 다음, 뒤에 연결했던 트레일러를 分離 했다.

명 분리

ぶんりどくりつ
分離独立 분리 독립

経歴 けいれき

Q. 이력서에 수상 経歴 를 적었다.
Q. 최종 학력과 졸업 후 経歴 를 빠짐없이 적어주세요.

명 경력, 경험

けいれきしょうめいしょ
経歴証明書 경력증명서

落ち葉 おちば

Q. 가을은 落ち葉 가 지는 계절이다.
Q. 단풍잎은 얼마 지나지 않아 落ち葉 가 되어 떨어진다.

명 낙엽

おちばのきせつ
落ち葉の季節 낙엽 지는 계절

対話 たいわ

Q. 주먹질하지 않아도 対話 로 해결할 수 있다.
Q. 그가 우리의 対話 에 끼어들었다.

명 대화

こくみんとのたいわ
国民との対話 국민과의 대화

同封 どうふう

Q. 가족사진을 同封 한 편지가 도착했다.
Q. 편지에 필요한 서류를 同封 했다.

명 동봉

しゃしんをどうふうする
写真を同封する 사진을 동봉하다

Q

A

茶の間 ちゃのま

Q. 가족들이 茶の間 에 모여 TV를 보고 있다.

Q. 손님들과 茶の間 에 둘러앉아 담소를 즐겼다.

명 거실, 다실

ちゃのまでのだんらん
茶の間での団欒 거실에서의 단란

傾斜 けいしゃ

Q. 가파른 傾斜 때문에 오르기 힘든 길.

Q. 이 산은 傾斜 가 심해서 노약자는 오르기 힘들다.

명 경사, 기울기

きゅうなけいしゃ
急な傾斜 가파른 경사

斜面 しゃめん

Q. 이 앞은 가파른 斜面 이니 자전거에서 내려서 걸으세요.

Q. 그 집은 완만한 斜面 에 있다.

명 경사면

なめらかなしゃめん
滑らかな斜面 미끄러운 사면

麻酔 ますい

Q. 간단한 수술이니까 국부 麻酔 만 하면 됩니다.

Q. 상처가 깊어 전신 麻酔 를 한 뒤 수술을 시작했다.

명 마취

すいみんますい
睡眠麻酔 수면 마취

発作 ほっさ

Q. 간질은 発作 를 일으키는 병이다.

Q. 진정제를 맞고서야 겨우 発作 가 가라앉았다.

명 발작

しんぞうほっさ
心臓発作 심장 발작

介抱 かいほう

Q. 고열에 시달리는 아이를 밤새 介抱 했다.

Q. 그는 혼자 살아서 아파도 介抱 를 해줄 사람이 없다.

명 간호, 돌봄

けがにんのかいほう
怪我人の介抱 부상자의 간호

* 看護 와 달리 일반인의 비의료 행위를 뜻함

勘弁 かんべん

Q. 너의 잘못을 勘弁 할 수는 있지만, 잊을 수는 없다.

Q. 이번 한 번만 勘弁 해줄 테니 다시는 이런 짓 하지 마.

명 용서함

かんべんしてくれ
勘弁してくれ 용서해주게

麻 あさ

Q. 여름에는 통풍이 잘되는 麻 옷을 지어 입었다.

Q. 장례식장에서 麻 옷을 입은 상주가 절을 올리고 있다.

명 모시, 삼베

あさのずぼん
麻のズボン 모시 바지

勤め先 つとめさき

Q. 갑작스러운 인사이동으로 勤め先 가 바뀌었다.

Q. 勤め先 주소를 알려주시면 퇴근 시간에 찾아뵙겠습니다.

명 근무처, 직장

つとめさきがかわる
勤め先がかわる 근무처가 바뀌다

降伏 こうふく

Q. 降伏 의 표시로 백기를 흔들었다.
Q. 완전히 포위된 반란군은 어쩔 수 없이 降伏 했다.

명 항복

こうふくぶんしょう
降伏文章 항복 문서

個個 ここ

Q. 個個 의 의견을 신중하게 검토해서 결정하겠습니다.
Q. 個個 의 개성을 존중하는 사회가 되길 바란다.

명 낱낱, 하나하나, 각각

ここのいけん
個個の意見 개개의 의견

介護 かいご

Q. 거동이 불편한 어르신들의 介護 를 하는 시설.
Q. 나이가 들면 실버타운에 들어가 간병인의 介護 를 받겠다.

명 개호, 간호

かいごにん
介護人 간병인

★ 집이나 시설 등의 보살핌을 뜻함

提議 ていぎ

Q. 회식 때마다 건배 提議 를 시켜서 부담된다.
Q. 그 배우는 새 작품의 출연 提議 를 거절하고 은둔했다.

명 제의

きゅうせんをていぎする
休戦を提議する 휴전을 제의하다

昆虫 こんちゅう

Q. 나는 벌레나 昆虫 는 징그러워서 싫어해.
Q. 여름방학 숙제로 昆虫 채집을 했다.

명 곤충

こんちゅうさいしゅう
昆虫採集 곤충 채집

軍艦 ぐんかん

Q. 거북선은 지붕을 덮은 軍艦 이다.
Q. 적군의 軍艦 이 여섯 척 있다.

명 군함

ぐんかんをけんぞうする
軍艦を建造する 군함을 건조하다

器[2] うつわ

Q. 예쁜 器 에 담았더니 샐러드가 더 맛있어 보였다.
Q. 어머니가 아끼는 器 를 깨뜨리고 말았다.

명 그릇, 용기, 기(간단한 도구)

うつわをわる
器を割る 그릇을 깨다

★ 단단한 것에 한하여 쓰임

器[3] うつわ

Q. 그는 器 가 큰 사람이라 장차 성공할 거야.
Q. 그는 대기업을 운영할만한 器 가 아니야.

명 인물감, 재능

うつわのおおきなじんぶつ
器の大きな人物 그릇이 큰 인물

繁盛 はんじょう

Q. 고려 시대 벽란도는 국제 무역항으로 繁盛 했다.
Q. 사업이 繁盛 해서 큰 부자가 되었다.

명 번성, 번창

しょうばいはんじょう
商売繁盛 장사 번창

Q **A**

繁栄 はんえい

Q. 유령도시에서 繁栄 를 누렸던 옛 모습은 찾아볼 수 없다.
Q. 물질적으로는 繁栄 했지만, 정신적으로는 빈곤해졌다.

명 번영

きぎょうのはんえい
企業の繁栄 기업의 번영

横丁 よこちょう

Q. 도망치다가 건물 사이의 후미진 横丁 로 숨어들었다.
Q. 이 동네는 좁은 横丁 에도 가로등이 환하게 켜져 있구나.

명 골목길

よこちょうをぬける
横丁を抜ける 골목을 빠져나가다

防火 ぼうか

Q. 불이 나면 防火 벽이 내려와서 화재 확산을 차단합니다.
Q. 防火 를 위해 가정에도 소화기 한 대씩은 있어야 한다.

명 방화[화재 방지]

ぼうかへき
防火壁 방화벽

検事 けんじ

Q. 検事 는 범죄를 수사하고 재판을 청구하는 일을 한다.
Q. 検事 와 변호사는 팽팽하게 맞섰다.

명 검사

けんじそうちょう
検事総長 검찰 총장

倹約 けんやく

Q. 倹約 가 몸에 배서 돈을 허투루 쓰지 않는 부모님.
Q. 낭비를 멈추고 倹約 를 실천하자.

명 검약, 절약

こづかいをけんやくする
小遣いを倹約する 용돈을 절약하다

類似 るいじ

Q. 증상이 類似 해 구분이 어려운 두 질병의 차이는?
Q. 모유와 성분이 가장 類似 한 분유 좀 추천해주세요.

명 유사

るいじてん
類似点 유사점

保管 ほかん

Q. 상할 수 있으니 실온에 오래 保管 하지 마십시오.
Q. 그림을 保管 하기 위해 마련한 창고.

명 보관

しつおんほかん
室温保管 실온 보관

柚子 ゆず

Q. 겨울철 감기에 특히 좋은 柚子 차.
Q. 柚子 는 레몬과 비슷하게 생겼고 비타민C가 풍부하다.

명 유자

ゆずちゃ
柚子茶 유자차

決勝 けっしょう

Q. 決勝 에서 아쉽게 패배해 준우승에 머물렀다.
Q. 우리나라 축구팀이 決勝 에 진출해서 축제 분위기다.

명 결승

けっしょうしんしゅつ
決勝進出 결승 진출

Q A

未婚 みこん

Q. 결혼하지 않고 未婚 으로 사는 사람들이 늘고 있다.

Q. 그는 오랫동안 未婚 으로 지냈지만, 얼마 전 결혼했다.

명 미혼

みこんときこん
未婚と既婚 미혼과 기혼

起点 きてん

Q. 지하철은 起点 과 종점을 오가며 운행한다.

Q. 그 사건을 起点 으로 대중의 의식에 많은 변화가 있었다.

명 기점, 출발점

てつどうのきてん
鉄道の起点 철도의 기점

経費 けいひ

Q. 이번 여행에 드는 経費 는 대략 100만 원 정도야.

Q. 여행 経費 를 절감하기 위해 저렴한 숙소에서 묵었다.

명 경비, 비용

けいひのせつげん
経費の節減 경비 절감

物議 ぶつぎ

Q. 경솔한 발언으로 物議 를 빚었다.

Q. 공인의 신분으로 사회에 物議 를 일으켜 죄송합니다.

명 물의

ぶつぎをかもす
物議を醸す 물의를 빚다

* 주로 부정적인 평판에 쓰임

内乱 ないらん

Q. 内乱 을 일으켜 국가를 전복시키려 한 혐의를 받고 있다.

Q. 백성을 기만한 왕을 몰아내기 위해 内乱 을 일으켰다.

명 내란

ないらんちんあつ
内乱鎮圧 내란 진압

本格 ほんかく

Q. 범인의 은둔지가 발견되어 경찰의 수사가 本格 화했다.

Q. 입동은 本格 적인 겨울 추위가 시작되는 날이다.

명 본격

ほんかくてきななつ
本格的な夏 본격적인 여름

告白 こくはく

Q. 그는 고해성사실 안에서 자신의 죄를 告白 했다.

Q. 꽃다발을 주며 사랑의 告白 를 하는 남자.

명 고백

あいのこくはく
愛の告白 사랑의 고백

白状 はくじょう

Q. 경찰이 심문 끝에 용의자의 白状 를 받아냈다.

Q. 그는 경찰의 강압에 의한 거짓 白状 라고 주장했다.

명 자백

はんにんのはくじょう
犯人の白状 범인의 자백

孤立 こりつ

Q. 계곡에 놀러 갔다가 폭우가 내려 孤立 되었다.

Q. 타잔은 오랫동안 사회와 孤立 된 채 살아왔다.

명 고립

こくさいてきこりつ
国際的孤立 국제적 고립

Q　　　　　　　　　　A

仕上(が)り しあがり

Q. 이 영화는 시작부터 仕上(が)り 까지 완벽하다.
Q. 하던 일을 仕上(が)り 하고 나서 퇴근해야지.

명 마무리, 성과

りょうりのしあがり
料理の仕上がり　요리의 마무리

仕上(げ) しあげ

Q. 이런 식으로 仕上(げ) 단계만 거치면 바로 판매됩니다.
Q. 仕上(げ) 가 별로야. 날카로운 부분도 손질이 안 됐잖아.

명 마무리, 끝손질, 마감

さいごのしあげ
最後の仕上げ　마지막 마무리

蛋白質 たんぱくしつ

Q. 근육질이 되려고 蛋白質 보충제를 섭취하고 있다.
Q. 채식주의자들은 콩에서 蛋白質 를 섭취한다.

명 단백질

しょくぶつせいたんぱくしつ
植物性蛋白質　식물성 단백질

考古学 こうこがく

Q. 考古学 를 통해 과거의 생활상을 유추할 수 있다.
Q. 유물을 발굴하는 것이 考古学 의 전부는 아니다.

명 고고학

こうこがくしゃ
考古学者　고고학자

起源 きげん

Q. 고대 그리스는 민주 정치의 起源 이다.
Q. 인류의 起源 을 밝히기 위해 유인원을 연구했다.

명 기원[처음으로 생김]

しゅのきげん
種の起源　종의 기원

* 표기 차이 起原

古代 こだい

Q. 古代, 중세, 근대, 현대의 시대상 변화.
Q. 古代 에 이런 피라미드를 어떻게 만들었을까?

명 고대

こだいゆいぶつ
古代唯物　고대 유물

短大 たんだい

Q. 4년제 대학교와 2년제 短大 중 어딜 갈지 고민이다.
Q. 短大 를 졸업하고 4년제 대학에 일반 편입을 했다.

명 단대

たんだいそつ
短大卒　단기 대학 졸업

* 단기 대학, 전문 대학 등을 뜻함

骨董品 こっとうひん

Q. 骨董品 가게에서 오래되어 보이는 도자기를 샀다.
Q. 骨董品 을 통해 선조들의 삶의 모습을 추측할 수 있다.

명 골동품

ほんもののこっとうひん
本物の骨董品　진짜 골동품

控え室 ひかえしつ

Q. 控え室 에서 기다리시다가 호명하면 나오세요.
Q. 역 控え室 에서 기다리고 있으니까 일로 와.

명 대기실

しんぷのひかえしつ
新婦の控え室　신부 대기실

万能 ばんのう

Q. 공격도 수비도 잘하는 万能 선수.
Q. 스마트폰으로 많은 일을 할 수 있지만 万能 는 아니다.

명 만능

ばんのうせんしゅ
万能選手 만능선수

接触 せっしょく

Q. 변질을 막으려면 공기와의 接触 를 차단해야 한다.
Q. 앞차와의 가벼운 接触 사고가 있어서 회의에 지각했다.

명 접촉

せっしょくじこ
接触事故 접촉 사고

区 く

Q. 서울에는 25개의 区 가 있다.
Q. 서울시 마포 区 상수동에 삽니다.

명 구

くのじぎょう
区の事業 구에서 하는 사업

★ 대도시 행정 구획의 하나

膜 まく

Q. 우유를 데우자 머그잔에 얇은 膜 가 생겼다.
Q. 결 膜 염은 눈에 생기는 염증이다.

명 막, 꺼풀

さいぼうまく
細胞膜 세포막

碑 ひ

Q. 공원에 6 · 25전쟁 참전 유공자들을 기리는 碑 를 세웠다.
Q. 묘 앞에 碑 를 세웠다.

명 비석

きねんひ
記念碑 기념비

交互 こうご

Q. 공평하게 交互 로 보초를 서기로 했다.
Q. 두 아들이 아주 交互 로 속을 썩이네!

명 교호

こうごさよう
交互作用 교호 작용[상호 작용]

★ 어떤 일을 번갈아 가며 한다는 뜻

規範 きはん

Q. 교통 規範 위반으로 벌금을 냈다.
Q. 성숙한 시민들은 사회적 規範 을 따른다.

명 규범

しゃかいきはん
社会規範 사회 규범

果て はて

Q. 果て 가 보이지 않을 정도로 긴 줄.
Q. 인간의 욕심에는 果て 가 없다.

명 끝

ちのはて
地の果て 땅끝

過労 かろう

Q. 매일 야근을 하니 過労 로 쓰러지는 게 당연하다.
Q. 회사는 직원이 過労 로 쓰러지고 나서야 휴가를 주었다.

명 과로

かろうでたおれる
過労で倒れる 과로로 쓰러지다

Q A

届(け) とどけ

Q. 혼인 届(け) 는 했지만, 결혼식은 아직이다.
Q. 소매치기를 당해서 경찰서에 도난 届(け) 를 했다.

명 신고, 신고서

とうなんとどけ
盗難届け 도난 신고

誇張 こちょう

Q. 조금의 誇張 도 하지 말고 사실대로 말했다.
Q. 자신의 업적을 誇張 해서 말하는 사람.

명 과장

こちょうされたひょうげん
誇張された表現 과장된 표현

技 わざ

Q. 그녀는 악기 다루는 技 가 뛰어나다.
Q. 유도를 하며 배운 技 를 써서 강도를 제압했다.

명 기술, 재주, 솜씨

じゅうどうのわざ
柔道の技 유도의 기술

観衆 かんしゅう

Q. 결승 경기를 앞두고 観衆 석이 사람으로 가득 찼다.
Q. 선수들의 뛰어난 팀워크에 観衆 들이 환호했다.

명 관중

おおぜいのかんしゅう
大勢の観衆 많은 관중

狂気 きょうき

Q. 악당 역할을 맡아 狂気 어린 눈빛 연기를 선보였다.
Q. 연쇄 살인마의 狂気 어린 행적을 추적했다.

명 광기, 미침

きょうきにちかい
狂気に近い 광기에 가깝다

両極 りょうきょく

Q. 광복 후 이념 분열이 両極 로 치달았다.
Q. 그는 남극과 북극, 両極 를 모두 정복한 탐험가이다.

명 양극

いんようりょうきょく
陰陽両極 음양 양극

赴任 ふにん

Q. 교사 赴任 첫날이라 너무 떨렸다.
Q. 단신 赴任 으로 가족들과 떨어져 지내게 되었다.

명 부임

たんしんふにん
単身赴任 단신 부임

大家[2] たいか

Q. 교수님은 이 분야에서 인정받는 大家 이시다.
Q. 바로크 음악의 大家 바흐의 연주곡.

명 대가, 거장, 셋집 주인

たいかのじつりょく
大家の実力 대가의 실력

改革 かいかく

Q. 마틴 루터의 종교 改革.
Q. 정부 기관의 비리가 심해 대대적인 改革 가 필요하다.

명 개혁

かいかくかいほう
改革開放 개혁 개방

公演 こうえん

Q. 교향악단의 라이브 公演 티켓을 선물 받았다.
Q. 지방 순회 公演 을 하다.

명 공연

こうえんじかん
公演時間 공연 시간

救い すくい

Q. 조난객들이 헬기를 발견하고 소리 지르며 救い 를 청했다.
Q. 救い 의 손길을 기다리는 재난민들을 도와주세요.

명 구조, 구제, 구원

すくいをもとめる
救いを求める 구원을 요청하다

大空 おおぞら

Q. 大空 에서 매 한 마리가 원을 그리며 날고 있다.
Q. 大空 를 바라보니 가슴이 탁 트이는 것 같았다.

명 넓은 하늘

おおぞらをとぶ
大空を飛ぶ 넓은 하늘을 날다

購入 こうにゅう

Q. 購入 했던 물건을 반품했다.
Q. 온라인 홈페이지에서 購入 하시면 무료 배송됩니다.

명 구입

こうにゅうひん
購入品 구입품

防衛 ぼうえい

Q. 장갑차, 전투기 등을 만드는 防衛 산업체.
Q. 판사는 피고의 행위가 정당 防衛 였다고 판결했다.

명 방위

ぼうえいちょう
防衛庁 방위청

公団 こうだん

Q. 국민 건강 보험 公団.
Q. 중소기업 진흥 公団.

명 공단

どうろこうだん
道路公団 도로 공단

軍事 ぐんじ

Q. 적국에 軍事 기밀을 넘긴 병사가 체포되었다.
Q. 군인이 죄를 지으면 軍事 재판에 회부된다.

명 군사

ぐんじりょく
軍事力 군사력

福 ふく

Q. 굴러들어온 福 를 발로 차다.
Q. 나이가 들어서야 건강이 福 라는 것을 깨달았다.

명 복, 행복

ふくをよぶ
福を呼ぶ 복을 부르다

弓 ゆみ

Q. 弓 와 화살.
Q. 궁수가 弓 를 당기자 시선이 집중되었다.

명 활, 궁술

ゆみをひく
弓を引く 활을 당기다

Q

A

私物 しぶつ

Q. 귀한 私物 는 금고에 넣어두었다.
Q. 내릴 때 각자의 私物 를 챙기세요.

명 사물[개인 소유의 물건]

それはぼくのしぶつだ
それは僕の私物だ　그건 내 거야

反響 はんきょう

Q. 그 소설은 큰 反響 를 불러일으키며 베스트셀러가 되었다.
Q. 그 작품의 등장은 예술계에 큰 反響 를 일으켰다.

명 반향, 반응

はんきょうをよぶ
反響を呼ぶ　반향을 일으키다

購買 こうばい

Q. 복사 용지를 회사에서 대량으로 購買 했다.
Q. 학교에서 교실마다 쓸 공기청정기를 여러 대 購買 했다.

명 구매

こうばいしんり
購買心理　구매 심리

* 購入 와 달리 회사 등 단체에서 사들일 때 주로 쓰임

連日 れんじつ

Q. 그 공연은 입소문이 퍼져 連日 만원이라고 한다.
Q. 8월 들어선 무더위가 連日 기승을 부렸다.

명 연일

れんじつのあめ
連日の雨　연일 오는 비

驚き おどろき

Q. 그 광경을 보고 驚き 를 금치 못했다.
Q. 예상치 못한 합격에 驚き 와 기쁨이 교차했다.

명 놀람

おどろきのけしき
驚きの景色　놀라울 정도의 경치

兵器 へいき

Q. 두 나라는 핵 兵器 감축 협정에 서명했다.
Q. 불법 兵器 거래상.

명 병기, 무기

ひみつへいき
秘密兵器　비밀 병기

侮辱 ぶじょく

Q. 그 논평은 작품에 대한 侮辱 였다.
Q. 그녀는 자신의 초대가 거절당하는 侮辱 를 겪었다.

명 모욕

ぶじょくかん
侮辱感　모욕감

権威 けんい

Q. 그 방면의 최고 権威 자에게 자문했다.
Q. 전제 국가에서는 왕이 절대적 権威 를 가지고 있었다.

명 권위

さいこうけんい
最高権威　최고 권위

法案 ほうあん

Q. 동물의 온라인 판매를 규제하는 法案 을 발의했다.
Q. 시 위원회가 새로운 法案 을 가결했다.

명 법안

ほうあんがとおる
法案が通る　법안이 통과하다

保障 ほしょう

Q. 국민의 안전이 保障 되는 나라를 만들겠습니다.
Q. 품질이 保障 된 제품.

명 보장

いりょうほしょう
医療保障 의료 보장

負傷 ふしょう

Q. 그 선수는 다리 負傷 로 인해 경기에 출전하지 못했다.
Q. 안전띠는 사고 시 負傷 로부터 운전자를 보호한다.

명 부상

あしのふしょう
足の負傷 발 부상

本名 ほんみょう

Q. 그 연예인은 本名 가 아닌 가명을 쓴다.
Q. 촌스러운 本名 가 창피해서 개명을 신청했다.

명 본명

ほんみょうをあかす
本名を明かす 본명을 밝히다

ずれ

Q. 그 영화는 보는 사람마다 해석의 ずれ 가 있다.
Q. 의견의 ずれ 를 대화로 풀어나가다.

명 엇갈림, 어긋남, 차이

ぶんかのずれ
文化のずれ 문화의 차이

不評 ふひょう

Q. 그 영화는 지독하게 재미없다는 不評 를 받고 있다.
Q. 不評 가 많은 책이었지만 생각보다 볼 만 했다.

명 악평

ふひょうばん
不評判 평판이 나쁨

同意 どうい

Q. 그 의견에 同意 의 뜻을 밝혔다.
Q. 계약서에 同意 하고 서명했다.

명 동의

どういしょ
同意書 동의서

仕掛(け)[1] しかけ

Q. 먼저 할 일이 많아서 그 일은 이제 막 仕掛(け) 했어요.
Q. 이제 막 생산을 仕掛(け) 한 신제품입니다.

명 시작해서 하고 있음

しかけたこと
仕掛けた事 시작한 일

仕掛(け)[2] しかけ

Q. 자동문은 사람이 다가가면 문이 열리는 仕掛(け) 가 있다.
Q. 제 마술엔 어떤 속임수나 仕掛(け) 도 없습니다.

명 장치

かんたんなしかけ
簡単な仕掛け 간단한 장치

模範 もはん

Q. 위 학생은 학급의 模範 이 되므로 이 상장을 줌.
Q. 자식을 혼내기 전에 부모가 먼저 模範 을 보여야지.

명 모범

もはんをしめす
模範を示す 모범을 보이다

Q **A**

偽 にせ

Q. 그 주장이 참인지 偽 인지 확인해라.
Q. 偽 를 말하지 않는 정직한 사람.

명 거짓

にせのしんじゅ
偽の真珠 가짜 진주

弁明 べんめい

Q. 그 행동에 대해서는 弁明 의 여지가 없다.
Q. 弁明 할 기회를 줄 테니 얘기해 봐.

명 변명

べんめいのきかいをあたえる
弁明の機会を与える 변명할 기회를 주다

★ 오해를 풀기 위해 사정을 설명할 때 쓰임

弁解 べんかい

Q. 弁解 하지 말고 순순히 인정해. 네가 잘못했잖아.
Q. 구차한 弁解 를 하기보다는 솔직하게 사과하기로 했다.

명 변명

ちこくのべんかい
遅刻の弁解 지각의 변명

★ 실수·잘못을 정당화할 때 쓰임

倒産 とうさん

Q. IMF 외환위기로 인해 기업이 줄줄이 倒産 했다.
Q. 倒産 은 기업이 재정적 파탄으로 인해 망하는 것이다.

명 도산

とうさんのきき
倒産の危機 도산의 위기

根拠 こんきょ

Q. 그건 根拠 없는 낭설에 불과하다.
Q. 무슨 根拠 를 가지고 그렇게 주장하는 겁니까?

명 근거

こんきょはくじゃく
根拠薄弱 근거 박약

配慮 はいりょ

Q. 임산부에 대한 사회적인 配慮 가 필요합니다.
Q. 타인에 대한 配慮 가 없는 이기적인 사람.

명 배려

めうえにたいするはいりょ
目上に対する配慮 연장자에 대한 배려

断言 だんげん

Q. 그가 범인이 아니라고 断言 할 수 있어요.
Q. 정말 유익한 교재라고 断言 할 수 있습니다.

명 단언

だんげんできる
断言できる 단언할 수 있다

動揺 どうよう

Q. 충격적인 소식에 動揺 를 감추지 못했다.
Q. 마음의 動揺 를 감추려고 괜히 웃어 보였다.

명 동요[흔들림]

ないめんのどうよう
内面の動揺 내면의 동요

起伏 きふく

Q. 그는 감정의 起伏 가 심한 사람이다.
Q. 울퉁불퉁 起伏 가 심한 땅을 평평하게 다진다.

명 기복

ゆるやかなきふく
緩やかな起伏 완만한 기복

Q A

発言 はつげん

Q. 그는 경솔한 発言 으로 물의를 일으켰다.
Q. 회의 중에 사적인 発言 은 삼가십시오.

명 발언

ばくだんはつげん
爆弾発言 폭탄 발언

劇団 げきだん

Q. 그는 대학로에서 정기공연을 하는 劇団 의 단원이다.
Q. 누가 극의 주연을 맡을지 劇団 내 의견이 분분했다.

명 극단

しろうとげきだん
素人劇団 아마추어 극단

結成 けっせい

Q. 저들은 팀 結成 초기부터 함께한 원년 멤버들이다.
Q. 당을 해체하고 새로 結成 하기로 했다.

명 결성

ちーむけっせい
チーム結成 팀 결성

対抗 たいこう

Q. 그는 사사건건 나에 대한 対抗 의식을 불태웠다.
Q. 운동회에서 반 対抗 축구 경기가 열렸다.

명 대항

たいこうせん
対抗戦 대항전

気風 きふう

Q. 땅이 비옥한 지역이라서 사람들도 낙천적인 気風 가 있다.
Q. 고구려인들은 호전적인 気風 를 가지고 있었다.

명 기풍, 기질

きふうがあらい
気風が荒い 기질이 거칠다

* 주로 집단 혹은 지역 내의 공통적인 기질을 뜻함

経路 けいろ

Q. 발자국을 보고 그들이 도망간 経路 를 알아냈다.
Q. GPS로 이동 経路 를 추적하여 범인을 체포했다.

명 경로

けいろへんこう
経路変更 경로 변경

同い年 おないどし

Q. 그와 나는 82년생 同い年 다.
Q. 아내와 저는 同い年 입니다. 같은 대학 동기였어요.

명 동갑

おないどしのおんなのこ
同い年の女の子 동갑인 여자아이

間柄 あいだがら

Q. 그와 나는 오래된 친구 間柄 이다.
Q. 부모와 자식 間柄 에도 예의는 필요하다.

명 사람 사이

していのあいだがら
師弟の間柄 사제관계

方策 ほうさく

Q. 이런 일이 생길 줄 알고 미리 方策 를 세웠다.
Q. 화재 사고에 대한 方策 를 마련했다.

명 방책

ほうさくをたてる
方策を立てる 방책을 세우다

Q

A

労力 ろうりょく

Q. 그렇게 열심히 労力 했으니 성공한 거야.
Q. 그동안 들인 労力 에 비해 성과는 초라하기 그지없었다.

명 노력, 수고

むだなろうりょく
無駄な労力 헛된 노력

墓地 ぼち

Q. 그의 시신은 교회 안에 있는 墓地 에 매장되었다.
Q. 돌아가신 할머니를 가족 墓地 에 안치했다.

명 묘지

きょうどうぼち
共同墓地 공동묘지

憧れ あこがれ

Q. 도시 생활에 대한 憧れ 를 가지고 서울로 상경했다.
Q. 나는 배우 지망생이고, 저 배우는 내 憧れ 의 대상이다.

명 동경

あこがれのまと
憧れの的 동경의 대상

近眼 きんがん

Q. 近眼 적인 태도로는 미래에 대비할 수 없다.
Q. 나는 近眼 이라서 안경 없이 칠판 글씨를 읽지 못한다.

명 근시안

きんがんのひと
近眼の人 근시안적인 사람

鉱山 こうざん

Q. 금을 캐는 鉱山.
Q. 이 산은 한때 광석을 채굴하던 鉱山 이었다.

명 광산

こうざんちたい
鉱山地帯 광산 지대

極楽 ごくらく

Q. 기독교에서는 천국, 불교에서는 極楽 라 한다.
Q. 極楽 왕생하시길 바랍니다.

명 극락

ごくらくいき
極楽行き 극락길

気流 きりゅう

Q. 위로 향하는 공기의 운동을 상승 気流 라고 한다.
Q. 난 気流 에 휘말린 비행기가 추락하고 말았다.

명 기류

じょうしょうきりゅう
上昇気流 상승기류

期末 きまつ

Q. 期末 시험이 끝나면 곧 겨울 방학이다.
Q. 期末 시험이 끝나고 종강하면 함께 놀러 가자.

명 기말

きまつしけん
期末試験 기말시험

口述 こうじゅつ

Q. 노인들이 口述 한 대로 정리하여 만든 구비문학 자료.
Q. 영어 수업에는 필기시험과 口述 시험이 있다.

명 구술

こうじゅつしけん
口述試験 구술시험

Q A

旅客 りょかく

Q. 旅客 선이 좌초되었으나 승객들은 무사히 구출되었다.

Q. 공항에 늘어선 旅客 기들을 보니 점점 들뜨기 시작했다.

명 여객

りょかくせん
旅客船 여객선

降水 こうすい

Q. 긴 장마로 올해는 평균 降水 량이 높다.

Q. 降水 확률이 70%가 넘는 날이니 우산을 챙겨야겠다.

명 강수

こうすいかくりつよほう
降水確率予報 강수확률 예보

* 비, 눈 등으로 지상에 내린 물을 뜻함

傍ら かたわら

Q. 길 傍ら 에 예쁜 꽃들이 줄지어 피어 있었다.

Q. 엄마의 傍ら 를 떠나지 않고 꼭 붙어 있는 어린아이.

명 곁, 옆

みちのかたわら
道の傍ら 길가

良識 りょうしき

Q. 길거리에 침을 뱉는 건 良識 있는 행동이 아니야.

Q. 한밤중에 전화를 걸다니 정말 良識 없는 사람이군.

명 양식

りょうしきのあるひと
良識のある人 양식 있는 사람

金づち かなづち

Q. 金づち 로 벽에 못을 박았다.

Q. 金づち 로 말뚝을 박아 텐트를 고정했다.

명 쇠망치

かなづちとくぎ
金づちと釘 쇠망치와 못

裏返(し) うらがえし

Q. 裏返(し) 해서 생각하니 아이디어가 떠올랐다.

Q. 잠이 덜 깨서 셔츠를 裏返(し) 해서 입고 나왔다.

명 뒤집음

くつしたをうらがえしにはく
くつ下を裏返しにはく 양말을 뒤집어 신다

逃亡 とうぼう

Q. 꽁무니가 빠지게 逃亡 를 쳤다.

Q. 더는 逃亡 를 갈 구멍이 없다.

명 도망

とうぼうせいかつ
逃亡生活 도망 생활

奮闘 ふんとう

Q. 부상을 참고 견디면서 奮闘 했지만 결국 패배하고 말았다.

Q. 고군 奮闘 끝에 커다란 물고기를 낚아 올렸다.

명 분투

こぐんふんとう
孤軍奮闘 고군분투

表示 ひょうじ

Q. 이건 제 감사의 表示 니까 그냥 받아주세요.

Q. 가게 앞에 음식 가격을 表示 해놓는 가게가 좋아.

명 표시

かかくのひょうじ
価格の表示 가격 표시

Q

A

共鳴 きょうめい

Q. 서로 共鳴 하듯이 생각하는 바가 일치했다.
Q. 물체가 고유 진동수로 진동하는 현상을 共鳴 라 한다.

명 공명

きょうめいき
共鳴器 공명기

味わい あじわい

Q. 나는 신 味わい 를 좋아하지 않아. 그래서 레몬도 싫어.
Q. 그냥 삼키지 말고 味わい 를 음미해 봐.

명 맛, 풍미

どくとくのあじわい
独特の味わい 독특한 풍미

根本 こんぽん

Q. 그 차에서 根本 적인 결함이 발견되어 전량 리콜되었다.
Q. 저출산의 根本 원인과 그 대책.

명 근본

こんぽんげんり
根本原理 근본 원리

排除 はいじょ

Q. 나만 승진에서 排除 되다니 억울하다.
Q. 그는 자신 앞을 가로막는 방해자를 가차 없이 排除 했다.

명 배제

ぼうりょくはいじょ
暴力排除 폭력 배제

ねじ回し ねじまわし

Q. 나사 크기와 모양에 맞는 ねじ回し 를 써야 한다.
Q. 요즘은 전동 ねじ回し 가 있어 힘들여 돌릴 필요가 없다.

명 나사돌리개[드라이버]

れんちとねじまわし
レンチとねじ回し 렌치와 나사돌리개

決 けつ

Q. 사장님이 내린 決 에 따르기로 했다.
Q. 그를 파면해야 합니다. 과감하게 決 를 내리십시오.

명 결정, 결단

けってい
決定 결정

年輪 ねんりん

Q. 年輪 이 쌓여 눈감고도 그림을 그리는 노인.
Q. 노인의 주름진 얼굴에서 깊은 年輪 이 느껴졌다.

명 연륜

ねんりんをかんじる
年輪を感じる 연륜을 느끼다

迫害 はくがい

Q. 종교 迫害 에 시달리다 순교한 이들을 성인으로 추대했다.
Q. 독재 정부의 迫害 를 피해 미국으로 망명하였다.

명 박해

はくがいをうける
迫害を受ける 박해를 받다

救済 きゅうさい

Q. 난민 救済 사업을 펼친다.
Q. 재난지역 피해자들의 救済 책 마련이 시급하다.

명 구제

きゅうさいじぎょう
救済事業 구제사업

Q A 

同情 どうじょう

Q. 날 同情 하지 마! 불쌍한 사람처럼 보지 말라고!
Q. 남의 어려운 처지를 안타깝게 여기는 同情 심.

명 동정

どうじょうひょう
同情票 동정표

改修 かいしゅう

Q. 이 낡은 건물은 오늘부터 改修 공사에 들어간다.
Q. 박물관은 시설 改修 를 위해 한 달간 문을 닫았다.

명 수리

かいしゅうこうじ
改修工事 개수 공사

保守 ほしゅ

Q. 낡은 건물의 保守 공사.
Q. 保守 공사를 위해 한 달간 문을 닫은 박물관.

명 보수

ほしゅせいとう
保守政党 보수정당

変革 へんかく

Q. 낡은 제도를 変革 하자.
Q. 산업 혁명은 인간 생활에 커다란 変革 를 가져왔다.

명 변혁

せいじへんかく
政治変革 정치변혁

交渉 こうしょう

Q. 남과 북이 평화 통일을 위한 交渉 를 시작했다.
Q. 노동자와 경영진의 임금 交渉 가 불발로 끝났다.

명 교섭

こうしょうせいりつ
交渉成立 교섭 성립

共学 きょうがく

Q. 남녀가 같이 공부하는 共学 고등학교.
Q. 난 남녀 共学 인 중학교를 나왔어.

명 공학

だんじょきょうがく
男女共学 남녀공학

待望 たいぼう

Q. 待望 의 1위는 60초 후에 발표합니다!
Q. 待望 의 결승전이 펼쳐지는 돔 경기장.

명 대망

たいぼうのけっしょうせん
待望の決勝戦 대망의 결승전

模倣 もほう

Q. 남의 작품을 그대로 模倣 하다.
Q. 명화를 模倣 해서 그리는 수업을 통해 기법을 공부한다.

명 모방

せいひんのもほう
製品の模倣 제품의 모방

弁償 べんしょう

Q. 남의 집 항아리를 깨뜨려서 弁償 를 했다.
Q. 망가트린 물건과 똑같은 것으로 弁償 를 했다.

명 변상

べんしょうきん
弁償金 변상금

Q　　A

道場 どうじょう

Q. 남자들은 한 번쯤 태권도 道場 에 다닌 적이 있을 것이다.
Q. 체력단련을 위해 태권도 道場 에 등록했다.

명 도장

じゅうどうのどうじょう
柔道の道場　유도 도장

内訳 うちわけ

Q. 납입한 물건에 대한 거래 内訳 서를 작성하다.
Q. 수입과 지출 内訳 를 기록하다.

명 명세, 내역

ししゅつのうちわけ
支出の内訳　지출내역

警戒 けいかい

Q. 낯선 사람들을 警戒 하라고 아이들에게 가르쳤다.
Q. 저곳은 警戒 가 삼엄해서 접근하기 어렵겠는걸.

명 경계

けいかいけいほう
警戒警報　경계경보

勘 かん

Q. 여자의 勘 으로 거짓말을 간파했다.
Q. 勘 적으로 무언가 잘못되었음을 느꼈다.

명 직감, 육감

かんにたよる
勘に頼る　감에 의지하다

見込(み)[1] みこみ

Q. 내 성적으로는 졸업할 見込(み) 가 없다.
Q. 말기 암인 그에게 의사는 살 見込(み) 가 없다고 말했다.

명 장래성, 가망

みこみのあるせいねん
見込みのある青年　유망한 청년

見込(み)[2] みこみ

Q. 영화는 10월 30일 개봉할 見込(み) 다.
Q. 실적 악화로 올해 영업이익은 적자를 見込(み) 하고 있다.

명 예정, 예상

そつぎょうのみこみ
卒業の見込み　졸업 예정

要請 ようせい

Q. 적들이 너무 많다. 지원을 要請 한다!
Q. 모르는 사람의 친구 要請 를 수락하자 광고가 왔다.

명 요청

ようせいのじゅだく
要請の受諾　요청 수락

扱い あつかい

Q. 내가 잘못한 것도 아닌데 완전히 죄인 扱い 이다.
Q. 해외 순방 시 국빈 扱い 를 받는 대통령.

명 취급, 대우

ざいにんあつかい
罪人扱い　죄인 취급

見通し みとおし

Q. 전면이 유리로 되어 있어 見通し 가 좋은 바닷가 카페.
Q. 올해도 경기 見通し 는 비관적이다.

명 전망

けいきのみとおし
景気の見通し　경기의 전망

内緒 ないしょ

Q. 둘만의 内緒 가 결국 탄로 났다.
Q. 나는 그에게는 内緒 로 하고 대화를 녹음했다.

명 비밀, 내밀

ないしょばなし
内緒話 비밀 이야기

加味 かみ

Q. 냉면에 식초와 겨자를 加味 하다.
Q. 국물이 싱거워서 소금을 약간 加味 했다.

명 가미

あまみをかみする
甘みを加味する 단맛을 가미하다

短縮 たんしゅく

Q. 너 때문에 수명이 短縮 될 것 같다.
Q. 노동시간이 短縮 되어 가족과 보내는 시간이 늘었다.

명 단축

ろうどうじかんのたんしゅく
労働時間の短縮 노동시간의 단축

同士 どうし

Q. 너네 同士 만 놀지 말고 나도 끼워줘.
Q. 제삼자는 끼어들지 말고 당사자 同士 가 해결하게 놔둬.

명 끼리, 같은 입장

おとこどうし
男同士 남자끼리

年ごろ としごろ

Q. 너도 이제 결혼할 年ごろ 가 되지 않았니?
Q. 중학생이면 한창 사춘기일 年ごろ 잖아.

명 나이

はなのとしごろ
花の年ごろ 꽃다운 나이

良心 りょうしん

Q. 넌 良心 도 없니?
Q. 良心 의 가책을 느꼈다.

명 양심

りょうしんのかしゃく
良心の呵責 양심의 가책

類 るい

Q. 넌 어떤 類 의 영화를 좋아해?
Q. 그 축제에서 볼 수 있는 꽃의 類 는 30가지 이상이다.

명 유, 종류

るいをわける
類を分ける 종류를 구분하다

故 ゆえ

Q. 故 없는 두통이 반복된다면 의사와 상담하세요.
Q. 故 없이 살이 찌겠니? 밤에 야식 먹는거 아냐?

명 이유, 까닭

ゆえあって
故あって 이유가 있어서

* 뒤에 に 가 붙어서 조사적으로도 쓰임

脚色 きゃくしょく

Q. 실화를 脚色 하여 만든 감동적인 영화.
Q. 네 멋대로 脚色 하지 말고 있는 그대로 이야기해.

명 각색

すぐれたきゃくしょく
優れた脚色 뛰어난 각색

Q　A

補給 ほきゅう

Q. 적의 補給 로를 끊자 적들은 굶주림에 시달렸다.
Q. 미세먼지 때문에 공공시설에 공기청정기를 補給 했다.

명 보급

ほきゅうろをたちきる
補給路を断ち切る　보급로를 끊다

提供 ていきょう

Q. 숙식을 提供 하는 일자리.
Q. 더 나은 서비스를 提供 하기 위해 가격을 인상합니다.

명 제공

じょうほうをていきょうする
情報を提供する　정보를 제공하다

決議 けつぎ

Q. 노점상들은 철거에 반대하기로 決議 했다.
Q. 회의에서 결정된 決議 사항을 정리해서 알려주었다.

명 결의

けつぎじこう
決議事項　결의 사항

文化財 ぶんかざい

Q. 건설 현장에서 선사시대의 文化財 를 발견했다.
Q. 고대의 文化財 를 전시하는 박물관.

명 문화재

ぶんかざいのほぞん
文化財の保存　문화재의 보존

遺跡 いせき

Q. 땅을 파다가 선사시대의 遺跡 를 발견했다.
Q. 피라미드는 대표적인 고대 遺跡 중 하나이다.

명 유적

こだいぶんめいのいせき
古代文明の遺跡　고대 문명의 유적

鉱業 こうぎょう

Q. 광물을 캐내는 산업을 鉱業 라고 한다.
Q. 이 지역은 광맥이 풍부해 鉱業 가 발달했다.

명 광업

こうぎょうじょ
鉱業所　광업소

灌漑 かんがい

Q. 농작물 灌漑 를 위해 쓰이는 호숫물.
Q. 구릉이 많아 灌漑 시설이 열악한 농경지.

명 관개

かんがいようすい
灌漑用水　관개용수

* 농사에 필요한 물을 논밭에 대는 것을 뜻함

利潤 りじゅん

Q. 재료비, 임대료 등을 빼고 나니 利潤 이 많지 않았다.
Q. 개당 1,000원에 팔아도 利潤 이 남습니다.

명 이윤

りじゅんをあげる
利潤を上げる　이윤을 올리다

* 주로 순이익을 뜻함

本音 ほんね

Q. 눈물을 흘리며 숨겨왔던 本音 를 털어놓았다.
Q. 일본인은 本音 를 잘 드러내지 않는다.

명 진심, 본심

ほんねがでる
本音が出る　본심이 드러나다

Q — A 

垢 あか

Q. 다 큰 어른이 손톱에 垢 가 낀 채로 다니다니.
Q. 주말에는 욕조에 낀 물 垢 를 청소했다.

명 때, 더러움

あかがつく
垢が付く 때가 묻다

方式 ほうしき

Q. 이 세상을 자기 方式 대로 살기는 쉽지 않다.
Q. 과학의 진보는 우리의 생활 方式 를 바꿔 놓았다.

명 방식

まにゅあるほうしき
マニュアル方式 수동 방식

賭 かけ

Q. 이번에도 賭 에 져서 내가 밥값을 냈다.
Q. 어느 팀이 승리할지를 놓고 賭 를 걸었다.

명 내기, 도박

かけにかつ
賭に勝つ 내기에 이기다

光沢 こうたく

Q. 해적이 쌓아둔 금괴에서 번쩍번쩍 光沢 가 났다.
Q. 세차를 하고 햇볕 아래로 나갔더니 차에서 光沢 가 난다.

명 광택

こうたくがでる
光沢が出る 광택이 나다

内陸 ないりく

Q. 다행히 内陸 는 태풍의 피해가 해안지역만큼 크지 않았다.
Q. 옛날엔 内陸 에서 신선한 해산물을 맛보기 어려웠다.

명 내륙

ないりくちほう
内陸地方 내륙지방

旦那 だんな

Q. 여기 반지 보이죠? 저 남자가 제 旦那 예요.
Q. 아이고 旦那 오셨어요! 언제 골프 한 번 같이 치셔야죠.

명 남편

だんなさんとおくさん
旦那さんと奥さん 남편과 부인

* 우리나라의 '김 사장님' 식의 호칭과 비슷한 뉘앙스로도 쓰임

叫び さけび

Q. 단말마의 叫び 와 함께 쓰러졌다.
Q. 감정이 격해져 叫び 를 지르며 싸웠다.

명 외침, 비명, 고함

さけびごえ
叫び声 외치는 목소리

為替相場 かわせそうば

Q. 달러를 원화로 바꾸기 전에 為替相場 를 알아보자.
Q. 환전소에서 為替レート 를 확인했다.

명 환율

きょうのかわせそうば
今日の為替相場 오늘의 환율

* 표기 차이 為替レート

嗜好 しこう

Q. 단지 취향에 따른 嗜好 의 문제다.
Q. 소비자의 嗜好 에 맞는 상품을 개발하고자 노력했다.

명 기호

しこうにあう
嗜好に合う 기호에 맞다

Q A

尿 にょう

Q. 자다가 이불에 尿 를 싸서 옆집에 소금을 얻으러 갔다.
Q. 겁에 질려 바지에 尿 를 쌌다.

명 소변

にょうけんさ
尿検査 소변 검사

寄与 きよ

Q. 내가 발명한 기술로 과학 발전에 寄与 하고 싶다.
Q. 세계 평화에 寄与 한 공로를 인정받아 노벨평화상을 받다.

명 기여

しゃかいにきよする
社会に寄与する 사회에 기여하다

本場 ほんば

Q. 피자의 本場 이탈리아에서 만나는 정통 피자.
Q. 영어의 本場 영국에 가서 영어 공부를 했다.

명 본고장

ほんばもの
本場物 본고장 산물

名簿 めいぼ

Q. 방문객 名簿 에는 없는데 혹시 첫 방문이신가요?
Q. 참가자 名簿 에 서명해주세요.

명 명부

めいぼさくせい
名簿作成 명부작성

目録 もくろく

Q. 저희가 판매하는 상품 目録 를 보여드릴게요.
Q. 장서 目録 에는 내가 찾는 책도 쓰여 있었다.

명 목록

しょうひんもくろく
商品目録 상품목록

幹 みき

Q. 대나무 幹 에는 마디가 져 있다.
Q. 나무의 뿌리 위로 곧게 뻗은 부분을 幹 라고 한다.

명 나무의 줄기, 사물의 주요 부분

みきのちょっけい
幹の直径 줄기의 지름

同調 どうちょう

Q. 대다수가 내 의견에 同調 할 것이다.
Q. 겉으로는 同調 했지만, 속으로는 영 맘에 들지 않았다.

명 동조

かれのいけんにどうちょうする
彼の意見に同調する 그의 의견에 동조하다

強制 きょうせい

Q. 해외로 도피한 범죄자가 強制 송환되었다.
Q. 컴퓨터가 먹통이 되어 할 수 없이 強制 로 종료했다.

명 강제

きょうせいしゅうりょう
強制終了 강제 종료

酪農 らくのう

Q. 대대로 젖소를 키우며 酪農 산업에 종사했다.
Q. 우유를 생산하고 유제품을 만드는 酪農 업체.

명 낙농

らくのうせいひん
酪農製品 낙농 제품

満月 まんげつ

Q. 대보름에 満月 를 보며 소원을 빌다.
Q. 満月 가 뜨면 늑대로 변신한다는 늑대인간 전설.

명 만월, 보름달

まんげつのよる
満月の夜 만월의 밤

大部 たいぶ

Q. 이번 화재로 창고의 물품 大部 가 소실되었다.
Q. 준비가 大部 끝나서 이번 달 안에 출시할 수 있겠어.

명 대부분

たいぶがりゅうしつした
大部が流失した 대부분이 유실되었다

驚異 きょうい

Q. 대자연의 驚異 에 감탄했다.
Q. 驚異 적인 신기록을 세우면서 기네스에 올랐다.

명 경이

しぜんのきょうい
自然の驚異 자연의 경이

大衆 たいしゅう

Q. 행사장에는 주차장이 없으니 大衆 교통을 이용하세요.
Q. 많은 분이 보시도록 大衆 성 있는 영화를 만들었습니다.

명 대중

たいしゅうかよう
大衆歌謡 대중가요

権限 けんげん

Q. 대통령에게는 특별사면의 権限 이 있다.
Q. 나에게는 이런 중대한 사안을 결정할 権限 이 없다.

명 권한

けんげんのいにん
権限の委任 권한의 위임

機内食 きないしょく

Q. 긴 비행으로 배가 고플 무렵 機内食 가 나왔다.
Q. 외국 항공사의 機内食 메뉴.

명 기내식

きないしょくをたべる
機内食を食べる 기내식을 먹다

本体[1] ほんたい

Q. 데스크톱 컴퓨터는 모니터와 本体 로 이루어져 있다.
Q. 렌즈 없이 카메라 本体 만으로도 엄청나게 비싸다.

명 본체

かめらのほんたい
カメラの本体 카메라 본체

本体[2] ほんたい

Q. 호수 안쪽에 本体 를 알 수 없는 거대한 생물이 보였다.
Q. 그가 가면을 벗고 本体 를 드러내자 모두가 경악했다.

명 정체, 실체

ほんたいをあかす
本体を明かす 정체를 밝히다

陶器 とうき

Q. 陶器 에 유약을 발라서 구웠다.
Q. 완성도가 부족한 陶器 를 부수는 엄격한 장인.

명 도자기

とうきのはだしつ
陶器の肌質 도자기의 질감

Q　A

辺[2] ほとり

Q. 강 辺 에서 발견한 아름다운 조약돌.

Q. 연못 辺 에서 놀다가 한 아이가 물에 빠졌다.

명 가, 물가

かわのほとり
川の辺　강가

保険 ほけん

Q. 점포의 화재에 대비해 保険 을 들었다.

Q. 다행히 병원비는 保険 으로 처리가 된다고 했다.

명 보험

ほけんりょう
保険料　보험료

返還 へんかん

Q. 영국은 도난품으로 밝혀진 유물을 返還 하기로 했다.

Q. 1997년, 홍콩이 중국에 返還 되었다.

명 반환

りょうどのへんかん
領土の返還　영토 반환

勘定書 かんじょうがき

Q. 쇼핑을 마친 뒤 勘定書 에 적힌 가격을 보고 놀랐다.

Q. 다 먹었으니 勘定書 를 달라고 하자.

명 청구서, 계산서

かんじょうがきをたのむ
勘定書を頼む　계산서를 달라고 하다

妨害 ぼうがい

Q. 도움은커녕 妨害 만 된다.

Q. 경찰을 협박하시면 공무 집행 妨害 에 해당합니다.

명 방해

こうむしっこうぼうがい
公務執行妨害　공무 집행 방해

管理者 かんりしゃ

Q. 도움이 필요하면 네트워크 管理者 에게 문의하세요.

Q. 시에서 식품 위생 管理者 를 모아 위생 교육을 했다.

명 관리자

あんぜんかんりしゃ
安全管理者　안전 관리자

拘束 こうそく

Q. 증거인멸 우려가 있어 拘束 수사를 진행한다고 밝혔다.

Q. 재판 전까지 拘束 중인 범죄 용의자.

명 구속

じゆうをこうそくする
自由を拘束する　자유를 구속하다

体裁 ていさい

Q. 体裁 만 번지르르하고 품질은 엉망이었다.

Q. 중요한 자리니까 体裁 를 꾸미고 가자.

명 체재

ていさいがわるい
体裁が悪い　볼품없다

* '외관·표면'을 뜻하는 의미로 쓰임

独裁 どくさい

Q. 1인 혹은 소수에게 정치 권력이 집중된 独裁 체제.

Q. 独裁 정권에 맞서 민주주의를 쟁취한 시민들.

명 독재

どくさいせいけん
独裁政権　독재 정권

屈折 くっせつ

Q. 물속으로 들어간 빛은 屈折 된다.
Q. 屈折 가 심한 해안선이라서 차를 몰기 쉽지 않았다.

명 굴절

ひかりのくっせつ
光の屈折 빛의 굴절

支持 しじ

Q. 여론조사 결과 정부 支持 율은 2주째 상승했다.
Q. 그들은 정부의 정책을 支持 했다.

명 지지

しじりつ
支持率 지지율

叉 また

Q. 여러 叉 로 뻗은 나뭇가지마다 연둣빛 새싹이 돋아났다.
Q. 커다란 강은 나아갈수록 여러 叉 로 나뉘어 흘렀다.

명 갈래

きのまた
木の叉 나뭇가지 갈래

軍服 ぐんぷく

Q. 軍服 를 입은 군인들이 줄지어 행군하고 있다.
Q. 훈련소 앞은 軍服 를 입은 군인들과 가족들로 붐볐다.

명 군복

ぐんぷくをきる
軍服を着る 군복을 입다

扶養 ふよう

Q. 노부모를 扶養 하는 중장년층의 부담을 줄이는 정책.
Q. 부모를 잃은 뒤, 형이 어린 동생의 扶養 를 맡고 있다.

명 부양

かぞくをふようする
家族を扶養する 가족을 부양하다

対比 たいひ

Q. 물가가 작년에 対比 해 큰 폭으로 상승했다.
Q. 노랑과 검정의 색조 対比 가 강한 그림이 기억에 남는다.

명 대비

めいあんのたいひ
明暗の対比 명암의 대비

規格 きかく

Q. 그 건전지 規格 가 뭐야? AA 사이즈인가?
Q. 볼트의 規格 와 동일한 너트를 사용해야 한다.

명 규격

きかくにあう
規格に合う 규격에 맞다

大便 だいべん

Q. 돼지꿈이나 大便 꿈은 좋은 꿈이래.
Q. 재수 없게 길에서 大便 을 밟았다.

명 대변

しょうべんとだいべん
小便と大便 소변과 대변

同盟 どうめい

Q. 두 국가가 군사적 同盟 를 맺었다.
Q. 정치적 同盟 를 맺은 두 정당.

명 동맹

どうめいをむすぶ
同盟を結ぶ 동맹을 맺다

Q

A

頭[3] かしら

Q. 탈모가 와서 頭 한가운데가 휑해.
Q. 저자가 바로 도적단의 頭 입니다. 잡아야 해요!

명 머리, 우두머리

とうぞくのかしら
盗賊の頭 도적의 우두머리

角[2] かく

Q. 두부는 보통 角 로 잘라서 판다.
Q. 角 가 진 얼굴이라 앞에서 보면 네모나다.

명 모난 것, 각, 모서리, 구석

かくにきる
角に切る 사각으로 자르다

★ '사각형'을 의미하기도 함

角[3] つの

Q. 소의 角 도 단김에 빼라.
Q. 코에 角 가 달린 코뿔소.

명 뿔

うしのつの
牛の角 쇠뿔

お産 おさん

Q. 둘째는 자연분만으로 お産 을 할 생각이다.
Q. 임신과 お産, 육아로 인한 여성의 경력단절 문제.

명 출산

なんざんだったおさん
難産だったお産 난산이었던 출산

局限 きょくげん

Q. 교육이란 학교 수업에만 局限 된 게 아니다.
Q. 기초생활 대상자에게만 局限 하여 지원이 이루어집니다.

명 국한

きょくげんされたもんだい
局限された問題 국한된 문제

保温 ほおん

Q. 保温 도시락이어서 아직도 따듯하다.
Q. 保温 병을 열어 따듯한 차를 따라 마셨다.

명 보온

ほおんこうか
保温効果 보온 효과

補足 ほそく

Q. 인원이 더 필요하면 말하게. 補足 해 주겠네.
Q. 양이 부족할 것 같아 주문을 補足 했다.

명 보충

しりょうをほそくする
資料を補足する 자료를 보충하다

★ 부족한 것을 추가한다는 의미

補充 ほじゅう

Q. 떨어진 비축 물자를 補充 했다.
Q. 에너지를 補充 하기 위해서는 휴식이 필요하다.

명 보충

けついんほじゅう
欠員補充 결원 보충

★ 충분했던 상태로 되돌린다는 뜻

短波 たんぱ

Q. 라디오파에는 장파, 중파, 短波 가 있다.
Q. 짧은 파장을 사용하기 때문에 短波 방송이라고 부른다.

명 단파

たんぱほうそう
短波放送 단파방송

Q A

暦 こよみ

Q. 暦 의 시험 날짜에 빨간 동그라미를 그려두었다.
Q. 暦 를 보니 크리스마스가 얼마 남지 않았네.

명 달력

かべかけごよみ
壁掛け暦 벽걸이 달력

期日 きじつ

Q. 마감 期日 까지 원고를 넘기지 못했다.
Q. 납입 期日 가 지나 이자가 붙었다.

명 기일

きじつがせまる
期日が迫る 기일이 다가오다

干し物 ほしもの

Q. 마른오징어 같은 干し物 를 좋아한다.
Q. 비가 온다니까 널어놓은 干し物 를 미리 거둬두거라.

명 볕에 말린 것

ほしものをとりこむ
干し物を取りこむ 빨래를 거둬들이다

* 세탁물을 뜻하기도 함

結核 けっかく

Q. 結核 에 걸리면 기침하다가 피를 토하기도 한다.
Q. 結核 퇴치를 위해 발행한 크리스마스실.

명 결핵

けっかくきん
結核菌 결핵균

恋愛 れんあい

Q. 회사 직원과 사내 恋愛 중이다.
Q. 우리 부모님은 맞선이 아닌 恋愛 결혼을 하셨다.

명 연애

れんあいかんじょう
恋愛感情 연애 감정

補助 ほじょ

Q. 만약을 대비해 補助 배터리를 두 개나 준비했다.
Q. 정부에서 실직자들에게 일자리 補助 금을 지급했다.

명 보조

ほじょせき
補助席 보조석

万人 ばんにん

Q. 万人 의 사랑을 받는 국민 배우.
Q. 세상의 万人 을 만족시킬 수는 없다.

명 만인, 모든 사람

ばんにんがなっとくする
万人が納得する 만인이 납득하다

冬眠 とうみん

Q. 많은 동물이 겨울철에 冬眠 을 한다.
Q. 冬眠 하던 개구리들이 봄에 깨어난다.

명 동면

とうみんするどうぶつ
冬眠する動物 동면하는 동물

末期 まっき

Q. 末期 의 암 판정을 받아 마음의 준비를 하고 있다.
Q. 한국 전쟁 末期 의 휴전 협정.

명 말기

せんそうまっき
戦争末期 전쟁 말기

Q — A

粉末 ふんまつ

Q. 날씨가 추워서 뜨거운 물에 코코아 粉末 를 타 먹었다.
Q. 나는 粉末 로 된 약보다 알약이 좋아.

명 분말

ふんまつじゅーす
粉末ジュース　분말 주스

件 けん

Q. 말씀하신 그 件 에 대해 확인해 보았습니다.
Q. 가게에 장난 전화가 하루 열 件 이상 온다.

명 건, 사항

けんすう
件数　건수

反感 はんかん

Q. 창피를 주자 反感 을 품고 범행을 저질렀다고 밝혔다.
Q. 독재자의 강압적인 통치에 시민들은 反感 을 가졌다.

명 반감

はんかんをもつ
反感を持つ　반감을 갖다

網 あみ

Q. 網 를 건져 올려보니 물고기가 가득했다.
Q. 축구 골대의 網 가 찢어졌다.

명 그물

あみをひく
網を引く　그물을 당기다

氾濫 はんらん

Q. 매년 홍수로 강물이 氾濫 해 피해를 보는 지역.
Q. 氾濫 하는 외래어에 경각심을 가지고 우리말을 아끼자.

명 범람

かわがはんらんする
河が氾濫する　강이 범람하다

利息 りそく

Q. 매달 利息 가 지급되는 은행 계좌.
Q. 정기예금에 1억을 넣으면 利息 가 얼마나 붙나요?

명 이자

りそくがつく
利息が付く　이자가 붙다

★ 이자를 받을 때 쓰는 표현

利子 りし

Q. 대출금은 利子 를 붙여 상환한다.
Q. 부채가 많아 利子 만 한 달에 1,000만 원이라고 한다.

명 이자

たかいりし
高い利子　비싼 이자

★ 이자를 지불할 때 쓰는 표현

光熱費 こうねつひ

Q. 매달 집세와 光熱費 를 내는 것만도 빠듯하다.
Q. 안 쓰는 코드를 뽑아 조금이라도 光熱費 를 절약해라.

명 광열비

こうねつひをせつやくする
光熱費を節約する　광열비를 절약하다

味覚 みかく

Q. 味覚 를 상실해서 아무 맛도 느낄 수가 없다.
Q. 味覚 로 단맛, 쓴맛, 신맛 등을 가려낼 수 있다.

명 미각

するどいみかく
鋭い味覚　민감한 미각

Q　　　　　　　　A

各種 かくしゅ

Q. 맥주 전문점에는 各種 세계맥주가 모여있다.
Q. 키즈카페에는 어린이를 위한 各種 놀이 시설이 있다.

명 각종

かくしゅのしょうひん
各種の商品　각종 상품

甘口[1] あまくち

Q. 너무 甘口 인 것만 먹으면 이가 썩어요.
Q. 매실주는 쓰지 않고 甘口 라서 여성들이 좋아한다.

명 단맛이 돎

あまくちのさけ
甘口の酒　단맛이 도는 술

甘口[2] あまくち

Q. 甘口 이설에 속아 넘어갔다.
Q. 사기꾼의 甘口 에 넘어가 재산을 날렸다.

명 감언

あまくちにのる
甘口に乗る　감언에 넘어가다

怪獣 かいじゅう

Q. 머리가 셋 달린 怪獣 가 나타난다는 소문이 있다.
Q. 유명한 怪獣 영화로는 '고질라'가 있다.

명 괴수

かいじゅうえいが
怪獣映画　괴수 영화

悩み なやみ

Q. 청소기가 고장 나서 수리할지 새로 살지 悩み 다.
Q. 중요한 결정을 앞두고 悩み 가 깊어졌다.

명 고민, 고뇌

しんこくななやみ
深刻な悩み　심각한 고민

待機 たいき

Q. 면접 차례가 될 때까지 이곳에서 待機 를 해주십시오.
Q. 비서는 퇴근하지 못하고 사장이 부를 때까지 待機 했다.

명 대기[때나 기회를 기다림]

たいきちゅうのぶたい
待機中の部隊　대기 중인 부대

面皰 にきび

Q. 面皰 를 손으로 짜면 흉이 진다.
Q. 사춘기가 되니 얼굴에 面皰 가 나기 시작했다.

명 여드름

にきびができる
面皰が出来る　여드름이 생기다

眉 まゆ

Q. 모나리자는 眉 가 없다.
Q. 모욕적인 발언에도 그는 眉 하나 까딱하지 않았다.

명 눈썹

ほそいまゆ
細い眉　얇은 눈썹

体つき からだつき

Q. 모델도 아닌데 날씬한 体つき 에 집착할 필요 없어.
Q. 날씬한 体つき 를 유지하기 위해 매일 운동을 한다.

명 몸매

ほねぶとのからだつき
骨太の体つき　골격이 튼튼한 몸매

Q A

報道 ほうどう

Q. 그는 뉴스 報道 를 부정하며 열애설을 부정했다.
Q. 대통령 선거 결과가 신문 1면에 報道 되었다.

명 보도

ほうどうのじゆう
報道の自由 보도의 자유

軽減 けいげん

Q. 모범수의 형기를 軽減 하다.
Q. 저소득층의 세금을 軽減 해주는 정책을 시행하다.

명 경감

ふたんのけいげん
負担の軽減 부담의 경감

背後 はいご

Q. 몰래 그의 背後 에서 도와준 은인.
Q. 적의 背後 에서 기습하는 작전은 성공했다.

명 배후

じけんのはいご
事件の背後 사건의 배후

斑 むら

Q. 옷이 고르게 염색되지 않고 斑 가 생겼다.
Q. 말랐을 때 斑 가 생기지 않도록 전체에 고르게 칠했다.

명 얼룩

むらなくぬる
斑なく塗る 얼룩이 없게 칠하다

描写 びょうしゃ

Q. 등장인물의 심리 描写 능력이 뛰어난 작가.
Q. 그림이지만 마치 사진처럼 실감 나게 描写 했다.

명 묘사

じんぶつびょうしゃ
人物描写 인물 묘사

幹線 かんせん

Q. 무궁화호를 대신할 幹線 열차 누리로.
Q. 노원구와 송파구를 잇는 동부 幹線 도로.

명 간선

かんせんどうろ
幹線道路 간선도로

拒絶 きょぜつ

Q. 무리한 요구에는 단호한 拒絶 가 필요하다.
Q. 부당한 제의에 완곡하게 拒絶 를 표했다.

명 거절

だんこきょぜつする
断固拒絶する 단호히 거절하다

権力 けんりょく

Q. 무소불위의 権力 를 휘두른다.
Q. 막강한 権力 가 있어서 누구도 대들지 않았다.

명 권력

けんりょくがわ
権力側 권력층

無言 むごん

Q. 그는 無言 으로 내 이야기를 듣고만 있었다.
Q. 기자들의 질문에 無言 으로 일관하다.

명 무언

むごんのあつりょく
無言の圧力 무언의 압력

窮乏 きゅうぼう

Q. 묵을 곳도 먹을 것도 없는 窮乏 한 상태.
Q. 窮乏 한 아이들이 거리에서 구걸하고 있다.

명 궁핍

きゅうぼうせいかつ
窮乏生活 궁핍 생활

柄[4] え

Q. 칼 柄 를 고급 목재로 마감해서 부드럽게 쥘 수 있다.
Q. 넘어질 수 있으니 버스나 지하철에선 柄 를 꼭 잡아라.

명 **자루, 손잡이**, 체격, 분수, 격[품위], 무늬

ひしゃくのえ
ひしゃくの柄 국자 손잡이

噴出 ふんしゅつ

Q. 고래가 등에서 물줄기를 噴出 했다.
Q. 화산이 용암과 화산재를 噴出 했다.

명 분출

ようがんのふんしゅつ
溶岩の噴出 용암 분출

区切り くぎり

Q. 잠정 합의안이 가결되면서 파업 사태가 일 区切り 했다.
Q. 区切り 의 첫 줄에 들여쓰기했다.

명 단락

ひとくぎりつく
一区切りつく 일단락 지어지다

発生 はっせい

Q. 화재가 発生 했습니다. 신속히 대피해주십시오.
Q. 오늘은 지진이 왜 発生 하는지 배워봅시다.

명 발생

じけんはっせい
事件発生 사건 발생

論議 ろんぎ

Q. 전문가를 초청해 지역 발전을 위한 방안을 論議 했다.
Q. 그 일은 이미 충분한 論議 를 거쳐 결정된 사안이다.

명 논의

ろんぎのしょうてん
論議の焦点 논의의 초점

領収書 りょうしゅうしょ

Q. 물건을 산 후 領収書 를 꼭 챙겨야 해.
Q. 결제한 카드와 領収書 가 있어야 환불할 수 있습니다.

명 영수증

りょうしゅうしょをうけとる
領収書を受け取る 영수증을 받다

居住 きょじゅう

Q. 물도 전기도 없는 곳이라 사람의 居住 에 부적합하다.
Q. 사람이 居住 했던 흔적이 전혀 없는 무인도.

명 거주[사는 것/삶]

きょじゅうち
居住地 거주지

比率 ひりつ

Q. 물과 기름을 일정한 比率 로 섞어라.
Q. 남녀의 比率 가 반반이다.

명 비율

ひりつけいさん
比率計算 비율 계산

Q　A

藁 わら

Q. 물에 빠진 사람은 藁 라도 잡는다.
Q. 초가지붕은 藁 로 엮은 지붕이다.

명 짚, 지푸라기

わらやね
藁屋根　초가지붕

分子 ぶんし

Q. 물질의 특성을 가진 최소 입자가 分子 야.
Q. 음식을 철저하게 연구하고 분석하는 分子 요리.

명 분자

ぶんしとぶんぼ
分子と分母　분자와 분모

連邦 れんぽう

Q. 미국은 자치권을 가진 여러 주가 합쳐진 連邦 국가이다.
Q. 애리조나주의 連邦 가입 시기에 성조기의 별은 48개였다.

명 연방, 연합 국가

れんぽうせいふ
連邦政府　연방 정부

尾 お

Q. 소는 尾 를 흔들어 파리 등의 해충을 쫓아낸다.
Q. 악어는 긴 尾 를 좌우로 움직이며 헤엄을 친다.

명 꼬리

いぬのお
犬の尾　개의 꼬리

* 尻尾 보다 격식 있는 표현

民族 みんぞく

Q. 미국에는 다양한 民族 의 사람들이 모여 산다.
Q. 단일 民族 국가였던 한국은 다문화사회로 나아가고 있다.

명 민족

みんぞくいしょう
民族衣装　민족 의상

微量 びりょう

Q. 微量 만 섭취해도 죽음에 이르는 맹독.
Q. 과일 껍질에는 微量 의 잔류농약이 있으니 씻어주세요.

명 미량

びりょうげんそ
微量元素　미량 원소

国有 こくゆう

Q. 민간 기업과 国有 기업.
Q. 베네수엘라는 외국기업을 내쫓고 석유산업을 国有 화 했다.

명 국유[나라의 소유]

こくゆうざいさん
国有財産　국유 재산

民俗 みんぞく

Q. 그 사극은 한국 民俗 촌에서 촬영했다.
Q. 민간의 풍속 혹은 관습을 연구하는 학문 民俗 학.

명 민속

みんぞくがく
民俗学　민속학

根底 こんてい

Q. 레이시스트의 根底 에는 인종차별주의가 깔려있다.
Q. 주류 학계의 이론을 根底 부터 뒤흔드는 파격적 발견이다.

명 근저, 근본 토대

こんていにあるしそう
根底にある思想　밑바탕에 깔린 사상

没落 ぼつらく

Q. 민주 항쟁으로 독재 정권은 결국 没落 했다.
Q. 태평양 전쟁 패배로 일본의 제국주의는 사실상 没落 했다.

명 몰락

ぼつらくきぞく
没落貴族 몰락 귀족

浜辺 はまべ

Q. 바다를 보며 잠들고 싶어 浜辺 근처 펜션을 예약했다.
Q. 여름휴가 때 浜辺 에서 해수욕을 즐기고 싶어.

명 바닷가, 해변

なみうつはまべ
波うつ浜辺 파도치는 해변

民宿 みんしゅく

Q. 바닷가 마을 사람들은 民宿 를 해서 부수입을 올린다.
Q. 그 섬에는 호텔이 없어서 民宿 를 이용해야 한다.

명 민박

みんしゅくにとまる
民宿に泊まる 민박에 묵다

浜 はま

Q. 바다에 가면 浜 에서 모래성을 만들며 논다.
Q. 바다에 가면 浜 에 누워서 모래찜질을 할 거야.

명 바닷가

はまのまさご
浜の真砂 바닷가의 잔모래

* 호숫가를 표현할 때도 쓰임

碁盤 ごばん

Q. 바둑알은 있는데 碁盤 이 보이질 않는다.
Q. 격자무늬 셔츠를 碁盤 대신 깔아 바둑을 두었다.

명 바둑판

ごばんじま
碁盤縞 바둑판무늬

通じ合い つうじあい

Q. 무뚝뚝한 아버지들은 가족 간 通じ合い 를 어려워한다.
Q. 우리는 이메일로만 通じ合い 한다.

명 의사소통

つうじあいがひつようだ
通じ合いが必要だ 의사소통이 필요하다

模型 もけい

Q. 박물관에 전시된 模型 비행기가 진짜와 흡사하다.
Q. 과학실의 인체 模型 가 밤에 걸어 다닌다는 괴담.

명 모형

じんたいもけい
人体模型 인체 모형

駆(け)足[1] かけあし

Q. 택배기사의 초인종에 기쁜 마음으로 駆(け)足 로 갔다.
Q. 약속 시각에 늦어서 부리나케 駆(け)足 로 갔다.

명 뛰어감, 구보

かけあしでいく
駆け足で行く 뛰어가다

駆(け)足[2] かけあし

Q. 시험 시작이 얼마 남지 않아 노트를 駆(け)足 로 봤다.
Q. 반납 기한이 얼마 남지 않은 책을 駆(け)足 로 읽었다.

명 서두름

かけあしでよむ
駆け足で読む 빨리 읽다

Q A

反撃 はんげき

Q. 수비를 강화해 反撃 를 허용하지 않고 승리를 굳혔다.
Q. 아군의 거센 反撃 에 적군이 후퇴했다.

명 반격

はんげきかいし
反撃開始 반격 개시

強行 きょうこう

Q. 반대를 무릅쓰고 공사를 強行 해서 원성을 사다.
Q. 주민의 동의도 얻지 않고 철거를 強行 하다니.

명 강행

きょうこうしゅだん
強行手段 강행 수단

暗証番号 あんしょうばんごう

Q. 개인정보 보호를 위해 暗証番号 를 변경하세요.
Q. 暗証番号 를 눌러야 열리는 현관문.

명 비밀번호 ＊＊＊＊

あんしょうばんごうがちがう
暗証番号が違う 비밀번호가 틀리다

反乱 はんらん

Q. 反乱 이 무력에 의해 진압되었다.
Q. 이괄의 난은 1624년 이괄이 일으킨 反乱 이다.

명 반란

はんらんぐん
反乱軍 반란군

代弁 だいべん

Q. 반장이 모두의 의견을 代弁 해 건의했다.
Q. 아이가 깨뜨린 물건은 부모인 제가 代弁 하겠습니다.

명 대변

そんがいをだいべんする
損害を代弁する 손해를 대신 변상하다

* '대신 변상함' 혹은 '대신 의견을 말함'이라는 뜻

動き うごき

Q. 발레리나의 우아한 動き 에 시선을 빼앗겼다.
Q. 부상으로 팔의 動き 가 불가능하다.

명 움직임

かっぱつなうごき
活発な動き 활발한 움직임

音[3] ね

Q. 어디선가 감미로운 피아노 音 가 들렸다.
Q. 밖에서 누군가 구슬피 우는 音 가 들렸다.

명 소리

むしのね
虫の音 벌레 소리

* 아름다운 소리에 대한 표현으로 쓰이기도 함

放射能 ほうしゃのう

Q. 원전에서 불이 났으나 放射能 누출은 없었다고 한다.
Q. 원자력발전소에서 사고로 放射能 가 누출되었다.

명 방사능

ほうしゃのうおせん
放射能汚染 방사능 오염

禁物 きんもつ

Q. 끝까지 방심은 禁物 다.
Q. 다 이겼다고 생각했는데 지다니, 역시 속단은 禁物 구나.

명 금물 NO!

ゆだんはきんもつ
油断は禁物 방심은 금물

Q A

官僚 かんりょう

Q. 대체로 3급 이상의 공무원을 고위 官僚 라고 부른다.
Q. 정부 고위 官僚 의 오만한 발언이 논란이 되었다.

명 관료

かんりょうせい
官僚制 관료제

復旧 ふっきゅう

Q. 방화사건이 일어난 건물의 復旧 작업이 시작되었다.
Q. 도로에 싱크홀이 발생해 復旧 공사에 들어갔다.

명 복구

ふっきゅうさぎょう
復旧作業 복구 작업

記述 きじゅつ

Q. 직무 경험을 상세하게 記述 하여주십시오.
Q. 실험 과정과 결과를 있는 그대로 記述 하시오.

명 기술

きじゅつのあやまり
記述の誤り 기술의 오류

高原 こうげん

Q. 백두산 개마 高原.
Q. 고랭지 채소는 高原 지대의 기후 특성을 이용해 재배한다.

명 고원

こうげんちたい
高原地帯 고원지대

球根 きゅうこん

Q. 백합의 球根 은 여러 음식에 쓰인다.
Q. 봄을 맞아 화단에 튤립, 백합 등 球根 식물을 심었다.

명 알뿌리

きゅうこんさいばい
球根栽培 알뿌리 재배

間隔 かんかく

Q. 버스 배차 間隔 는 10분이다.
Q. 도로에서는 앞차와 일정한 間隔 를 유지해야 한다.

명 간격

かんかくをせばめる
間隔を狭める 간격을 좁히다

群 ぐん

Q. 群 을 이루어 날아다니는 날벌레들.
Q. 까마귀 群 이 하늘을 뒤덮는 불길한 징조.

명 떼, 무리

ぐんをなす
群を成す 무리를 이루다

寛容 かんよう

Q. 범죄자에게 베풀어줄 寛容 는 없어.
Q. 다른 문화에 대한 이해와 寛容 가 중요하다.

명 관용

かんようのせいしん
寛容の精神 관용의 정신

没収 ぼっしゅう

Q. 부정 축재한 재산 没収 를 위한 특별법 공청회가 열렸다.
Q. 청나라 정부는 아편을 没収 하고 아편 무역을 금지했다.

명 몰수

ざいさんぼっしゅう
財産没収 재산 몰수

Q　　　　　　　　　　A

盲点 もうてん

Q. 전문가들은 부동산 정책의 盲点 을 지적했다.
Q. 법의 盲点 을 이용해 부당이익을 얻은 회장 일가.

명 맹점

ほうのもうてん
法の盲点　법의 맹점

法廷 ほうてい

Q. 法廷 에 증인으로 출석하다.
Q. 法廷 에서 허위 증언을 한 것이 드러나 처벌을 받았다.

명 법정

ほうていにたつ
法廷に立つ　법정에 서다

改良 かいりょう

Q. 벼를 병충해에 강하도록 품종 改良 를 하다.
Q. 전통은 남기면서도 저렴하고 편한 改良 한복.

명 개량

ひんしゅかいりょう
品種改良　품종 개량

気質 きしつ

Q. 학자 気質 를 가진 사람이어서 몇 시간이고 책에 몰두한다.
Q. 예술적인 気質 를 타고 나 어릴 때부터 작곡까지 했다.

명 기질

げいじゅつかのかたぎ
芸術家の気質　예술가 기질

本館 ほんかん

Q. 별관은 本館 의 바로 뒤에 있습니다.
Q. 이 음식점은 本館 외에 별관이 세 곳이나 있다.

명 본관[주된 건물]

ほんかんとべっかん
本館と別館　본관과 별관

助け たすけ

Q. 친구가 갑자기 쓰러져 주변에 助け 를 요청했다.
Q. 기술적인 助け 가 필요하시면 연락하세요.

명 구조, 도움

たすけをもとめる
助けを求める　도움을 청하다

記名 きめい

Q. 서류 아래에 記名 와 날인을 해주십시오.
Q. 무 記名 투표를 통해 국회의장을 선출했다.

명 기명

むきめいとうひょう
無記名投票　무기명 투표

補償 ほしょう

Q. 포상금은 거절할게요. 補償 를 바라고 한 일이 아닙니다.
Q. 산불에 대한 피해 補償 금이 지급되었다.

명 보상

ほしょうきん
補償金　보상금

窓側の席 まどがわのせき

Q. 복도 석이 아니라 窓側の席 라서 풍경을 보기 좋아.
Q. 창밖을 보면서 가고 싶어서 窓側の席 를 예약했다.

명 창가 석

まどがわのせきにすわる
窓側の席に座る　창가 석에 앉다

腹立ち はらだち

Q. 그의 무례한 행동에 腹立ち 가 치밀었다.

Q. 그가 사과했지만 좀처럼 腹立ち 가 풀리지 않았다.

명 화냄, 성냄

はらだちまぎれに
腹立ち紛れに 홧김에

仕組(み) しくみ

Q. 어떤 仕組(み) 로 되어있길래 건전지 없이 움직이는 거지?

Q. 仕組(み) 있는 스토리 전개로 인해 몰입되는 소설.

명 구조, 짜임새

ふくざつなしくみ
複雑な仕組み 복잡한 구조

福祉 ふくし

Q. 국민연금은 대표적인 福祉 정책 중 하나이다.

Q. 보건 福祉 부는 저소득층의 재정지원을 확대했다.

명 복지

ふくししせつ
福祉施設 복지시설

補強 ほきょう

Q. 노후하여 균열이 보이는 다리의 補強 공사에 들어갔다.

Q. 뛰어난 선수를 영입해 팀의 전력을 補強 했다.

명 보강

ほきょうこうじ
補強工事 보강 공사

略語 りゃくご

Q. 본딧말을 줄이고 난 뒤의 어형을 略語 라고 한다.

Q. 선거 관리 위원회의 略語 는 선관위이다.

명 약어, 준말

りゃくごでかく
略語で書く 준말로 쓰다

本文 ほんぶん

Q. 이 책의 本文 17페이지부터 32페이지까지 시험 범위래.

Q. 이 번역서는 本文 의 느낌을 잘 살렸다.

명 본문, 원문

きょうかしょのほんぶん
教科書の本文 교과서 본문

封 ふう

Q. 봉투를 封 하기 전에 다시 한번 확인하세요.

Q. 성문을 단단히 封 하고 끝까지 저항했다.

명 봉함

ふうとう
封筒 봉투

富 とみ

Q. 부동산 투자로 富 를 축적하다.

Q. 도박으로 富 를 날리고 빈털터리가 되었다.

명 부, 재산

とみをきずく
富を築く 부를 쌓다

浮力 ふりょく

Q. 아르키메데스는 욕조에서 浮力 의 원리를 발견했다.

Q. 물 위에 뜨는 이유는 浮力 가 작용하기 때문이다.

명 부력

ふりょくのさよう
浮力の作用 부력의 작용

Q　　　　A

見合(い)[1] みあい

Q. 우리 부모님은 見合(い) 를 보고 결혼하셨다.
Q. 요즘은 결혼정보회사를 통해 見合(い) 를 본다.

명 맞선

おみあいけっこん
お見合い結婚　중매 결혼

見合(い)[2] みあい

Q. 수입과 지출의 見合(い) 가 맞지 않는다.
Q. 회사 일과 사생활의 見合(い) 를 잘 맞추는 것이 중요해.

명 균형

しゅうしのみあい
収支の見合い　수입과 지출의 균형

共働き ともばたらき

Q. 부모님이 共働き 라서 혼자 있는 시간이 많았다.
Q. 아이를 낳아서 共働き 를 그만두고 육아에 전념했다.

명 맞벌이

ともばたらきのふうふ
共働きの夫婦　맞벌이 부부

理屈[1] りくつ

Q. 모든 생명이 나이를 먹고 죽는 것은 자연의 理屈 다.
Q. 죄를 지었으면 벌을 받는 게 당연한 理屈 다.

명 도리, 이치

りくつにあうはなし
理屈に合う話　이치에 맞는 얘기

理屈[2] りくつ

Q. 몸이 아프다는 理屈 를 대고 조퇴하다.
Q. 입만 살아서 理屈 만 늘어놓고 일은 하지 않는다.

명 핑계, 이유, 구실

りくつをつける
理屈をつける　핑계를 대다

担架 たんか

Q. 부상자를 担架 에 실어 의무실로 데려갔다.
Q. 선수가 쓰러지자 担架 를 든 안전 요원 두 명이 달려왔다.

명 들것

たんかにのせる
担架に載せる　들것에 싣다

官 かん

Q. 과거에 급제하여 官 에 올랐다.
Q. 황희 정승이 官 에서 물러나 여생을 보낸 반구정.

명 관직, 벼슬

かんをしりぞく
官を退く　관직에서 물러나다

負債 ふさい

Q. 그 회사는 거액의 負債 를 안고 파산했다.
Q. 負債 를 감당하지 못해 도산하는 회사들.

명 부채

ふさいをつぐなう
負債を償う　부채를 상환하다

腐敗 ふはい

Q. 깜빡하고 상온에 내놓은 고기가 腐敗 했다.
Q. 腐敗 를 척결하기 위한 새 정부의 노력.

명 부패

にくがふはいする
肉が腐敗する　고기가 부패하다

不況 ふきょう

Q. 전문가들은 不況 에 빠진 경제를 위한 해결책을 모색했다.
Q. 극심한 不況 때문에 장사가 안된다.

명 불황

けいざいふきょう
経済不況 경제 불황

国防 こくぼう

Q. 북한의 김정은 国防 위원장.
Q. 国防 비는 군사력 건설, 유지, 운용에 드는 비용이다.

명 국방

こくぼうひ
国防費 국방비

慣れ なれ

Q. 이 길로 많이 다녔더니 이젠 慣れ 해서 지도가 필요 없다.
Q. 밤에 너무 늦게 자는 慣れ 가 있어요.

명 습관, 익숙해짐

なれがしょうじる
慣れが生じる 습관이 생기다

連中 れんちゅう

Q. 너도 저놈들이랑 連中 로구나! 다 같이 덤벼!
Q. 퇴근하고 회사의 連中 들과 술을 마셨다.

명 동료, 패거리

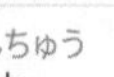

あのれんちゅう
あの連中 저 패거리

* 부정적으로 쓰이는 경향 있음

本国 ほんごく

Q. 불법 입국자를 本国 로 송환했다.
Q. 외국인 유학생이 本国 로 돌아가다.

명 본국

ほんごくそうかん
本国送還 본국송환

緊急事態 きんきゅうじたい

Q. 붉은빛과 사이렌 소리가 緊急事態 임을 느끼게 했다.
Q. 혹시 모를 緊急事態 에 대비해 평소에 훈련을 받는다.

명 긴급사태, 비상사태

きんきゅうじたいにたいしょ
緊急事態に対処 긴급사태에 대처

扉 とびら

Q. 扉 좀 살살 닫아라. 부서지겠다.
Q. 외출할 땐 扉 를 잘 잠그세요.

명 문짝

とびらのがたつき
扉のがたつき 문짝의 덜컹거림

ずぶ濡れ ずぶぬれ

Q. 쏟아져 내린 폭우에 ずぶ濡れ 한 머리.
Q. 비바람이 불어서 우산을 썼는데도 바지가 ずぶ濡れ 다.

명 흠뻑 젖음

あめでずぶぬれ
雨でずぶ濡れ 비 때문에 흠뻑 젖음

秘書 ひしょ

Q. 그는 사장실에서 秘書 로 근무하고 있다.
Q. 秘書 는 상사에게 직속되어 기밀문서나 사무를 맡아 본다.

명 비서

ひしょしつちょう
秘書室長 비서실장

Q

A

機構 きこう

Q. WHO는 세계보건 機構 로서 인류의 건강을 위해 힘쓴다.

Q. 미세먼지 문제 해결을 위한 국가 機構 가 출범했다.

명 기구

こっかきこう
国家機構 국가기구

★ '조직의 구조'를 뜻함

溜(ま)り[1] たまり

Q. 비 온 뒤엔 물이 溜(ま)り 인 곳이 많아서 걷기 불편하다.

Q. 아이가 빗물이 溜(ま)り 인 곳에서 장난치다 혼이 났다.

명 괸

みずたまり
水溜り 웅덩이

溜(ま)り[2] たまり

Q. 시합에 나가지 않는 선수들은 선수 溜(ま)り 실에 있다.

Q. 현관 앞에 사람들이 溜(ま)り 해있네. 무슨 일 있나?

명 대기, 집합

ひとだまり
人溜まり 사람들이 모여있음

見積(も)り みつもり

Q. 비용이 어느 정도 나올지 대충 見積(も)り 를 내봤어.

Q. 회장에 모인 사람들은 見積(も)り 잡아 50명 정도다.

명 어림, 견적

3.1415926…
3.14

みつもりかかく
見積もり価格 견적가격

計器 けいき

Q. 주유소에서 기름을 넣자 주유 計器 의 바늘이 움직였다.

Q. 자동차 計器 판의 속도는 실제보다 5% 이상 빠르다.

명 계기

けいきのどもり
計器の度盛り 계기의 눈금

落下 らっか

Q. 높은 곳에서 낮은 곳으로 물건이 落下 하다.

Q. 유성이 落下 하는 지점을 계산하다.

명 낙하

らっかちてん
落下地点 낙하지점

物資 ぶっし

Q. 빈곤한 나라에 구호 物資 를 보냈다.

Q. 전쟁이 길어지자 物資 가 떨어져 곤란에 처했다.

명 물자

きゅうえんぶっし
救援物資 구호물자

格差 かくさ

Q. 빈부의 格差 가 점점 더 커지고 있다.

Q. 농촌과 도시의 소득 格差 가 점점 커지고 있다.

명 격차

ちんぎんのかくさ
賃金の格差 임금 격차

返済 へんさい

Q. 빚을 返済 하느라 돈 한 푼 모으지 못했다.

Q. 반드시 갚을 테니 返済 기일을 늘려달라고 사정했다.

명 변제

へんさいのきじつ
返済の期日 변제 기일

Q — A

並(み) なみ

Q. 학교 성적은 높지도 낮지도 않은 並(み) 정도였다.
Q. 並(み) 한 사람은 해내기 힘든 비범한 업적.

명 보통

なみのにんげん
並みの人間 평범한 사람

祈り いのり

Q. 매일 아침 하느님께 祈り 를 드린다.
Q. 예배당에 모인 사람들이 두 손을 모아 祈り 를 하고 있다.

명 기도

ゆうべのいのり
夕べの祈り 저녁 기도

干(し) ほし

Q. 빨래가 끝났으면 건조대에 널어 干(し) 해라.
Q. 干(し) 포도가 들어간 빵은 좋아하지 않아.

명 말림, 말린 것

ふとんぼし
布団干し 이불 말림

事柄 ことがら

Q. 그거랑 이거는 별개의 事柄 야. 공사를 구분해야지.
Q. 지금 추진하시는 일과도 관련이 있는 事柄 입니다.

명 사정, 일, 사항

かんれんのあることがら
関連のある事柄 관련이 있는 사항

概略 がいりゃく

Q. 사건의 概略 는 이러합니다.
Q. 概略 적인 설명을 먼저 드리겠습니다.

명 개략, 대략

じけんのがいりゃく
事件の概略 사건의 개략

背景 はいけい

Q. 산을 背景 로 사진을 찍었다.
Q. 2차 세계대전이 일어난 背景 를 알아보자.

명 배경

じけんのはいけい
事件の背景 사건의 배경

詐欺 さぎ

Q. 詐欺 를 당해 퇴직금을 다 날렸어.
Q. 詐欺 꾼에게 당해서 큰돈을 잃었다.

명 사기, 협잡

さぎをはたらく
詐欺を働く 사기를 치다

反発 はんぱつ

Q. 사람들의 거센 反発 에 부딪힌 정책.
Q. 두 자석의 같은 극을 대자 反発 하며 밀려났다.

명 반발

はんぱつりょく
反発力 반발력

司法 しほう

Q. 司法 시험은 폐지되고 로스쿨 제도로 대체되었다.
Q. 독도 문제를 국제 司法 재판소에 넘기지 않는 이유.

명 사법

しほうきかん
司法機関 사법기관

Q A

仕付け しつけ

Q. 어릴 적 부모님이 엄하게 예의범절의 仕付け 를 했다.
Q. 아이에 대한 仕付け 가 너무 엄격해서 가엾을 지경이다.

명 훈육, 교육

しつけがいいかてい
仕付けがいい家庭 예의범절이 바른 가정

事業 じぎょう

Q. 회사의 事業 확장을 위한 투자자 모집.
Q. 아버지는 회사를 그만두고 개인 事業 를 하겠다고 하셨다.

명 사업

じぎょうか
事業家 사업가

家出 いえで

Q. 사춘기 때 반항심으로 家出 를 한 적이 있다.
Q. 가난과 가정불화에 지쳐 家出 하는 청소년들.

명 가출

いえでしょうねん
家出少年 가출 소년

事項 じこう

Q. 업무 수행 시 유의 事項 를 알려드리겠습니다.
Q. 여기 적힌 주의 事項 를 잘 읽어보시고 작성하세요.

명 사항

がいとうじこう
該当事項 해당 사항

死刑 しけい

Q. 死刑 선고는 하지만 사실상 집행하지 않는다.
Q. 극악무도한 범죄자에게 死刑 를 선고했다.

명 사형

しけいせいど
死刑制度 사형 제도

罰[2] ばつ

Q. 도스토옙스키의 장편소설 죄와 罰.
Q. 나쁜 짓을 했으면 罰 를 받아야지.

명 벌, 가위표

ばつをうける
罰を受ける 벌을 받다

断面 だんめん

Q. 나무의 断面 에서 나이테를 볼 수 있다.
Q. 사회의 어두운 断面 을 보게 되었다.

명 단면

だんめんさつえい
断面撮影 단면 촬영

到達 とうたつ

Q. 산 정상에 到達 했다.
Q. 그의 실력은 이미 최고의 경지에 到達 했다.

명 도달

もくてきちにとうたつ
目的地に到達 목적지에 도달

死 し

Q. 삶과 死.
Q. 강아지의 갑작스러운 死 로 우리 가족은 슬픔에 빠졌다.

명 죽음

しぼう
死亡 사망

Q A 

故人 こじん

Q. 삼가 故人 의 명복을 빕니다.
Q. 故人 이 생전에 좋아했던 꽃을 가지고 봉안당을 찾았다.

명 고인

こじんのめいふくをいのる
故人の冥福を祈る 고인의 명복을 빌다

林業 りんぎょう

Q. 삼림이 풍부하여 林業 가 발달했다.
Q. 나무를 심고 숲을 가꾸는 것도 林業 의 일환이다.

명 임업

りんぎょうをいとなむ
林業を営む 임업을 경영하다

棄権 きけん

Q. 상대 팀이 棄権 해서 부전승으로 올라갔다.
Q. 도저히 승산이 없어서 경기를 棄権 하기로 했다.

명 기권

しあいをきけんする
試合を棄権する 경기를 기권하다

上層 じょうそう

Q. 대기권 上層 에 가까울수록 공기가 희박하다.
Q. 회사의 上層 부에서 내린 결정이므로 따를 수밖에 없다.

명 상층, 위층

じょうそうぶ
上層部 상층부

脚本 きゃくほん

Q. 새로운 영화의 脚本 을 집필 중인 작가.
Q. 이야기에 개연성이 없기로 유명한 脚本 가가 참여한 영화.

명 각본

えいがきゃくほん
映画脚本 영화 각본

幹部 かんぶ

Q. 북한 고위급 幹部 가 방송국의 인터뷰에 응했다.
Q. 회사의 고위 幹部 가 건강 악화로 사임했다.

명 간부

ちゅうけんかんぶ
中堅幹部 중견 간부

開拓 かいたく

Q. 신대륙에 나타난 開拓 자들이 원주민을 학살했다.
Q. 서부 開拓 시대를 다룰 때 카우보이는 빠지지 않는다.

명 개척

せいぶかいたくじだい
西部開拓時代 서부 개척 시대

年賀 ねんが

Q. 새해가 되어 친지들에게 年賀 인사 겸 전화를 돌렸다.
Q. 1월 1일이면 다들 年賀 인사를 주고받느라 바쁘다.

명 연하, 신년 축하

ねんがじょう
年賀状 연하장

決意 けつい

Q. 올해는 반드시 결승에 진출하겠다는 決意 를 다졌다.
Q. 노조는 다음 달 10일부터 총파업을 決意 했다.

명 결의

けついをかためる
決意を固める 결의를 다지다

Q

A

内蔵 ないぞう

Q. 요즘 휴대폰에는 모두 카메라가 内蔵 되어 있습니다.
Q. 공사 현장은 항상 위험을 内蔵 하고 있으니까 조심하자.

명 내장, 내포

きけんをないぞうする
危険を内蔵する　위험을 내포하다

★ 내부에 가지고 있음을 뜻함

公募 こうぼ

Q. 생활 체험 수기 公募 당선작.
Q. 동화 公募 전에서 대상을 받은 작품이 책으로 나왔다.

명 공모

こうぼてん
公募展　공모전

領域 りょういき

Q. 수능 1교시는 언어 領域 시험이다.
Q. 타국의 領域 를 침범해 전쟁을 일으켰다.

명 영역

かがくのりょういき
科学の領域　과학의 영역

概説 がいせつ

Q. 교양 과목으로 서양사 概説 를 듣고 흥미가 솟았다.
Q. 이 문학 입문서는 초보들이 읽기 좋은 概説 다.

명 개설[개요를 설명함]

せいようしのがいせつ
西洋史の概説　서양사 개설

近郊 きんこう

Q. 서울 近郊 로 당일치기 여행을 떠난다.
Q. 도쿄 近郊 의 소도시 이바라키를 여행했다.

명 근교

きんこうにすむ
近郊に住む　근교에 살다

街頭 がいとう

Q. 선거철이 되자 街頭 에서 연설하는 소리로 시끄럽다.
Q. 날씨가 춥지만, 주말마다 街頭 에서 기타를 친다.

명 가두, 길거리 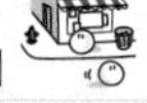

がいとうえんぜつ
街頭演説　가두연설

名札 なふだ

Q. 선도부가 교문 앞에서 넥타이와 名札 착용을 검사했다.
Q. 책상 위의 名札 를 보고서야 그가 사장임을 알았다.

명 명찰, 명패

なふだをつける
名札を付ける　명찰을 달다

固定 こてい

Q. 선반이 흔들리지 않게 벽에 固定 했다.
Q. 固定 관념을 깨고 창의적으로 생각하자.

명 고정

こていかんねん
固定観念　고정 관념

削減 さくげん

Q. 예산 削減 으로 인해 재정이 빠듯하다.
Q. 직원들은 임금 削減 에 반발했다.

명 삭감

よさんのさくげん
予算の削減　예산 삭감

Q A

蜂蜜 はちみつ

Q. 설탕 대신 蜂蜜 를 조금 넣어 보세요.
Q. 벌들은 끈적하고 달콤한 蜂蜜 를 만들어요.

명 벌꿀

はちみつづけ
蜂蜜漬け 벌꿀 절임

目付き めつき

Q. 치켜 올라간 目付き 때문에 사나워 보인다는 말을 듣는다.
Q. 그는 예리한 目付き 로 증거물을 살폈다.

명 눈매, 눈초리, 눈빛

めつきがわるい
目付きが悪い 눈매가 고약하다

念願 ねんがん

Q. 내 집을 사겠다는 오랜 念願 을 드디어 이뤘다.
Q. 배우가 되고 싶은 그의 念願.

명 염원

ねんがんじょうじゅ
念願成就 염원 성취

気象 きしょう

Q. 뉴스에서 気象 캐스터가 날씨를 알리고 있다.
Q. 태풍으로 인한 気象 악화로 항공편이 모두 취소되었다.

명 기상, 날씨

きしょうかんそく
気象観測 기상 관측

対決 たいけつ

Q. 세기의 対決 에 모두의 관심이 주목되었다.
Q. 정정당당하게 일대일로 対決 하자.

명 대결

せいきのたいけつ
世紀の対決 세기의 대결

境遇 きょうぐう

Q. 어린 시절 가난한 境遇 에서 자라났지만 자수성가했다.
Q. 딱한 境遇 에 놓인 아이들을 돕고 싶다.

명 환경, 처지

ふこうなきょうぐう
不幸な境遇 불행한 환경

茎 くき

Q. 식물은 뿌리, 茎, 잎 그리고 꽃이나 열매로 이루어져 있다.
Q. 배아 茎 세포 연구의 권위자.

명 줄기

はのくき
葉の茎 잎줄기

ばい菌 ばいきん

Q. 살균제는 ばい菌 을 죽인다.
Q. ばい菌 감염을 막기 위해 비누로 손을 깨끗이 씻는다.

명 세균

ばいきんをころす
ばい菌を殺す 세균을 죽이다

* 유해한 세균에 한해 쓰임

追加料金 ついかりょうきん

Q. 제주도에 택배를 보내려면 배송비에 追加料金 이 붙는다.
Q. 追加料金 을 내면 콜라를 다른 음료로 변경할 수 있다.

명 추가 요금

ついかりょうきんなし
追加料金なし 추가 요금 없음

Q A

問屋 とんや

Q. 소매업자에게 물품을 파는 問屋.

Q. 問屋 로부터 대량 구매하면 싸요.

명 도매상

やくしゅとんや
薬種問屋 약재 도매상

連盟 れんめい

Q. 소비자 권익 보호를 위해 한국 소비자 連盟 가 존재한다.

Q. 가야는 여섯 나라의 連盟 왕국이다.

명 연맹

こくさいれんめい
国際連盟 국제연맹

開発 かいはつ

Q. 소프트웨어를 開発 하는 회사.

Q. 원시림 開発 를 반대하는 시위에 참여했다.

명 개발

かいはつかんきょう
開発環境 개발환경

お世辞 おせじ

Q. 네가 잘생겼다는 말을 들었다고? 그냥 お世辞 겠지.

Q. 그가 하는 언제 술 한잔 하자는 말은 그저 お世辞 다.

명 입에 발린 말

おせじがうまい
お世辞がうまい 입에 발린 말을 잘하다

浴室 よくしつ

Q. 浴室 가 딸린 방으로 주세요. 혼자 목욕하고 싶어서요.

Q. 화장실 안에 유리문으로 구분된 浴室 가 있다.

명 욕실

よくしつつきのへや
浴室つきの部屋 욕실이 딸린 방

うたた寝 うたたね

Q. 수능 전날 긴장해서 푹 자지 못하고 うたた寝 를 잤다.

Q. 잠자리가 바뀌어 うたた寝 를 자서 피곤하다.

명 선잠

にっちゅうにうたたねをする
日中にうたた寝をする 낮에 선잠을 자다

農耕 のうこう

Q. 수렵 채집 사회에서 農耕 사회로 넘어간다.

Q. 農耕 생활을 시작하면서 인류는 정착 생활을 하게 되었다.

명 농경

のうこうしゃかい
農耕社会 농경사회

納入 のうにゅう

Q. 수업료 納入 는 안내데스크에서 도와드립니다.

Q. 소득세를 은행에 納入 했다.

명 납입

のうにゅうきじつ
納入期日 납입 기일

教材 きょうざい

Q. 많은 이들에게 추천을 받은 수준 높은 어학 教材.

Q. 새 학기에는 새 教材 가 필요하다.

명 교재, 교육 재료

しちょうかくきょうざい
視聴覚教材 시청각 교재

Q　A

動向 どうこう

Q. 수출량이 증가 動向 를 나타낸다.
Q. 농수산물의 가격 動向 를 알려주는 홈페이지.

명 동향

けいざいのどうこう 経済の動向	경제 동향

概念 がいねん

Q. 새로운 概念 의 화폐로 가상화폐가 등장했다.
Q. 미의 概念 은 시대에 따라 변한다.

명 개념

じょういがいねん 上位概念	상위 개념

不動産 ふどうさん

Q. 집을 내놓으려고 不動産 에 찾아갔다.
Q. 不動産 에서 공인중개사로 일하고 있다.

명 부동산

ふどうさんがいしゃ 不動産会社	부동산 회사

封鎖 ふうさ

Q. 시민들을 대피시키고 위험지역을 封鎖 했다.
Q. 경찰은 길목을 封鎖 하고 불심검문을 했다.

명 봉쇄

げんせんふうさ 源泉封鎖	원천 봉쇄

保護 ほご

Q. 환경 保護 를 위해 비닐 사용을 자제하자.
Q. 길 잃은 아이가 경찰의 保護 하에 안전히 귀가했다.

명 보호

かんきょうほご 環境保護	환경 보호

武力 ぶりょく

Q. 시위대와 경찰 사이에 武力 충돌이 일어났다.
Q. 대화로 해결하지 않고 武力 를 사용해서 이기려 들다니.

명 무력

ぶりょくしょうとつ 武力衝突	무력 충돌

代用 だいよう

Q. 식탁을 책상 代用 로 사용한다.
Q. 아침 식사 代用 로 바나나를 먹는다.

명 대용

だいようしょく 代用食	대용식

発足 ほっそく

Q. 농산물 원산지 표시감시단이 새롭게 発足 했다.
Q. 그 단체는 지난달에 공식적으로 発足 되었다.

명 발족

せいしきにほっそくした 正式に発足した	정식으로 발족했다

加入 かにゅう

Q. 신규회원 加入 조건은 까다롭다.
Q. 직장에 취직하여 4대 보험에 加入 하다.

명 가입

ほけんにかにゅうする 保険に加入する	보험에 가입하다

Q

A

滅亡 めつぼう

Q. 신라는 고구려와 백제를 滅亡 시키고 삼국을 통일했다.
Q. 학자들은 핵전쟁으로 인류가 滅亡 할 것으로 예측했다.

명 멸망

こっかのめつぼう
国家の滅亡 국가의 멸망

掲載 けいさい

Q. 신문에 칼럼을 掲載 하다.
Q. 유명 학술지에 논문을 掲載 했다.

명 게재

けいさいきんし
掲載禁止 게재 금지

封建 ほうけん

Q. 신분제 폐지 등 封建 제도의 타파.
Q. 영주가 지배하던 중세시대 封建 사회.

명 봉건

ほうけんじだい
封建時代 봉건 시대

無断 むだん

Q. 신입사원이 말도 없이 無断 결근을 했어.
Q. 남의 집에 허락 없이 들어오는 건 無断 침입이야.

명 무단

むだんしんにゅう
無断侵入 무단침입

室料 しつりょう

Q. 室料 를 내지 못해 쫓겨난 세입자.
Q. 室料 가 터무니없이 비쌌지만, 따로 묵을 곳이 없었다.

명 대실료, 방세

しつりょうをはらう
室料を払う 방값을 내다

苦 く

Q. 苦 끝에 낙이 온다.
Q. 그의 손을 보면 상당한 苦 를 겪었음을 알 수 있다.

명 고생, 괴로움

くもなくしあげた
苦もなく仕上げた 어렵지 않게 해냈다

決断 けつだん

Q. 심사숙고한 끝에 決断 을 내렸다.
Q. 그는 決断 력이 있어 갈팡질팡하지 않는다.

명 결단

けつだんりょく
決断力 결단력

客観 きゃっかん

Q. 심사위원이 客観 성을 잃으면 어떻게 합니까.
Q. 작품을 客観 적으로 평가하기로 유명한 비평가.

명 객관

きゃっかんせい
客観性 객관성

器官 きかん

Q. 심장을 피를 보내고 받는 체내 순환 器官 이다.
Q. 폐는 호흡을 담당하는 器官 이다.

명 생물의 기관

こきゅうきかん
呼吸器官 호흡기관

未知 みち

Q. 심해는 인류에게 아직 未知 의 영역이다.

Q. 죽음 이후의 세계는 아직 未知 의 영역이다.

명 미지[아직 알지 못함]

みちのせかい
未知の世界 미지의 세계

胴 どう

Q. 씨름선수라더니 몸 胴 가 보통 사람의 두 배가 넘네.

Q. 비행기 날개에 결함이 생겨 胴 체 착륙을 시도했다.

명 통, 몸통

どうたいぶぶん
胴体部分 동체 부분

* (비행기·배 등의) 동체를 뜻하기도 함

股[1] もも

Q. 종아리는 날씬한데 股 가 굵은 게 콤플렉스야.

Q. 무릎 위 股 가 드러나는 짧은 바지를 입었다.

명 넓적다리, 허벅지

にわとりももにく
鶏股肉 닭 넓적다리 살

股[2] また

Q. 뱁새가 황새 따라가려다 股 가 찢어진다.

Q. 바지를 오래 입었더니 안쪽 股 부분이 닳아서 해졌다.

명 가랑이

ずぼんのまた
ズボンの股 바짓가랑이

発芽 はつが

Q. 씨앗이 일주일 만에 発芽 했다.

Q. 나뭇가지에서 発芽 하는 새잎들.

명 발아

はつががおそい
発芽が遅い 발아가 더디다

粉粉 こなごな

Q. 아끼던 유리잔을 떨어트려 粉粉 로 깨졌다.

Q. 교통사고가 나서 앞 유리가 粉粉 로 부서졌다.

명 산산조각

こなごなにわれる
粉粉に割れる 산산조각이 나다

* 오도리지 粉々

勧誘 かんゆう

Q. 친구의 勧誘 로 조기축구회에 가입했다.

Q. 선생님은 내 성적을 보고 서울대 진학을 勧誘 하셨다.

명 권유

ごういんなかんゆう
強引な勧誘 강압적인 권유

大筋 おおすじ

Q. 면접을 보는 지원자에게 어떤 일을 하는지 大筋 설명했다.

Q. 1편을 못 본 친구에게 내용을 大筋 설명해주었다.

명 대강, 대략

おおすじにせつめいする
大筋に説明する 대강 설명하다

内心 ないしん

Q. 아무렇지 않은 척해도 内心 은 그렇지 않았을 거야.

Q. 문제가 쉽다고 해서 内心 기대했는데 그렇지도 않았다.

명 내심, 속마음

ないしんをうちあける
内心を打ち明ける 내심을 털어놓다

Q　A

牧師 ぼくし

Q. 아버지는 개신교의 牧師 이시다.

Q. 신도들 앞에서 설교하는 교회의 牧師.

명 목사

ぼくしのせっきょう
牧師の説教　목사의 설교

思いつき おもいつき

Q. 좋은 아이디어가 불현듯 思いつき 했다.

Q. 떨어지는 사과를 본 뉴턴의 思いつき.

명 착상, 생각이 남

きばつなおもいつき
奇抜な思いつき　기발한 착상

非行 ひこう

Q. 상습적으로 학교를 쉬고 음주를 하는 非行 청소년.

Q. 끊임없는 非行 를 저지르다 퇴학당한 학생.

명 비행

ひこうしょうねん
非行少年　비행 소년

* 잘못되거나 그릇된 행위를 뜻함

理論 りろん

Q. 아인슈타인의 상대성 理論.

Q. 理論 적으로는 가능하지만, 현대 기술로는 어렵습니다.

명 이론

きそりろん
基礎理論　기초 이론

名残[1] なごり

Q. 경주는 옛 문명의 名残 가 많이 남아있는 도시이다.

Q. 언제 비가 왔냐는 듯 名残 없이 맑게 갠 하늘.

명 자취, 흔적

こだいぶんめいのなごり
古代文明の名残　고대문명의 자취

名残[2] なごり

Q. 이사하는 친구와의 名残 가 아쉬워 잡은 손을 놓지 못했다.

Q. 그는 눈을 감기 전 가족들에게 名残 의 말을 남겼다.

명 이별

なごりのことば
名残の言葉　이별의 말

ちり取り ちりとり

Q. 청소기 없이 빗자루랑 ちり取り 만으로 청소한다.

Q. 제설작업용 눈삽은 마치 커다란 ちり取り 처럼 생겼다.

명 쓰레받기

ちりとりとほうき
ちり取りとほうき　쓰레받기와 빗자루

強 きょう

Q. 통증이 느껴지면 안마기의 強 약 조절 기능을 사용하세요.

Q. 6시간 동안 쉬지 않고 걷는 強 행군을 했다.

명 강함

きょうとじゃく
強と弱　강약

慣例 かんれい

Q. 악수는 일종의 사회적 慣例 다.

Q. 보통은 2년 사용한 뒤 교체하는 것이 慣例 처럼 여겨졌다.

명 관례

まいとしかんれい
毎年慣例　매년 관례

仕来(た)り しきたり

Q. 옛날에는 성년이 되면 상투를 트는 仕来(た)り 가 있었다.
Q. 처벌하지 않으면 안 좋은 仕来(た)り 로 남을 수 있다.

명 관습, 선례

しきたりにしたがう
仕来たりに従う 관례에 따르다

配布 はいふ

Q. 안내문은 입구에서 무료로 配布 중입니다.
Q. 추운 날씨에 떨면서 광고지 配布 아르바이트를 했다.

명 배포

むしょうはいふ
無償配布 무상 배포

点検 てんけん

Q. 안전검사위원회에서 방금 点検 을 마쳤다.
Q. 그 기계는 달마다 정밀 点検 을 실시한다.

명 점검

ていきてんけん
定期点検 정기 점검

発病 はつびょう

Q. 암이 発病 초기에 발견되어 완치가 가능했다.
Q. 병이 発病 한 건 그 애가 5살일 때였어.

명 발병

はつびょうのしょき
発病の初期 발병 초기

梢 こずえ

Q. 앙상하던 梢 에 꽃망울이 맺혔다.
Q. 정원수의 梢 를 다듬어 하트 모양을 만들었다.

명 나뭇가지 끝

すぎのこずえ
杉の梢 삼나무의 우듬지

結び付き むすびつき

Q. 거래처와 수년간 좋은 結び付き 를 유지했다.
Q. 힘든 일을 이겨내자 팀원들의 結び付き 가 깊어졌다.

명 관계, 결속

おやとこのむすびつき
親と子の結び付き 부모와 자식의 관계

改定 かいてい

Q. 새해가 되자 버스 이용 요금이 改定 되었다.
Q. 상황이 달라져 계약서 조항의 改定 가 불가피하다.

명 개정

りょうきんのかいてい
料金の改定 요금의 개정

* 요금 등을 새롭게 결정하는 경우 쓰임

改訂 かいてい

Q. 오탈자가 심해 비판받았던 그 책이 이번에 改訂 되었다.
Q. 내용이 다소 改訂 되어 나온 수정판이야.

명 개정

きょうかしょのかいてい
教科書の改訂 교과서의 개정

* 사전 등의 틀린 부분을 정정하는 경우 쓰임

飼育 しいく

Q. 야생동물을 飼育 해서 길들였다.
Q. 개와 고양이는 飼育 된 동물이다.

명 사육

かちくのしいく
家畜の飼育 가축의 사육

Q　　　　**A**

乱用 らんよう

Q. 약물 乱用 로 부작용이 생겼다.
Q. 공권력 乱用 가 밝혀져 처벌받은 공무원.

명 남용

くすりのらんよう
薬の乱用　약의 남용

工作1 こうさく

Q. 어버이날을 맞아 工作 시간에 카네이션을 만들었다.
Q. 초등학교 工作 시간에 바람개비나 찰흙 인형을 만들었다.

명 공작, 공사

こうさくぶつ
工作物　공작물

工作2 こうさく

Q. 범행이 드러나지 않도록 은폐 工作 를 하다.
Q. 라이벌의 방해 工作 를 이겨내고 승리했다.

명 공작

じぜんこうさく
事前工作　사전 공작

* 어떤 목적을 달성하기 위해 미리 손을 쓰는 행위를 뜻함

文語 ぶんご

Q. 언어에는 文語 와 구어가 있다.
Q. 문장을 쓸 때 쓰는 말을 文語 라고 한다.

명 문어

ぶんごぶんぽう
文語文法　문어 문법

* 주로 문장에서 쓰는 특별한 말을 뜻함

気だて きだて

Q. 얼굴도 곱고 気だて 도 곱다.
Q. 気だて 좋은 사장님을 만나서 싸게 잘 샀다.

명 마음씨

きだてのやさしい
気だての優しい　마음씨가 고움

お使い おつかい

Q. 엄마가 두부를 사 오라고 お使い 를 보내셨어.
Q. 동생에게 집에 올 때 과자를 사 오라고 お使い 를 시켰다.

명 심부름, 사자

おつかいをたのまれる
お使いを頼まれる　심부름 부탁을 받다

群衆 ぐんしゅう

Q. 광장에는 엄청난 수의 群衆 가 모여 시위를 하고 있다.
Q. 경찰이 시위 현장에 모인 群衆 를 강제 해산시켰다.

명 군중

ぐんしゅうげき
群衆劇　군중극

対応 たいおう

Q. 더는 참을 수 없습니다. 법적 対応 를 하겠습니다.
Q. 상대가 어떻게 나오는지 보고 그에 따라 対応 를 하자.

명 대응

たいおうさく
対応策　대응책

対処 たいしょ

Q. 현장에 있던 소방관의 발 빠른 対処 로 큰 피해는 없었다.
Q. 이별에 対処 하는 자세.

명 대처 

たいしょほうほう
対処方法　대처 방법

Q — A

落(ち)着き おちつき

Q. 엄청난 압박 속에서도 落(ち)着き 를 보여준 선수.
Q. 다급한 상황일수록 落(ち)着き 를 유지해라.

명 침착성, 안정감

おちつきがない
落ち着きがない — 차분하지 않다

配置 はいち

Q. 엔진 속 부품들의 配置 를 사진으로 보여줄게.
Q. 현재의 좌석 配置 에 만족한다.

명 배치

はいちず
配置図 — 배치도

印章 いんしょう

Q. 왕실의 印章 가 찍혀 있어 진품임을 알 수 있다.
Q. 붉은 밀랍에 印章 를 찍어서 편지를 봉했다.

명 도장, 인장

いんしょうをおす
印章を捺す — 도장을 찍다

* 격식 있는 표현

記載 きさい

Q. 여기에 이름과 전화번호를 記載 해주세요.
Q. 이력서의 記載 사항이 사실과 다를 경우 합격 취소됩니다.

명 기재

きさいじこう
記載事項 — 기재사항

共感 きょうかん

Q. 여성 독자들의 共感 을 많이 받은 책.
Q. 共感 능력이 떨어져서 위로할 줄 모르는 사람.

명 공감

いけんにきょうかん
意見に共感 — 의견에 공감

観 かん

Q. 제 인생 観 은 현실주의에 가깝습니다.
Q. 외 観 으로 보기에는 문제없어 보이는데 안쪽은 박살 났어.

명 관, 관점

かちかん
価値観 — 가치관

よそ見 よそみ

Q. 여자친구를 옆에 두고 よそ見 하다니 제정신이야?
Q. 앞을 보고 걸어야지 그렇게 よそ見 하다간 넘어진다.

명 한눈팖, 곁눈질

よそみする
よそ見する — 한눈을 팔다

動機 どうき

Q. 우리 회사에 지원하신 動機 는 무엇인가요?
Q. 動機 부여를 위해 자기계발서를 읽고 있다.

명 동기

はんこうのどうき
犯行の動機 — 범행 동기

了承 りょうしょう

Q. 그는 나의 제안을 흔쾌히 了承 해 주었다.
Q. 기상 악화로 항공편이 취소되었습니다. 了承 바랍니다.

명 승낙, 양해

りょうしょうをえる
了承を得る — 승낙을 얻다

Q — A

びら

Q. 역 앞에서 인형 옷을 입고 びら 를 나눠준다.
Q. 오랫동안 비어있었는지 현관문에 びら 가 잔뜩 붙었다.

명 한 장으로 된 광고지

びらをまく　광고지를 뿌리다

決算 けっさん

Q. 연말이면 회계팀은 연말 決算 을 하느라 바쁘다.
Q. 여행비를 決算 하여 단톡방에 공지했다.

명 결산

けっさんほうこくしょ
決算報告書　결산보고서

公[1] おおやけ

Q. 일을 할 때는 公 와 사를 구분하도록 해.
Q. 국가나 지방단체가 출자하여 경영하는 公 기관.

명 공공, 공적

おおやけのたちば
公の立場　공적인 입장

公[2] おおやけ

Q. 비밀문서가 드디어 일반에 公 가 되었다.
Q. 둘이 사귀는 사이임이 학교 내에 公 하게 되었다.

명 일반에 알려짐, 공공연함

じけんがおおやけになる
事件が公になる　사건이 일반에 알려지다

公[3] おおやけ

Q. 판사는 公 인 판결을 내리도록 노력했다.
Q. 한쪽만 벌을 받다니 公 인 처사가 아닙니다.

명 사심 없음, 공정함

おおやけなたいど
公な態度　공정한 태도

帰京 ききょう

Q. 연휴 마지막 날은 帰京 차량이 몰려 도로가 주차장 같았다.
Q. 고향에서 명절을 보내고 帰京 하는 사람들.

명 귀경

ひさしぶりのききょう
久しぶりの帰京　오랜만의 귀경

激励 げきれい

Q. 실수로 실점을 한 선수에게 激励 의 박수를 보냈다.
Q. 이 노래가 우울하던 나를 激励 해주었다.

명 격려

げきれいのことば
激励の言葉　격려의 말

講読 こうどく

Q. 영어 원서를 講読 하는 수업을 신청했다.
Q. 불교에 흥미가 생겨 불교 경전을 講読 했다.

명 강독[책을 읽고 해설함]

えいごこうどく
英語講読　영어강독

結合 けつごう

Q. 수소와 산소가 結合 하면 물이 된다.
Q. 두 단어가 結合 된 단어들.

명 결합

さいけつごう
再結合　재결합

Q A

公用 こうよう

Q. 영어는 세계 公用 언어이다.

Q. 남녀 公用 화장실.

명 공용

こうようしゃ
公用車 공용차

隊 たい

Q. 부대원들이 隊 열을 맞춰 행진했다.

Q. 우리 아버지는 해병 隊 출신이셔.

명 대[무리/대열]

ぐんたい
軍隊 군대

個性 こせい

Q. 한 번 보면 잊을 수 없는 個性 있는 얼굴.

Q. 한명 한명 등장인물의 個性 가 살아있는 작품.

명 개성

こせいゆたか
個性豊か 개성 강한

寄り より

Q. 예상보다 많은 사람이 寄り 를 해서 의자가 모자랐다.

Q. 역 寄り 에 밥 먹을만한 가게가 있는지 찾아보았다.

명 집합, 모임

きゃくのよりがいい
客の寄りがいい 손님이 잘 모임

* 접사로 쓰이는 경우 '근처, 쪽'을 뜻함

貴族 きぞく

Q. 신분제 사회에는 평민 위에 왕족과 貴族 가 존재했다.

Q. 그는 외국 어딘가의 몰락한 貴族 집안 출신이라고 했다.

명 귀족

きぞくかいきゅう
貴族階級 귀족 계급

売(り)出し うりだし

Q. 신제품 売(り)出し 기념 사은품 행사를 진행합니다.

Q. 연말이 되자 백화점에서 売(り)出し 행사를 했다.

명 발매

とっかうりだし
特価売り出し 특가 매출

* '대대적 판매'를 뜻하기도 함

来場 らいじょう

Q. 우리 회사 창립 기념 행사에 来場 를 해주셔서 감사합니다.

Q. 예고 없이 유명인이 来場 해서 회장이 술렁였다.

명 그 장소에 옴, 내빈

ごらいじょうのみなさま
ご来場の皆様 와주신 여러분

了解 りょうかい

Q. 오늘 처음 일하는 거니 서투르더라도 了解 해주세요.

Q. 그런 일이 있으면 사전에 了解 를 구했어야지.

명 양해

りょうかいじこう
了解事項 양해 사항

悪臭 あくしゅう

Q. 썩은 달걀의 고약한 悪臭.

Q. 은행나무 열매에서는 지독한 悪臭 가 난다.

명 악취

あくしゅうをはなつ
悪臭を放つ 악취를 풍기다

Q

A

放置 ほうち

Q. 오랫동안 放置 된 건물은 폐허가 되었다.

Q. 상처를 放置 했다가 덧나서 곪았다.

명 방치

ほうちされたじょうたい
放置された状態 방치된 상태

目盛(り) めもり

Q. 온도계의 目盛(り) 를 읽는다.

Q. 자에는 1mm 단위로 目盛(り) 가 매겨져 있다.

명 눈금

おんどけいのめもり
温度計の目盛り 온도계의 눈금

保養 ほよう

Q. 여름에는 삼계탕 같은 保養 음식을 먹어야 한다.

Q. 산림욕장 같은 保養 지에서 휴식을 즐기고 싶다.

명 보양, 휴양

ほようち
保養地 휴양지

掛け かけ

Q. 옷걸이에 옷을 掛け 해서 정리하다.

Q. 새로 맞춘 간판을 掛け 하고 장사를 시작하는 첫날.

명 걺, 거는 것

ようふくかけ
洋服掛け 옷걸이

軍備 ぐんび

Q. 다가올 전쟁을 앞두고 軍備 증강에 힘을 쏟았다.

Q. 국방을 위해 軍備 를 강화해야 한다고 주장했다.

명 군비[군사 대비전력]

ぐんびかくちょう
軍備拡張 군비 확장

武装 ぶそう

Q. 군인들은 완전 武装 상태로 대기했다.

Q. 武装 한 강도들이 총으로 위협하며 금품을 요구했다.

명 무장

ぶそうかいじょ
武装解除 무장 해제

家来 けらい

Q. 왕의 뒤로 왕을 모시는 家来 들이 늘어서 있다.

Q. 왕을 한결같이 섬기는 충직한 家来 다.

명 가신

おうのけらい
王の家来 왕의 가신

宮殿 きゅうでん

Q. 왕이 살던 호화스러운 宮殿.

Q. 베르사유 宮殿.

명 궁전

きゅうでんのしきち
宮殿の敷地 궁전 뜰

流通 りゅうつう

Q. 외국산이 국산으로 둔갑해 시중에 流通 되다.

Q. 이 우유는 流通 기한이 지났다.

명 유통

りゅうつうけいざい
流通経済 유통 경제

腕前 うでまえ

Q. 요리의 腕前 를 발휘해 친구를 대접하다.
Q. 아마추어답지 않은 능숙한 腕前 를 뽐냈다.

명 솜씨, 역량, 기량

いしゃのうでまえ
医者の腕前 의사의 솜씨

同居 どうきょ

Q. 요즘은 결혼하지 않고 그냥 同居 하는 사람들이 많다.
Q. 저는 부모님과 同居 하고 있습니다.

명 동거

どうきょにん
同居人 동거인

大概 たいがい

Q. 학생들은 大概 의 경우 대학 진학을 목표로 한다.
Q. 어떤 일인지 大概 의 설명은 들었습니다.

명 대개, 대강

たいがいるす
大概留守 대개 집에 없음

共稼ぎ ともかせぎ

Q. 요즘은 외벌이로는 힘들어 대부분 共稼ぎ 를 한다.
Q. 共稼ぎ 인데 집안일을 여자만 하는 건 불공평해.

명 맞벌이

ともかせぎのふうふ
共稼ぎの夫婦 맞벌이 부부

本質 ほんしつ

Q. 이번 노사 갈등의 本質 는 임금 문제이다.
Q. 문제의 本質 를 흐리지 마.

명 본질

ほんしつしゅぎ
本質主義 본질주의

多数決 たすうけつ

Q. 우리의 머릿수가 많으니 多数決 로 밀어붙입시다!
Q. 多数決 로 정하면 소수의 의견이 배제된다.

명 다수결

たすうけつのげんり
多数決の原理 다수결의 원리

発育 はついく

Q. 우리 아이가 또래보다 発育 가 늦어서 걱정이다.
Q. 군것질하지 말고 골고루 먹어야 発育 가 된다.

명 발육

はついくざかり
発育盛り 한창 자랄 때

関与 かんよ

Q. 우리 엄마는 항상 내 일에 関与 한다.
Q. 이건 당신이 関与 할 문제가 아닌 것 같아.

명 관여

かんよするもんだい
関与する問題 관여할 문제

既婚 きこん

Q. 우리 회사는 미혼보다 既婚 이 많다.
Q. 요즘은 既婚 여성도 맞벌이를 하는 경우가 대부분이다.

명 기혼

きこんかいしゃいん
既婚会社員 기혼 회사원

Q

A

配給 はいきゅう

Q. 우리 회사는 영화를 수입해서 配給 하는 일을 합니다.

Q. 북한의 식량 配給 가 크게 줄어 아사가 속출했다.

명 배급

はいきゅうじょ
配給所 배급소

隔週 かくしゅう

Q. 우리 회사는 일요일에 한주씩 건너 쉬는 隔週 휴무제이다.

Q. 이 기사는 매주가 아닌 隔週 로 발행한다.

명 격주

かくしゅうきゅうむせい
隔週休務制 격주 휴무제

専用 せんよう

Q. 대통령이 専用 기를 타고 미국으로 갔다.

Q. 이 차는 사장님 専用 차입니다.

명 전용

せんようじゅうたく
専用住宅 전용 주택

密集 みっしゅう

Q. 우리나라의 인구는 서울에 密集 되어 있다.

Q. 술집이 密集 해 있는 뒷골목으로 들어섰다.

명 밀집

じんこうみっしゅう
人口密集 인구 밀집

経過 けいか

Q. 솔루션을 끝내고 한 달 経過 뒤 다시 만났다.

Q. 두 사건 사이에는 상당한 시간의 経過 가 있었다.

명 경과

けいかほうこく
経過報告 경과보고

連帯 れんたい

Q. 우리는 한 팀이니 팀원의 잘못은 連帯 책임을 진다.

Q. 아무래도 같이 고생한 동기와는 連帯 의식이 강하다.

명 연대

れんたいほしょう
連帯保証 연대 보증

兼用 けんよう

Q. 우산이지만 자외선 차단 코팅이 되어서 양산 兼用 이다.

Q. TV로도, 모니터로도 쓸 수 있는 兼用 제품입니다.

명 겸용

ひがさけんようのかさ
日傘兼用の傘 양산 겸용 우산

等級 とうきゅう

Q. 수능에서 과목별 等級 를 모아 평균을 내보았다.

Q. 돈을 잘 갚으면 신용 等級 가 올라간다.

명 등급

とうきゅうをさだめる
等級を定める 등급을 정하다

気品 きひん

Q. 우아하고 気品 있는 귀부인.

Q. 왕족 출신이라더니 어딘가 모르게 気品 이 느껴진다.

명 기품

おだやかなきひん
穏やかな気品 점잖은 기품

微塵 みじん

Q. 우주를 전체로 보면 나는 微塵 같은 존재이다.
Q. 아무리 털어도 微塵 하나 나오지 않는다.

명 작은 먼지

みじんぎり
微塵切り 잘게 썲

埋蔵 まいぞう

Q. 운구 행렬이 埋蔵 를 위해 장지로 향했다.
Q. 사람의 유골이 발견된 옛 埋蔵 터.

명 매장

まいぞうりょう
埋蔵量 매장량

念[1] ねん

Q. 감사의 念 을 담은 편지와 선물을 준비했다.
Q. 내 실수로 시합에서 져서 자꾸 자책하는 念 이 들었다.

명 마음, 기분

かんしゃのねん
感謝の念 감사하는 마음

念[2] ねん

Q. 고향으로 금의환향하겠다는 念 을 이제야 이루었다.
Q. 죽기 전에 세계 일주를 해보고 싶다는 念 이 있다.

명 소원, 바람

ねんがかなう
念がかなう 바람이 이루어지다

結び むすび

Q. 운동화 끈을 리본 모양 結び 로 묶었다.
Q. 모여준 청중에게 감사를 전하며 연설을 結び 했다.

명 매듭, 끝맺음

むすびかた
結び方 묶는 방법

駆けっこ かけっこ

Q. 토끼와 거북이는 駆けっこ 시합을 했다.
Q. 집에 누가 먼저 도착할지 동생과 駆けっこ 시합을 했다.

명 달리기

かけっこをする
駆けっこをする 달리기를 하다

砂利 じゃり

Q. 울퉁불퉁한 砂利 길을 달리는 트럭.
Q. 기차 철로 근처의 수많은 砂利 들.

명 자갈

じゃりば
砂利場 자갈밭

裾[1] すそ

Q. 웅덩이를 건너려고 바지 裾 를 걷어 올렸다.
Q. 키가 작아서 바지 裾 가 바닥에 질질 끌린다.

명 옷단, 옷자락

ずぼんのすそ
ズボンの裾 바짓부리

裾[2] すそ

Q. 빈 보트가 물살에 밀려 강의 裾 로 떠내려갔다.
Q. 동호회 회원들과 등산을 마치고 산 裾 로 내려갔다.

명 아랫부분, 아래

やまのすそ
山の裾 산 아래

Q A

排水 はいすい

Q. 원래부터 排水 가 좋은 지역이라 홍수 걱정이 없다.

Q. 화분 밑바닥에는 排水 를 위한 구멍이 나 있다.

명 배수

はいすいかん
排水管 배수관

季刊 きかん

Q. 월간 발행에서 季刊 발행으로 바뀌었다.

Q. 계절마다 한 번씩 발행하는 季刊 잡지.

명 계간

きかんし
季刊誌 계간지

偽造 ぎぞう

Q. 진짜 지폐와 偽造 지폐를 구별하는 방법.

Q. 미술품을 偽造 하여 비싸게 판 사기범을 붙잡았다.

명 위조

ぎぞうしへい
偽造紙幣 위조지폐

年長 ねんちょう

Q. 유교 문화에선 나이가 많은 年長 자를 공경한다.

Q. 형은 나보다 세 살 年長 다.

명 연장, 연상

ねんちょうしゃ
年長者 연장자

菌 きん

Q. 유산균은 몸에 좋은 菌 이다.

Q. 상처를 깨끗하게 소독하지 않으면 菌 에 감염될 수 있어.

명 균

ばいきん
ばい菌 세균

美 び

Q. 유종의 美 를 거두었다.

Q. 동양적인 美 가 있는 여인.

명 미

びじん
美人 미인

干渉 かんしょう

Q. 부모라 할지라도 자식에게 지나친 干渉 를 해선 안 된다.

Q. 남의 일에 이래라저래라 干渉 하지 말아줬으면 좋겠어.

명 간섭

ないせいかんしょう
内政干渉 내정 간섭

介入 かいにゅう

Q. 유혈 사태를 우려해 군대 介入 를 고려했다.

Q. 주권국가에 대한 부당한 介入 라며 반발했다.

명 개입

せいふのかいにゅう
政府の介入 정부 개입

両立 りょうりつ

Q. 육아와 일을 両立 하는 것은 힘든 일이다.

Q. 대중성과 예술성은 충분히 両立 할 수 있다.

명 양립

かていとしょくぎょうをりょうりつ
家庭と職業を両立 가정과 직업을 양립

覆面 ふくめん

Q. 은행 강도들은 얼굴을 숨기려 覆面 을 썼다.
Q. 覆面 을 쓰고 링에 오른 레슬러.

명 복면

ふくめんのとうぞく
覆面の盗賊 복면의 도둑

口座 こうざ

Q. 은행 口座 를 개설했다.
Q. 口座 를 알려주시면 바로 입금 드릴게요.

명 계좌

よきんこうざ
預金口座 예금 계좌

部門 ぶもん

Q. 음악 경연 대회 피아노 部門 에서 1등을 했다.
Q. 그 영화는 5개 部門 에서 상을 받았다.

명 부문

ぶもんべつ
部門別 부문별

普遍 ふへん

Q. 원어민들이 평상시에 쓰는 가장 普遍 적인 표현.
Q. 어디서나 먹을 수 있는 普遍 적이고 대중적인 음식.

명 보편

ふへんてきなかんがえ
普遍的な考え 보편적인 생각

くじ引き くじびき

Q. 응모자들의 이름을 적은 くじ引き 를 뽑아서 호명했다.
Q. 태국에선 군대에 갈지 안 갈지를 くじ引き 로 정한다.

명 제비뽑기, 추첨

くじびきでけってい
くじ引きで決定 제비뽑기로 결정

看護 かんご

Q. 看護 조무사 자격증을 따서 병원에 취직했다.
Q. 영국의 유명한 看護 사 나이팅게일.

명 간호

かんごし
看護師 간호사

* 看病·介護 등과 달리 전문적인 의료행위를 뜻함

勧告 かんこく

Q. 의사의 勧告 를 무시하고 계속 담배를 피웠다.
Q. 공정위의 시정 勧告 를 받고도 따르지 않았다.

명 권고

かんこくじしょく
勧告辞職 권고사직

待遇 たいぐう

Q. 상상 이상의 극진한 待遇 를 받아 몸 둘 바를 모르겠다.
Q. 자식들을 차별 待遇 해서는 안 된다.

명 대우, 처우

たいぐうかいぜん
待遇改善 대우 개선

大幅 おおはば

Q. 신제품 출시 덕분에 영업이익이 大幅 로 상승했다.
Q. 규제로 인해 집값이 大幅 로 하락했다.

명 큰 폭

おおはばねさげ
大幅値下げ 대폭 인하

Q A

嘘吐き うそつき

Q. 양치기 소년은 嘘吐き 의 대명사가 되었다.
Q. 그는 嘘吐き 로 유명해서 아무도 그를 믿지 않았다.

명 거짓말쟁이

うそつきのあね
嘘吐きの姉 거짓말쟁이 누나

技能 ぎのう

Q. 운전면허 技能 시험에 응시했다.
Q. 웬만한 기계는 혼자 수리할 수 있는 技能 가 있는 사람.

명 기능, 솜씨

げんごぎのう
言語技能 언어 능력

★ 영어의 skill 에 해당

立法 りっぽう

Q. 행정부, 사법부, 立法 부의 삼권 분립.
Q. 그 법률은 立法 과정에서 여러 차례 수정되었다.

명 입법

りっぽうきかん
立法機関 입법 기관

写本 しゃほん

Q. 신분증을 복사한 写本 을 지참하세요.
Q. 이것이 写本 인가요, 원본인가요?

명 사본

げんぽんとしゃほん
原本と写本 원본과 사본

改悪 かいあく

Q. 이 선택이 개선일지 改悪 일지 아직은 모른다.
Q. 이 안건은 누가 봐도 반대할만한 改悪 인 안건이다.

명 개악

せいどのかいあく
制度の改悪 제도의 개악

冷蔵 れいぞう

Q. 우유는 밖에 내놓지 말고 冷蔵 고에 넣으렴.
Q. 재료에 따라 각각 상온, 冷蔵, 냉동 보관해야 한다.

명 냉장

れいぞうこ
冷蔵庫 냉장고

当(た)り[1] あたり

Q. 이 옷은 살에 닿는 当(た)り 가 정말 부드럽다.
Q. 처음 보는 사람에게도 当(た)り 가 좋게 말을 거는 성격.

명 (촉감·느낌·맛·대하는 태도 등의) 닿는 느낌

あたりのやわらかい
当たりの柔らかい 촉감이 부드러운

当(た)り[2] あたり

Q. 범인이 누군지는 대충 当(た)り 가 가지만 증거가 없다.
Q. 일을 시작하기 전에 성공 가능성을 当(た)り 해보자.

명 짐작, 가늠

あたりがつく
当たりが付く 짐작이 가다

当(た)り[3] あたり

Q. 시험에서 찍은 문제가 전부 当(た)り 했다.
Q. 화살은 과녁 표의 한가운데에 当(た)り 했다.

명 명중, 적중, 당첨

あたりくじ
当たり籤 당첨 복권

Q A 

DAY 06

当(た)り[4] あたり

Q. 시급은 한 시간 当(た)り 만원입니다.
Q. 한 사람 当(た)り 20,000원에 무한 리필되는 식당.

명 ~에 대해서, ~당 

いちにちあたり
一日当たり 하루당

* 접미사처럼 쓰임

感触 かんしょく

Q. 이 옷은 피부에 닿는 感触 가 까칠까칠하다.
Q. 맨발에 느껴지는 흙의 感触 가 좋았다.

명 감촉

やわらかいかんしょく
柔かい感触 부드러운 감촉

専修 せんしゅう

Q. 대학에서 경제학을 専修 하고 있습니다.
Q. 영문학을 専修 했지만, 외국인과 대화하는 건 어렵다.

명 전공

けいざいがくをせんしゅうする
経済学を専修する 경제학을 전공하다

結晶 けっしょう

Q. 이 작품에만 5년을 쏟았어요. 제 노력의 結晶 체입니다.
Q. 현미경으로 하늘에서 내린 눈의 結晶 를 관찰하다.

명 결정

こおりのけっしょう
氷の結晶 얼음 결정

蕾 つぼみ

Q. 이 장미는 아직 蕾 상태지만 곧 피어날 거야.
Q. 蕾 를 피워보지도 못하고 안타깝게 진 청춘.

명 꽃봉오리

つぼみがふくらむ
蕾が膨らむ 꽃망울이 부풀다

同級 どうきゅう

Q. 찾으시는 것과 크게 차이 없는 同級 의 제품입니다.
Q. 그와 나는 같은 학교 같은 반 同級 생이다.

명 동급

どうきゅうせい
同級生 동급생

母国 ぼこく

Q. 이국땅에 살면서 나고 자란 母国 를 그리워했다.
Q. 살아남기 위해 母国 를 떠난 난민들.

명 모국

ぼこくご
母国語 모국어

傍 そば

Q. 이리 와서 내 傍 에 앉아.
Q. 그의 傍 를 같은 속도로 걸었다.

명 곁, 옆

そばをあるく
傍を歩く 곁에서 걷다

通常 つうじょう

Q. 이메일 발송은 매일 하는 通常 업무예요.
Q. 저희 가게는 通常 아침 10시경 오픈합니다.

명 통상

つうじょうどおり
通常通り 통상대로

Q A

気兼(ね) きがね

Q. 이모가 주는 용돈이니까 気兼(ね) 말고 받으렴.
Q. 자자, 気兼(ね) 하지 말고 많이 드세요.

명 사양, 눈치를 봄

きがねする
気兼ねする 눈치 보다

警部 けいぶ

Q. 이번 사건을 해결해 경사에서 警部 로 진급했다.
Q. 그는 시험승진을 통해 警部 에서 경감으로 승진했다.

명 경부

けいさつのけいぶ
警察の警部 경찰 경감

★ 우리나라의 경감에 해당함

お供 おとも

Q. 대기업 회장쯤 되니 お供 하는 비서가 한둘이 아니다.
Q. 사장이 お供 를 거느리고 공장을 시찰하러 왔다.

명 모심, 수행함

おともをひきつれる
お供を引き連れる 수행원을 거느리다

★ '(어떤 대상을) 모시는 사람' 자체를 뜻하기도 함

峰 みね

Q. 이왕 산에 올라가는 거 제일 높은 峰 에 올라가자.
Q. 산의 峰 중턱에 구름이 걸려 있어서 마치 그림 같았다.

명 봉우리

やまのみね
山の峰 산봉우리

理性 りせい

Q. 감정적으로 굴지 말고 理性 적으로 행동해.
Q. 화가 나서 理性 를 잃고 날뛰었다.

명 이성

りせいをうしなう
理性を失う 이성을 잃다

器械 きかい

Q. 단순해 보이는 器械 에도 수많은 부품이 들어있다.
Q. 器械 로 이루어진 로봇이 사람의 마음을 이해 가능한가?

명 기계

いりょうきかい
医療器械 의료 기계

欲 よく

Q. 인간의 欲 심은 끝이 없다.
Q. 식 欲 가 없을 때는 새콤한 쫄면을 먹어요.

명 욕심, 욕구

しょくよく
食欲 식욕

脳 のう

Q. 치매는 脳 에 이상이 생기는 질병이다.
Q. 그는 脳 회전이 빠르고 처세술에 능한 사람이다.

명 뇌, 두뇌

のうさいぼう
脳細胞 뇌세포

軌道 きどう

Q. 인공위성을 지구의 軌道 에 쏘아 올렸다.
Q. 사업이 軌道 에 오르자 수입도 점점 늘어났다.

명 궤도

つきのきどう
月の軌道 달의 궤도

密度 みつど

Q. 인구 密度 가 매우 높은 도시.
Q. 뼈의 密度 가 낮으면 골다공증이 생긴다.

명 밀도

みつどそくてい
密度測定 밀도 측정

階級 かいきゅう

Q. 인도에는 카스트라는 階級 제도가 여전히 살아 있다.
Q. 군대에는 엄격한 階級 체계가 존재한다.

명 계급

かいきゅうせいど
階級制度 계급 제도

階層 かいそう

Q. 빈곤 階層 에게 생활비를 지원하는 제도.
Q. 정치인 · 재벌과 같은 특권 階層.

명 계층

ちしきかいそう
知識階層 지식 계층

均衡 きんこう

Q. 일과 휴식 사이의 均衡 를 잘 잡아야 한다.
Q. 영양소가 골고루 포함된 均衡 잡힌 식단을 구성했다.

명 균형

こくさいきんこう
国際均衡 국제균형

紛争 ふんそう

Q. 일본은 여러 나라와 영토 紛争 를 일으키고 있다.
Q. 서해를 두고 한국과 중국의 어업 紛争 가 벌어졌다.

명 분쟁

ふんそうかいけつ
紛争解決 분쟁 해결

お宮 おみや

Q. 일본에는 학문의 신을 모시는 お宮 가 있다.
Q. 전범을 모시는 お宮 를 참배해 주변국들과 마찰을 빚는다.

명 신사

おみやまいり
お宮参り 신사참배

区画 くかく

Q. 이곳은 주차 区画 가 아닙니다.
Q. 아파트 방화 区画 에는 물건을 쌓아두면 안 된다.

명 구획

ちゅうしゃくかく
駐車区画 주차 구획

模索 もさく

Q. 회사가 어려우니 흩어져서 각자 살길을 模索 해보자.
Q. 적자를 모면하기 위해 방법을 模索 하는 중이다.

명 모색

ほうとのもさく
方途の模索 방도의 모색

勤労 きんろう

Q. 임금이 대폭 삭감되어 勤労 의욕을 잃었다.
Q. 월급은 노동력을 제공하고 얻는 勤労 소득이다.

명 근로

きんろういよく
勤労意欲 근로 의욕

Q　A

否決 ひけつ

Q. 임금 협상안의 否決 로 노조는 총파업을 선언했다.
Q. 찬성 인원이 너무 적으니 이 안건은 否決 될 게 뻔하다.

명 부결

ほうあんのひけつ
法案の否決　법안의 부결

経緯[1] けいい

Q. 마약을 입수한 経緯 를 밝히기 위해 조사 중입니다.
Q. 사건 経緯 서에는 그 사건의 모든 과정이 담겨 있다.

명 경위

じけんのけいい
事件の経緯　사건의 경위

経緯[2] けいい

Q. 과거 왕정 시대에는 왕이 나라를 経緯 했다.
Q. 현재 대부분의 왕족은 나라의 経緯 에 관여하지 않는다.

명 경영, 다스림

こっかのけいい
国家の経緯　나라를 다스림

変遷 へんせん

Q. 자동차의 変遷 과정을 한눈에 볼 수 있는 박물관.
Q. 시대의 変遷 에 따라 언어도 변한다.

명 변천

じだいのへんせん
時代の変遷　시대의 변천

基金 ききん

Q. 자선 基金 을 마련해 곤란한 이들을 돕는다.
Q. 소아암 어린이 基金 마련을 위한 콘서트.

명 기금

しょうがくききん
奨学基金　장학기금

控除 こうじょ

Q. 소득 控除 는 과세 구간을 줄여주는 절세 제도이다.
Q. 연말정산 시 기부금을 낸 내역으로 控除 를 받았다.

명 공제

こうじょがく
控除額　공제액

免除 めんじょ

Q. 같은 은행에서 인출하면 수수료가 免除 된다.
Q. 만 5세 이하 어린이에 대한 입장료 免除.

명 면제

へいえきめんじょ
兵役免除　병역 면제

募金 ぼきん

Q. 자선단체가 불우이웃 돕기 募金 행사를 개최했다.
Q. 소아암 환자를 돕기 위한 募金 방송.

명 모금

ぼきんかつどう
募金活動　모금 활동

寄贈 きぞう

Q. 모교 도서관에 책을 寄贈 했다.
Q. 사후에 장기 寄贈 를 하기로 했다.

명 기증

きぞうひん
寄贈品　기증품

付録 ふろく

Q. 付録 로 해설집을 동봉했으니 어려울 때 참고하세요.

Q. 별책 付録 에는 문제의 정답과 풀이가 들어 있습니다.

명 부록

ふろくつき
付録つき　부록 포함

本能 ほんのう

Q. 모든 생물은 종족을 보존하려는 本能 를 가지고 있다.

Q. 아기는 가르쳐주지 않아도 本能 로 엄마의 젖을 빤다.

명 본능

とうそうほんのう
闘争本能　투쟁 본능

晩年 ばんねん

Q. 자식이 많았지만 놀랍게도 그의 晩年 은 쓸쓸했다.

Q. 모아둔 돈이 많아 은퇴 후 晩年 을 행복하게 보냈다.

명 만년

さびしいばんねん
寂しい晩年　쓸쓸한 만년

報酬 ほうしゅう

Q. 용병들은 임무에 대한 정당한 報酬 를 요구했다.

Q. 아무런 報酬 를 받지 않는 자원봉사 활동.

명 보수

ほうしゅうきん
報酬金　보수금

母校 ぼこう

Q. 졸업한 母校 를 방문해 선생님을 만났다.

Q. 후배들에게 강연하기 위해 30년 만에 母校 를 방문했다.

명 모교 

ぼこうにたずねる
母校に訪ねる　모교에 방문하다

自惚れ うぬぼれ

Q. 자신을 가지되 自惚れ 는 경계해야 한다.

Q. 연승했다고 自惚れ 에 빠져 있다가 뼈아픈 패배를 당했다.

명 자만

うぬぼれがつよい
自惚れが強い　자부심이 강하다

刊行 かんこう

Q. 刊行 물윤리위원회는 도서 · 잡지 등을 심의하는 기관이다.

Q. 잡지는 매달 나오는 정기 刊行 물이다.

명 간행

ていきかんこう
定期刊行　정기 간행

関税 かんぜい

Q. 자유무역주의에 힘입어 関税 장벽을 철폐하다.

Q. 정부는 수입 자동차에 대한 関税 를 올리기로 했다.

명 관세

こくないかんぜい
国内関税　국내 관세

辞職 じしょく

Q. 회사에 정이 떨어져서 辞職 서를 냈다.

Q. 회사에서 권고 辞職 를 하라는군. 어이가 없어서.

명 사직

かんこくじしょく
勧告辞職　권고사직

Q A

たき火 たきび

Q. 야영지에서 たき火 를 피워놓고 밤새 이야기를 나누었다.
Q. 낙엽과 가지를 모아 たき火 를 피워 고구마를 구웠다.

명 모닥불

たきびがけむい
たき火が煙い 모닥불이 맵다

空間 くうかん

Q. 시공간은 시간과 空間 을 합친 것이다.
Q. 옷장 안에 空間 이 많이 남아요.

명 공간

せいかつくうかん
生活空間 생활 공간

動員 どういん

Q. 작품성과 대중성을 둘 다 잡아 관객 動員 에 성공했다.
Q. 수해 복구를 위해 경찰과 군인이 총 動員 되었다.

명 동원

そうどういん
総動員 총동원

構想 こうそう

Q. 작품에 대한 새로운 構想 가 떠올랐다.
Q. 내가 엄청난 사업 아이템을 構想 했는데 들어볼래?

명 구상

じぎょうのこうそう
事業の構想 사업의 구상

類推 るいすい

Q. 작품을 읽고 등장인물의 심정을 類推 하시오.
Q. 과거의 사례에서 類推 하여 내린 결론.

명 유추

るいすいかいしゃく
類推解釈 유추해석

慣行 かんこう

Q. 공사 현장에서 안전을 무시하는 잘못된 慣行 를 바로잡자.
Q. 대리점에 갑질을 행사하는 불공정 慣行 를 바로잡아야 해.

명 관행

こくさいてきかんこう
国際的慣行 국제적 관행

寝室 しんしつ

Q. 잠은 寝室 에 들어가서 자야지. 왜 여기서 졸고 있어?
Q. 부부의 寝室 에 차분하고 아늑한 인테리어를 했다.

명 침실

しんしつにはいる
寝室に入る 침실에 들어가다

給仕[1] きゅうじ

Q. 잡무를 맡기기 위해 給仕 를 고용했다.
Q. 여왕은 자신을 도울 給仕 를 고용해 늘 곁에 두었다.

명 사환

きゅうじをよぶ
給仕を呼ぶ 사환을 부르다

★ 잔심부름하는 사람을 뜻함

給仕[2] きゅうじ

Q. 給仕 가 우리가 주문한 음식을 들고 왔다.
Q. 할아버지의 몸이 불편하셔서 식사 給仕 를 들었다.

명 (식사) 시중을 듦, 식당 종업원 

しょくじのきゅうじ
食事の給仕 식사 시중

年号 ねんごう

Q. 광개토대왕이 즉위하여 '영락'이라는 年号 를 사용했다.
Q. 나루히토 천황이 즉위하여 年号 도 레이와로 바뀌었다.

명 연호

ねんごうをあらためる
年号を改める 연호를 바꾸다

保育 ほいく

Q. 장래 희망은 어린아이들을 돌보는 保育 교사입니다.
Q. 어린이집과 같은 保育 시설에 아이를 맡기고 출근한다.

명 보육

ほいくえん
保育園 보육원

救援 きゅうえん

Q. 재난 지역에 救援 물자를 보내는 구호 단체.
Q. 선발 투수 대신 마운드에 선 救援 투수.

명 구원

きゅうえんぶっし
救援物資 구원물자

甲[1] こう

Q. 재벌 3세들의 甲 질이 뉴스에 오르내린다.
Q. 甲 는 을에게 다음 달까지 100만 원을 지불한다.

명 갑

こうおつへい
甲乙丙 갑을병

甲[2] こう

Q. 게장의 별미는 게의 甲 에 비벼 먹는 밥이다.
Q. 위험을 느낀 거북이가 딱딱한 甲 속으로 숨었다.

명 게·거북 등의 등딱지

かめのこう
かめの甲 거북이 등딱지

甲[3] こう

Q. 여름이 되니 발 甲 가 슬리퍼 모양으로 탔다.
Q. 옷이 커서 소매가 손 甲 를 덮었다.

명 손·발의 등

あしのこう
足の甲 발등

難 なん

Q. 과연 이들은 難 관을 뚫고 무사히 도착할 수 있을까?
Q. 갑자기 눈사태라니! 생각지도 못한 재 難 이었어.

명 어려움

なんてん
難点 난점

丘陵 きゅうりょう

Q. 저 丘陵 만 올라가시면 교회가 하나 있어요.
Q. 골고다 丘陵 는 예수 십자가에 못 박히신 곳이다.

명 구릉, 언덕

きゅうりょうちたい
丘陵地帯 구릉 지대

系 けい

Q. 저 배우는 한국 系 미국인이야.
Q. 태양은 태양 系 의 중심에 있는 항성이다.

명 계[계통]

たいようけい
太陽系 태양계

Q A

格 かく

Q. 저분은 너 따위와는 格 가 다르다.
Q. 그 형이 우리 모임의 대장 格 다.

명 격

せんぱいかく
先輩格 선배 격

* 가치·지위 등의 단계를 뜻함

孤児 こじ

Q. 부모님의 교통사고로 孤児 가 되고 만 아이.
Q. 전쟁으로 부모를 잃고 孤児 가 된 아이들.

명 고아

せんさいこじ
戦災孤児 전쟁고아

同感 どうかん

Q. 저는 당신의 의견에 전적으로 同感 합니다.
Q. 나는 同感 한다는 의미로 고개를 끄덕였다.

명 동감

まったくどうかんです
全く同感です 전적으로 동감합니다

目方 めかた

Q. 저울을 조작해 目方 를 속여 팔다 적발된 상인.
Q. 캐리어가 너무 무거워서 目方 규정을 초과했다.

명 무게

めかたをはかる
目方を量る 무게를 달다

攻め せめ

Q. 이제 우리 팀이 攻め 할 차례야.
Q. 상대의 攻め 가 능숙해서 좀처럼 방어할 수 없다.

명 공격, 공격법

せめおとす
攻め落とす 함락시키다

領地 りょうち

Q. 역모 혐의로 가문의 領地 를 몰수하고 감옥에 넣었다.
Q. 아버지가 죽은 후 領地 를 물려받아 새 영주가 되었다.

명 영지

こうだいなりょうち
広大な領地 광대한 영지

領土 りょうど

Q. 領土 는 영지 · 영해 · 영공을 모두 포함하는 개념이야.
Q. 독도를 사이에 두고 일본과 領土 분쟁이 일어났다.

명 영토

りょうどふんそう
領土紛争 영토 분쟁

* 영지·영해·영공을 포함하는 뜻

感染 かんせん

Q. 적혈구 세포는 인체를 感染 으로부터 방어한다.
Q. 感染 을 막기 위해 상처 부위를 소독했다.

명 감염

かんせんしょう
感染症 전염병

貫禄 かんろく

Q. 전국대회에서 여러 번 우승한 貫禄 가 있는 명문 팀.
Q. 貫禄 있는 배우들답게 명연기를 선보였다.

명 관록

かんろくをしめす
貫禄を示す 관록을 보이다

Q A

対談 たいだん

Q. 아나운서가 묻고 스님이 답하는 対談 집.
Q. 존경하던 인물과 단둘이 対談 하게 되어 기쁘다.

명 대담[마주 대하고 말함]

たいだんあいて
対談相手 대담 상대

企画 きかく

Q. 공연 企画 자는 공연의 모든 과정을 책임지고 계획한다.
Q. 내년에 출판할 새로운 시리즈 도서를 企画 하고 있다.

명 기획

きかくかいぎ
企画会議 기획 회의

兵士 へいし

Q. 왕은 몸소 兵士 를 이끌고 전장에 나갔다.
Q. 살수대첩에서 살아남은 수나라 兵士 는 불과 2,700여 명.

명 병사

ゆうかんなへいし
勇敢な兵士 용감한 병사

同志 どうし

Q. 전투에서 소중한 同志 를 잃었다.
Q. 어제의 同志 가 오늘의 적이 되었군.

명 동지

どうしあい
同志愛 동지애

感度 かんど

Q. 마이크 感度 가 좋아서 소리가 또렷하게 잘 들린다.
Q. 컴퓨터 마우스가 너무 빨라서 感度 를 조절했다.

명 감도

かんどのいいまうす
感度のいいマウス 감도가 좋은 마우스

返答 へんとう

Q. 질문에 返答 하지 못하고 우물쭈물했다.
Q. 노크해도 返答 가 없어 문을 열고 들어갔다.

명 대답, 응답

へんとうにまよう
返答に迷う 대답에 망설이다

堅果 けんか

Q. 정월 대보름에 딱딱한 堅果 를 먹는 한국의 풍습.
Q. 호두, 아몬드 등의 堅果 를 섞어 먹기 좋게 소분한 제품.

명 견과

けんかをたべる
堅果を食べる 견과를 먹다

兼業 けんぎょう

Q. 그 사장님은 정육점과 식당을 兼業 하고 있다.
Q. 의사로 일하면서 방송 출연을 兼業 로 하고 있다.

명 겸업

けんぎょうきんし
兼業禁止 겸업 금지

供 とも

Q. 안전을 위해 제가 폐하의 곁에서 供 하겠습니다.
Q. 왕은 함께 있던 供 들도 물리고 그를 독대했다.

명 수행, 수행원, 종자

ともをひきぐす
供を引具す 종자를 거느리다

Q

A

国連 こくれん

Q. 国連 은 보통 UN이라고 한다.
Q. 유엔평화유지군은 国連 이 편성한 국제 군대이다.

명 국제연합

こくれんほんぶ
国連本部 국제연합 본부

当人 とうにん

Q. 제삼자는 끼어들지 않을 테니 当人 끼리 해결해라.
Q. 当人 에게 아무런 동의도 없이 멋대로 이름을 올리다니.

명 본인, 당사자

とうにんのいし
当人の意思 본인의 뜻

賠償 ばいしょう

Q. 국가에도 피해자에 대한 賠償 책임이 있다고 판결했다.
Q. 피해자들은 회사에 손해 賠償 청구 소송을 했다.

명 배상

ばいしょうせきにん
賠償責任 배상책임

首飾り くびかざり

Q. 首飾り 는 직역하면 '목 장식'이라는 뜻이다.
Q. 목에 못 보던 首飾り 를 걸었네? 어디서 샀어?

명 목걸이

くびかざりとみみかざり
首飾りと耳飾り 목걸이와 귀걸이

共和 きょうわ

Q. 조선 민주주의 인민 共和 국.
Q. 미국의 2대 정당인 민주당과 共和 당.

명 공화

きょうわこく
共和国 공화국

規約 きやく

Q. 환불 規約 를 위반한 업체에 과태료를 부과했다.
Q. 아파트 관리 規約 를 준수해주세요.

명 규약

きやくいはん
規約違反 규약 위반

例え たとえ

Q. 例え 를 들어 다음 달에 죽는다면, 지금 뭘 하고 싶니?
Q. 알기 쉽게 例え 를 들어 설명하겠습니다.

명 비유, 예

たとえをあげる
例えを挙げる 예를 들다

拒否 きょひ

Q. 음주운전 측정을 拒否 하다 벌금형을 받았다.
Q. 등교를 拒否 하는 학생의 집을 찾아간 선생님.

명 거부 NO

きょひはんのう
拒否反応 거부반응

謝絶 しゃぜつ

Q. 광고 謝絶! 현관문에 광고지 붙이지 마세요.
Q. 환자분이 면회 謝絶 의사를 밝히셔서 만나실 수 없습니다.

명 사절

めんかいしゃぜつ
面会謝絶 면회 사절

農場 のうじょう

Q. 주말마다 시골 農場 에 가서 농사일을 돕습니다.
Q. 제주도 감귤 農場 에서 귤 따는 아르바이트를 했다.

명 농장

ひろいのうじょう
広い農場 넓은 농장

奉仕 ほうし

Q. 주말마다 양로원에 奉仕 활동을 하러 간다.
Q. 남을 도우려는 奉仕 정신이 투철한 사람.

명 봉사

ほうしかつどう
奉仕活動 봉사활동

目論見 もくろみ

Q. 모든 것이 내가 세운 目論見 대로 되어가는군.
Q. 10년 만에 갑자기 연락하다니, 뭔가 目論見 가 있군.

명 계획, 의도, 속셈

もくろみかき
目論見書き 계획서

大金 たいきん

Q. 주식 투자에 성공해서 大金 을 벌었다.
Q. 이 미술품을 다 사려면 분명히 大金 이 들었을 거야.

명 큰돈

たいきんかんり
大金管理 대금관리

領海 りょうかい

Q. 중국 어선이 우리나라 領海 를 침범했다.
Q. 국토의 영역은 영토, 영공, 領海 로 나눌 수 있다.

명 영해

りょうかいしんぱん
領海侵犯 영해 침범

独占 どくせん

Q. 중국의 한 업체와 独占 계약을 맺고 생산 중이다.
Q. 한 업체가 시장을 独占 하면 경쟁과 발전이 있을 수 없다.

명 독점

どくせんはんばい
独占販売 독점판매

講習 こうしゅう

Q. 바다에 놀러 가기 전에 수영 講習 를 받기로 했어.
Q. 방학 때 스키 講習 를 받고 나서 자신감이 붙었다나 봐.

명 강습

かきこうしゅう
夏期講習 하기 강습

教習 きょうしゅう

Q. 중국어 개인 教習 를 받고 있다.
Q. 원어민에게 영어 회화 개인 教習 를 받고 있다.

명 교습

うんてんきょうしゅう
運転教習 운전 교습

国交 こっこう

Q. 중국의 압박으로 대만과의 国交 를 끊었다.
Q. 미국은 한국과 일본의 国交 정상화를 요구했다.

명 국교

こっこうだんぜつ
国交断絶 국교단절

Q / **A**

繁殖 はんしょく

Q. 쥐는 왕성한 繁殖 능력을 갖춘 동물이다.
Q. 동물과 식물은 繁殖 를 통해 개체 수를 늘려간다.

명 번식

はんしょくりょく
繁殖力 번식력

途上 とじょう

Q. 지금 출장 가는 途上 예요. 네? 돌아오라고요?
Q. 개발 途上 국에서 선진국이 되기까지.

명 도상, (가는) 도중

はってんとじょうこく
発展途上国 발전도상국

当[1] とう

Q. 너무 무리하지 말고 적 当 한 강도로 운동하세요.
Q. 제 주장에는 타 当 한 근거가 있습니다.

명 타당, 합당

とうをかく
当を欠く 도리에 어긋나다

当[2] とう

Q. 이 조건에 해 当 하는 사람은 손을 들어주세요.
Q. 제가 当 사건의 목격자입니다.

명 해당함

とうようぎしゃ
当容疑者 그 용의자

* 접두어로 쓰일 시 '그~'라는 뜻

不在 ふざい

Q. 그 사람은 지금 不在 중이니 나중에 오면 전해줄게.
Q. 결정적인 증거의 不在 로 수사가 미궁에 빠졌다.

명 부재

ふざいちゅう
不在中 부재중

携帯電話 けいたいでんわ

Q. 지금은 안 계시는데 携帯電話 로 전화해 보시겠어요?
Q. 집 번호나 携帯電話 번호를 기재하세요.

명 휴대전화

けいたいでんわのふきゅうりつ
携帯電話の普及率 휴대전화 보급률

個別 こべつ

Q. 과자 상자는 크지만, 각각 個別 포장되어 있어 양이 적다.
Q. 학생을 한 명씩 個別 면담했다.

명 개별

こべつしどう
個別指導 개별지도

動力 どうりょく

Q. 작년에 맛본 쓰디쓴 패배가 올해 우승의 動力 가 되었다.
Q. 최초의 動力 는 사람의 힘을 이용하는 인력이었다.

명 동력

どうりょくげん
動力源 동력원

後悔 こうかい

Q. 지난 일을 後悔 해봤자 소용없다.
Q. 이 기회를 놓치면 진짜 後悔 할 거야.

명 후회

こうかいしてもむだ
後悔しても無駄 후회해도 소용없음

Q  

群集 ぐんしゅう

Q. 개미와 벌은 群集 생활을 하는 생물이다.
Q. 서로의 온기를 느끼려고 한곳에 群集 한 펭귄들.

명 군집

ぐんしゅうしんり
群集心理 군중심리

団結 だんけつ

Q. 온 국민이 団結 해서 위기를 헤쳐나가야 한다.
Q. 팀원들이 하나로 団結 해서 프로젝트를 성공시켰다.

명 단결

だんけつのちから
団結の力 단결의 힘

体験 たいけん

Q. 아이가 학교에서 현장 体験 학습을 하러 간대.
Q. 침대 매트리스, 이제 직접 体験 해보고 고르세요.

명 체험

たいけんだん
体験談 체험담

真実 しんじつ

Q. 그날 무슨 일이 있었던 거죠? 난 真実 를 밝히고 싶어요.
Q. 真実 혹은 거짓.

명 진실

しんじつのあい
真実の愛 진실한 사랑

ゆとり

Q. 경제적인 ゆとり 가 있으니 마음이 편해.
Q. 로봇청소기 덕분에 생활에 ゆとり 가 생겼어요.

명 여유

ゆとりせだい
ゆとり世代 유토리 세대

橋渡し はしわたし

Q. 사이가 안 좋은 양국의 橋渡し 역할을 하기로 했다.
Q. 내가 橋渡し 를 해준 두 사람이 결혼한다니 정말 기쁘다.

명 다리를 놓음, 중개

こいのはしわたし
恋の橋渡し 사랑의 중개역할

命中 めいちゅう

Q. 집중력이 떨어지면 화살의 命中 률도 떨어진다.
Q. 열 발을 쏴서 열 발 모두 命中 시켰다.

명 명중

もくひょうにめいちゅう
目標に命中 목표에 명중

茶の湯 ちゃのゆ

Q. 차를 좋아하는 친구들과 茶の湯 모임을 열었다.
Q. 차는 티백으로만 마셨는데 요즘 茶の湯 에 관심이 생겼다.

명 다도

ちゃのゆのみょうみ
茶の湯の妙味 다도의 묘미

* 손님을 초대하여 차를 끓여서 권하는 예의범절을 뜻함

街道 かいどう

Q. 젊은 나이에 출세 街道 를 걷는 사업가.
Q. 경춘 街道 를 달려 북한강을 지나 가평에 도착했다.

명 가도

しゅっせかいどう
出世街道 출세 가도

Q

A

勘定 かんじょう

Q. 장사를 마치고 하루 매상을 勘定 했다.

Q. 음식값 勘定 를 마치고 가게를 나섰다.

명 계산

かんじょうだい 勘定台	계산대

襟 えり

Q. 찬 바람이 불어 襟 를 여몄다.

Q. 와이셔츠의 襟 부분을 풀을 먹여 다림질했다.

명 옷깃

えりをただす 襟を正す	옷깃을 여미다

見晴らし みはらし

Q. 이 별장은 창밖으로 보이는 見晴らし 가 아름답다.

Q. 이 건물 꼭대기 층은 見晴らし 가 좋다.

명 전망

みはらしのいいいえ 見晴らしのいい家	전망이 좋은 집

教訓 きょうくん

Q. 이솝우화를 읽고 教訓 을 얻었다.

Q. 권선징악의 教訓 이 담긴 옛날이야기.

명 교훈

きょうくんてきなはなし 教訓的な話	교훈적인 이야기

冒頭 ぼうとう

Q. 책을 펼쳐 冒頭 를 볼 때 독자의 흥미를 유발해야 한다.

Q. 작가는 책의 冒頭 에서 감사 인사를 했다.

명 첫머리, 서두

ぼうとうぶぶん 冒頭部分	첫머리 부분

配列 はいれつ

Q. 상품은 비싼 것부터 차례대로 配列 해라.

Q. 바탕화면의 아이콘을 용도에 따라 配列 했다.

명 배열

ふきそくなはいれつ 不規則な配列	불규칙한 배열

桃 もも

Q. 천도 桃 는 맛있지만 비싸.

Q. 천도 桃 는 백도와 달리 털이 없고 매끈한 과일이다.

명 복숭아

もものき 桃の木	복숭아나무

稲光 いなびかり

Q. 천둥소리가 나기 전에는 반드시 稲光 가 번쩍인다.

Q. 천둥, 稲光 와 함께 비바람이 몰아쳤다.

명 번갯불

とつぜんのいなびかり 突然の稲光	갑작스러운 번개

突破 とっぱ

Q. 그 영화는 천만 관객 突破 를 앞두고 있다.

Q. 과감하게 정면 突破 를 시도했다.

명 돌파

なんかんをとっぱする 難関を突破する	난관을 돌파하다

天才 てんさい

Q. 天才 와 광인은 종이 한 장 차이다.
Q. 아인슈타인은 물리학의 天才 였다.

명 천재

すうがくのてんさい
数学の天才 수학의 천재

導入 どうにゅう

Q. 첨단 장비 導入 로 군사력이 강화되었다.
Q. 그 소설은 導入 부만 읽어도 재미있어서 푹 빠진다.

명 도입

どうにゅうじれい
導入事例 도입 사례

対面 たいめん

Q. 첫 対面 부터 그에게 호감을 느꼈다.
Q. 두 사람의 말이 다르니 삼자 対面 을 해서 이야기하자.

명 대면

さんしゃたいめん
三者対面 삼자대면

教科 きょうか

Q. 국어는 초등 教科 에서 빠질 수 없는 과목이다.
Q. 학교에서 배우는 教科 과목으로 배울 수 없는 것도 많아.

명 교과

きょうかしょ
教科書 교과서

挑戦 ちょうせん

Q. 이왕 하는 김에 세계 최고 기록에 挑戦 하고 싶다.
Q. 챔피언에게 挑戦 했지만 패배하고 말았다.

명 도전

ちょうせんしゃ
挑戦者 도전자

推測 すいそく

Q. 확실한 증거 없이 推測 만 가지고 사람을 몰아세우지 마.
Q. 현재 상황을 보고 앞으로 일어날 일을 推測 해보았다.

명 추측

すいそくがあたる
推測が当たる 추측이 들어맞다

毬 まり

Q. 축구 골대를 향해 毬 를 힘껏 찼다.
Q. 毬 를 던지고 치는 스포츠 야구.

명 공

まりをなげる
毬を投げる 공을 던지다

脚 あし

Q. 脚 가 길어서 달리기가 빠르다.
Q. 그 바지를 입으면 脚 가 길어 보입니다.

명 다리

あしがながい
脚が長い 다리가 길다

観覧 かんらん

Q. 가족들과 함께 경기장에 가서 축구 경기를 観覧 했다.
Q. 저 영화는 너무 잔인해서 미성년자 観覧 불가이다.

명 관람

かんらんしゃ
観覧車 관람차

Q — A

見せ物 みせもの

Q. 축제에 가면 여러 가지 見せ物 가 있다.
Q. 우스꽝스러운 옷을 입고 남들의 見せ物 가 되었다.

명 구경거리

たにんのみせもの
他人の見せ物 타인의 구경거리

減少 げんしょう

Q. 출생률이 減少 추세에 있는 저출산 시대.
Q. 참가 신청자 수의 減少 가 보이니 홍보에 신경 써라.

명 감소

じんこうのげんしょう
人口の減少 인구 감소

班 はん

Q. 우리 학교는 학년당 班 이 10개씩 있다.
Q. 이 분은 우리 班 담임 선생님이에요.

명 반

さぎょうはん
作業班 작업반

浪費 ろうひ

Q. 충동구매로 돈을 浪費 하다.
Q. 아까운 시간을 浪費 하지 말아라.

명 낭비

しげんのろうひ
資源の浪費 자본의 낭비

恥 はじ

Q. 사람들 앞에서 恥 를 당해 얼굴이 달아올랐다.
Q. 너 같은 범죄자는 우리 집안의 恥 다.

명 수치, 치욕

はじをかく
恥をかく 수치를 당하다

旧知 きゅうち

Q. 자네와는 초면이지만 저 친구랑은 旧知 일세.
Q. 오늘 처음 만났는데 마치 旧知 인 듯 친숙하다.

명 구면

きゅうちのあいだがら
旧知の間柄 구면인 사이

* 전부터 아는 사이를 뜻함

復活 ふっかつ

Q. 죽은 지 3일 만에 復活 한 그리스도.
Q. 이집트인들은 죽은 자가 復活 할 거라 믿었다.

명 부활

はいしゃふっかつせん
敗者復活戦 패자부활전

復興 ふっこう

Q. 침체하여 있던 마을 경제가 제2의 復興 기를 맞고 있다.
Q. 오랜 침체 후에 경기가 復興 의 조짐을 보인다.

명 부흥

ぶんげいふっこう
文芸復興 문예 부흥

慣習 かんしゅう

Q. 크리스마스에 선물을 주고받는 慣習.
Q. 가부장제는 유교적인 慣習 다.

명 관습

しゃかいてきかんしゅう
社会的慣習 사회적 관습

Q A 

究極 きゅうきょく

Q. 타임머신을 만드는 게 내 究極 의 목표야.
Q. 기업의 究極 의 목적은 결국 이윤 추구이다.

명 궁극

きゅうきょくのもくてき
究極の目的 궁극의 목적

論理 ろんり

Q. 탄탄한 論理 에 기반을 둔 주장이므로 설득력이 있다.
Q. 힘의 論理 가 우선시되는 사회는 옳지 않다.

명 논리

ろんりかいろ
論理回路 논리회로

苗 なえ

Q. 텃밭에 고추, 토마토 등의 苗 를 심었다.
Q. 상추는 사 먹지 않고 苗 를 심어서 직접 길러 먹어요.

명 모종[어린 식물]

なえのいしょく
苗の移植 모종의 이식

通路側の席 つうろがわのせき

Q. 나는 창밖을 안 봐도 되니 通路側の席 에 앉을게.
Q. 전 화장실에 가기 편한 通路側の席 에 앉을게요.

명 복도 석

つうろがわのせきがいい
通路側の席がいい 복도 석이 좋다

憤慨 ふんがい

Q. 그는 자신만 팀에서 제외당한 것에 대해 憤慨 했다.
Q. 편파적인 판정에 憤慨 한 관중들이 항의했다.

명 분개

ふんがいにたえない
憤慨に堪えない 몹시 분개하다

藍色 あいいろ

Q. 파란색보다 더 짙은 藍色 의 청바지.
Q. 날씨가 어두우니 하늘색이던 바다도 藍色 로 보인다.

명 남색

あいいろにそめる
藍色に染める 남색으로 물들이다

興奮 こうふん

Q. 극적인 역전승에 사람들은 興奮 해서 환호성을 질렀다.
Q. 너무 興奮 하지 말고 좀 진정해!

명 흥분

こうふんじょうたい
興奮状態 흥분상태

朗読 ろうどく

Q. 판사의 판결문 朗読 가 시작되자 법정 안이 조용해졌다.
Q. 번호 순서대로 한 페이지씩 교과서를 朗読 하다.

명 낭독

きゃくほんろうどく
脚本朗読 각본낭독

法学 ほうがく

Q. 판사가 되고 싶어 대학에서 法学 를 공부했다.
Q. 변호사가 될 생각은 없지만 法学 를 공부하고 있다.

명 법학

ほうがくがいろん
法学概論 법학개론

Q A

揚げ あげ

Q. 패스트푸드점에 가서 감자 揚げ 를 먹었다.
Q. 가라 揚げ 는 일반적으로 일본식 닭튀김을 뜻한다.

명 튀김

くしあげ
串揚げ 꼬치 튀김

結束 けっそく

Q. 팬들이 結束 해서 인터넷 투표로 힘을 실어주었다.
Q. 팀원들의 結束 를 다지기 위해 회식을 한다.

명 결속

けっそくをかためる
結束を固める 결속을 다지다

立方 りっぽう

Q. 평방과 立方 는 넓이와 부피를 나타내는 말이다.
Q. 제곱은 평방, 세제곱은 立方 라고도 한다.

명 입방, 세제곱

りっぽうたい
立方体 입방체

半額 はんがく

Q. 폐점 직전에는 그날 팔고 남은 음식을 半額 판매한다.
Q. 많이 안 먹어서 1+1보다는 한 개를 半額 에 사는 게 좋다.

명 반값

はんがくのわりびき
半額の割引 반값 할인

略奪 りゃくだつ

Q. 폭동이 일어나 도시의 상점들이 略奪 당했다.
Q. 도적들은 마을을 습격해 略奪 를 일삼았다.

명 약탈

りゃくだつこん
略奪婚 약탈혼

麻痺 まひ

Q. 폭설로 교통이 완전 麻痺 되었다.
Q. 사고로 다리가 麻痺 되어 움직일 수가 없다.

명 마비

がんめんまひ
顔面麻痺 안면 마비

君主 くんしゅ

Q. 농민들은 폭압적인 君主 에게 반기를 들었다.
Q. 영국은 입헌 君主 제도를 여전히 유지하고 있다.

명 군주

ひとりのくんしゅ
一人の君主 한 사람의 군주

大水 おおみず

Q. 하천의 범람으로 인해 곳곳에 大水 피해가 있다.
Q. 폭우로 인한 大水 에 수많은 이재민이 발생했다.

명 홍수

おおみずがでる
大水が出る 홍수가 나다

弁論 べんろん

Q. 피고인의 弁論 을 맡은 변호사.
Q. 판사는 변호사에게 최종 弁論 을 하라고 지시했다.

명 변론

さいしゅうべんろん
最終弁論 최종 변론

ぼつぼつ

Q. 피부에 여드름이 ぼつぼつ 나서 연고를 발랐다.
Q. 개점 시간이 다가오자 사람이 ぼつぼつ 모이기 시작했다.

명 오돌토돌한 여드름 같은 것

ぼつぼつができる
ぼつぼつが出来る　여드름이 나다

* 부사로 사용 시 '차차, 점점이'라는 뜻

逃走 とうそう

Q. 피의자 逃走 의 우려가 없어 불구속 기소 되었다.
Q. 범인은 쫓아오는 경찰차를 피해 逃走 했다.

명 도주

とうそうちゅう
逃走中　도주 중

口頭 こうとう

Q. 말로만 하는 口頭 계약도 효력이 있을까요?
Q. 口頭 계약으로는 부족하니 꼭 계약서를 준비해라.

명 구두[입으로 말함]

こうとうべんろん
口頭弁論　구두 변론

箇条書(き) かじょうがき

Q. 필요한 물품은 미리 箇条書(き) 해서 체크하면서 챙겨.
Q. 그의 죄목을 箇条書(き) 해서 상부에 보고했다.

명 조목별로 씀

かじょうがきにする
箇条書きにする　조목별로 쓰다

下層 かそう

Q. 아직 위층에 있니? 下層 로 내려와서 저녁 먹어라.
Q. 침실은 위층에, 거실과 주방은 下層 에 있어요.

명 아래층

かそうかいきゅう
下層階級　하층계급

登校 とうこう

Q. 학교에서 무슨 일이 있었는지 아이가 登校 거부를 했다.
Q. 하교할 땐 1등으로 나가면서 登校 할 땐 늘 지각한다.

명 등교

とうこうげこう
登校下校　등교 하교

教職 きょうしょく

Q. 학생 여러분, 그리고 教職 원 여러분.
Q. 教職 생활 1년 차인 신입 교사.

명 교직

きょうしょくにつく
教職に就く　교직에 종사하다

根気 こんき

Q. 한 가지 일을 根気 있게 계속하다.
Q. 동남아의 쌀은 根気 가 없어 밥알이 따로 논다.

명 끈기

こんきのいるしごと
根気のいる仕事　끈기가 필요한 일

杯[2] さかずき

Q. 한국에서는 혼자 따라 마시지 않고 서로 杯 를 채워준다.
Q. 다 같이 杯 를 높이 들고 건배를 외쳤다.

명 술잔

さかずきをほす
杯を干す　술잔을 비우다

Q **A**

名産 めいさん

Q. 한국의 인삼은 세계적인 名産 품이다.
Q. 식품 박람회에 각지의 名産 물이 모였다.

명 명산, 명물

めいさんひん
名産品 명산품

繁華街 はんかがい

Q. 한밤중에도 북적거리는 도시의 繁華街.
Q. 홍대의 繁華街 는 항상 사람이 북적댄다.

명 번화가

しないのはんかがい
市内の繁華街 시내 번화가

達者 たっしゃ

Q. 한석봉은 붓글씨의 達者 다.
Q. 그 요리사는 누구나 알아주는 중국요리의 達者 다.

명 달인

ゆみのたっしゃ
弓の達者 활의 달인

老衰 ろうすい

Q. 할머니가 너무 老衰 하셔서 혼자 지내시기 힘들다.
Q. 30대 중반을 넘으면 육체의 老衰 가 시작된다고 한다.

명 노쇠

ろうすいし
老衰死 노쇠사

交付 こうふ

Q. 합격자들에게 증서를 交付 하다.
Q. 오늘부터 대학 입학 원서 交付 및 접수가 시작되었다.

명 교부

むしょうこうふ
無償交付 무상 교부

* 내어 준다는 뜻으로 공적인 사무에 쓰이는 표현

微笑 びしょう

Q. 팬들을 향해 해맑은 微笑 를 지었다.
Q. 언제나 밝은 微笑 를 지으며 손님을 맞이한다.

명 미소

びしょうをうかべる
微笑を浮かべる 미소를 띠다

旅券 りょけん

Q. 해외여행을 안 가봐서 旅券 이 아직 없다.
Q. 여행 중 旅券 을 잃어버려 현지 영사관에서 재발급했다.

명 여권

りょけんのしんせい
旅券の申請 여권 신청

争点 そうてん

Q. 이번 청문회의 주요 争点 은 최근 불거진 비리 의혹이다.
Q. 여야는 争点 사안에서 좀처럼 이견을 좁히지 못했다.

명 쟁점

そうてんをしぼる
争点をしぼる 쟁점을 좁히다

名称 めいしょう

Q. 소고기의 부위별 名称 를 알아보자.
Q. 이번에 출시할 신제품의 정식 名称 를 공개했다.

명 명칭

せいひんのめいしょう
製品の名称 제품의 명칭

団扇 うちわ

Q. 핸디 선풍기가 생겨서 団扇 를 들고 다니는 사람이 줄었다.
Q. 제갈공명이 거위 털 団扇 를 들고 앉아 있다.

명 부채

うちわであおぐ
団扇であおぐ 부채로 부치다

配偶者 はいぐうしゃ

Q. 配偶者 와 아이들을 동반해서 여행을 갑니다.
Q. 결혼해서 평생을 함께할 나의 配偶者.

명 배우자

はいぐうしゃのしぼう
配偶者の死亡 배우자의 사망

使用人 しようにん

Q. 저택에 근무하는 使用人 만 출입 가능하다.
Q. 짐은 저희 使用人 에게 맡기시고 어서 안으로 들어오시죠.

명 사용인[고용된 사람]

ごにんのしようにん
5人の使用人 5명의 사용인

達成 たっせい

Q. 목표 達成 를 위해 최선을 다했다.
Q. 누적 매출액 500억 원을 達成 했다.

명 달성

もくひょうたっせい
目標達成 목적 달성

倍率 ばいりつ

Q. 현미경 렌즈의 倍率 를 조절했다.
Q. 렌즈 倍率 가 높은 카메라.

명 배율

ばいりつちょうせい
倍率調整 배율 조정

見地 けんち

Q. 인도적인 見地 에서 난민에게 식량을 보내기로 했다.
Q. 국가 갈등을 대국적인 見地 에서 바라보았다.

명 견지, 관점

どうとくてきなけんち
道徳的な見地 도덕적인 견지

観点 かんてん

Q. 장기적인 観点 으로 보고 투자해야 합니다.
Q. 작가의 観点 에서 작품을 바라보며 주제를 탐구하다.

명 관점

きょしてきなかんてん
巨視的な観点 거시적인 관점

目処 めど

Q. 60kg까지 다이어트하겠다는 目処 를 세웠다.
Q. 한 번 세운 目処 는 달성하고야 마는 사람이야.

명 목표, 전망

めどがつく
目処が付く 목표가 정해지다

辞退 じたい

Q. 사태에 책임을 지고 후보에서 辞退 하도록 하겠습니다.
Q. 선거 패배의 책임을 지고 정계에서 辞退 를 했다.

명 사퇴

じたいとどけ
辞退届 사퇴서

Q　A

露 つゆ

Q. 죄인들은 형장의 露 로 사라졌다.
Q. 풀잎에 맺힌 아침 露.

명 이슬

つゆのたま
露の玉　이슬방울

好意 こうい

Q. 사람들은 好意 가 계속되면 권리라고 착각한다.
Q. 好意 와 호감의 차이로, 호감은 베푼다고 하지 않는다.

명 호의

こういてきはんのう
好意的反応　호의적 반응

教え おしえ

Q. 선생님의 教え 는 평생 잊지 않겠습니다.
Q. 이번 일로 좋은 教え 가 되었겠지? 다음부턴 조심해.

명 가르침, 교육, 교훈

にわのおしえ
庭の教え　가정 교육

利点 りてん

Q. 홈그라운드의 利点 을 살리면 충분히 이길 수 있어.
Q. 조금 조잡하지만, 가격이 싸다는 利点 이 있는 제품이다.

명 이점

りてんとけってん
利点と欠点　이점과 결점

当て[1] あて

Q. 딱히 어딜 가겠다는 当て 도 없이 이리저리 돌아다녔다.
Q. 여행지에서 当て 없이 마음대로 돌아다니는 걸 좋아한다.

명 목표, 목적

あてもなく
当てもなく　목적도 없이

当て[2] あて

Q. 연을 끊은 이상 부모님의 원조는 当て 를 할 수 없다.
Q. 크고 아늑할 줄 알았던 호텔은 当て 에 어긋났다.

명 기대

あてがはずれる
当てがはずれる　기대가 어긋나다

当て[3] あて

Q. 그쪽 업계는 아직 当て 가 보이지 않는 상황입니다.
Q. 솔직히 네 점수론 합격할 当て 가 없어.

명 전망, 가망

しゅうしょくのあてがある
就職の当てがある　취직 가망이 있다

当て[4] あて

Q. 어디서 잃어버렸는지조차 몰라서 찾을 当て 가 없다.
Q. 큰 병원을 간다고 다른 当て 가 있을까요?

명 방법, 수단, 길

さがすあてもない
探す当てもない　찾을 길이 없다

規定 きてい

Q. 여권 사진 規定 가 바뀌어 이제 귀가 보이지 않아도 된다.
Q. 저희 방송은 심의 規定 를 준수합니다.

명 규정

きていをまもる
規定を守る　규정을 지키다

変動 へんどう

Q. 여행 전에 환전을 위해 환율의 変動 를 계속 확인한다.
Q. 기후의 変動 가 심한 지역.

명 변동

へんどうしょとく 変動所得	변동 소득

脈 みゃく

Q. 심장 충격기를 쓰자 환자의 脈 가 정상으로 돌아왔다.
Q. 두려움에 脈 가 빨라져서 가슴이 두근거린다.

명 맥, 맥박

みゃくをうつ 脈を打つ	맥이 뛰다

農地 のうち

Q. 황무지를 작물을 기를 수 있는 農地 로 개간하다.
Q. 논두렁은 작물을 재배하지 않지만 農地 에 포함된다.

명 농지

のうちかいかく 農地改革	농지개혁

満場 まんじょう

Q. 연설이 끝나자 満場 의 환호와 갈채를 받았다.
Q. 법안은 満場 일치로 통과되었다.

명 만장

まんじょういっち 満場一致	만장일치

* 장소에 모인 사람 전체를 뜻함

歩み あゆみ

Q. 빨간불이길래 횡단보도 앞에서 歩み 를 멈췄다.
Q. 몇 가지 난관 때문에 일의 歩み 가 더디다.

명 걸음

あゆみはば 歩み幅	보폭

* (사물의) 진행을 뜻하기도 함

独創 どくそう

Q. 다른 사람과 차별화할 수 있는 独創 성이 필요해.
Q. 이제껏 본 적 없는 独創 적인 작품이었다.

명 독창, 창의

どくそうてきなさくひん 独創的な作品	독창적인 작품

度忘れ どわすれ

Q. 휴일인 걸 度忘れ 하고 출근했다.
Q. 오늘이 제출 마감일인 걸 度忘れ 하고 있었다.

명 깜빡 잊어버림 

なまえをどわすれする 名前を度忘れする	이름을 깜빡 잊어버리다

汽船 きせん

Q. 인부들이 부두에 정박 중인 汽船 에 석탄을 싣고 있다.
Q. 증기기관을 동력으로 하는 선박을 통틀어 汽船 이라 한다.

명 기선

おおがたのきせん 大型の汽船	대형 기선

* 증기기관으로 추진시키는 배를 뜻함

履歴 りれき

Q. 흥신소를 고용해 그의 과거 履歴 를 조사했다.
Q. 그 보험에 가입하려면 병을 치료한 履歴 가 없어야 한다.

명 이력

りれきしょ 履歴書	이력서

Q — A

当て字 あてじ

Q. とにかくを 兎に角처럼 쓰는 것이 当て字 표기이다.
Q. 当て字 에서 뜻을 찾으려고 하면 혼란스러울 수 있다.

명 취음 자

あてじのいみ
当て字の意味 — 취음자의 의미

* 한자 본래 뜻과 관계없이 음이나 훈을 빌려 쓰는 한자 혹은 용법

建(て)前 たてまえ

Q. 일본인은 속과 建(て)前 가 다르다고들 하지요.
Q. 속으로는 욕을 해도 建(て)前 로는 웃을 수밖에 없다.

명 겉

ほんねとたてまえ
本音と建前 — 속과 겉

敬具 けいぐ

Q. 편지 끝에는 敬具 라고 쓰며 삼가 아뢴다는 뜻이다.
Q. 배계로 시작한 편지는 敬具 로 끝내야 한다.

명 경구

はいけいとけいぐ
拝啓と敬具 — 배계와 경구

* 편지 끝에 쓰는 말로서 삼가 아뢴다는 뜻

関 せき

Q. 국경의 関 를 지나 여행을 계속했다.
Q. 어서 마음의 関 를 허물고 친해졌으면 좋겠어.

명 관문, 가로막는 것

こっきょうのせき
国境の関 — 국경의 관문

国定 こくてい

Q. 교과서는 国定, 검정, 인정, 자유발행 네 가지가 있다.
Q. 国定 교과서는 정권이 바뀔 때마다 논란거리가 되어 왔다.

명 국정[나라에서 정함]

こくていきょうかしょ
国定教科書 — 국정 교과서

内閣 ないかく

Q. 일본의 국회는 입법을 담당하고 内閣 는 행정을 담당한다.
Q. 아베 신조는 일본의 内閣 총리대신이다.

명 내각

ないかくそうりだいじん
内閣総理大臣 — 내각총리대신

女史 じょし

Q. 영부인 멜라니아 女史 가 연설하고 있다.
Q. 여성 독립운동가 정정화 女史 의 일대기를 다룬 연극.

명 여사

じょしのこしょう
女史の呼称 — 여사의 호칭

短歌 たんか

Q. 短歌 는 5구 31음으로 된 일본 시의 형식이다.
Q. 短歌 보다 짧은 형식으로 3구 17음의 하이쿠가 있다.

명 단가

はいくとたんか
俳句と短歌 — 하이쿠와 단가

* 일본 전통 시 '와카'의 한 형식

年鑑 ねんかん

Q. 年鑑 은 1년 동안의 일을 요약 정리한 정기간행물이다.
Q. 요미우리 신문에서도 기사를 모아 매년 年鑑 을 간행한다.

명 연감

しんぶんねんかん
新聞年鑑 — 신문 연감

Q  

反射 はんしゃ

Q. 거울에 反射 된 불빛에 눈이 부시다.

Q. 뛰어난 反射 신경으로 천적을 피하는 동물.

명 반사

じょうけんはんしゃ
条件反射 조건 반사

放射 ほうしゃ

Q. 제품에서 放射 성 물질이 검출되어 논란이 되었다.

Q. 원적외선 放射 기능이 있는 찜질기.

명 방사 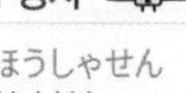

ほうしゃせん
放射線 방사선

紡績 ぼうせき

Q. 섬유를 가공하여 실을 뽑는 것을 紡績 라고 한다.

Q. 紡績 를 하려면 목화나 삼, 고치 등의 원료가 필요하다.

명 방적[실을 자음]

ぼうせきこうじょう
紡績工場 방적 공장

拝啓 はいけい

Q. 편지 첫머리에는 拝啓 라고 쓰며 삼가 아뢴다는 뜻이다.

Q. 拝啓 로 시작한 편지는 경구로 끝내야 한다.

명 배계, 근계

はいけいとけいぐ
拝啓と敬具 근계와 경구

* 편지 첫머리에 쓰는 말로 삼가 아뢴다는 뜻

拝借 はいしゃく

Q. 선생님의 지혜를 拝借 할 수 있을까요?

Q. 부장님의 도움을 拝借 하기로 했다.

명 빌림[배차]

おてをはいしゃく
お手を拝借 손을 빌림

* 借りること 의 겸양어, 빌린다는 뜻

並列 へいれつ

Q. 이미 주차한 차 앞에 並列 로 주차를 했다.

Q. 전기회로의 직렬과 並列 의 차이점.

명 병렬

へいれつかいろ
並列回路 병렬회로

複合 ふくごう

Q. 여러 개를 챙겨 먹기 귀찮으니 複合 비타민제만 먹는다.

Q. 주상 複合 건물은 상가와 주거공간이 함께 있는 건물이다.

명 복합

ふくごうびたみん
複合ビタミン 복합 비타민

体格 たいかく

Q. 운동선수처럼 건장한 体格 를 지녔다.

Q. 키도 크고 体格 도 좋은데 겉보기와 달리 병약하다.

명 체격

たいかくがよい
体格がよい 체격이 좋다

分担 ぶんたん

Q. 우리 회사는 팀별로 업무 分担 이 잘 되어 있다.

Q. 맞벌이를 하니까 가사도 分担 해야지.

명 분담

しごとのぶんたん
仕事の分担 일의 분담

Q　A

分列 ぶんれつ

Q. 모여있던 군대가 두 줄로 分列 하며 질서 있게 행진했다.
Q. 세포 分裂 를 통해 증식하는 박테리아.

명 분열

ぶんれつこうしん
分列行進　분열 행진

* 어느 정도 규칙성을 가지는 경우 쓰임
* **표기 차이** 分裂: 찢어지는 방식의 분열

分母 ぶんぼ

Q. 分母 와 분자를 약분하다.
Q. 두 사람의 공통 分母 는 직업이다.

명 분모

ぶんしとぶんぼ
分子と分母　분자와 분모

分配 ぶんぱい

Q. 자식들에게 공평하게 재산을 分配 하라는 유언을 남겼다.
Q. 6명이 케이크를 공평하게 分配 하려면 어떻게 자르지?

명 분배

とみのぶんぱい
富の分配　부의 분배

分散 ぶんさん

Q. 위험성을 줄이기 위해 여러 곳에 分散 투자를 했다.
Q. 권력의 分散 과 상호 견제를 위한 삼권분립 제도.

명 분산

ぶんさんとうし
分散投資　분산 투자

紛失 ふんしつ

Q. 지갑을 잃어버린 걸 알고 바로 紛失 신고를 했다.
Q. 신용카드의 도난 혹은 紛失 에 주의하십시오.

명 분실

ふんしつさいはっこう
紛失再発行　분실 재발급

分業 ぶんぎょう

Q. 생산 라인마다 다른 일을 하도록 分業 화 되어있다.
Q. 의약 分業 로 의사는 진료, 약사는 약을 판매하게 됐다.

명 분업

ぶんぎょうこうぞう
分業構造　분업 구조

仏像 ぶつぞう

Q. 절에 들러 仏像 앞에서 절을 했다.
Q. 이 절에는 거대한 금동 仏像 가 있어 관광객이 많이 온다.

명 불상

こんどうのぶつぞう
金銅の仏像　금동 불상

崩壊 ほうかい

Q. 베를린 장벽 崩壊 는 독일 통일의 신호탄이었다.
Q. 부실 공사로 인해 삼풍백화점은 崩壊 했다.

명 붕괴

たてもののほうかい
建物の崩壊　건물의 붕괴

悲観 ひかん

Q. 悲観 도 낙관도 하지 않고 그저 최선을 다할 뿐이다.
Q. 불행한 처지를 悲観 하여 투신했으나 무사히 구조되었다.

명 비관

ひかんてきなしそう
悲観的な思想　비관적인 사상

沸騰 ふっとう

Q. 물이 沸騰 하면 준비된 재료를 한꺼번에 넣으세요.
Q. 여론이 沸騰 하자 표를 의식한 정치인이 사과했다.

명 비등[끓어오름/들끓음]

ふっとうてん
沸騰点 끓는점

比例 ひれい

Q. 이 그림 인체 比例 가 안 맞아. 얼굴이 너무 큰 거 아냐?
Q. 인구가 증가하면 그에 比例 해서 범죄도 늘어난다.

명 비례

せいひれい
正比例 정비례

悲鳴 ひめい

Q. 깜짝 놀라 悲鳴 를 지르며 도망쳤다.
Q. 고통에 찬 悲鳴 를 질렀다.

명 비명

ひめいをあげる
悲鳴をあげる 비명을 지르다

比重 ひじゅう

Q. 배달음식 때문에 생활비에서 식비의 比重 가 너무 크다.
Q. 미술 시험은 필기보다 실기의 比重 가 크다.

명 비중

ひじゅうがおおきい
比重が大きい 비중이 크다

士 し

Q. 일본의 士 를 사무라이라고 한다.
Q. 변호 士 가 되어 어려운 이들을 변호하는 것이 꿈이다.

명 무사

へいし
兵士 병사

* 접사로 쓰이면 자격 혹은 직업을 뜻함

使い道 つかいみち

Q. 이 돈을 어떤 使い道 로 사용하시려고 하시나요?
Q. 노트북은 게임, 인터넷 서핑 등 다양한 使い道 가 있다.

명 용도

つかいみちがまったくない
使い道が全くない 쓸모가 전혀 없다

社交 しゃこう

Q. 인맥을 쌓으려고 社交 모임에 나갔다.
Q. 社交 적인 성격이라 어딜 가든 금방 사람을 사귄다.

명 사교

しゃこうだんす
社交ダンス 사교댄스

社宅 しゃたく

Q. 집세를 아끼려고 회사에서 지원해주는 社宅 에서 지낸다.
Q. 회사에서 지원하는 社宅 는 낡았지만 혼자서는 살만하다.

명 사택

しゃたくにすむ
社宅に住む 사택에 살다

* 회사 소유의 집을 뜻함

使命 しめい

Q. 이 작품을 완성하는 것이 인생의 使命 라고 생각했다.
Q. 자기 직업에 使命 감을 가지고 열심히 일하는 사람.

명 사명
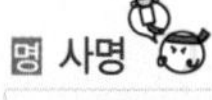

しめいかん
使命感 사명감

Q

A

事案 じあん

Q. 이제야 그도 事案 의 심각성을 깨달은 모양이다.
Q. 이제는 경찰이 개입해야 할 事案 이다.

명 사안[문제가 되어 있는 일]

じゅうだいじあん
重大事案 중대 사안

仕様 しよう

Q. 말이 통하지 않으니 설득할 仕様 가 없다.
Q. 연락처를 모르니 연락할 仕様 가 없다.

명 방법, 도리

どうしようもない
如何仕様もない 어찌할 도리가 없다

私用 しよう

Q. 업무 중에 私用 로 오래 통화를 하는 건 좀 그렇지.
Q. 회삿돈을 私用 에 사용하다니 무슨 짓이야!

명 사사로운 일

しようのでんわ
私用の電話 사사로운 전화

私有 しゆう

Q. 내 私有 재산을 어떻게 사용할지는 내 마음이다.
Q. 이 건물은 私有 지입니다. 무단 침입을 금합니다.

명 사유

しゆうざいさん
私有財産 사유재산

事態 じたい

Q. 事態 는 악화할 뿐, 수습될 기미가 보이지 않았다.
Q. 시위 현장에서 유혈 事態 가 발생했다.

명 사태

じたいはっせい
事態発生 사태 발생

酸 さん

Q. 리트머스 종이로 酸 성과 알칼리성을 구분할 수 있어.
Q. 시큼한 맛을 내는 酸 은 레몬에 많이 포함되어 있다.

명 산, 신맛, 산성

さんみ
酸味 신맛

山脈 さんみゃく

Q. 조정래의 소설 태백 山脈 는 500만 부 이상 팔렸다.
Q. 설악산의 웅장한 山脈 에 눈을 빼앗겼다.

명 산맥

さんみゃくちたい
山脈地帯 산맥 지대

産物 さんぶつ

Q. 제주도의 대표적 토 産物 는 한라봉이다.
Q. 시험에 합격한 것은 끝없는 노력의 産物 다.

명 산물

じだいのさんぶつ
時代の産物 시대의 산물

山腹 さんぷく

Q. 山腹 에 위치한 목장에서 양 떼 구경을 하고 왔다.
Q. 山腹 에 있는 별장에서 좋은 공기를 마시며 푹 쉬었다.

명 산허리, 산의 중턱

さんぷくにあるやまごや
山腹にある山小屋 산 중턱에 있는 산장

産婦人科 さんふじんか

Q. 여성은 주기적으로 産婦人科 진료를 받는 것이 좋다.

Q. 둘째도 첫째와 같은 産婦人科 에서 낳았다.

명 산부인과

さんふじんかいいん
産婦人科医院 — 산부인과 의원

先3 せん

Q. 4차 산업혁명을 先 도하는 로봇 제작업체.

Q. 놀아야 할 아이들이 先 행학습 때문에 바쁘다.

명 앞, 예전, 이전, 아까, 앞서

せんこう
先行 — 선행

* 주로 접사로 쓰임

煮付け につけ

Q. 생선은 싫지만, 생선 煮付け 에 들어간 무는 좋아한다.

Q. 국물까지 바짝 졸여 만든 음식을 煮付け 라고 한다.

명 조림

いものにつけ
イモの煮付け — 감자조림

煮込み にこみ

Q. 스튜는 여러 가지 재료를 넣고 煮込み 해서 만든다.

Q. 이 집 설렁탕은 한우 사골을 煮込み 해서 국물이 진해요.

명 푹 끓임, 푹 삶음

にこみうどん
煮込みうどん — 푹 삶은 우동

漬物 つけもの

Q. 단무지는 漬物 의 일종이다.

Q. 우메보시는 소금이 들어간 매실 漬物 를 뜻한다.

명 절임

きゅうりのつけもの
キュウリの漬物 — 오이절임

革命 かくめい

Q. 19세기에 발발한 산업 革命.

Q. 레미제라블은 프랑스 革命 를 다루고 있다.

명 혁명

かくめいか
革命家 — 혁명가

宣言 せんげん

Q. 화를 내며 이혼하고 말겠다고 宣言 했다.

Q. 1776년 미국의 독립 宣言 문.

명 선언

けんりせんげん
権利宣言 — 권리 선언

守備 しゅび

Q. 가장 효과적인 守備 는 공격이다.

Q. 우리가 점수를 앞지르고 있으니 이제 守備 에 집중하자!

명 수비

しゅびじん
守備陣 — 수비진

崖 がけ

Q. 가파른 崖 끝에 아슬아슬하게 서서 사진을 찍었다.

Q. 차가 崖 아래로 떨어졌지만 놀랍게도 살아있었다.

명 낭떠러지

がけからおちる
崖から落ちる — 낭떠러지에서 떨어지다

Q　　A

調停 ちょうてい

Q. 두 세력 사이에서 갈등을 調停 하려고 노력했다.
Q. 대화를 통한 調停 로 갈등을 해결했다.

명 조정, 중재

ちょうていあん 調停案	조정안

喙 くちばし

Q. 딱따구리가 喙 로 단단한 나무를 쪼아댄다.
Q. 새의 입에는 단단한 喙 가 달려 있다.

명 부리, 주둥이

とりのくちばし 鳥の喙	새 부리

脱出 だっしゅつ

Q. 전투기는 유사시 파일럿의 비상 脱出 장치가 있다.
Q. 감옥에서 脱出 하려다 붙잡힌 범죄자.

명 탈출

だっしゅつげーむ 脱出ゲーム	탈출 게임

荒廃 こうはい

Q. 오랫동안 관리되지 않은 건물이라서 荒廃 화가 심했다.
Q. 핵전쟁 뒤의 荒廃 한 세상.

명 황폐

こうはいか 荒廃化	황폐화

証 しょう

Q. 용의자의 지문이 남은 흉기가 証 였다.
Q. 영수 証 를 가져오시면 경품 추첨에 응모하실 수 있어요.

명 증, 증거, 증명

しょうめい 証明	증명

証拠 しょうこ

Q. 범행을 입증할 수 있는 결정적인 証拠 를 발견했다.
Q. 내가 훔쳤다고? 무슨 証拠 라도 있어?

명 증거

じけんのしょうこ 事件の証拠	사건의 증거

妊娠 にんしん

Q. 결혼 후 5년 만에 아이를 妊娠 했다.
Q. 인공수정을 통해서 어렵게 아이를 妊娠 했다.

명 임신

にんしんちゅう 妊娠中	임신 중

爆破 ばくは

Q. 경기장을 爆破 하겠다는 테러범의 협박이 있었다.
Q. 낡은 건물에 폭약을 설치한 후 爆破 시켜 철거했다.

명 폭파

だいなまいとでばくは ダイナマイトで爆破	다이너마이트로 폭파

資格 しかく

Q. 2년 이상의 경력만 있으면 지원 資格 가 충족됩니다.
Q. 동물을 학대하다니! 그 사람은 동물을 키울 資格 가 없어.

명 자격

えいごのしかくしょう 英語の資格証	영어 자격증

Q  

追跡 ついせき

Q. 그는 경찰의 追跡 를 피해 도망치고 있다.
Q. 범인이 가진 핸드폰의 위치를 追跡 하고 있습니다.

명 추적

ついせきちょうさ
追跡調査 추적 조사

所在 しょざい

Q. 경찰은 용의자의 所在 를 파악하는 중이라고 밝혔다.
Q. 가족의 신고로 실종자의 所在 를 파악 중이다.

명 소재

しょざいふめい
所在不明 소재 불명

調べ しらべ

Q. 설문 調べ 에 참여하시고 선물 받아 가세요.
Q. 대기업 세무 調べ 결과 거대한 비리가 드러났다.

명 조사

ざいこしらべ
在庫調べ 재고 조사

収集 しゅうしゅう

Q. 경찰이 사건 현장에서 단서를 収集 하고 있다.
Q. 특이하게 생긴 돌을 収集 하는 취미가 있다.

명 수집

しりょうしゅうしゅう
資料収集 자료 수집

追及 ついきゅう

Q. 경찰은 범인의 여죄를 追及 하고 있다.
Q. 불법행위에 대한 책임을 追及 해야 한다.

명 추궁

せきにんのついきゅう
責任の追及 책임의 추궁

取り締(ま)り とりしまり

Q. 경찰이 음주운전에 대한 取り締(ま)り 를 실시했다.
Q. 불법주차 取り締(ま)り 에 걸려 벌금을 물었다.

명 단속

しゅうちゅうとりしまり
集中取り締まり 집중 단속

神話 しんわ

Q. 그리스 神話 의 최고신 제우스.
Q. 동양의 神話 속에서 용은 신성한 존재로 등장한다.

명 신화

ぎりしゃしんわ
ギリシャ神話 그리스 신화

紀元 きげん

Q. 紀元 전을 뜻하는 B.C.는 Before Christ의 약자이다.
Q. 紀元 전 5세기의 것으로 추정되는 유물이 발굴되었다.

명 기원

きげんご
紀元後 기원후

源 みなもと

Q. 생명의 源 를 찾기 위한 연구는 지금도 계속되고 있다.
Q. 스트레스는 만병의 源 라는 말이 있지.

명 기원, 근원

はんざいのみなもと
犯罪の源 범죄의 근원

Q　　A

郷愁 きょうしゅう

Q. 집을 떠나 타국에서 일하다 보니 郷愁 병에 걸렸다.
Q. 행복했던 학창 시절에 대한 郷愁.

명 향수

きょうしゅうにひたる
郷愁にひたる　향수에 젖다

割(り)当て わりあて

Q. 하드디스크 용량의 절반을 백업 용도로 割(り)当て 했다.
Q. 영업 사원이라서 월 割(り)当て 량을 채워야 해. 도와주라.

명 할당

きふきんのわりあて
寄付金の割り当て　기부금의 할당

形成 けいせい

Q. 결혼한 친구들 사이에 공감대가 形成 되었다.
Q. 유동 인구가 늘자 새로운 지역 상권이 形成 되었다.

명 형성

じがのけいせい
自我の形成　자아의 형성

矢 や

Q. 과녁 정중앙에 꽂힌 矢.
Q. 활을 당겨 矢 를 쏜다.

명 화살

やじるし
矢印　화살표

増し まし

Q. 스트레스가 많으면 암 발병률이 2할 増し 한다고 합니다.
Q. 생각보다 얇은 옷이지만 추우니 없는 것보다는 増し 하다.

명 증가, 나음

にわりまし
2割増し　2할 증가

* な형용사로 쓰일 경우 더 낫다는 뜻

暴動 ぼうどう

Q. 교도소 내에서 暴動 가 발생해 교도관들이 다쳤다.
Q. 暴動 진압을 위해 경찰들이 동원됐다.

명 폭동

ぼうどうざい
暴動罪　폭동죄

制 せい

Q. 미세먼지 저감을 위해 차량 2부 制 를 실시했다.
Q. 사형 制 도에 대한 찬성 근거와 반대 근거.

명 제도, 규정

せいど
制度　제도

節[2] せつ

Q. 성서는 장으로 구분되고, 장은 더 짧은 節 로 구분된다.
Q. 창세기 1장 1 節 에는 천지를 창조한 내용이 담겨있다.

명 절, 단락, 마디

だいさんせつ
第3節　제3절

節[3] せつ

Q. 끝까지 변절하지 않고 節 를 지켰다.
Q. 대나무꽃의 꽃말은 굳은 節 다.

명 절개, 신념

せつをまげない
節を曲げない　절개를 굽히지 않다

節[4] せつ

Q. 서울에 막 상경했을 시 節 에 친척 집에서 신세를 졌다.
Q. 민호 선생님이시죠? 그 節 는 정말 신세 많이 졌습니다.

명 때, 시기

そのせつ
その節 그때

手当[1] てあて

Q. 국가에서 구직 手当 를 지급한다.
Q. 직장에서 달마다 교통 手当 가 지급된다.

명 수당

かきんてあて
過勤手当 초과 근무 수당

手当[2] てあて

Q. 뱀한테 물렸어요. 응급 手当 가 필요합니다.
Q. 상처의 간단한 手当 는 했지만, 나중에 꼭 병원에 가 봐.

명 치료, 조처

おうきゅうてあて
応急手当 응급처치

護衛 ごえい

Q. 군대의 護衛 하에 물자를 나르는 트럭.
Q. 자객이 나타났다! 임금님의 주변을 護衛 하라!

명 호위

ごえいへい
護衛兵 호위병

増強 ぞうきょう

Q. 중국은 해병대 병력을 5배로 増強 했다.
Q. 부족한 병력을 増強 하기 위해 복무기간을 늘리기로 했다.

명 증강

こくりょくぞうきょう
国力増強 국력 증강

派遣 はけん

Q. 재해 지역에 군인들을 派遣 해서 복구를 도왔다.
Q. 6개월간 해외로 派遣 근무를 나가게 되었다.

명 파견

はけんがいしゃ
派遣会社 파견 회사

偏見 へんけん

Q. 다문화 가정에 대한 차별과 偏見 이 사회적인 문제이다.
Q. 그 생각은 아시아인에 대한 偏見 이고, 인종차별이야.

명 편견

こうまんとへんけん
高慢と偏見 오만과 편견

定義 ていぎ

Q. 그 단어의 定義 를 알고 싶으면 사전을 찾아봐라.
Q. 성공이란 무엇일까? 성공의 定義 는 사람마다 다르다.

명 정의

ていぎをくだす
定義を下す 정의를 내리다

* 말이나 사물의 뜻을 밝혀 규정한다는 뜻

疑惑 ぎわく

Q. 미제 사건에 대한 풀리지 않는 疑惑 를 집중 조명한다.
Q. 그 약이 정말 효과가 있는지에 대해 疑惑 가 있다.

명 의혹

ぎわくをまねく
疑惑を招く 의혹을 초래하다

Q

A

提携 ていけい

Q. 그 병원은 지역 대학과 提携 하고 있다.

Q. 카드 포인트는 提携 사이트에서도 사용하실 수 있습니다.

명 제휴

ぎじゅつていけい
技術提携 기술 제휴

飽和 ほうわ

Q. 카페 창업을 한다고? 이미 飽和 상태라서 경쟁이 심해.

Q. 동물성 기름인 飽和 지방과 식물성 기름인 불포화지방.

명 포화

ほうわじょうたい
飽和状態 포화 상태

予言 よげん

Q. 予言 가로 유명했던 노스트라다무스.

Q. 내년에 세상이 멸망할 것이라는 予言 을 남겼다.

명 예언

よげんしゃ
予言者 예언자

船舶 せんぱく

Q. 그 운하는 船舶 가 다닐 수 있도록 개방된다.

Q. 조선소에서 船舶 를 만들고 있다.

명 선박

せんぱくがいしゃ
船舶会社 선박 회사

圧倒 あっとう

Q. 산 정상에 서자 아름다운 풍경이 나를 圧倒 했다.

Q. 상대팀에게 10:0으로 圧倒 당하고 있다.

명 압도

あっとうてきにおおい
圧倒的に多い 압도적으로 많다

言(い)訳 いいわけ

Q. 전부 내 잘못이니까 言(い)訳 할 생각은 없어.

Q. 나 만나기 싫어? 바쁘다는 言(い)訳 는 대지 마.

명 변명, 핑계

ちこくのいいわけ
遅刻の言い訳 지각의 변명

直面 ちょくめん

Q. 그 회사는 재정위기에 直面 해 있다.

Q. 문제를 해결하자마자 새로운 문제에 直面 했다.

명 직면

ちょくめんしたもんだい
直面した問題 직면한 문제

暗示 あんじ

Q. SNS에 이혼을 暗示 하는 의미심장한 글을 남겼다.

Q. 이제 쉬고 싶다는 그의 말은 은퇴를 暗示 하는 것일까?

명 암시

じこあんじ
自己暗示 자기 암시

祝賀 しゅくが

Q. 그녀의 승진을 祝賀 하는 파티를 열었다.

Q. 우리 팀의 극적인 승리를 祝賀 하는 파티를 할 거야.

명 축하

しゅくがのはなわ
祝賀の花輪 축하의 화환

誘導 ゆうどう

Q. 그는 내가 안전한 길로 가도록 誘導 했다.
Q. 광고는 소비자들이 제품을 구매하도록 誘導 한다.

명 유도

ゆうどうとう
誘導灯 유도등

意欲 いよく

Q. 意欲 가 넘치는데? 좋아. 믿고 한 번 맡겨볼게.
Q. 요즘 意欲 를 상실했어요. 아무것도 하기 싫다고요.

명 의욕

いよくていか
意欲低下 의욕 저하

情熱 じょうねつ

Q. 情熱 적인 라틴댄스를 선보였다.
Q. 음악에 대한 식지 않는 情熱.

명 정열, 열정

じょうねつをもやす
情熱を燃やす 정열을 불태우다

世代 せだい

Q. 젊은 世代 에 뒤처지지 않으려고 노력하는 패셔니스타.
Q. 청년, 장년, 노년의 世代 간 갈등.

명 세대

せだいこうたい
世代交代 세대교체

情け なさけ

Q. 무고한 사람을 情け 사정없이 때리는 불량배.
Q. 어려운 일에 발 벗고 나서서 돕는 情け 있는 사람.

명 정, 인정

なさけごころ
情け心 동정심

宗 しゅう

Q. 그들은 교회에서 나와 새로운 宗 교를 만들었다.
Q. 이슬람교 宗 는 수니파와 시아파로 나뉜다.

명 종, 종파

しゅうきょう
宗教 종교

派 は

Q. 영어는 라틴어에서 派 생된 언어이다.
Q. 사람들은 이해관계에 따라 여러 派 벌로 분열되기도 한다.

명 파, 갈래

ふたつのは
二つの派 두 파

弾力 だんりょく

Q. 고무로 된 공이야. 弾力 가 있어서 잘 튕기지.
Q. 나이가 들수록 피부의 弾力 가 떨어지고 있다.

명 탄력

だんりょくのある
弾力のある 탄력이 있다

任命 にんめい

Q. 대통령은 그를 육군참모총장에 任命 했다.
Q. 젊은 나이에 감독으로 任命 되어 팀을 이끌고 있다.

명 임명

にんめいけん
任命権 임명권

Q A

休戦 きゅうせん

Q. 休戦 협정으로 군사 작전이 잠시 중단되었다.

Q. 休戦 협정으로 6.25 전쟁이 중단되었다.

명 휴전

きゅうせんきょうてい
休戦協定 휴전 협정

手数[1] てすう

Q. 여기까지 오느라 手数 가 많았네.

Q. 그분께서 절 도와주시느라 手数 가 많으셨어요.

명 수고, 손이 많이 감

てすうのかかるしごと
手数のかかる仕事 수고스러운 일

* てかず 보다 일반적인 표현

手数[2] てかず

Q. 오늘 하루 手数 가 많으셨습니다.

Q. 제가 미숙해서 여러분께 手数 를 끼치게 되었네요.

명 수고, 노력, 폐

てかずをはぶく
手数を省く 수고를 덜다

台本 だいほん

Q. 연극 台本 을 읽으며 홀로 연기 연습을 했다.

Q. 매주 급하게 만든 쪽 台本 으로 연기에 임해야 했다.

명 대본

どらまのだいほん
ドラマの台本 드라마 대본

業績 ぎょうせき

Q. 한글 창제는 세종대왕의 위대한 業績 다.

Q. 충무공 이순신 장군의 業績 를 알아보자.

명 업적

ぎょうせきひょうか
業績評価 업적평가

行(な)い おこない

Q. 말과 行(な)い 가 일치하지 않는다.

Q. 行(な)い 가 단정하지 못한 녀석이다.

명 행동, 행실, 품행

おこないがわるい
行ないが悪い 행실이 나쁘다

行為 こうい

Q. 시험 중 부정 行為 를 저질러 실격 처리되었다.

Q. 음주운전은 자살 行為 일 뿐 아니라 남에게도 피해를 준다.

명 행위

ふせいこうい
不正行為 부정행위

融資 ゆうし

Q. 금리가 비교적 낮은 은행 融資.

Q. 은행에서 融資 를 받아 집을 마련했다.

명 융자

ぎんこうゆうし
銀行融資 은행 융자

側面 そくめん

Q. 긍정적인 側面 이 더 크기 때문에 결행하기로 했다.

Q. 통일이 경제적인 側面 에서 어떤 이점이 있는지 알아보자.

명 측면

そくめんとちょくめん
側面と直面 측면과 정면

展望 てんぼう

Q. 展望 대에 올라가서 서울의 풍경을 내려다보았다.
Q. 펜션을 좋은 곳에 지었네. 展望 가 참 좋아.

명 전망

てんぼうだい
展望台 전망대

効き目 ききめ

Q. 마그네슘 섭취는 불면증에 効き目 가 있다.
Q. 이 약은 効き目 가 좋아서 금방 콧물이 멎는다.

명 효력, 효과

くすりのききめ
薬の効き目 약의 효과

成果 せいか

Q. 기대 이상의 成果 를 거둔 정상회담이었다.
Q. 成果 연봉제는 업무 실적에 따라 연봉을 주는 제도이다.

명 성과

せいかをあげる
成果を上げる 성과를 올리다

蝶 ちょう

Q. 호랑 蝶 한 마리가 꽃 위에 앉았다.
Q. 나풀나풀 날갯짓하는 예쁜 곤충, 蝶.

명 나비

きれいなちょう
奇麗な蝶 아름다운 나비

誘惑 ゆうわく

Q. 꽃은 달콤한 향기로 꿀벌들을 誘惑 했어요.
Q. 감히 내 남자친구를 誘惑 해? 가만두지 않겠어.

명 유혹

おかしのゆうわく
お菓子の誘惑 과자의 유혹

花粉 かふん

Q. 꿀벌들은 꿀을 만들기 위해 꽃에서 花粉 을 모은다.
Q. 花粉 알레르기가 있어서 봄이 되면 마스크를 착용한다.

명 꽃가루

かふんしょう
花粉症 꽃가루 알레르기

損失 そんしつ

Q. 막대한 영업 損失 로 인해 적자로 전환했다.
Q. 숙청으로 인한 많은 인재의 사망은 국가적 損失 였다.

명 손실

そんしつきんがく
損失金額 손실 금액

脱退 だったい

Q. SNS에 남긴 모든 글을 지우고 脱退 했다.
Q. 아이돌 그룹을 脱退 하고 연기자로 변신했다.

명 탈퇴

だったいしゃ
脱退者 탈퇴자

除外 じょがい

Q. 나만 승진에서 除外 되다니! 부끄럽고 억울했다.
Q. 못 온다는 애들의 이름을 참가자 리스트에서 除外 했다.

명 제외

じょがいきじゅん
除外基準 제외 기준

Q **A**

水け みずけ

Q. 나무는 뿌리로 땅속의 水け 를 빨아올린다.

Q. 마른 수건으로 유리창에 맺힌 水け 를 닦아냈다.

명 물기

みずけをとる
水けを取る 물기를 말리다

根回し[1] ねまわし

Q. 나무를 이식하려면 미리 根回し 를 해야 한다.

Q. 옮겨 심은 식물이 뿌리를 잘 내리도록 根回し 를 했다.

명 나무의 잔뿌리를 쳐냄

ねまわしをする
根回しをする 뿌리돌림을 하다

根回し[2] ねまわし

Q. 관계자를 미리 만나 根回し 를 해두었다.

Q. 회담 전 두 나라 사이에 根回し 가 있었음이 밝혀졌다.

명 사전교섭

ねまわしにたけたのうりょく
根回しにたけた能力 사전 교섭에 뛰어난 능력

証言 しょうげん

Q. 피해자의 証言 을 토대로 범인의 몽타주를 작성했다.

Q. 증인의 결정적인 証言 이 피고의 판결에 영향을 끼쳤다.

명 증언

しょうげんきろく
証言記録 증언 기록

成熟 せいじゅく

Q. 소년 같은 이미지였지만 완전히 成熟 해서 남자가 되었다.

Q. 아픈 만큼 成熟 해진다는 말도 있잖아요.

명 성숙

せいじゅくき
成熟期 성숙기

革新 かくしん

Q. 革新 의 아이콘 스티브 잡스.

Q. 기업은 끊임없이 革新 해야 살아남을 수 있다.

명 혁신

ぎじゅつかくしん
技術革新 기술혁신

意図 いと

Q. 무슨 意図 로 그런 발언을 한 것인지 의견이 분분했다.

Q. 네 기분을 상하게 할 意図 는 아니었어. 미안해.

명 의도

いとてきなまちがい
意図的な間違い 의도적인 실수

征服 せいふく

Q. 그 악당의 목표는 세계 征服 다.

Q. 에베레스트산을 征服 하기 위한 등산가들의 분투.

명 정복

うちゅうせいふく
宇宙征服 우주 정복

申(し)出 もうしで

Q. 휴가 申(し)出 를 내고 하루 동안 고향에 다녀왔다.

Q. 대회 참가 申(し)出 를 하려면 어떻게 해야 하나요?

명 신청

さんかのもうしで
参加の申し出 참가 신청

直感 ちょっかん

Q. 내 直感 에 의하면 그가 범인이야.

Q. 어떻게 맞췄냐고? 여자의 直感 이야.

명 직감

ちょっかんがあたる
直感が当たる 직감이 맞다

映像 えいぞう

Q. 경찰은 CCTV 映像 를 보고 용의자를 특정했다.

Q. 사진 말고 映像 는 없어? 움직이는 모습을 보고 싶은데.

명 영상

えいぞうせいさく
映像制作 영상 제작

風車 ふうしゃ

Q. 바람이 많이 부는 지역이라 風車 로 전기를 생산해.

Q. 풍력 발전을 위해 만든 風車.

명 풍차

ふうしゃがまわる
風車が回る 풍차가 돌다

原則 げんそく

Q. 친구에게는 돈을 빌리지 않는 게 내 개인적인 原則 다.

Q. 죄송하지만, 저희는 原則 대로 처리할 수밖에 없습니다.

명 원칙

げんそくろん
原則論 원칙론

収益 しゅうえき

Q. 높은 収益 를 얻을 수 있지만, 위험이 큰 상품이다.

Q. 높은 수수료를 부과해 막대한 収益 를 올렸다.

명 수익

しゅうえきをあげる
収益を上げる 수익을 올리다

衣料 いりょう

Q. 衣料 보험 덕분에 치료비 부담이 많이 줄었다.

Q. 의사가 환자의 衣料 기록을 확인했다.

명 의료

いりょうひん
衣料品 의료품

圧迫 あっぱく

Q. 고3 수험생들은 엄청난 圧迫 감을 견디며 공부하고 있다.

Q. 지혈을 위해 상처 부위에 圧迫 붕대를 감았다.

명 압박

あっぱくめんせつ
圧迫面接 압박 면접

助言 じょげん

Q. 선생님께 인생의 助言 을 구하고 싶습니다.

Q. 겸손함을 잃지 말라는 선배의 助言.

명 조언

じょげんしゃ
助言者 조언자

忠告 ちゅうこく

Q. 내가 忠告 하는데, 너 이렇게 막 나가면 후회한다.

Q. 이런 버릇없는 녀석에게는 따끔한 忠告 가 필요하다.

명 충고

ちゅうこくにしたがう
忠告に従う 충고에 따르다

Q　　A

橇 そり

Q. 흰 눈 사이로 橇 를 타고 달리니 신이 난다.

Q. 루돌프가 끄는 橇.

명 썰매

そりすべり
橇滑り　썰매 타기

昇進 しょうしん

Q. 능력 있는 직원의 빠른 昇進 은 당연하다.

Q. 김 대리! 아니, 이제 김 과장인가? 아무튼 昇進 축하해!

명 승진

しょうしんへのみち
昇進への道　승진에의 길

協定 きょうてい

Q. 평화 協定 를 위반하고 갑작스러운 공세에 나섰다.

Q. 두 나라 사이에 자유무역 協定 를 맺었다.

명 협정

つうしょうきょうてい
通商協定　통상 협정

獲得 かくとく

Q. 정부로부터 우수사업장 인증을 獲得 했다.

Q. 발명품에 대한 특허권을 獲得 했다.

명 획득

しみんけんをかくとくする
市民権を獲得する　시민권을 획득하다

織物 おりもの

Q. 옷을 만들 때 필요한 織物 를 생산하는 공장.

Q. 공방 수업 시간에 織物 를 짜서 식탁보를 만들었다.

명 직물

あつでのおりもの
厚手の織物　두껍게 짠 직물

香辛料 こうしんりょう

Q. 카레를 만들 때는 다양한 香辛料 를 넣는다.

Q. 사프란은 세계에서 가장 비싼 香辛料 중에 하나다.

명 향신료

こうしんりょうぼうえき
香辛料貿易　향신료 무역

進化 しんか

Q. 다윈의 進化 론.

Q. 인류의 進化 과정을 연구하는 데 도움이 된 화석.

명 진화

しんかろん
進化論　진화론

肺 はい

Q. 肺 는 육상동물의 호흡기관이다.

Q. 흡연과 肺 암 사이의 관련성.

명 폐

はいがん
肺癌　폐암

肝 かん

Q. 담즙을 만들어 배출하는 肝.

Q. 肝 에서 알코올을 분해한다.

명 간

かんえん
肝炎　간염

意 い

Q. 요즘은 뭘 해도 영 意 욕이 없다.
Q. 그 간신의 행동에는 비열한 意 도가 숨겨져 있었다.

명 마음, 생각

いかんのい
遺憾の意 유감의 뜻

意向 いこう

Q. 구매 意向 가 있으시면 이 번호로 연락해주세요.
Q. 20대 청년의 절반 가까이가 결혼할 意向 가 없다고 한다.

명 의향

せんぽうのいこう
先方の意向 상대의 의향

雄 おす

Q. 사자 雄 에게는 화려한 갈기가 있다.
Q. 암컷 사마귀는 짝짓기 중 雄 사마귀를 잡아먹는다.

명 수컷

めすとおす
雌と雄 암컷과 수컷

情緒 じょうちょ

Q. 아이가 情緒 불안인 것 같은데, 병원에 가야 할까요?
Q. 국민 情緒 에 맞지 않는 판결에 반발이 일어났다.

명 정서

じょうちょふあんてい
情緒不安定 정서 불안정

★ 발음 차이 じょうしょ: 원래 발음이지만 오늘날에는 잘 쓰이지 않음

塾 じゅく

Q. 학교 수업으로는 벅차서 영어 塾 에 다니고 있다.
Q. 대학에서 제공하는 塾 에서 살고 있다.

명 사설 학원, 기숙사

えいごのじゅく
英語の塾 영어 학원

学士 がくし

Q. 대학을 졸업하면 받을 수 있는 학위가 学士 다.
Q. 学士, 석사, 박사의 차이를 알려주세요.

명 학사

がくしのがくい
学士の学位 학사 학위

主権 しゅけん

Q. 대한민국의 主権 은 국민에게 있다.
Q. 독립운동을 해서 나라의 主権 을 되찾아야 한다.

명 주권

しゅけんしゃきょういく
主権者教育 주권자 교육

小売(り) こうり

Q. 도매 상품과 小売(り) 상품의 가격 차이.
Q. 도매업자로부터 싸게 공급받아 小売(り) 로 판매한다.

명 소매[산매]

こうりしょう
小売商 소매상

爆弾 ばくだん

Q. 빌딩에 시한 爆弾 을 설치했다는 협박 전화를 받았다.
Q. 핵 爆弾 이 터지면 그 일대가 초토화된다.

명 폭탄

ばくだんはつげん
爆弾発言 폭탄 발언

Q　　　　　　　　　　　　　　　　　　A

移住 いじゅう

Q. 젊은 일손이 전부 도시로 移住 를 해 일손이 부족하다.
Q. 가족 모두가 해외로 移住 한 지 10년째입니다.

명 이주

いじゅうていじゅう
移住定住　이주 정착

陶磁器 とうじき

Q. 그 陶磁器 는 조선 시대 진품 백자입니다.
Q. 욕실은 陶磁器 타일로 덮여 있다.

명 도자기

とうじきたいる
陶磁器タイル　도자기 타일

* 도기와 자기 부류의 총칭

政権 せいけん

Q. 독재 政権 이 오랫동안 계속되었다.
Q. 고려 시대에는 무신들이 政権 을 장악한 시기가 있었다.

명 정권

せいけんうんえい
政権運営　정권 운영

執着[2] しゅうじゃく

Q. 가난하게 자라 돈에 대한 執着 가 강한 사람.
Q. 다이어트에 너무 執着 하면 건강에 좋지 않다.

명 집착

かねにしゅうじゃくする
金に執着する　돈에 집착하다

* しゅうちゃく 의 옛 말씨

値[2] あたい

Q. 저번에 외상으로 산 물건의 値 를 치르고 왔다.
Q. 돈으로 매길 수 없는 値 가 있는 골동품.

명 대가, 가치

あたいをつける
値をつける　값을 매기다

値打ち ねうち

Q. 금의 値打ち 는 떨어질 줄을 모른다.
Q. 예술적 値打ち 가 있는 작품.

명 값, 가치

ねうちのあるしなもの
値打ちのある品物　값나가는 물건

真珠 しんじゅ

Q. 돼지 목에 真珠 목걸이.
Q. 조개는 어떻게 보석인 真珠 를 만들까?

명 진주

しんじゅのいありんぐ
真珠のイアリング　진주 귀걸이

地形 ちけい

Q. 등고선을 보면 그 지역의 地形 를 파악하기 쉽다.
Q. 그는 이곳 토박이라 이곳 地形 를 훤히 꿰고 있다.

명 지형

ちけいず
地形図　지형도

衣類 いるい

Q. 땀을 흡수해주는 스포츠 衣類.
Q. 여성과 아동 衣類 만을 판매하는 옷가게.

명 의류

いるいかんそうき
衣類乾燥機　의류 건조기

肥料 ひりょう

Q. 땅을 비옥하게 만들기 위해 肥料 를 뿌린다.
Q. 소똥 등을 肥料 로 써서 농사를 짓는다.

명 비료

かがくひりょう
化学肥料 화학 비료

推進 すいしん

Q. 로켓을 推進 하려면 고성능 엔진이 필요해.
Q. 정부의 지원을 받아 새로운 사업을 推進 하기로 했다.

명 추진

すいしんほんぶ
推進本部 추진본부

額[2] がく

Q. 회사에는 여전히 많은 금 額 의 부채가 있다.
Q. 손해배상금의 額 는 상상을 초월할 정도였다.

명 액수, 금액, 이마

せいきゅうがく
請求額 청구액

若干 じゃっかん

Q. 그 귀신의 집? 많이는 아니고 若干 무서워. 진짜야!
Q. 사 온 지 15분쯤 돼서 若干 식었어. 데워줄까?

명 약간

じゃっかんのかいぜん
若干の改善 약간의 개선

航海 こうかい

Q. 선장과 선원들은 무사히 긴 航海 를 마치고 돌아왔다.
Q. 2개월간 航海 한 선박이 항구로 돌아왔다.

명 항해

こうかいとう
航海灯 항해등

聖書 せいしょ

Q. 매일 聖書 를 읽고 교회에도 열심히 나간다.
Q. 신약 聖書 에는 예수 그리스도가 등장한다.

명 성서

せいしょろうどく
聖書朗読 성경 낭독

持続 じぞく

Q. 持続 적으로 매출이 줄고 있어요. 원인 파악이 필요합니다.
Q. 환경을 생각하는 持続 가능한 발전.

명 지속

じぞくかのう
持続可能 지속 가능

兆し きざし

Q. 먹구름은 비의 兆し 중 하나다.
Q. 까마귀는 한국에서 불길한 兆し 로 여겨진다.

명 조짐, 징조

はるのきざし
春の兆し 봄의 징조

要約 ようやく

Q. 소설 내용을 要約 해서 친구에게 알려줬다.
Q. 시험에 필요한 핵심 내용만 要約 한 노트.

명 요약

はなしをようやくする
話を要約する 이야기를 요약하다

Q **A**

釣(り)鐘 つりがね

Q. 멀리서 울려 퍼지는 성당의 釣(り)鐘 소리.

Q. 새해가 되면 보신각에서 釣(り)鐘 를 친다.

명 종, 조종, 범종

つりがねをつく 釣り鐘をつく	종을 치다

嬢 じょう

Q. 멋진 청년과 아름다운 嬢 의 결혼.

Q. 금지옥엽처럼 키운 명문가 嬢 에게 첫눈에 반한 청년.

명 아가씨[미혼 여성]

おじょうさま お嬢様	아가씨, 따님

* 앞에 お 를 붙여서 '딸'을 뜻하기도 함

郷里 きょうり

Q. 사업에 실패한 뒤, 나고 자란 郷里 로 돌아갔다.

Q. 그가 어릴 적 살던 郷里 는 제주도라고 한다.

명 고향

きょうりにかえる 郷里に帰る	향리로 돌아가다

犠牲 ぎせい

Q. 다수를 위한 소수의 犠牲 가 과연 옳은 것일까?

Q. 국가를 위해 이 한 몸 犠牲 하겠습니다.

명 희생

ぎせいしゃ 犠牲者	희생자

財 ざい

Q. 내가 죽으면 모든 財 를 딸에게 상속할 것이다.

Q. 평생을 모아온 財 전부를 국가에 기부한 노인.

명 재물, 재산

ざいをきずく 財を築く	재산을 쌓다

筒 つつ

Q. 대나무 筒 안에 밥과 약초를 넣어 만든 영양밥.

Q. 보일러 연 筒 가 오래되어 연기가 잘 빠지지 않는다.

명 통, 속이 비고 긴 관

たけのつつ 竹の筒	대나무 통

作戦 さくせん

Q. A 요원은 作戦 에 실패했다. 새로운 계획이 필요해.

Q. 인천 상륙 作戦 은 전쟁의 전세를 뒤바꿨다.

명 작전

さくせんかいぎ 作戦会議	작전 회의

指摘 してき

Q. 부족한 점을 발견하면 가차 없이 指摘 해 주세요.

Q. 상대방의 명백한 잘못을 指摘 했지만 받아들이지 않았다.

명 지적[꼭 집어서 가리킴] 

いいしてき いい指摘	좋은 지적

痣 あざ

Q. 무릎을 부딪쳐 파랗게 痣 가 들었다.

Q. 싸우다가 주먹에 얻어맞아서 痣 가 들었다.

명 멍, 사마귀

あおあざ 青痣	푸른 멍

Q  

緩和 かんわ

Q. 무역 규제 緩和 로 해외 거래가 활발해졌다.
Q. 디스크의 통증을 緩和 하기 위한 운동법.

명 완화

きせいかんわ 規制緩和	규제 완화

住 じゅう

Q. 임대 住 택 입주자 모집 공고.
Q. 복권에 당첨되어 의식 住 에는 걱정이 없다.

명 주[사는 것/머무름]

いしょくじゅう 衣食住	의식주

液 えき

Q. 피는 혈 液 라고도 한다.
Q. 홍삼 진 液 는 끈적하므로 뜨거운 물에 풀어 먹는다.

명 액, 액체

くだもののえき 果物の液	과일즙

自覚 じかく

Q. 꿈을 꾸고 있다는 사실을 깨닫는 것을 自覚 몽이라고 한다.
Q. 갑상선암은 自覚 증상이 없어서 더 주의가 필요하다.

명 자각

じかくしょうじょう 自覚症状	자각 증상

土台 どだい

Q. 실제 경험을 土台 로 만든 노래라고 밝혔다.
Q. 건물은 땅을 파서 土台 를 만든 뒤 짓는다.

명 토대, 기초

どだいづくり 土台作り	토대 만듦

下地 したじ

Q. 영어학원을 다녀서 下地 는 되어 있으니 유학을 보내자.
Q. 음악에 下地 가 있어서 가수를 시켜볼까 해.

명 기초, 소질

えのしたじ 絵の下地	그림의 소질

狩(り) かり

Q. 밀렵꾼들의 불법적인 코끼리 狩(り) 가 문제다.
Q. 사자가 얼룩말을 狩(り) 했다.

명 사냥, 수렵

かりにいく 狩りに行く	사냥을 하러 가다

蒸留 じょうりゅう

Q. 바닷물을 蒸留 해서 담수로 만들었다.
Q. 곡류의 발효주를 蒸留 한 술이 위스키이다.

명 증류

じょうりゅうすい 蒸留水	증류수

陳列 ちんれつ

Q. 새 상품은 없고 陳列 된 상품만 있어요. 싸게 드릴게요.
Q. 잠시 멈춰서서 쇼윈도에 陳列 된 옷을 구경했다.

명 진열

ちんれつだな 陳列棚	진열장

Q

A

騷動 そうどう

Q. 엘리베이터가 멈춰서 계단으로 대피하는 騷動 가 있었다.

Q. 별것도 아니니 騷動 피우지 마라.

명 소동

そうどうをおこす
騷動を起こす 소동을 일으키다

示威 じい

Q. 반정부 비폭력 示威 를 주도한 지도자가 체포되었다.

Q. 시민들이 촛불을 들고 示威 현장으로 모여들었다.

명 시위

じいこうしん
示威行進 시위행진

特許 とっきょ

Q. 발명품에 대한 特許 를 획득했다.

Q. 신기술을 개발한 뒤, 特許 를 받기 위해 신청을 했다.

명 특허

とっきょじむしょ
特許事務所 특허사무실

圧力 あつりょく

Q. 밧줄이 圧力 를 못 이기고 끊어졌다.

Q. 사퇴를 요구하는 학생들의 圧力 에 못 이겨 결국 사퇴했다.

명 압력

あつりょくようき
圧力容器 압력 용기

放棄 ほうき

Q. 저는 재산 상속권을 放棄 하고 집을 떠나겠습니다.

Q. 放棄 는 배추를 셀 때나 쓰는 말이야. 난 물러서지 않아!

명 포기, 방기

そうぞくけんをほうきする
相続権を放棄する 상속권을 포기하다

沈没 ちんぼつ

Q. 부력을 잃은 배가 바닷속으로 沈没 했다.

Q. 조선 수군은 수많은 일본 배를 바닷속으로 沈没 시켰다.

명 침몰

ちんぼつせん
沈没船 침몰선

岩石 がんせき

Q. 이 岩石 는 무늬가 정말 특이해. 우주에서 떨어진 걸까?

Q. 이 岩石 는 현무암이라고 불러. 제주도에 많지.

명 암석

がんせきそう
岩石層 암석층

渦 うず

Q. 태풍은 渦 형태로 돌면서 다가온다.

Q. 욕조 마개를 빼면 물이 渦 를 만들며 배수구로 빠진다.

명 소용돌이

せんらんのうず
戦乱の渦 전란의 소용돌이

桟橋 さんばし

Q. 배가 桟橋 에 정박해 있다.

Q. 화물을 가득 실은 배가 桟橋 를 떠났다.

명 선창, 부두

さんばしりょう
桟橋料 부두 사용료

憎しみ にくしみ

Q. 그에 대한 배신감으로 憎しみ 를 주체할 수 없다.
Q. 너무 잘난 척을 하면 남의 憎しみ 를 사기 마련이다.

명 미움, 증오

あいとにくしみ
愛と憎しみ 애증

統治 とうち

Q. 일제의 식민 統治 를 받다가 1945년 독립했다.
Q. 대한민국은 법으로 統治 되는 법치국가다.

명 통치

しょくみんとうち
植民統治 식민 통치

資産 しさん

Q. 10억 이상을 가진 資産 가들이 사는 동네.
Q. 건강은 돈보다 중요한 資産 이다.

명 자산

しさんうんよう
資産運用 자산 운용

訴え うったえ

Q. 자식의 간절한 訴え 에 귀를 기울인 적 있습니까?
Q. 그녀는 이혼 訴え 를 제기했다.

명 호소, 소송

むごんのうったえ
無言の訴え 무언의 호소

訴訟 そしょう

Q. 법률 訴訟 에 휘말린 유명 작곡가.
Q. 민사 訴訟 를 할 겁니다. 두고 보세요.

명 소송

そしょうじけん
訴訟事件 소송 사건

花びら はなびら

Q. 벚꽃 花びら 가 바람에 흩날린다.
Q. 나팔꽃은 통꽃이기 때문에 花びら 가 하나다.

명 꽃잎

さくらのはなびら
桜の花びら 벚꽃 꽃잎

屋敷 やしき

Q. 숲속으로 조금 들어가니 으리으리한 屋敷 가 있었다.
Q. 교외에 있는 그 폐가는 귀신이 나오는 屋敷 로 유명하다.

명 부지, 저택

おばけやしき
お化け屋敷 귀신의 집

* 논밭·가옥을 포함하는 뜻

邸宅 ていたく

Q. 그 아가씨는 이국적인 느낌의 대 邸宅 에 살고 있다.
Q. 섬을 통째로 사들여 큰 邸宅 를 짓고 사는 부자.

명 저택

ごうかなていたく
豪華な邸宅 호화로운 저택

張(り)紙 はりがみ

Q. 벽에 대회 날짜를 알리는 張(り)紙 가 붙어 있다.
Q. 선거 張(り)紙 를 뜯으면 처벌받는다.

명 벽보

はりがみきんし
張り紙禁止 벽보 금지

Q — **A**

海峡 かいきょう

Q. 페르시아만과 오만만을 잇는 호르무즈 海峡.

Q. 유럽과 아프리카를 잇는 지브롤터 海峡.

명 해협

ゆかたんかいきょう
ユカタン海峡 — 유카탄 해협

部隊 ぶたい

Q. 전차 部隊 를 이끄는 사령관.

Q. 갑작스러운 폭격으로 주둔 部隊 전체가 큰 타격을 입었다.

명 부대

ほへいぶたい
歩兵部隊 — 보병 부대

子息 しそく

Q. 부모들은 子息 에게 DNA를 전달한다.

Q. 그 부부 사이에 子息 는 아들 하나뿐이었다.

명 자식

ごしそく
御子息 — 자제분

運営 うんえい

Q. 저희 카페는 24시간 運営 합니다.

Q. 매장 運営 시간은 오전 10시부터 오후 10시까지입니다.

명 운영

うんえいじむきょく
運営事務局 — 운영사무국

探検 たんけん

Q. 북극 생태를 연구하기 위한 探検 을 떠난다.

Q. 에베레스트 探険 중 눈사태로 세 명이 목숨을 잃었다.

명 탐험

たんけんたい
探検隊 — 탐험대

* 다른 표기인 探険 과 달리 조사·탐색의 의미가 강함

* **표기 차이** 探険: 탐험, 모험

核 かく

Q. 북한의 核 무기 개발은 국제적인 사안이다.

Q. 영어 공부에 꼭 필요한 核 심 요소를 알려드립니다.

명 핵, 사물의 중심

かくかぞく
核家族 — 핵가족

頬っぺた ほっぺた

Q. 고개가 돌아갈 만큼 손바닥으로 세게 頬っぺた 를 때렸다.

Q. 그들은 서로의 頬っぺた 에 키스하며 인사했다.

명 뺨

あかいほっぺた
赤い頬っぺた — 빨간 뺨

移民 いみん

Q. 한국을 떠나 캐나다에 移民 가서 살고 싶어.

Q. 미국 시민권을 따서 移民 하려고 해.

명 이민

いみんせいさく
移民政策 — 이민 정책

職員 しょくいん

Q. 우리 회사 職員 들이 자주 찾는 단골 식당.

Q. 하반기 신입 職員 채용 공고.

명 직원

しょくいんしつ
職員室 — 직원실, 학생부실

訂正 ていせい

Q. 허위기사를 실었다가 사과 후 訂正 기사를 게재한 신문사.
Q. 3년이 지나서야 訂正 보도를 한 방송사.

명 정정

ていせいばん
訂正版 정정판

前提 ぜんてい

Q. 인질 전원 석방을 前提 조건으로 납치범과 협상 중이다.
Q. 그녀와는 결혼을 前提 로 교제 중입니다.

명 전제

ぜんていじょうけん
前提条件 전제조건

新興 しんこう

Q. 갑자기 등장한 新興 종교가 빠른 속도로 확장 중이다.
Q. 독립해서 새롭게 세운 新興 국가.

명 신흥

しんこうかいきゅう
新興階級 신흥계급

捜索 そうさく

Q. 사건 현장을 捜索 하던 경찰이 중요한 단서를 발견했다.
Q. 경찰은 압수 捜索 영장을 발부받아 피의자의 집을 찾았다.

명 수색

かたくそうさく
家宅捜索 가택수색

手掛(か)り てがかり

Q. 사건 현장에서 결정적인 手掛(か)り 를 발견했다.
Q. 통화 기록도 범인 검거의 手掛(か)り 가 될 수 있어.

명 단서, 실마리

じけんのてがかり
事件の手掛かり 사건의 실마리

始末[1] しまつ

Q. 보시다시피 이런 始末 입니다. 깁스해서 못 움직여요.
Q. 어떤 始末 인지 들어보고 나서 혼낼지 말지 결정해야겠다.

명 (나쁜 결과로서의) 꼴, 전말

しまつしょ
始末書 시말서

始末[2] しまつ

Q. 내가 저지른 일이니까 내가 始末 짓기 위해 왔다.
Q. 밤새 신나게 놀고 나니까 뒤 始末 가 걱정이다.

명 (일의) 매듭, 처치, 처리

あとしまつ
後始末 뒤처리

調和 ちょうわ

Q. 부드러운 빵과 크림치즈의 절묘한 調和 가 일품이다.
Q. 가구를 들일 때는 너무 튀지 않고 調和 롭게 어울려야 해.

명 조화

ふちょうわ
不調和 부조화

磁器 じき

Q. 이 한정식집은 고급스러운 磁器 그릇을 사용한다.
Q. 磁器 그릇은 무겁고 깨질 위험이 있어 잘 쓰지 않는다.

명 자기[사기그릇]

じきのせいぞうほう
磁器の製造法 자기의 제조법

Q　　　　A

畜生 ちくしょう

Q. 사람의 탈을 쓴 畜生.

Q. 이 畜生 만도 못한 놈!

명 축생, 짐승

ちくしょうどう
畜生道　축생도

★ 욕으로도 쓰이므로 주의

(お)結び おむすび

Q. 밑간을 한 밥을 반찬과 함께 뭉친 (お)結び.

Q. 일본의 (お)結び 는 삼각형에 김을 붙인 모습이 많다.

명 주먹밥

おむすびをにぎる
お結びを握る　주먹밥을 만들다

処罰 しょばつ

Q. 음주운전의 処罰 기준이 강화되었다.

Q. 참사의 책임자 処罰 를 촉구하는 시위가 열렸다.

명 처벌

しょばつこんきょ
処罰根拠　처벌 근거

刑罰 けいばつ

Q. 형법 상 범죄행위에 대한 제재를 刑罰 라고 한다.

Q. 가장 무거운 刑罰 는 사형이다.

명 형벌

おもいけいばつ
重い刑罰　무거운 형벌

束縛 そくばく

Q. 애인이라는 이유로 상대의 자유를 束縛 해서는 안 된다.

Q. 어떠한 束縛 도 없는 자유로운 삶을 꿈꾼다.

명 속박

じゆうをそくばくする
自由を束縛する　자유를 속박하다

天辺 てっぺん

Q. 후지산 天辺 은 눈으로 뒤덮여 있다.

Q. 그의 건방진 태도에 머리 天辺 까지 화가 치솟았다.

명 꼭대기

やまのてっぺん
山の天辺　산꼭대기

沿岸 えんがん

Q. 인천 沿岸 부두에 내가 아는 횟집이 있어.

Q. 한강 沿岸 은 대부분 돌로 된 제방으로 이루어져 있다.

명 연안

えんがんけいびたい
沿岸警備隊　연안경비대

伝説 でんせつ

Q. 이 마을에는 伝説 처럼 전해 내려오는 이야기가 있습니다.

Q. 이 업계에서는 伝説 적인 인물이야. 만나고 싶지?

명 전설

としでんせつ
都市伝説　도시 전설

殺人 さつじん

Q. 殺人 사건 현장에서 흉기가 발견되었다.

Q. 殺人 사건에 대한 공소시효는 폐지되었다.

명 살인

さつじんじけん
殺人事件　살인 사건

所得 しょとく

Q. 고 所得 탈세자에 대한 세무조사를 실시했다.
Q. 연말정산 所得 공제는 13월의 월급이라고 불린다.

명 소득

しょとくきんがく
所得金額 소득 금액

相対 そうたい

Q. 아인슈타인의 相対 성 원리가 대체 뭐야?
Q. 선거에서 相対 후보를 제치고 당선되다.

명 상대

そうたいてき
相対的 상대적

施行 しこう

Q. 52시간 근무제가 施行 된다.
Q. 내년부터 새로운 법안을 施行 할 예정이다.

명 시행, 실시

しこうさいそく
施行細則 시행 세칙

試行 しこう

Q. 여러 번의 試行 착오를 겪고서야 실험에 성공했다.
Q. 정식 서비스 전에 한 달간 試行 서비스 기간을 갖는다.

명 시행[시험적으로 행함]

しこうきかん
試行期間 시행 기간

設立 せつりつ

Q. 회사를 처음 設立 한 연도가 언제였죠?
Q. 캠퍼스 안에는 대학 設立 자의 흉상이 세워져 있다.

명 설립

ざいだんのせつりつ
財団の設立 재단 설립

混同 こんどう

Q. 회사에서 대놓고 키스를 하다니. 공사를 混同 하지 마.
Q. 죄송해요. 서류를 混同 해서 다른 자료를 들고 왔습니다.

명 혼동

こうしこんどう
公私混同 공사 혼동

採用 さいよう

Q. 일손이 부족해 새로운 직원을 採用 하기로 했다.
Q. 사업 확장으로 직원을 추가 採用 하는 회사.

명 채용

さいようあんない
採用案内 채용 안내

適応 てきおう

Q. 새로운 환경에 適応 해야 살아남을 수 있다.
Q. 미국에 여행을 갔는데, 시차에 適応 하느라 힘들었어.

명 적응

てきおうのうりょく
適応能力 적응 능력

特有 とくゆう

Q. 생선 特有 의 비린내를 싫어해서 못 먹는다.
Q. 경상도 特有 의 억센 억양에는 아직도 적응이 안 된다.

명 특유

とくゆうのにおい
特有の匂い 특유의 냄새

Q A

婿 むこ

Q. 婿 와 신부가 예물을 교환했다.
Q. 처가가 부잣집이어서 데릴 婿 로 들어갔다.

명 사위, 신랑

むこえらび
婿選び 신랑감 고르기

化石 かせき

Q. 석탄, 석유, 천연가스 등은 모두 化石 연료이다.
Q. 1억 1천만 년 전의 공룡 化石 가 발견되었다.

명 화석

かせきねんりょう
化石燃料 화석연료

指揮 しき

Q. 指揮 자는 작은 봉을 흔들며 관현악단을 이끈다.
Q. 장군은 군인들을 진두 指揮 하다 장렬하게 전사했다.

명 지휘

しきしゃ
指揮者 지휘자

雪崩 なだれ

Q. 겨울에 등산 중 갑작스러운 雪崩 가 일어나 죽을 뻔했다.
Q. 雪崩 가 일어나 스키를 타던 사람들이 매몰되었다.

명 눈사태

なだれがおこる
雪崩が起こる 눈사태가 일어나다

成年 せいねん

Q. 5월 20일은 成年 의 날이다.
Q. 올해, 만 19세가 되었으니 나도 이제 成年 이 된 것이다.

명 성년

せいねんにたっする
成年に達する 성년이 되다

星座 せいざ

Q. 星座 는 밤하늘에 뜬 별들의 패턴이다.
Q. 나의 星座 는 사자자리이다.

명 별자리

せいざず
星座図 성좌도

沼 ぬま

Q. 정글 숲을 지나서, 沼 지대를 지나서 가자!
Q. 혼자서 沼 에 빠지면 빠져나오기 힘드니 조심해야 한다.

명 늪

ぬまじり
沼じり 늪가

細菌 さいきん

Q. 항생제는 좋은 細菌 도 함께 죽이므로 남용하지 말자.
Q. 유산균은 우리 몸에 유익한 細菌 중 하나이다.

명 세균

ちょうないさいきん
腸内細菌 장내세균

* 유산균처럼 유익한 균도 해당함

刺 とげ

Q. 고슴도치는 등에 刺 가 잔뜩 나 있다.
Q. 刺 없는 장미는 없다.

명 가시

ばらのとげ
バラの刺 장미의 가시

従業員 じゅうぎょういん

Q. 주문을 하려고 손을 들어서 식당 従業員 을 불렀어요.
Q. 우리 식당의 従業員 수는 총 열 명이다.

명 종업원

じゅうぎょういんすう
従業員数 종업원 수

手のひら てのひら

Q. 손을 펴서 手のひら 위에 있는 동전을 보여줬다.
Q. 手のひら 로 하늘을 가리려 하지 마.

명 손바닥

てのひらのきず
手のひらの傷 손바닥의 상처

投資 とうし

Q. 이 상품에 投資 하시면 절대 손해 안 보신다니까요?
Q. 주식 投資 를 했다가 대박이 났다나 봐.

명 투자

せつびとうし
設備投資 설비투자

出費 しゅっぴ

Q. 달마다 나가는 出費 가 만만치 않아.
Q. 부자가 되려면 우선 出費 를 절제하는 법을 배워야 해.

명 출비, 지출

そうとうなしゅっぴ
相当な出費 상당한 지출

促進 そくしん

Q. 다양한 마케팅으로 매출을 促進 하는 방안을 검토했다.
Q. 장애인 고용을 促進 하기 위한 다양한 정책.

명 촉진

そくしんざい
促進剤 촉진제

札[2] ふだ

Q. 캐리어에 이름을 써넣은 札 를 달았다.
Q. 영화관에 입장하시려면 예매하신 札 를 보여주세요.

명 표, 지폐

げきじょうのふだ
劇場の札 극장의 표

施設 しせつ

Q. 수상 스포츠를 즐길 수 있는 레저 施設 를 세웠다.
Q. 장애인들을 위한 특수 施設.

명 시설

しせつかんり
施設管理 시설관리

制約 せいやく

Q. 시간 制約 가 있어서 오늘 다 끝낼 수는 없다.
Q. 지나친 규제는 발전의 制約 가 된다.

명 제약, 제한

せいやくじょうけん
制約条件 제약 조건

勝利 しょうり

Q. 우리 팀의 勝利 가 확정되는 순간 함성을 질렀다.
Q. 강팀과 싸워서 놀랍게도 勝利 를 거두었다.

명 승리

しょうりかくてい
勝利確定 승리 확정

Q　A

手筈 てはず

Q. 여행 마지막 날, 집으로 출발할 手筈 를 갖추었다.
Q. 장비 고장으로 手筈 가 꼬여서 대체 방송을 내보냈다.

명 준비, 절차

ととのったてはず
整った手筈　갖추어진 준비

手配 てはい

Q. 시간과 장소의 手配 는 비서가 처리한다.
Q. 테러를 일으킨 혐의로 전국에 지명 手配 되었다.

명 준비, 수배

しめいてはい
指名手配　지명 수배

設置 せっち

Q. 시스템을 보호하기 위하여 보안 프로그램을 設置 했다.
Q. 짐승이 다니는 길목에 덫을 設置 했다.

명 설치

せっちばしょ
設置場所　설치 장소

渚 なぎさ

Q. 시에서 강 渚 에 산책로와 공원을 설치했다.
Q. 물 渚 에 있는 지역은 홍수 피해가 나기 쉽다.

명 물가, 둔치

なぎさにうかぶ
渚に浮かぶ　물가에 떠오르다

限定 げんてい

Q. 스페셜 에디션을 한 달 동안 限定 판매합니다.
Q. 한 번에 입장하는 인원수를 6명으로 限定 하고 있습니다.

명 한정

はるげんてい
春限定　봄 한정

申(し)込み もうしこみ

Q. 입소문을 듣고 특강을 申(し)込み 한 사람들.
Q. 반지를 꺼내며 그녀에게 결혼의 申(し)込み 를 했다.

명 신청

さんかもうしこみ
参加申し込み　참가 신청

戦闘 せんとう

Q. 실제 戦闘 를 방불케 하는 훈련.
Q. 이순신 장군은 해상 戦闘 에서 승승장구했다.

명 전투

せんとうき
戦闘機　전투기

御襁褓 おむつ

Q. 아기 御襁褓 갈아줄 때 되지 않았어?
Q. 御襁褓 를 계속 차고 있어서 아기 엉덩이가 짓물렀어.

명 기저귀

おむつかばー
御襁褓カバー　기저귀 커버

転換 てんかん

Q. 전기 에너지를 운동 에너지로 転換 한다.
Q. 계속 적자였지만 드디어 흑자 転換 에 성공했다.

명 전환

てんかんてん
転換点　전환점

Q　A 

切(り)替え きりかえ

Q. 열차 시간표에 切(り)替え 가 있으니 확인 바랍니다.
Q. 혁신을 위해서는 사고방식의 切(り)替え 가 필요합니다.

명 변경, 전환

すいっちのきりかえ
スイッチの切り替え　스위치 전환

思春期 ししゅんき

Q. 아이가 思春期 에 접어들면서 반항이 심해졌다.
Q. 思春期 를 겪으면서 얼굴에 여드름이 났다.

명 사춘기

ししゅんきのしょうじょ
思春期の少女　사춘기 소녀

育ち そだち

Q. 벌써 이렇게 크다니! 아이들은 정말 빨리 育ち 하네요.
Q. 식물의 育ち 에는 햇빛이 필요하다.

명 성장

にほんそだち
日本育ち　일본에서 자람

夕暮(れ) ゆうぐれ

Q. 아이들은 보통 夕暮(れ) 전에 집으로 돌아간다.
Q. 겨울에는 夕暮(れ) 가 빨리 찾아와 금방 어두워진다.

명 해 질 녘

ゆうぐれどき
夕暮れ時　해질녘쯤

玩具[2] がんぐ

Q. 아이들이 玩具 를 가지고 놀고 있다.
Q. 어른용 玩具 시장을 키덜트 시장이라고 부른다.

명 장난감, 완구

がんぐのじどうしゃ
玩具の自動車　장난감 자동차

実践 じっせん

Q. 아무리 계획해도 実践 하지 않으면 의미가 없다.
Q. 독감 예방을 위한 손 씻기. 지금 바로 実践 하세요.

명 실천

じっせんにうつす
実践に移す　실천에 옮기다

衝撃 しょうげき

Q. 아직도 실연의 衝撃 에서 벗어나지 못했다.
Q. 에어백은 사고의 衝撃 로부터 탑승자를 보호해준다.

명 충격

しょうげきをうけた
衝撃を受けた　충격을 받았다

着陸 ちゃくりく

Q. 아폴로 11호의 달 着陸.
Q. 着陸 를 위해 서서히 하강하는 비행기.

명 착륙

ちゃくりくきょか
着陸許可　착륙 허가

廃止 はいし

Q. 사형제 廃止 에 대한 토론.
Q. 상장 廃止 되면 보유 주식은 종잇조각이 되고 만다.

명 폐지

しけいはいし
死刑廃止　사형 폐지

Q A

阻止 そし

Q. 경비원이 수상한 사람의 침입을 阻止 했다.
Q. 전염병 확산을 阻止 하기 위한 방역 조치입니다.

명 저지

しんにゅうのそし
侵入の阻止 침입 저지

設定 せってい

Q. 아침 8시에 알람을 設定 했다.
Q. 드라마의 캐릭터 設定 가 비현실적이라는 지적을 받았다.

명 설정

せっていほうほう
設定方法 설정 방법

野外 やがい

Q. 野外 스포츠는 날씨의 제약을 받는다.
Q. 野外 활동을 즐기기 좋은 화창한 날씨.

명 야외

やがいかつどう
野外活動 야외 활동

失格 しっかく

Q. 약물 사용이 적발되어 失格 처리된 선수.
Q. 계주 경기 중 바통을 놓쳐 失格 처리되었다.

명 실격

しっかくきじゅん
失格基準 실격 기준

条約 じょうやく

Q. NATO는 북대서양 条約 기구의 약자다.
Q. 1905년 일본은 강제로 을사 条約 를 체결했다.

명 조약

じょうやくかいせい
条約改正 조약 개정

品質 ひんしつ

Q. 가격이 비싼 만큼 品質 는 좋은 물건이야.
Q. 제품의 品質 관리를 엄격하게 하고 있습니다.

명 품질

ひんしつかんり
品質管理 품질 관리

合意 ごうい

Q. 노사 合意 가 끝내 결렬되어 노조의 파업이 시작되었다.
Q. 피해자는 절대 合意 를 하지 않을 것이라고 말했다.

명 합의

ごういをみる
合意を見る 합의를 보다

人質 ひとじち

Q. 어린아이를 人質 로 돈을 요구한 납치범.
Q. 테러리스트에게 억류되어 있다가 풀려난 人質.

명 인질

ひとじちきゅうしゅつ
人質救出 인질 구출

獲物 えもの

Q. 어미가 새끼에게 먹일 獲物 를 잡으러 나갔다.
Q. 굶주린 사자가 獲物 를 찾아 나섰다.

명 사냥감

えものをねらう
獲物を狙う 사냥감을 노리다

言論 げんろん

Q. 기자들은 言論 의 자유를 주장하며 시위를 이어갔다.
Q. 言論 에 대서특필된 사건.

명 언론

げんろんのじゆう
言論の自由 언론의 자유

身振(り) みぶり

Q. 언어가 통하지 않아 身振(り) 로 소통한다.
Q. 코치들은 선수들에게 身振(り) 로 뜻을 전하기도 한다.

명 몸짓

みぶりてぶり
身振り手振り 몸짓 손짓

所有 しょゆう

Q. 법정 스님의 무 所有 라는 책을 보고 감명을 받았어.
Q. 그는 강남에 두 채의 건물을 所有 한 것으로 알려졌다.

명 소유

きょうどうしょゆうけん
共同所有権 공동 소유권

欠乏 けつぼう

Q. 에이즈는 후천성 면역 欠乏 증세이다.
Q. 수많은 아동이 영양 欠乏 로 죽어간다.

명 결핍

しょくりょうのけつぼう
食糧の欠乏 식량의 결핍

判[1] はん

Q. 솔로몬 왕은 현명한 判 을 내리는 것으로 유명했다.
Q. 올바른 判 단을 내리기 위해 오랫동안 고민했다.

명 판, 분간

はんだん
判断 판단

判[2] はん

Q. 서류에 당신의 判 과 사인이 있는데도 잡아떼실 겁니까?
Q. 계약서에 判 을 찍고 사인까지 했다.

명 도장

はんをおす
判を押す 인감을 찍다

視覚 しかく

Q. 그는 사고로 눈을 다쳐 視覚 를 잃었다.
Q. 視覚 장애가 있는 친구에게 점자로 된 편지를 보냈다.

명 시각

しかくしょうがい
視覚障害 시각장애

市[2] いち

Q. 축제 날에는 먹거리를 파는 市 가 선다.
Q. 5일 市 가 서는 날이라서 사람들이 일찍부터 나와 있다.

명 시장, 번화한 거리, 도회

いちがたつ
市が立つ 장이 서다

承諾 しょうだく

Q. 여행할 국가의 입국 비자가 드디어 承諾 되었다.
Q. 은행에서 마침내 대출을 承諾 했다.

명 승낙

じごしょうだく
事後承諾 사후 승낙

Q **A**

合成 ごうせい

Q. 조작된 合成 사진 때문에 UFO 소동이 일어났다.
Q. 식물은 광 合成 를 통해 양분을 만들어낸다.

명 **합성**

ごうせいしゃしん
合成写真 합성사진

紳士 しんし

Q. 영국은 紳士 의 나라로 불렸어.
Q. 紳士 숙녀 여러분 반갑습니다.

명 **신사**

しんしよう
紳士用 신사용

抗議 こうぎ

Q. 윗집의 층간소음이 심해서 인터폰으로 抗議 했다.
Q. 판결에 불복하는 사람들의 抗議 집회가 벌어졌다.

명 **항의**

こうぎしゅうかい
抗議集会 항의 집회

同級生 どうきゅうせい

Q. 그와 나는 같은 학교 같은 반 同級生 다.
Q. 그녀는 同級生 는 물론 선후배 사이에서도 유명인사였다.

명 **동급생**

どうきゅうせいのなか
同級生の中 동급생 중

寒け さむけ

Q. 감기에 걸렸는지 따뜻한 곳에 있어도 寒け 가 들었다.
Q. 괴담을 들었더니 무서워서 寒け 가 들었다.

명 **한기, 오한**

さむけがする
寒けがする 오한이 나다

蔵 くら

Q. 건설자재를 보관하던 蔵 에서 불이 나서 재산피해가 났다.
Q. 농민들은 굶어 죽는데 양반님네 倉 에는 쌀이 가득하더군.

명 **창고**

くらのなか
蔵の中 창고 안

★ 중후하고 튼튼한 건물일 때 쓰이는 표현
★ **표기 차이** 倉: 곡식을 보관하는 창고

妥協 だきょう

Q. 양측은 妥協 점을 찾아내 극적인 합의를 이뤄냈다.
Q. 불의와 妥協 할 줄 모르는 사람.

명 **타협**

だきょうてん
妥協点 타협점

自己 じこ

Q. 그러면 신입생 여러분, 自己 소개를 해 볼까요?
Q. 더 나은 사람이 되기 위해 自己 계발서를 읽는다.

명 **자기, 자신**

じこしょうかい
自己紹介 자기소개

暗殺 あんさつ

Q. 자객을 보내 왕을 暗殺 할 음모를 꾸미다.
Q. 케네디 대통령을 暗殺 한 사람.

명 **암살**

あんさつけいかく
暗殺計画 암살계획

Q A

行進 こうしん

Q. 정부를 규탄하기 위해 도로를 行進 하며 시위하는 사람들.
Q. 위풍당당한 行進 곡에 맞춰 군인들이 당당하게 걸어갔다.

명 행진

こうしんきょく
行進曲 행진곡

心地 ここち

Q. 운동하고 나서 샤워를 했더니 상쾌한 心地 다.
Q. 공원을 걷고 있으니 心地 좋은 바람이 불어왔다.

명 기분, 마음

ここちよいかぜ
心地良い風 기분 좋은 바람

守衛 しゅえい

Q. 우리 아버지는 학교를 지키는 守衛 로 근무하셔.
Q. 10시가 되면 건물 守衛 가 순찰을 하니까 조심하도록 해.

명 수위

しゅえいしつ
守衛室 수위실

嗅覚 きゅうかく

Q. 우리의 코에는 냄새를 맡게 하는 감각기인 嗅覚 가 있다.
Q. 嗅覚 신경이 마비되어 냄새를 맡지 못한다.

명 후각

きゅうかくをしげきする
嗅覚を刺激する 후각을 자극하다

優先 ゆうせん

Q. 횡단보도에서는 보행자가 優先 이다.
Q. 일을 할 때는 優先 순위를 정해서 행동하라.

명 우선

ゆうせんじゅんい
優先順位 우선순위

用品 ようひん

Q. 생활 用品 전문점에서 냄비와 세제를 샀다.
Q. 회사의 사무 用品 중 부족한 것을 주문했다.

명 용품

せいかつようひん
生活用品 생활용품

装備 そうび

Q. 공사를 할 때는 포크레인 같은 중 装備 를 동원한다.
Q. 용사는 새로 산 검을 装備 하고 괴물 토벌에 나섰다.

명 장비, 병기 등을 갖춤

そうびかいしゅう
装備改修 장비 수리

運動場 うんどうじょう

Q. 학교 運動場 에서 뛰어노는 아이들.
Q. 체육대회를 하려고 運動場 에 모였다.

명 운동장

がっこうのうんどうじょう
学校の運動場 학교 운동장

舗装 ほそう

Q. 울퉁불퉁하던 길을 아스팔트로 舗装 했다.
Q. 차가 舗装 도 안 된 울퉁불퉁한 시골길을 달렸다.

명 (도로) 포장

ほそうどうろ
舗装道路 포장도로

Q A

原子 げんし

Q. 原子 는 물질의 최소 단위이다.
Q. 한 개 또는 여러 개의 原子 가 모여 분자를 이룬다.

명 원자

げんしりょくはつでん
原子力発電 원자력 발전

原型 げんけい

Q. 原型 를 바탕으로 더욱 발전한 제품을 만들었다.
Q. 점토로 된 原型 를 바탕으로 동상을 만든다.

명 원형, 본

げんけいをとる
原型をとる 원형을 뜨다

★ 근본이 되는 거푸집을 뜻함

循環 じゅんかん

Q. 혈액 循環 이 잘 안 되어 발이 저렸다.
Q. 비는 물의 循環 에 있어 중요한 역할을 한다.

명 순환

けつえきじゅんかん
血液循環 혈액 순환

制裁 せいさい

Q. 선정적인 방송으로 심의 위원회의 制裁 를 받게 되었다.
Q. 법적으로는 문제가 없어서 制裁 를 가할 수가 없다.

명 제재

ほうてきせいさい
法的制裁 법적 제재

要因 よういん

Q. 대장암을 일으키는 위험 要因 을 알아보자.
Q. 로켓 발사의 실패 要因 을 밝히기 위해 잔해를 수색했다.

명 요인

じこのよういん
事故の要因 사고 요인

幽霊 ゆうれい

Q. 이 폐가에서 幽霊 가 나온다는 소문이 있어.
Q. 뮤지컬 오페라의 幽霊 에 나오는 가면처럼 생겼어.

명 유령

ゆうれいぶいん
幽霊部員 유령 부원

罅 ひび

Q. 유리컵이 세게 부딪혀서 罅 가 갔다.
Q. 그런 사소한 싸움으로 우리의 우정에 罅 가 가지는 않아.

명 금, 잔금

かべのひび
壁の罅 벽의 금

肉体 にくたい

Q. 肉体 의 건강만큼 정신건강도 중요하다.
Q. 건강한 肉体 에 건전한 정신이 깃든다.

명 육체

にくたいろうどう
肉体労働 육체노동

肥満 ひまん

Q. 음식물 과잉 섭취는 肥満 의 원인 중 하나다.
Q. 몸무게가 표준 체중의 50%를 넘으면 고도 肥満 이다.

명 비만

しょうにひまん
小児肥満 소아비만

Q A 

主題 しゅだい

Q. 만화영화의 主題 가를 따라부르는 아이들.

Q. 오늘 토론의 主題 는 환경입니다.

명 주제

しゅだいか
主題歌 주제가

熱意 ねつい

Q. 경찰은 熱意 를 가지고 적극적으로 수사에 임했다.

Q. 자기 일에 대해 대단한 熱意 를 가지고 있다.

명 열의

ねついをしめす
熱意を示す 열의를 보이다

処置 しょち

Q. 응급 処置 가 필요해. 우선 지혈부터 해야겠어!

Q. 화상을 입은 부위를 찬물로 식혀 응급 処置 했다.

명 처치

おうきゅうしょち
応急処置 응급 처치

主導 しゅどう

Q. 과 대표의 主導 하에 대학 축제 준비를 했다.

Q. 회장의 불참으로 부회장이 대신 행사를 主導 했다.

명 주도

しゅどうけん
主導権 주도권

建築家 けんちくか

Q. 제가 이 건물을 설계한 建築家 입니다.

Q. 유명한 建築家 가 설계한 다리가 결함으로 인해 무너졌다.

명 건축가

けんちくかとけんせつぎょうしゃ
建築家と建設業者 건축가와 건설업자

課外 かがい

Q. 아이는 서울대를 다니는 학생에게 課外 수업을 받고 있다.

Q. 정규 수업보다 課外 활동의 중요성이 부각되고 있다.

명 과외

かがいじゅぎょう
課外授業 과외 수업

制定 せいてい

Q. 제헌절은 헌법을 制定 하고 공포한 날이다.

Q. 1972년 유신 헌법이 制定 됐다.

명 제정

せいていきねんび
制定記念日 제정 기념일

投入 とうにゅう

Q. 파업에 대비해 대체 인력을 投入 했지만 어려운 상황이다.

Q. 통증이 심하면 진통제의 추가 投入 가 있을 것입니다.

명 투입

しきんのとうにゅう
資金の投入 자금 투입

認識 にんしき

Q. 문제의 심각성을 認識 하고 있습니다.

Q. 음성 認識 는 현재 영어와 한국어만 가능합니다.

명 인식

にんしきふりょう
認識不良 인식 불량

Q — A

中枢 ちゅうすう

Q. 이 공장은 국내 자동차 산업의 中枢 역할을 하는 곳이다.
Q. 사고로 中枢 신경이 손상된 마비 환자.

명 중추

ちゅうすうしんけい
中枢神経 중추 신경

収容 しゅうよう

Q. 이 호텔은 투숙객을 500명까지 収容 할 수 있다.
Q. 한 번에 16명을 収容 할 수 있는 승강기.

명 수용, 수감

しゅうようじんいん
収容人員 수용 인원

遊牧 ゆうぼく

Q. 이곳저곳 옮겨 다니며 遊牧 생활을 하는 부족.
Q. 초원지대에서 가축을 기르며 사는 遊牧 민족들.

명 유목

ゆうぼくみんぞく
遊牧民族 유목 민족

故国 ここく

Q. 중국 땅에 있던 유해가 故国 로 돌아와 묻혔다.
Q. 외국에 있던 유물이 환수되어 故国 로 돌아왔다.

명 고국, 모국

ここくのつちをふむ
故国の土を踏む 고국의 땅을 밟다

前例 ぜんれい

Q. 이런 규모의 재난은 前例 가 없었다.
Q. 표현의 자유를 침해한 나쁜 前例 로 남게 된 검열 사태.

명 전례

ぜんれいのない
前例のない 전례 없는

手順 てじゅん

Q. 상자에 매겨진 번호를 보고 手順 대로 옮겨주세요.
Q. 그 부부는 이혼 手順 을 밟기로 했다.

명 수순, 순서, 절차

てじゅんをふむ
手順を踏む 절차를 밟다

真っ二つ まっぷたつ

Q. 의견은 10대 10, 真っ二つ 로 갈렸다.
Q. 칼과 자를 사용해 종이를 정확하게 真っ二つ 로 잘랐다.

명 딱 절반

まっぷたつにきる
真っ二つに切る 딱 절반으로 자르다

争い あらそい

Q. 이웃 간의 争い 가 심해 결국 한 집이 이사했다.
Q. 부모의 잦은 争い 는 아이들의 정서에 좋지 않다.

명 다툼

せいりょくあらそい
勢力争い 세력 다툼

植民地 しょくみんち

Q. 인도는 한때 영국의 植民地 였다.
Q. 한국은 일제강점기 때 일본의 植民地 였다.

명 식민지

かいがいしょくみんち
海外植民地 해외 식민지

Q A 

喜劇 きげき

Q. 셰익스피어의 4대 비극과 5대 喜劇.

Q. 인생은 가까이서 보면 비극이지만 멀리서 보면 喜劇 다.

명 희극

きげきえいが
喜劇映画 희극 영화

合併 がっぺい

Q. 대기업이 중소기업을 인수 合併 했다.

Q. 두 회사가 가진 능력을 합치겠다며 合併 를 추진했다.

명 합병

きぎょうのがっぺい
企業の合併 기업의 합병

余暇 よか

Q. 余暇 시간에는 주로 집에서 책을 읽어요.

Q. 余暇 활동의 일환으로 산책을 즐긴다.

명 여가, 짬

よかかつどう
余暇活動 여가 활동

賃金 ちんぎん

Q. 賃金 은 매달 말일 지급됩니다.

Q. 노사협상에서 賃金 인상을 타결했다.

명 임금

さいていちんぎん
最低賃金 최저임금

任務 にんむ

Q. 적군 감시 任務 를 수행하기 위해 몰래 침투했다.

Q. 그것이 제게 맡겨진 任務 군요. 반드시 완수하겠습니다.

명 임무

にんむかんりょう
任務完了 임무 완료

雇用 こよう

Q. 雇用 노동부에 임금 체불 신고를 했다.

Q. 돈을 주고 사람을 부리는 것을 雇用 라고 한다.

명 고용

こようかんけい
雇用関係 고용 관계

就業 しゅうぎょう

Q. 불황으로 인해 就業 를 하기 어려워 스펙을 쌓고 있다.

Q. 드디어 就業 를 했다. 백수 생활도 끝이야!

명 취업

しゅうぎょうりつ
就業率 취업률

資金 しきん

Q. 資金 난에 시달리다 결국 사업을 접게 되었다.

Q. 결혼 資金 마련을 위해 대출을 받아보려고 합니다.

명 자금

しきんちょうたつ
資金調達 자금 조달

自我 じが

Q. 절에서 명상하며 自我 성찰의 시간을 가졌다.

Q. 아기는 18개월쯤 되면 서서히 自我 가 형성된다고 한다.

명 자아

じがのけいせい
自我の形成 자아 형성

Q A

破壊 はかい

Q. 플라스틱 사용 급증으로 인한 환경 破壊 가 심각하다.
Q. 무분별한 벌목으로 인한 산림 破壊.

명 **파괴**

はかいりょく
破壊力 파괴력

進み すすみ

Q. 화창한 날이 계속되어 공사 進み 가 순조롭다.
Q. 가르치면 곧장 이해해서 학습 進み 가 빨라요.

명 **나아감, 진행, 진도**

すすみぐあい
進み具合 진행상태

火花 ひばな

Q. 작은 火花 도 큰불을 일으킬 수 있다.
Q. 각 팀은 본선 진출을 위해 火花 가 튀는 경쟁을 벌였다.

명 **불꽃, 불티, 불똥**

ひばながちる
火花が散る 불꽃이 튀다

嫉妬 しっと

Q. 잘나가는 경쟁자에게 시기와 嫉妬 를 느낀다.
Q. 헤라클레스는 아내의 嫉妬 로 인해 목숨을 잃었다.

명 **질투**

しっとしん
嫉妬心 질투심

効率 こうりつ

Q. 에너지 소비 効率 등급은 1등급에 가까울수록 절약이 된다.
Q. 같은 연료를 넣어도 効率 가 좋은 신차를 개발했다.

명 **효율**

こうりつてきなほうほう
効率的な方法 효율적인 방법

杖 つえ

Q. 杖 를 짚은 할아버지.
Q. 경찰을 민중의 杖 라고 부르기도 한다.

명 **지팡이**

まほうのつえ
魔法の杖 마법의 지팡이

腸 ちょう

Q. 腸 가 안 좋아서 변비로 고생했다.
Q. 유산균 섭취는 腸 건강에 좋다.

명 **장, 창자**

ちょうちふす
腸チフス 장티푸스

蓄積 ちくせき

Q. 장기간의 피로 蓄積 는 집중력을 떨어뜨린다.
Q. 지방의 과잉 蓄積 는 비만으로 이어진다.

명 **축적**

ちくせきりょう
蓄積量 축적량

静止 せいし

Q. 静止 화면이 아닙니다. 시간이 멈춘 것처럼 연기하는 거죠.
Q. 듣던 음악을 잠시 静止 했다.

명 **정지**

せいしじょうたい
静止状態 정지 상태

財政 ざいせい

Q. 기업의 財政 난으로 인해 권고사직을 하게 되었다.
Q. 전쟁이 길어지자 국가의 財政 가 궁핍해졌다.

명 재정

しんこくなざいせいなん
深刻な財政難 심각한 재정난

陣 じん

Q. 이순신 장군은 학익 陣 을 펼쳐 왜군을 섬멸했다.
Q. 배수의 陣 을 치고 죽을 각오로 적을 상대했다.

명 진[군사의 배치]

はいすいのじん
背水の陣 배수의 진

襲撃 しゅうげき

Q. 매복한 적에게 불의의 襲撃 를 받았다.
Q. 경찰 특공대가 범행 현장을 襲撃 했다.

명 습격

しゅうげきたい
襲撃隊 습격대

捕獲 ほかく

Q. 덫을 놓아 멧돼지를 산 채로 捕獲 했다.
Q. 동물을 죽이지 않고 산 채로 捕獲 하는 솜씨 좋은 사냥꾼.

명 포획

ほかくきんし
捕獲禁止 포획 금지

後退 こうたい

Q. 이대로는 전멸하겠다! 전군 後退 하라!
Q. 1보 後退 할지라도, 2보 전진하면 된다.

명 후퇴

こうたいをかさねる
後退を重ねる 후퇴를 거듭하다

再会 さいかい

Q. 전쟁이 끝나고 헤어졌던 가족과 再会 했다.
Q. 헤어진 지 10년 만에 再会 했다.

명 재회

じゅうねんぶりのさいかい
10年ぶりの再会 10년 만의 재회

慰労 いろう

Q. 정말 힘들 때 나를 따뜻하게 慰労 해준 사람.
Q. 구직 중일 때, 친구의 격려가 큰 慰労 가 되었다.

명 위로

いろうきん
慰労金 위로금

着手 ちゃくしゅ

Q. 경찰이 사망 사건의 수사에 着手 했다.
Q. 국세청은 탈세 혐의자에 대한 세무조사에 着手 했다.

명 착수

こうじにちゃくしゅする
工事に着手する 공사에 착수하다

芝 しば

Q. 그 축구 경기장의 그라운드는 인조 芝 로 되어 있다.
Q. 공원의 芝 밭에 마음대로 들어가면 안 된다.

명 잔디

じんこうしば
人工芝 인공 잔디

Q **A**

正義 せいぎ

Q. 正義 를 위해 악당과 싸운다.
Q. 히어로 영화의 주인공들은 正義 의 편이다.

명 정의

せいぎのみかた
正義の味方 정의의 편

暴露 ばくろ

Q. 비리를 暴露 하는 익명의 투서가 도착했다.
Q. 남의 비밀을 멋대로 暴露 하다니!

명 폭로

ばくろきじ
暴露記事 폭로 기사

潮 しお

Q. 潮 간만의 차.
Q. 방조제는 해안에 밀려드는 潮 를 막기 위한 제방이다.

명 조수, 해수, 조류

しおか
潮香 바닷냄새

首輪 くびわ

Q. 개 산책시켜야지. 首輪 를 어디에 뒀더라?
Q. 고양이 목에 맨 首輪 의 방울에서 소리가 난다.

명 목걸이, 개 목걸이

くびわをしたいぬ
首輪をした犬 목걸이를 한 개

崇拝 すうはい

Q. 제사를 우상 崇拝 라고 주장하는 종교인들도 있다.
Q. 기독교는 다른 신을 崇拝 하는 것이 금지되어 있다.

명 숭배

ぐうぞうすうはい
偶像崇拝 우상숭배

切開 せっかい

Q. 아이를 낳을 때 재왕 切開 수술을 했다.
Q. 종기를 切開 해서 고름과 피를 빼냈다.

명 절개

ぶぶんせっかい
部分切開 부분 절개

在庫 ざいこ

Q. 그 제품은 현재 在庫 가 없어서 구매하실 수 없습니다.
Q. 물건이 안 팔려서 在庫 가 잔뜩 쌓여 있다.

명 재고

ざいこがきれる
在庫が切れる 재고가 떨어지다

招き まねき

Q. 주말에 우리 집으로 招き 할게. 같이 저녁 먹자.
Q. 招き 네코 인형은 손님이나 재물을 불러들인다고 한다.

명 초대, 초청

まねきねこ
招き猫 마네키네코

昼飯 ひるめし

Q. 昼飯 를 3시에 먹었더니 저녁은 못 먹겠어.
Q. 아직 낮 11시다. 昼飯 시간이 다가오니 배가 고프다.

명 점심밥

ひるめしだい
昼飯代 점심값

Q —— A

壺 つぼ

Q. 죽은 이의 유골을 壺 에 넣어서 봉안당에 안치했다.
Q. 예전엔 김치를 담가 壺 에 담아 땅에 묻어 보관했다.

명 단지, 항아리

つぼにいれておく
壺に入れておく 항아리에 담아두다

装飾 そうしょく

Q. 중국풍 装飾 로 내부를 꾸민 중국음식점.
Q. 크리스마스트리에 장난감 装飾 를 달았다.

명 장식

しつないそうしょく
室内装飾 실내장식

質素 しっそ

Q. 위아래 전부 합쳐 8만 원이 넘지 않는 質素 한 옷차림.
Q. 낭비하지 않고 質素 하게 생활해야 한다.

명 질소, 검소

さんそとしっそ
酸素と質素 산소와 질소

軸 じく

Q. 지구가 軸 를 중심으로 자전하면서 낮과 밤이 생긴다.
Q. 팽이는 軸 를 중심으로 회전한다.

명 축, 굴대, 심대

ちゅうしんじく
中心軸 중심축

火星 かせい

Q. 지구와 가장 비슷한 조건을 가진 행성인 火星.
Q. 火星 에서 온 남자 금성에서 온 여자.

명 화성

かせいたんさ
火星探査 화성 탐사

脂肪 しぼう

Q. 운동하기 싫어서 脂肪 흡입으로 살을 뺐어.
Q. 탄수화물, 단백질, 脂肪 는 3대 영양소이다.

명 지방

しぼうねんしょう
脂肪燃焼 지방 연소

★ 주로 '굳기름'을 뜻함

伝達 でんたつ

Q. 국가 간 협상을 앞두고 상대국에 친서를 伝達 했다.
Q. 말씀해주시면 제가 대신 부하들에게 伝達 하겠습니다.

명 전달

でんたつじこう
伝達事項 전달 사항

様式 ようしき

Q. 정해진 지원서 様式 에 따라 작성하세요.
Q. 중세 고딕 様式 로 만든 파리의 노트르담 성당.

명 양식

ごしっくようしき
ゴシック様式 고딕 양식

★ 일정하고 공통적인 방식을 뜻함

地獄 じごく

Q. 地獄 에서 온 악마처럼 악랄한 사람.
Q. 정말로 천국과 地獄 가 존재한다고 생각해?

명 지옥

じごくとてんごく
地獄と天国 지옥과 천국

Q　　　　　　　　　　　　　　　　A

災害 さいがい

Q. 지진, 태풍, 홍수와 같은 자연 災害.
Q. 업무 중 사고를 당한 산업 災害 라서 산재보험 대상자다.

명 재해

さいがいたいさく
災害対策　재해 대책

纏まり まとまり

Q. 각자의 의견을 취합해 하나로 纏まり 했다.
Q. 纏まり 없이 막 늘어놓지 말고 좀 정리해서 이야기해줄래?

명 통합, 정리, 결착

まとまりのないはなし
纏まりのない話　두서없는 이야기

品種 ひんしゅ

Q. 진돗개는 사냥개 品種 다.
Q. 기존 토마토를 品種 개량해서 새로운 토마토를 만들었다.

명 품종

ひんしゅかいりょう
品種改良　품종 개량

刑 けい

Q. 징역 5년 刑 를 살고 막 출소했다.
Q. 그는 1심에서 징역 3년 刑 를 선고받았다.

명 형, 형벌

ちょうえきさんねんのけい
懲役三年の刑　징역 3년형

借り かり

Q. 借り 일부를 탕감해줄 테니 열심히 벌어서 갚으세요.
Q. 정말 감사합니다. 이 借り 는 반드시 갚겠습니다.

명 빌림, 빚

かりをかえす
借りを返す　은혜를 갚다

荷 に

Q. 먼 길을 떠나기 전에 미리 차에 荷 를 실었다.
Q. 자식에게 荷 가 되고 싶지 않다며 따로 사시는 부모님.

명 짐

おもいに
重い荷　무거운 짐

責務 せきむ

Q. 주어진 責務 를 마치면 자리에서 내려오겠습니다.
Q. 제게는 국민들께 약속한 공약을 이행할 責務 가 있습니다.

명 책무

せきむをはたす
責務を果たす　책무를 다하다

依頼 いらい

Q. 고문서를 번역해달라는 依頼 를 받았다.
Q. 화가에게 책의 표지를 그려달라는 依頼 를 했다.

명 의뢰

いらいしゃ
依頼者　의뢰자

前置き まえおき

Q. 책의 前置き 만 읽었는데 벌써 졸리다.
Q. 작가는 책 前置き 에서 가족에 대한 감사의 뜻을 밝혔다.

명 머리말

まえおきがながい
前置きが長い　서론이 길다

暴風 ぼうふう

Q. 暴風 우가 몰아쳐 우산이 견디지 못하고 망가졌다.
Q. 아직 안심하지 마. 暴風 전야라는 말 알고 있지?

명 폭풍

ぼうふうう
暴風雨 폭풍우

採掘 さいくつ

Q. 철광석 採掘 를 위해 광부들을 고용했다.
Q. 이 광산에서는 지금도 금을 採掘 하고 있습니다.

명 채굴

さいくつけん
採掘権 채굴권

運送 うんそう

Q. 철도를 이용한 화물 運送.
Q. 택배 위치를 확인하려면 運送 장 번호로 조회하세요.

명 운송

うんそうぎょうしゃ
運送業者 운송업자

試み こころみ

Q. 어렵겠지만 試み 는 해봐. 시작도 안 했는데 포기할 거야?
Q. 놀랍게도 첫 번째 試み 만에 성공하는 달인!

명 시도

あたらしいこころみ
新しい試み 새로운 시도

像 ぞう

Q. 눈의 황반은 물체의 像 가 맺히는 부위다.
Q. 욕심에 눈이 먼 우리들의 부끄러운 자화 像 가 아닐까?

명 상, 형상

ぞうがむすばれる
像が結ばれる 상이 맺히다

現像 げんぞう

Q. 필름을 現像 하려고 사진관에 갔다.
Q. 디지털카메라는 보통 現像 하지 않고 파일로 보관한다.

명 현상

ふぃるむのげんぞう
フィルムの現像 필름 현상

許容 きょよう

Q. 군인들에게도 휴대폰 사용을 許容 하기로 했다.
Q. 흡연이 許容 된 장소 이외에는 모두 금연입니다.

명 허용

きょようじこう
許容事項 허용 사항

雛 ひな

Q. 어미 새는 雛 를 부화시키기 위해 알을 품는다.
Q. 雛 가 크면 닭이 된다.

명 새끼 새, 병아리

にわとりとひな
鶏と雛 닭과 병아리

破裂 はれつ

Q. 추락으로 인해 갈비뼈가 부러지고 장기가 破裂 했다.
Q. 오래된 수도관이 내부의 압력을 이기지 못해 破裂 했다.

명 파열

はれつおん
破裂音 파열음

Q　A

追放 ついほう

Q. 출입국 관리국은 불법 입국자를 나라 밖으로 追放 했다.
Q. 아담과 이브는 에덴동산에서 追放 당했다.

명 추방

ついほうしゃ
追放者　추방자

停滞 ていたい

Q. 혈관이 막히면 혈액의 흐름이 停滞 된다.
Q. 일이 좀처럼 진행되지 않고 停滞 된 상태다.

명 정체

ながれがていたいする
流れが停滞する　흐름이 정체되다

★ 일이 순조롭게 진행되지 않음을 뜻함

歯科 しか

Q. 충치 때문에 이가 아파서 歯科 클리닉에 예약을 잡았다.
Q. 스케일링을 하러 1년에 한 번 歯科 에 간다.

명 치과

しかいし
歯科医師　치과의사

刃 は

Q. 칼을 오래 썼더니 刃 가 무뎌졌다.
Q. 칼을 갈아서 刃 가 다시 날카로워졌다.

명 (칼 따위의) 날

はさき
刃先　날끝

流し[1] ながし

Q. 히나마츠리는 본래 인형을 강에 流し 하는 행사였다.
Q. 공장에서 폐수를 몰래 流し 해서 강이 오염되었다.

명 흘림, 흘려보냄

ながしそうめん
流し素麺　나가시 소면

流し[2] ながし

Q. 流し 에 쌓인 식기를 설거지했다.
Q. 일어나자마자 流し 에서 세수와 양치를 했다.

명 물로 씻거나 빨거나 하는 곳

ながしでしょっきをあらう
流しで食器を洗う　개수대에서 그릇을 닦다

★ 개수대·세면대 등을 가리킴

流し[3] ながし

Q. 세신사에게 流し 를 부탁하다.
Q. 한국의 목욕탕에는 때를 밀어주는 流し 가 있다.

명 때를 밀게 하다, 때 미는 사람

ながしをとる
流しを取る　때를 밀게 하다

風習 ふうしゅう

Q. 태국 까렌족은 목에 링을 끼워 늘리는 風習 가 있다.
Q. 그 마을에는 오래전부터 행해온 묘한 風習 가 있다.

명 풍습

きみょうなふうしゅう
奇妙な風習　기묘한 풍습

★ 마을 등 제한된 지역에서 일어나는 것에 한하여 쓰임

風俗 ふうぞく

Q. 정월 행사는 농경사회의 風俗 중 하나이다.
Q. 김홍도의 風俗 화는 당대의 삶을 보여준다.

명 풍속, 풍습

じだいのふうぞく
時代の風俗　시대의 풍속

策 さく

Q. 미세먼지를 저감하기 위한 策 를 강구해야 한다.

Q. 이 위기를 벗어날 策 를 생각해야겠어.

명 계획, 계략, 대책

さくをこうずる
策を講ずる　대책을 강구하다

盾 たて

Q. 테러범들은 인질을 盾 로 이용했다.

Q. 병사들은 한 손에는 칼, 한 손에는 단단한 盾 를 들었다.

명 방패

やりとたて
槍と盾　창과 방패

縁[2] へり

Q. 테이블 縁 에 있던 컵이 팔에 밀려 떨어졌다.

Q. 다다미의 縁 는 보통 문양이 있는 천으로 마감한다.

명 가, 가장자리

つくえのへり
机の縁　책상 가장자리

縁[3] えん

Q. 잘 가시오. 縁 이 있으면 다시 만납시다.

Q. 부모와 자식의 縁 을 끊다.

명 인연

えんがない
縁がない　연이 없다

惑星 わくせい

Q. 토성은 태양계에서 두 번째로 큰 惑星 다.

Q. 지구와 가장 가까운 惑星 는 수성이다.

명 행성, 혹성

わくせいたんさ
惑星探査　혹성 탐사

残高 ざんだか

Q. 통장 残高 를 보면 한숨만 나온다.

Q. 내 통장 残高 는 겨우 만 원뿐이다.

명 잔액, 잔고

よきんざんだか
預金残高　예금 잔고

統制 とうせい

Q. 서울에서 대규모 집회가 있어 인근 도로를 統制 했다.

Q. 수능 듣기평가 시간에 항공기의 이착륙이 전면 統制 된다.

명 통제

げんろんとうせい
言論統制　언론 통제

取(り)替え とりかえ

Q. 파손된 부품의 取(り)替え 가 필요하다.

Q. 엔진오일 取(り)替え 를 하러 정비소에 갔다.

명 교체

とりかえのぶひん
取り替えの部品　교체 부품

譲歩 じょうほ

Q. 얘야, 네가 형이니까 동생한테 譲歩 해야지!

Q. 임산부와 노약자에게 자리를 譲歩 하세요.

명 양보

さいだいげんのじょうほ
最大限の譲歩　최대한의 양보

Q　A

破損 はそん

Q. 배송 중 박스가 떨어졌는지 안에 있는 물건이 破損 됐다.
Q. 휴대폰을 떨어뜨려서 화면이 破損 됐는데 AS 될까요?

명 파손

はそんしゅうり
破損修理　파손 수리

判決 はんけつ

Q. 판사는 증거 불충분을 이유로 무혐의 判決 를 내렸다.
Q. 상소 법원에서 判決 가 뒤집어졌다.

명 판결

はんけつけっか
判決結果　판결 결과

敗 はい

Q. 2승 1 敗 로 16강에 진출했다.
Q. 전략의 차이가 기업의 성공과 실 敗 를 좌우한다.

명 패배, 잘못

はいせん
敗戦　패전

敗北 はいぼく

Q. 후반전에 역전 골을 허용해 아쉽게 敗北 하고 말았다.
Q. 전투에서 敗北 해서 포로가 된 장수.

명 패배

はいぼくかん
敗北感　패배감

転回 てんかい

Q. 헬기가 급격하게 방향을 転回 하다가 건물에 부딪혔다.
Q. 사고방식을 転回 하면 새로운 아이디어가 떠오를지 몰라.

명 회전, 전환

くうちゅうてんかい
空中転回　공중제비

親善 しんぜん

Q. 상호 교류 및 평가 목적의 親善 경기.
Q. 유니세프 親善 대사로 일하는 배우.

명 친선

しんぜんじあい
親善試合　친선 경기

捕虜 ほりょ

Q. 적진을 습격해 捕虜 가 되어 갇혀있는 병사들을 구출했다.
Q. 항복한 병사들은 捕虜 가 되어 수용소에 갇혔다.

명 포로

ほりょそうかん
捕虜送還　포로 송환

洪水 こうずい

Q. 노아는 洪水 에 대비해 거대한 방주를 만들었다.
Q. 신제품이 洪水 처럼 쏟아져 나온 한 해였다.

명 홍수

こうずいひがい
洪水被害　홍수 피해

★ 자연 현상을 비롯해 비유적으로도 쓰임

指図 さしず

Q. 나는 널 대장으로 인정 못 해. 네 指図 는 따르지 않겠다.
Q. 화가 난 그는 상사의 指図 를 무시했다.

명 지시, 명령

せんせいのさしず
先生の指図　선생님의 지시

語彙 ごい

Q. 語彙 의 준말은 Vocab으로, 외국어 공부의 기본이다.
Q. 책을 많이 읽으면 語彙 구사력이 풍부해진다.

명 어휘

きほんごい
基本語彙 기본 어휘

英雄 えいゆう

Q. 잔 다르크는 프랑스의 국가적 英雄 다.
Q. 신화에는 괴물을 물리치는 英雄 의 이야기가 많이 나온다.

명 영웅

えいゆうごうけつ
英雄豪傑 영웅호걸

血管 けっかん

Q. 피부가 얇아서 血管 이 비쳐 보인다.
Q. 간호사가 내 血管 에 주삿바늘을 꽂았다.

명 혈관

もうさいけっかん
毛細血管 모세혈관

運命 うんめい

Q. 運命 와 숙명의 차이는 무엇인가요?
Q. 그녀와의 運命 적인 만남이 내 인생을 송두리째 바꿨다.

명 운명

うんめいきょうどうたい
運命共同体 운명 공동체

協会 きょうかい

Q. 한국 축구를 대표하는 경기단체인 대한축구 協会.
Q. 문인 協会 에 소속된 소설가입니다.

명 협회

きょうかいにかにゅうする
協会に加入する 협회에 가입하다

弛み たるみ

Q. 나이를 먹을수록 피부에 탄력이 없어 弛み 가 생긴다.
Q. 弛み 가 생긴 기타 줄을 다시 팽팽하게 조였다.

명 늘어짐, 느슨해짐

くつしたのたるみ
靴下の弛み 양말의 늘어짐

丈[4] たけ

Q. 어릴 때부터 丈 가 커서 늘 맨 뒷자리에 앉았다.
Q. 옷의 丈 가 너무 길어서 바짓단이 바닥에 질질 끌린다.

명 키, 기장 조사 ~만큼, ~만, ~뿐, ~따름

ひくいたけ
低い丈 작은 키

* 표기 차이 長

衣装 いしょう

Q. 신부 衣装 를 입으니까 천사처럼 아름다워.
Q. 아이돌 그룹이 화려한 무대 衣装 를 입고 나타났다.

명 의상

ぶたいいしょう
舞台衣装 무대 의상

檻 おり

Q. 죄인을 檻 안에 가두고 자물쇠를 채웠다.
Q. 사자가 檻 를 탈출해서 도망쳤다.

명 우리, 감방

らいおんのおり
ライオンの檻 사자의 우리

Q　　　　　　　　　　　　　　　　　　　　A

繊維 せんい

Q. 합성 繊維 로 만든 옷은 잘 안 구겨져.

Q. 식이 繊維 가 많이 든 음식은 변비와 다이어트에 좋다.

명 섬유

しょくぶつせんい
植物繊維　　식이섬유

該当 がいとう

Q. 설문지를 보니 나에게는 該当 사항이 하나도 없다.

Q. 이 조건에 該当 하는 사람은 너뿐이야.

명 해당

がいとうじこう
該当事項　　해당 사항

抑制 よくせい

Q. 다이어트할 때 운동보다 식욕 抑制 가 훨씬 힘들었어.

Q. 암세포 성장을 抑制 하는 항암효과가 있다.

명 억제

よくせいこうか
抑制効果　　억제 효과

全滅 ぜんめつ

Q. 당나라는 10만 대군이 全滅 하는 참담한 패전을 겪었다.

Q. 남한산성 전투에서 조선군의 결사대 300명은 全滅 했다.

명 전멸

ぜんめつすんぜん
全滅寸前　　전멸 직전

行(き)違い いきちがい

Q. 서로 길이 行(き)違い 되어 만나지 못했다.

Q. 두 사람의 주장에 行(き)違い 가 있어 쉽게 타협을 못 해.

명 엇갈림, 어긋남

かんじょうのいきちがい
感情の行き違い　　감정의 엇갈림

閉鎖 へいさ

Q. 안전을 위해 옥상 문을 閉鎖 하기로 했습니다.

Q. 이 안에 범인이 있으니 당장 출입구를 閉鎖 하세요.

명 폐쇄

こうじょうへいさ
工場閉鎖　　공장 폐쇄

処分 しょぶん

Q. 안 입는 헌 옷을 処分 했다.

Q. 중고 모니터 두 대를 싸게 処分 중입니다.

명 처분

しょぶんじょう
処分場　　처분 장소

片付け かたづけ

Q. 방에 뭘 이렇게 늘어놨니? 片付け 좀 하렴!

Q. 어지럽혀진 방을 片付け 했다.

명 정리

へやのかたづけ
部屋の片付け　　방 정리

政策 せいさく

Q. 정부의 교육 政策 를 비판하다.

Q. 저출산을 극복하기 위한 政策 마련이 시급하다.

명 정책 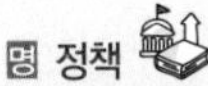

せいさくこうこ
政策公庫　　정책 공고

塵² ちり

Q. 塵 모아 태산이라는 말이 있잖아.

Q. 새해를 맞이해 塵 한 톨 없을 만큼 깨끗하게 청소했다.

명 티끌, 먼지, 쓰레기

ちりをはらう 塵を払う	먼지를 털다

玄人 くろうと

Q. 그 변호사는 법의 玄人 다.

Q. 요리 玄人 못지않은 지식과 솜씨를 가졌다.

명 전문가, 프로

くろうとはだし 玄人跣	전문가 뺨치게 능숙함

小銭 こぜに

Q. 혹시 지폐 말고 小銭 가진 거 있니?

Q. 나는 小銭 가 생기는 게 귀찮아서 카드만 사용해.

명 잔돈, 적은 돈

こぜにちょきん 小銭貯金	잔돈 저금

堤防 ていぼう

Q. 쓰나미를 막기 위해 거대한 堤防 를 쌓았다.

Q. 홍수에 堤防 가 무너져 마을이 물에 잠겼다.

명 제방

ていぼうこうじ 堤防工事	제방 공사

土手 どて

Q. 하천 범람을 막기 위해 쌓은 土手.

Q. 시민들이 자진해서 土手 를 쌓아 물을 막았다.

명 둑, 제방

てつどうのどて 鉄道の土手	철롯둑

* 堤防 보다 규모가 작은 경우 쓰임

避難 ひなん

Q. 화재 시에는 비상계단을 이용해 避難 하세요.

Q. 홍수 때문에 마을 사람들이 옆 마을로 避難 했다.

명 피난

ひなんくんれん 避難訓練	피난 훈련

生計 せいけい

Q. 글을 써서 生計 를 꾸리기에는 수입이 너무 적었다.

Q. 수입 농산물로 인해 生計 를 위협받는 농부들.

명 생계 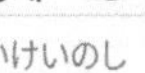

せいけいのし 生計の資	생계의 밑천

確信 かくしん

Q. 그녀는 確信 에 찬 목소리로 정답을 말했다.

Q. 퇴사하는 게 옳은 결정인지 確信 이 서질 않는다.

명 확신

かくしんはん 確信犯	확신범

黄金 おうごん

Q. 黄金 알을 낳는 거위의 배를 가르다.

Q. 정말 맛있는 카페라테를 만드는 黄金 비율을 알려드려요.

명 황금

おうごんばんのうしゅぎ 黄金万能主義	황금만능주의

Q　A

中断 ちゅうだん

Q. 이 버스 노선은 적자 때문에 곧 운행을 中断 한다고 한다.
Q. 가망이 보이지 않아 치료를 中断 하기로 했다.

명 중단

はんばいをちゅうだんする
販売を中断する　판매를 중단하다

中程 なかほど

Q. 내 성적은 좋지도 나쁘지도 않은 中程 다.
Q. 거래처로부터 전화가 와서 회의 中程 에 나왔다.

명 중간 정도, 도중

なかほどのせいせき
中程の成績　중간 정도의 성적

提示 ていじ

Q. 회의 참석자들이 각각 의견을 提示 했다.
Q. 둘 중에 더 마음에 드는 조건을 提示 한 회사를 선택했다.

명 제시

じょうけんのていじ
条件の提示　조건의 제시

議題 ぎだい

Q. 이번 무역 협상에서는 두 가지의 중요한 議題 가 있다.
Q. 경제 협력을 정상회담의 議題 로 추진하겠다고 밝혔다.

명 의제

ぎだいにのぼる
議題に上る　의제에 오르다

回覧 かいらん

Q. 회의 일정 변경을 알리는 回覧 을 돌렸다.
Q. 일본은 집마다 연락사항을 돌릴 때 回覧 판을 사용한다.

명 회람

かいらんばん
回覧板　회람판

統合 とうごう

Q. 업무 효율성을 위해 두 개의 부서를 하나로 統合 했다.
Q. 대학 측은 두 학과를 하나로 統合 하기로 했다.

명 통합

きぎょうとうごう
企業統合　기업 통합

再建 さいけん

Q. 무너진 건물을 再建 하다.
Q. 몰락한 집안을 再建 하기 위해서 벼슬길에 올라야 한다.

명 재건

こっかのさいけん
国家の再建　국가 재건

燃料 ねんりょう

Q. 자동차는 휘발유나 경유를 燃料 로 사용한다.
Q. 차 燃料 가 부족해서 주유소에 잠깐 들러야겠어.

명 연료

くるまのねんりょう
車の燃料　자동차의 연료

振動 しんどう

Q. 회의 중에는 휴대전화를 振動 모드로 설정해주세요.
Q. 전동칫솔은 振動 를 이용해 치아를 닦는다.

명 진동

しんどうすう
振動数　진동수

種[2] しゅ

Q. 정글에서 희귀 種 인 식물을 발견했다.
Q. 멸종 위기에 놓인 種 는 보호해야 한다.

명 종, 종류, 씨앗

しゅのきげん
種の起源 종의 기원

金平糖 こんぺいとう

Q. 건빵의 백미는 역시 이 金平糖 지.
Q. 金平糖 는 아주 작고 겉이 도톨도톨한 설탕 과자이다.

명 별사탕

こんぺいとうのせんもんてん
金平糖の専門店 별사탕 전문점

家計簿 かけいぼ

Q. 수입과 지출을 파악하기 위해 家計簿 를 쓰기 시작했다.
Q. 돈을 어디에 썼는지 기억나지 않아 家計簿 를 뒤져보았다.

명 가계부

かけいぼにきちょうする
家計簿に記帳する 가계부에 기입하다

歌舞伎 かぶき

Q. 일본 전통극 歌舞伎 는 모든 배우가 남자로 구성되어있다.
Q. 아주 하얗게 화장하는 것을 歌舞伎 화장이라고 부른다.

명 가부키

かぶきざ
歌舞伎座 가부키 극장

共存 きょうぞん

Q. 터키는 지리적 위치상 동서양 문화가 共存 하고 있다.
Q. 인간과 동물이 행복하게 共存 하는 세상을 꿈꿉니다.

명 공존

へいわきょうぞん
平和共存 평화 공존

交易 こうえき

Q. 실크로드를 통해 물류 交易 뿐 아니라 문화 교류를 했다.
Q. 터키는 예로부터 동서양 交易 의 중심지였다.

명 교역

こうえきせん
交易船 교역선

喫煙 きつえん

Q. 흡연자 곁에 있으면 간접 喫煙 으로 인한 피해가 있다.
Q. 길을 걸으며 喫煙 을 하다가 꽁초를 바닥에 버리는 사람.

명 흡연

きつえんしつ
喫煙室 흡연실

射撃 しゃげき

Q. 군대에서 처음으로 실탄 射撃 를 해보았다.
Q. 적들의 진군을 막아야 한다. 계속 지원 射撃 를 해라!

명 사격

しゃげきじょう
射撃場 사격장

思索 しさく

Q. 그는 깊은 思索 에 빠져 내가 부르는 것도 듣지 못했다.
Q. 가끔은 혼자 책을 보며 思索 에 잠기는 것도 나쁘지 않다.

명 사색

しさくか
思索家 사색가

Q

A

酸味 さんみ

Q. 신 음식을 싫어하는 사람들은 커피의 酸味 도 싫어한다.
Q. 이 귤은 너무 酸味 가 강해서 마치 레몬 같다.

명 신맛

さんみがつよい
酸味が強い　신맛이 강하다

産出 さんしゅつ

Q. 이 공장의 하루 産出 량이 얼마나 되나요?
Q. 장비를 들이면 석탄 産出 량이 두 배로 증가할 것이다.

명 산출

せきたんをさんしゅつする
石炭を産出する　석탄을 산출하다

珊瑚 さんご

Q. 바다의 자포동물인 珊瑚 는 가공해서 보석으로도 만든다.
Q. 珊瑚 는 진주와 함께 바다의 보석으로 사랑받고 있다.

명 산호

さんごしょう
珊瑚礁　산호초

酸化 さんか

Q. 쇠가 酸化 하면 녹이 슨다.
Q. 사과가 공기에 닿아 갈변하는 것도 酸化 작용의 일종이다.

명 산화

さんかざい
酸化剤　산화제

産後 さんご

Q. 아이를 낳고 産後 조리원에 들어가 몸조리를 했다.
Q. 임신, 출산 과정에서 호르몬 변화로 産後 우울증이 온다.

명 출산 후

さんごのひだち
産後の肥立　산후의 회복

産休 さんきゅう

Q. 임산부는 출산 전후, 직장에서 産休 를 사용할 수 있다.
Q. 아내가 출산하면 남편도 産休 로 쉴 수 있게 되었다.

명 출산 휴가

さんきゅうをとる
産休を取る　출산휴가를 얻다

相 そう

Q. 그 아이의 외모를 보니 앞으로 인기 많을 相 더군.
Q. 무슨 일이 있었길래 그렇게 죽을 相 를 하고 앉아있냐.

명 상

きじんのそう
貴人の相　귀인의 상

★ 외모·인상을 뜻함

上がり[1] あがり

Q. 최근 엔화가 上がり 추세라 갖고 있던 엔화를 환전했다.
Q. 최근의 물가 上がり 가 심상치 않다.

명 오름

あがりとさがり
上がりと下がり　오름과 내림

上がり[2] あがり

Q. 오늘은 손님이 더 안 올 것 같으니 이만 上がり 를 하자.
Q. 목욕을 上がり 하고 온천에서 나오던 참이었다.

명 마침, 종료

ふろあがり
風呂上がり　목욕을 마친 후

Q ─── A

上空 じょうくう

Q. 고도 3,000m 上空 에서 찍은 사진을 공개했다.
Q. 서울 上空 에 비행기 편대가 나타나 시민들이 놀랐다.

명 상공

じょうくうひこう
上空飛行 상공 비행

上陸 じょうりく

Q. 접근 중인 태풍은 내일 오전 부산에 上陸 할 예정이다.
Q. 1950년 9월 15일 인천 上陸 작전이 실행되었다.

명 상륙

じょうりくきょか
上陸許可 상륙 허가

上演 じょうえん

Q. 연극의 첫 上演 날이라 그런지 배우들도 제법 긴장했다.
Q. 유치원에 인형극을 上演 하러 갔다.

명 상연

じょうえんじかん
上演時間 상연 시간

上位 じょうい

Q. 폭탄 발언을 한 연예인이 검색어 上位 에 올랐다.
Q. 上位 20% 부자의 재산이 나머지 80%보다 많다.

명 상위

じょういのにゅうしょうしゃ
上位の入賞者 상위 입상자

相場 そうば

Q. 서울 아파트 相場 는 계속해서 오르고 있다.
Q. 내 차를 팔기 전에 먼저 중고차 相場 를 알아보자.

명 시세

かぶしきそうば
株式相場 주식 시세

色彩 しきさい

Q. 대체 물감을 어떻게 쓰면 이런 아름다운 色彩 가 나올까?
Q. 고려 시대 예술 작품은 불교적인 色彩 가 강했다.

명 색채

はなやかなしきさい
華やかな色彩 화려한 색채

* '경향'이라는 뜻으로도 쓰임

生(ま)れ付き うまれつき

Q. 부모가 박사니까 그의 천재성도 生(ま)れ付き 일 거야.
Q. 그 사람의 예민한 성격은 生(ま)れ付き 일 거야.

명 천성

うまれつきのせいしつ
生まれ付きの性質 타고난 성질

生きがい いきがい

Q. 무럭무럭 자라는 아이들을 보면 生きがい 를 느낀다.
Q. 돈을 열심히 벌어도 남는 것이 없으니 生きがい 가 없다.

명 사는 보람

いきがいをかんじる
生きがいを感じる 사는 보람을 느끼다

生理 せいり

Q. 소변이나 대변을 보는 것은 生理 현상의 한가지이다.
Q. 여성들은 보통 한 달에 한 번 生理 를 한다.

명 생리

せいりげんしょう
生理現象 생리 현상

Q — A

生死 せいし

Q. 나에게는 어릴 때부터 生死 고락을 함께한 친구들이 있다.
Q. 이걸 못 해내면 죽는다니까? 나에겐 生死 가 걸린 일이야.

명 생사

せいしのさかい
生死の境 생사의 기로

生身 なまみ

Q. 인간은 生身 로는 우주에서 몇 분도 버티지 못한다.
Q. 초상화가 어찌나 생생한지 生身 의 인간처럼 느껴진다.

명 살아있는 몸뚱이, 맨몸

なまみのにんげん
生身の人間 살아있는 인간

生涯 しょうがい

Q. 짧은 生涯 동안 많은 저서를 남긴 작가.
Q. 오늘이 내 生涯 최고의 날이야.

명 생애

こうふくなしょうがい
幸福な生涯 행복한 생애

生育 せいいく

Q. 작물의 生育 를 위한 적절한 온도.
Q. 생장과 발육을 거치는 기간을 生育 기간이라고 한다.

명 성장, 생육

せいいくきかん
生育期間 생육 기간

* 주로 식물의 성장에 쓰임

書 しょ

Q. 書 도를 배워서 붓글씨 쓰는 솜씨가 범상치 않다.
Q. 이력서는 반드시 書 식에 맞게 작성하세요.

명 서[글씨]

しょしき
書式 서식

* 글씨를 쓰는 행위를 의미하기도 함

庶務 しょむ

Q. 경리로 입사하여 회사의 다양한 庶務 를 맡아 보고 있다.
Q. 회사의 비품 관리도 庶務 업무 중 하나이다.

명 서무

しょむか
庶務課 서무과

* 특별한 명목이 없는 일반적인 사무를 뜻함

庶民 しょみん

Q. 경제 악화로 庶民 들의 주머니 사정은 점점 어려워진다.
Q. 경제적으로 힘든 庶民 들을 위한 임대아파트.

명 서민

しょみんせいかつ
庶民生活 서민 생활

西日 にしび

Q. 창가에 서서 하늘을 붉게 물들이는 西日 를 바라보았다.
Q. 두 사람은 손을 잡고 산 너머로 지는 西日 를 바라보았다.

명 석양

にしびがさす
西日が差す 석양이 비치다

書評 しょひょう

Q. 출판사에서 책을 읽고 書評 를 써달라는 의뢰를 받았다.
Q. 책을 고를 때 다른 사람들이 쓴 書評 를 참고하는 편이다.

명 서평

しょひょうのいらい
書評の依頼 서평 의뢰

徐行 じょこう

Q. 교차로나 커브길, 내리막길에선 차를 徐行 해야 한다.
Q. 커브가 심한 구간에서는 안전을 위해 徐行 하고 있습니다.

명 서행

じょこううんてん
徐行運転 서행 운전

膳 ぜん

Q. 膳 위에 차려진 먹음직스러운 음식들.
Q. 膳 다리가 부러질 만큼 많은 산해진미가 차려져 있었다.

명 (밥) 상

あしうちぜん
足打ち膳 다리 달린 밥상

禅 ぜん

Q. 수행을 위해 질문과 답으로 대화를 이끌어나가는 禅 문답.
Q. 명상을 할 때는 승려들처럼 좌 禅 을 하고 눈을 감는다.

명 선

ぜんもんどう
禅問答 선문답

* 명상, 좌선 등 불교의 수행 방식을 뜻함

裸足 はだし

Q. 추운 겨울에도 양말을 신지 않고 裸足 로 지낸다.
Q. 집 앞에 산책하러 나갈 때는 裸足 에 슬리퍼를 신는다.

명 맨발

はだしのまま
裸足のまま 맨발인 채

善し悪し よしあし

Q. 잠깐의 만남으로 그 사람의 善し悪し 를 알 수는 없다.
Q. 운부천부란 운의 善し悪し 는 모두 하늘의 뜻이라는 뜻.

명 좋고 나쁨

よしあしをみわける
善し悪しを見分ける 좋고 나쁨을 가리다

選考 せんこう

Q. 언제나 서류 選考 조차 통과하지 못한 채 탈락한다.
Q. 수시모집 실기 選考 합격자가 발표되었다.

명 전형

しょるいせんこう
書類選考 서류전형

宣教 せんきょう

Q. 시골에 교회를 세운 목사는 부지런히 宣教 활동을 했다.
Q. 그 목사는 아프리카로 宣教 활동을 떠났다.

명 선교

かいがいせんきょう
海外宣教 해외 선교

先代 せんだい

Q. 그는 先代 회장의 뒤를 이어 회장 자리에 올랐다.
Q. 그는 도박에 빠져 先代 로부터 물려받은 재산을 탕진했다.

명 선대

せんだいのゆいごん
先代の遺言 선대의 유언

先進 せんしん

Q. 외국의 先進 문물을 받아들여야 합니다.
Q. 후진국이었지만 꾸준한 경제 발전으로 先進 국이 되었다.

명 선진

せんしんこく
先進国 선진국

Q　A

先着 せんちゃく

Q. 先着 순으로 도착한 열 명만 데려갈 거야.
Q. 백 명까지 입장할 수 있어요. 先着 순으로 줄을 서주세요.

명 선착

せんちゃくじゅん
先着順 선착순

先行 せんこう

Q. 요즘은 애들이 어릴 때부터 先行 학습을 시킨대.
Q. 국산 제품인 만큼 한국에서만 先行 발매되었다.

명 선행

せんこうはつばい
先行発売 선행발매

誠 まこと

Q. 법정에서 증인은 誠 만을 말해야 한다.
Q. 내 잘못을 깨닫고 그에게 誠 를 담아 사과했다.

명 진실, 진심

まことにうつくしい
誠に美しい 정말로 아름답다

性器 せいき

Q. 생식기를 숭배하던 性器 숭배 습관의 흔적이다.
Q. 남녀의 性器 를 모두 가진 사람을 양성구유라고 한다.

명 성기

せいきすうはい
性器崇拝 성기 숭배

姓名 せいめい

Q. 예약하시려면 여기에 姓名 와 전화번호를 적어주세요.
Q. 병원 접수처에서 姓名 와 생년월일을 말했다.

명 성명, 이름

せいめいふしょう
姓名不詳 성명 미상

声明 せいめい

Q. 남북정상회담 후 남북의 공동 声明 가 발표되었다.
Q. 졸속 조약 체결에 대한 반대 声明 를 발표했다.

명 성명, 발표함

きょうどうせいめい
共同声明 공동성명

成育 せいいく

Q. 손자가 훌륭하게 成育 하는 것을 지켜보는 것이 즐겁다.
Q. 병아리의 成育 를 관찰하며 일기를 쓰는 방학 숙제.

명 성장, 성육

せいいくきかん
成育期間 성장 기간

* 식물 말고 동물에만 쓰임

盛装 せいそう

Q. 시상식 자리에는 한껏 盛装 를 한 연예인들이 보였다.
Q. 친구의 결혼식에 참석하기 위해 正装 를 하고 나왔다.

명 성장

せいそうしてがいしゅつ
盛装して外出 화려하게 차려입고 외출

* 동일한 발음인 正装 와 달리 화려한 차림새를 뜻함
* **표기 차이** 正装: 정장(단정한 차림새)

城下 じょうか

Q. 城下 에 집결한 군대를 막기 위해 성문을 걸어 잠갔다.
Q. 오사카성의 城下 에서 벚꽃을 구경하는 사람들이 많았다.

명 성의 아래

じょうかまち
城下町 성시

Q **A**

世 よ

Q. 자식을 잘 키워 世 에 내보내는 것이 부모의 일이다.
Q. 힘든 투병 생활 끝에 결국 저 世 로 떠났다.

명 세상, 사회

あのよ
あの世 저세상

細工 さいく

Q. 귀금속은 하나하나 사람의 손으로 細工 를 한다.
Q. 원석들은 정교한 細工 를 거쳐 보석으로 다시 태어난다.

명 세공

さいくひん
細工品 세공품

世帯 せたい

Q. 1인 世帯 가 늘어나면서 간편식 시장이 성장했다.
Q. 부모님과 함께 살다가 世帯 분리를 하고 독립했다.

명 세대, 가구

せたいぬし
世帯主 세대주

勢力 せいりょく

Q. 시위대와 반대 勢力 가 충돌하면서 몸싸움이 벌어졌다.
Q. 태풍의 勢力 가 약해지면서 항공기 운항이 재개되었다.

명 세력

せいりょくあらそい
勢力争い 세력 다툼

世論 せろん

Q. 상상을 초월한 비리 사건에 국민 世論 이 들끓었다.
Q. 대통령 지지율에 대한 世論 조사 결과.

명 세론, 여론

せろんちょうさ
世論調査 여론조사

* 발음 차이 よろん

洗面器 せんめんき

Q. 洗面器 에 따뜻한 물을 받아서 세수했다.
Q. 배수구 막히니까 洗面器 에서 머리 감지 마. 세수만 해.

명 세면기

せんめんきにおゆをはる
洗面器にお湯を張る 세면기에 뜨거운 물을 받다

税務署 ぜいむしょ

Q. 세금을 제때 내지 않아 税務署 에서 조사를 나왔다.
Q. 税務署 에 방문해서 종합소득세를 신고했다.

명 세무서

ぜいむしょのりいん
税務署の吏員 세무서 공무원

世辞 せじ

Q. 능력도 없으면서 윗사람에게 世辞 만 잘한다.
Q. 진심으로 하는 칭찬인지 世辞 로 하는 말인지 모르겠다.

명 겉치레, 아첨

せじがうまい
世辞がうまい 아부를 잘하다

消去 しょうきょ

Q. 안 좋은 기억을 消去 할 수 있다면 얼마나 좋을까?
Q. 오답을 하나씩 消去 하다 보면 마지막에 정답이 남는다.

명 소거 

もじをしょうきょする
文字を消去する 글자를 지우다

Q A

所属 しょぞく

Q. 저는 서울시에 所属 된 공무원입니다.
Q. 저 기획사에는 많은 연예인이 所属 되어 있다.

명 소속

しょぞくじむしょ
所属事務所 소속 사무실

消息 しょうそく

Q. 모릅니다. 그 사람하고는 消息 가 끊긴 지 좀 되었거든요.
Q. 좋은 消息 가 있어. 나 임신했대!

명 소식

しょうそくすじ
消息筋 소식통

小児科 しょうにか

Q. 아픈 아이들을 치료해주고 싶어 小児科 의사가 되었다.
Q. 보통 15세 이후는 小児科 가 아닌 내과에 간다.

명 소아청소년과

しょうにかでのしょくれき
小児科での職歴 소아과 의사로서의 경력

素材 そざい

Q. 소설의 素材 를 얻기 위해 종종 여행을 떠난다.
Q. 나는 마법을 素材 로 한 판타지 영화를 좋아해.

명 소재

そざいていきょう
素材提供 소재 제공

小切手 こぎって

Q. 봉투에는 무려 100만 원짜리 小切手 열 장이 들어있었다.
Q. 은행에 小切手 가 든 가방을 가져가서 현금으로 교환했다.

명 수표

こぎってにゅうきん
小切手入金 수표 입금

所定 しょてい

Q. 응모자 중 열 명을 추첨해 所定 의 선물을 드립니다.
Q. 일주일간 所定 의 교육을 받은 후 일을 시작하게 됩니다.

명 소정[정해진 바]

しょていのようしき
所定の様式 소정의 양식

所持 しょじ

Q. 경로 우대증을 所持 하신 어르신은 무료입장입니다.
Q. 우리나라는 총기 所持 를 허가하지 않는다.

명 소지

しょじきん
所持金 소지금

継(ぎ)目 つぎめ

Q. 수도관의 継(ぎ)目 가 헐거워서 물이 샌다.
Q. 이 가구는 못을 쓰지 않고 継(ぎ)目 를 접착해서 만들었다.

명 이음매

すいどうかんのつぎめ
水道管の継ぎ目 수도관의 이음매

束の間 つかのま

Q. 그때 받은 굴욕을 束の間 도 잊은 적이 없다.
Q. 득점에 기뻐한 것도 束の間, 금세 역전당하고 말았다.

명 잠깐, 순간

つかのまのへいあん
束の間の平安 잠깐의 평안

獣[1] けもの

Q. 말 못 하는 獣 라고 함부로 대해서는 안 된다.
Q. 제 자식을 학대하다니 獣 만도 못 한 부모로군.

명 짐승

けもののいちるい
獣の一類 짐승의 한 종류

獣[2] けだもの

Q. 이 獣 같은 녀석! 네가 그러고도 사람이야?
Q. 전신에 털이 나고 네 발로 걷는 동물을 獣 라고 한다.

명 짐승

このけだものめ
この獣め 이 짐승 녀석

穂 ほ

Q. 프랑스 사실주의 화가 밀레의 대표작 穂 줍는 여인들.
Q. 벼 穂 가 영글어 고개를 숙이는 가을이 왔다.

명 이삭

いねのほ
稲の穂 벼 이삭

粋 すい

Q. 상형문자는 고대 이집트 문화의 粋 다.
Q. 청자는 고려 시대 물질문화의 粋 라고 할 수 있다.

명 정수

かがくのすい
科学の粋 과학의 정수

* 뛰어난 것을 뜻함

受(け)身[1] うけみ

Q. 남이 하라는 대로 따르기만 하는 受(け)身 인 성격이다.
Q. 受(け)身 인 자세를 버리고 능동적으로 질문하길 바란다.

명 수동적

うけみのしせい
受け身の姿勢 수동적인 자세

受(け)身[2] うけみ

Q. 한국팀은 연달아 2점을 내주며 受(け)身 에 몰렸다.
Q. 적군의 적극적인 공세에 우리 군은 受(け)身 에 몰렸다.

명 수세

うけみになる
受け身になる 수세가 되다

* 소극적으로 남의 공격을 막는 입장을 뜻함

受(け)入れ うけいれ

Q. 노조가 내건 조건을 모두 受(け)入れ 하기로 했다.
Q. 떠돌이 개를 가족으로 受(け)入れ 하기로 마음먹었다.

명 받아들임

うけいれのじゅんび
受け入れの準備 받아들일 준비

受(け)持ち うけもち

Q. 오늘 청소 受(け)持ち 구역은 1층 복도야.
Q. 受(け)持ち 구역을 순찰하던 중 이상한 것을 발견했다.

명 담당

うけもちのくいき
受け持ちの区域 담당 구역

首脳 しゅのう

Q. 양국의 최고 首脳 가 만나 조약을 체결했다.
Q. 2010년에 서울에서 G20 首脳 회의가 열렸다.

명 수뇌

しゅのうかいぎ
首脳会議 수뇌 회의

Q **A**

樹立 じゅりつ

Q. 1919년 상해에 임시정부를 樹立 했다.
Q. 높이뛰기 경기에서 신기록을 樹立 했다.

명 수립

けいかくをじゅりつする
計画を樹立する 계획을 수립하다

樹木 じゅもく

Q. 집 주변에 樹木 가 우거진 공원이 있어 산책하기 좋다.
Q. 허가 없이 국립공원의 樹木 를 벌채하다 적발되었다.

명 수목

じゅもくえん
樹木園 수목원

手法 しゅほう

Q. 보이스피싱 범죄 手法 가 점점 교묘해지고 있다.
Q. 범행 手法 가 똑같아서 동일범으로 보고 수사 중이다.

명 수법, 기교

こてんてきなしゅほう
古典的な手法 고전적인 수법

手本 てほん

Q. 아이가 알파벳 手本 을 보고 그대로 따라 썼다.
Q. 지금부터 내가 手本 을 보여줄 테니 똑같이 따라 해 봐.

명 견본, 본보기

よいてほん
よい手本 좋은 본보기

手分け てわけ

Q. 여럿이서 手分け 를 해서 일하면 금방 끝낼 수 있어.
Q. 집안일을 手分け 해서 하고 있어. 나는 빨래 담당이지.

명 분담

てわけしてさがす
手分けして探す 분담해서 찾다

数詞 すうし

Q. 数詞 는 사물의 수량이나 순서를 가리키는 품사이다.
Q. 양수사는 수량, 서수사는 순서를 나타내는 数詞 다.

명 수사 12345 67890

じょすうし
助数詞 조수사

* 수량을 재거나 순서를 셀 때 사용하는 말

水洗 すいせん

Q. 요리하기 전에 채소를 깨끗하게 水洗 했다.
Q. 상처 부위를 깨끗하게 水洗 하고 나서 소독을 했다.

명 수세, 수세식

やさいをすいせんする
野菜を水洗する 채소를 물로 씻다

修飾 しゅうしょく

Q. 부사는 형용사나 명사, 부사를 修飾 하는 역할을 한다.
Q. 이 글은 멋있게 쓰려고 너무 修飾 를 남발한 것 같다.

명 (문법) 수식, 꾸밈

しゅうしょくせつ
修飾節 수식절

手芸 しゅげい

Q. 手芸 용품점에 가서 털실과 뜨개바늘을 샀다.
Q. 그녀는 자수, 뜨개질 등의 手芸 에 능했다.

명 수예

しゅげいきょうしつ
手芸教室 수예 교실

Q A 

水源 すいげん

Q. 이 생수의 水源 지는 백두산으로 되어 있다.
Q. 미시시피강은 이타스카 호수를 水源 으로 삼고 있다.

명 수원

すいげんち
水源地 수원지

手引き てびき

Q. 도쿄에 사는 친구의 手引き 를 받으며 편하게 관광했다.
Q. 뱃사람들은 항해할 때 북극성을 手引き 로 삼는다.

명 안내, 길잡이

てびきしたのはだれ
手引きしたのは誰 안내한 것은 누구

水田 すいでん

Q. 농업의 종류에는 한전 농업과 水田 농업이 있다.
Q. 저쪽이 논에 물을 채워 연근 등을 재배하는 水田 입니다.

명 수전, 논

すいでんのうぎょう
水田農業 논농사

* 물을 채우고 작물을 재배하는 땅을 뜻함

手錠 てじょう

Q. 경찰이 범인의 팔을 등 뒤로 돌려 手錠 를 채웠다.
Q. 이송 중인 범인이 手錠 를 풀고 도주하는 일이 벌어졌다.

명 수갑

てじょうをかける
手錠をかける 수갑을 채우다

手際 てぎわ

Q. 자칫 지루할 수 있는 이야기를 手際 좋게 마무리했다.
Q. 요리 手際 가 제법인데? 음식점을 열어도 되겠어.

명 솜씨

せいこうなてぎわ
精巧な手際 정교한 솜씨

収支 しゅうし

Q. 그렇게 싸게 팔았다간 収支 타산이 맞지 않는다.
Q. 경상 収支 가 80개월 연속 흑자를 기록하고 있다.

명 수지[수입과 지출]

こくさいしゅうし
国際収支 국제수지

修行 しゅぎょう

Q. 검술을 갈고닦기 위해 무사 修行 를 떠난다.
Q. 석가모니는 왕자의 신분을 버리고 출가해 修行 를 떠났다.

명 수행

つらいしゅぎょう
辛い修行 고된 수행

* 행실·학문·기예를 연마한다는 뜻

修学 しゅうがく

Q. 예전에 김 교수님 밑에서 修学 한 적이 있습니다.
Q. 그와는 같은 스승 밑에서 동문 修学 한 사이이다.

명 수학[학문을 배움]

しゅうがくりょこう
修学旅行 수학여행

手遅れ ておくれ

Q. 이제 와서 눈치채봤자 이미 手遅れ 다.
Q. 지구 온난화를 막기엔 이미 手遅れ 인 걸까?

명 때를 놓침

すでにておくれ
既に手遅れ 이미 늦음

Q A

手回し[1] てまわし

Q. 예전엔 차 창문을 열 때 레버를 빙빙 手回し 해서 열었다.
Q. 연필깎이에 연필을 꽂고 손잡이를 手回し 하면 돼.

명 손으로 돌림, 수동 방식

てまわしみきさー
手回しミキサー 수동식 믹서

手回し[2] てまわし

Q. 곧 있을 행사의 手回し 를 끝내고 잠시 쉬는 중이다.
Q. 내일 떠날 手回し 는 다 했니?

명 준비, 채비

あしたのてまわし
明日の手回し 내일의 채비

宿命 しゅくめい

Q. 결승전에서 라이벌 팀과의 宿命 의 대결이 펼쳐졌다.
Q. 태어났으면 언젠가 죽는 것이 인간의 宿命 다.

명 숙명

しゅくめいのたいけつ
宿命の対決 숙명의 대결

瞬き まばたき

Q. 눈싸움은 먼저 瞬き 를 한 사람이 지는 놀이다.
Q. 보통 안구 보호를 위해 1분에 20회 정도 瞬き 를 한다.

명 눈을 깜빡임

まばたきのあいだ
瞬きの間 눈 깜빡할 사이

純金 じゅんきん

Q. 반지 안쪽에 새겨진 24k는 이것이 純金 이라는 의미야.
Q. 14k나 18k는 純金 이 아니라 합금이다.

명 순금

じゅんきんのねっくれす
純金のネックレス 순금 목걸이

伜 せがれ

Q. 제 伜 가 이번에 장가를 갑니다. 저도 이제 할아버지네요.
Q. 제 어린 伜 가 올해 초등학교에 입학합니다.

명 아들, 자식

わたしのせがれ
私の伜 제 자식

★ 겸손한 표현

僧 そう

Q. 불교에 뜻을 두었는지, 출가하여 僧 가 되었다.
Q. 僧 가 제 머리를 못 깎는다.

명 중, 승려, 스님

しゅうどうそう
修道僧 수도승

侍 さむらい

Q. 봉건시대 일본의 무사를 侍 라고 한다.
Q. 닌자와 侍 는 외국인들에게도 잘 알려져 대명사화 되었다.

명 사무라이, 무사

さむらいかたぎ
侍気質 무사 기질

市街 しがい

Q. 차는 번잡한 市街 를 빠져나와 한적한 국도로 접어들었다.
Q. 국군의 날을 맞아 군악대를 필두로 市街 행진을 진행했다.

명 시가, 거리

しがいち
市街地 시가지

屎尿 しにょう

Q. 사람의 屎尿 는 20세기 전반까지 거름으로 쓰였다.
Q. 아직 뭘 모르니 屎尿 못 가리고 여기저기 끼어드는 걸세.

명 분뇨

しにょうしょり
屎尿処理 분뇨처리

始発 しはつ

Q. 이 열차는 서울역 始発 에 부산역 종착 열차이다.
Q. 새벽같이 나가야 해서 지하철 始発 열차 시간을 확인했다.

명 시발

しはつでんしゃ
始発電車 시발 전차

試案 しあん

Q. 건물의 인테리어 試案 을 보니 아직 마음에 들지 않았다.
Q. 디자인 試案 을 보내드릴 테니 보시고 의견 한 번 주세요.

명 시안

しあんをだす
試案を出す 시안을 내다

視野 しや

Q. 좀 더 넓은 視野 로 세상을 바라보게.
Q. 배가 속력을 올리자 점점 내 視野 에서 사라졌다.

명 시야

しやかく
視野角 시야각

視点 してん

Q. 이 소설은 전지적 작가 視点 으로 진행된다.
Q. 고양이의 視点 에서 바라본 세상을 촬영한 다큐멘터리.

명 시점

かんさつしゃしてん
観察者視点 관찰자 시점

是正 ぜせい

Q. 불공정행위가 적발되어 是正 명령을 받았다.
Q. 지적하신 내용은 즉각 是正 하도록 하겠습니다.

명 시정

ぜせいじこう
是正事項 시정 사항

時差 じさ

Q. 두바이와 서울은 7시간의 時差 가 있다.
Q. 외국에 오래 있다 왔더니 時差 적응이 되지 않아 힘들다.

명 시차

くじかんのじさ
九時間の時差 9시간의 시차

視察 しさつ

Q. 시장이 피해 지역으로 視察 를 나가 이재민을 위로했다.
Q. 국회의원들이 해외 視察 를 핑계로 여행을 다닌다는 지적.

명 시찰

しさつだん
視察団 시찰단

式場 しきじょう

Q. 결혼할 式場 를 어디로 해야 좋을지 고민 중이다.
Q. 결혼을 준비하며 일단 강남에 있는 式場 를 예약했다.

명 식장

けっこんしきじょう
結婚式場 결혼식장

Q

A

身形 みなり

Q. 꾀죄죄한 身形 를 하고 갔더니 입구에서 받아주질 않더라.
Q. 일할 때는 정장을 입지만 휴일엔 가벼운 身形 를 한다.

명 옷차림

かるいみなり
軽い身形 가벼운 옷차림

身の上 みのうえ

Q. 수사기관은 피의자의 身の上 정보를 공개했다.
Q. 집이 없어 정처 없이 떠돌아다니는 身の上 다.

명 신상, 신세, 처지

いたましいみのうえ
痛ましい身の上 가엾은 신세

身の回り みのまわり

Q. 부모님이 돌아가신 후 재산 등 身の回り 의 정리를 했다.
Q. 증언을 하는 대신 身の回り 의 안전을 보장해달라고 했다.

명 신변, 주변

みのまわりのせわをする
身の回りの世話をする 신변을 돌봐주다

信任 しんにん

Q. 유능하고 성실하니 윗사람의 信任 을 얻는 게 당연하다.
Q. 한 해 동안 세 단계 승진할 만큼 회장의 信任 이 두텁다.

명 신임

しんにんをえる
信任を得る 신임을 얻다

信者 しんじゃ

Q. 어머니는 독실한 불교 信者 이십니다.
Q. 저는 기독교 信者 이니 당연히 유신론자입니다.

명 신자

とくじつなしんじゃ
篤実な信者 독실한 신자

神殿 しんでん

Q. 신도들은 앞다투어 神殿 에 제물을 바쳤다.
Q. 파르테논 神殿 은 아테나 여신에게 바친 것이다.

명 신전

ぎりしゃしんでん
ギリシャ神殿 그리스 신전

新築 しんちく

Q. 본사 옆에 땅을 사서 새 건물을 新築 하고 있다.
Q. 우리 집은 지은 지 한 달도 안 된 新築 주택이다.

명 신축

しんちくじゅうたく
新築住宅 신축주택

辛抱 しんぼう

Q. 辛抱 하기 위해 마음속으로 참을 인을 세 번 썼다.
Q. 사장의 횡포를 10년이나 辛抱 했지만 더는 참을 수 없다.

명 인내

しんぼうづよい
辛抱強い 참을성이 강함

新婚 しんこん

Q. 아직 결혼한 지 1년도 채 안 된 新婚 부부이다.
Q. 두 사람은 일이 바빠 결혼하고 新婚 여행도 가지 못했다.

명 신혼

しんこんりょこう
新婚旅行 신혼여행

Q — A

実家 じっか

Q. 방학에는 고향에 있는 実家 로 내려가 부모님과 지낼 거야.
Q. 여자친구의 実家 에 가서 부모님께 결혼 허락을 받았다.

명 본가, 친정

じっかにかえる
実家に帰る　본가에 돌아가다

失脚 しっきゃく

Q. 물의를 일으킨 회장은 失脚 하고 새 회장이 선출되었다.
Q. 대통령 퇴진을 외치는 시위로 집권 2년 만에 失脚 했다.

명 실각

しっきゃくしたせいじか
失脚した政治家　실각한 정치가

実費 じっぴ

Q. 実費 보험은 병원에 낸 실제 비용을 정산하여 돌려준다.
Q. 출장비를 実費 로 지급하기로 했다.

명 실비

じっぴていきょう
実費提供　실비 제공

実業家 じつぎょうか

Q. 자수성가하여 큰 회사를 운영하는 実業家 가 되었다.
Q. 언젠가 내 회사를 운영하는 実業家 가 되고 싶다.

명 실업가

わかてじつぎょうか
若手実業家　젊은 실업가

失調 しっちょう

Q. 무리한 다이어트는 영양 失調 의 원인이 될 수 있다.
Q. 밥을 주지 않아 영양 失調 상태인 강아지들을 구출했다.

명 실조

えいようしっちょう
栄養失調　영양실조

実態 じったい

Q. 교육부는 학교폭력 実態 조사를 했다.
Q. 음식점의 눈 뜨고 보기 힘든 위생 実態 에 경악했다.

명 실태

じけんのじったい
事件の実態　사건의 실태

心² しん

Q. 거칠게 스케치를 했더니 연필 心 이 부러졌다.
Q. 몸의 心 까지 추위가 스며드는 것 같았다.

명 물건의 중앙·중심

えんぴつのしん
鉛筆の心　연필심

* 이 의미일 때는 한자 芯 을 쓰기도 함

心掛け こころがけ

Q. 자만하지 말고 몸가짐과 心掛け 를 바르게 해라.
Q. 인생에 대한 올바른 心掛け.

명 마음가짐

しごとにたいするこころがけ
仕事に対する心掛け　일에 대한 마음가짐

心得 こころえ

Q. 성공할수록 자만하지 말고 겸손한 心得 를 지녀야 한다.
Q. 인문학적 心得 를 쌓기 위해 다양한 교양수업을 들었다.

명 마음가짐, 소양

こころえがある
心得がある　소양이 있다

Q　　　　　　　　　　　　　　　　　　A

審査 しんさ

Q. 졸업 논문 審査 에 무사히 통과했다.

Q. 공항에 도착해 입국 審査 를 마치고 짐을 찾았다.

명 심사

にゅうこくしんさ
入国審査　　입국 심사

審議 しんぎ

Q. 그 예능 프로는 선정성 때문에 방송 審議 에 걸렸다.

Q. 해당 방송은 방송 통신 審議 위원회의 제재를 받았다.

명 심의

しんぎかい
審議会　　심의회

心情 しんじょう

Q. 지푸라기라도 잡겠다는 心情 로 그에게 부탁했다.

Q. 저도 오랫동안 입원해봐서 답답한 心情 를 잘 압니다.

명 심정

いまのしんじょう
今の心情　　지금 심정

心中 しんじゅう

Q. 생활고로 인해 가족이 心中 한 안타까운 사건.

Q. 로미오와 줄리엣은 결국 독약으로 心中 시도를 했다.

명 동반 자살

いっかしんじゅう
一家心中　　일가 동반 자살

十字路 じゅうじろ

Q. 편의를 위해 十字路 에 대각선 횡단보도를 설치했다.

Q. 신호 없는 十字路 에서 차 사고가 잘 난다.

명 십자로

じゅうじろでうせつする
十字路で右折する　　네거리에서 우회전하다

辻褄 つじつま

Q. 그는 적어도 辻褄 분별은 할 줄 아는 사람이다.

Q. 辻褄 에 맞지 않는 무리한 요구는 들어줄 수 없다.

명 사리, 이치

つじつまがあわない
辻褄が合わない　　이치에 맞지 않다

悪 あく

Q. 할리우드의 히어로 영화는 선과 悪 의 대립이 뚜렷하다.

Q. 주인공은 悪 의 무리를 쓰러트리는 정의의 편이다.

명 악

あくにそまる
悪に染まる　　악에 물들다

楽観 らっかん

Q. 노력도 안 하면서 잘 될 거라 楽観 만 하다니 한심하다.

Q. 그는 무슨 일이든 긍정적으로 바라보는 楽観 주의자이다.

명 낙관

らっかんしゅぎ
楽観主義　　낙관주의

楽譜 がくふ

Q. 이 곡은 많이 연주해봐서 楽譜 를 보지 않아도 칠 수 있다.

Q. 아직 초보라서 楽譜 를 보면서 연주를 연습했다.

명 악보

がくふさくせい
楽譜作成　　악보 작성

Q  

悪者 わるもの

Q. 싸우던 친구가 울어서 나만 悪者 취급을 당했다.
Q. 태어날 때부터 착한 놈과 悪者 가 정해진 건 아니잖아.

명 나쁜 놈

わるものあつかい
悪者扱い　나쁜 놈 취급

眼科 がんか

Q. 안경을 맞추기 전에 시력 검사를 하러 眼科 에 갔다.
Q. 눈이 계속 가려워서 眼科 에 가서 검사를 받았다.

명 안과

がんかいいん
眼科医院　안과 의원

眼球 がんきゅう

Q. 화면을 오래 들여다봤더니 眼球 건조증이 생겼다.
Q. 너무 잘생겨서 보고 있으면 眼球 가 정화되는 것 같다.

명 안구

がんきゅうつきだし
眼球突出　안구 돌출

斡旋 あっせん

Q. 교육이 끝나면 일자리도 斡旋 해준다고 했어.
Q. 장애인의 취업을 斡旋 해주는 제도.

명 알선, 주선

ゆうしあっせん
融資斡旋　융자 알선

闇 やみ

Q. 해가 지고 사방에 闇 가 내려앉았다.
Q. 작은 손전등 하나에 의지해 闇 를 헤치며 나아갔다.

명 어둠

こころのやみ
心の闇　마음의 어둠

暗算 あんざん

Q. 계산기를 쓰지 않고 暗算 만으로 답을 계산했다.
Q. 유치원생이라도 1+1은 暗算 으로 풀 수 있겠다.

명 암산

あんざんでとく
暗算で解く　암산으로 풀다

愛想 あいそう

Q. 모르는 사람과도 금세 친해지는 愛想 있는 성격이다.
Q. 낯가림이 심한 동생과 달리 언니는 愛想 가 있다.

명 붙임성

あいそのよいひと
愛想のよい人　붙임성 있는 사람

夜更(か)し よふかし

Q. 책을 읽느라 늦게까지 夜更(か)し 해서 몹시 졸렸다.
Q. 벼락치기 공부 때문에 夜更(か)し 했더니 피곤하다.

명 밤늦게까지 자지 않음

よふかしをする
夜更かしをする　밤샘을 하다

夜更け よふけ

Q. 이런 夜更け 까지 안 자고 있다니 내일 어쩌려고 그러니?
Q. 자다가 배가 아파서 夜更け 에도 진료하는 병원을 찾았다.

명 심야, 깊은 밤

よふけのまち
夜更けの町　심야의 거리

Q　　A

夜具 やぐ

Q. 친구가 놀러 왔는데 夜具 가 하나뿐이라 같이 잤다.
Q. 아침에 일어나면 우선 夜具 를 개서 정리한다.

명 침구, 이부자리

やぐをたたむ
夜具を畳む　침구를 개다

野党 やとう

Q. 현재 정권을 잡고 있지 않은 정당을 野党 라고 한다.
Q. 여당이 이번 대통령 선거에서 패배하면서 野党 가 되었다.

명 야당

やとうとよとう
野党と与党　야당과 여당

野心 やしん

Q. 저 사람은 평소 정계로 진출하려는 野心 이 있었다.
Q. 상경할 때는 꼭 성공하겠다는 野心 에 가득 차 있었다.

명 야심, 야망

やしんか
野心家　야심가

弱 じゃく

Q. 요리를 할 때는 불의 강 弱 조절을 잘해야 한다.
Q. pH 농도가 피부와 비슷한 弱 산성 세안제를 씁니다.

명 약함

きょうじゃくちょうせつ
強弱調節　강약 조절

洋 よう

Q. 현대 사회는 한의학보다는 洋 의학이 주류이다.
Q. 세계를 둘로 나눈다면 동양과 서 洋 로 나눌 수 있겠죠.

명 양, 동·서양

せいよう
西洋　서양

* 단독으로 쓰일 때는 주로 서양을 뜻함

様相 ようそう

Q. 결정적 증인의 등장으로 재판의 様相 가 달라졌다.
Q. 보수냐 진보냐에 따라 세대 간 대결 様相 가 두드러졌다.

명 양상, 모습

けんあくなようそう
険悪な様相　험악한 양상

洋風 ようふう

Q. 오늘 아침은 빵과 베이컨을 이용해 洋風 로 차렸다.
Q. 우리나라 전통식 건축물보다 洋風 건물이 주류가 됐다.

명 서양풍, 서양식

ようふうのたてもの
洋風の建物　서양풍 건물

養護 ようご

Q. 우리 학교 養護 선생님은 예전에 간호사이셨다고 한다.
Q. 養護 선생님이 약을 먹고 잠시 쉬었다 가라고 하셨다.

명 양호

ようごきょうゆ
養護教諭　양호 교사

漁船 ぎょせん

Q. 항구에 조업을 마친 漁船 들이 줄지어 정박하고 있다.
Q. 중국 漁船 이 들어와 불법으로 조업하다 검거되었다.

명 어선

えんようぎょせん
遠洋漁船　원양 어선

語源 ごげん

Q. 맥주의 語源 은 마시다라는 뜻의 라틴어 'BIBERE'이다.

Q. 서울의 語源 은 신라의 수도 '서라벌'이라는 설이 있다.

명 어원

ごげんじてん
語源辞典 어원사전

漁村 ぎょそん

Q. 내가 태어난 곳은 바닷가의 작은 漁村 이었다.

Q. 이곳은 주민 대다수가 어업을 생업으로 하는 漁村 이다.

명 어촌

ぎょそんのせいかつ
漁村の生活 어촌의 생활

抑圧 よくあつ

Q. 독재자들은 언론을 抑圧 하고 통제하려 한다.

Q. 일본의 抑圧 에 맞서 싸운 독립운동가들.

명 억압

よくあつてきなたいど
抑圧的な態度 억압적인 태도

言付け ことづけ

Q. 보내주신 물건 감사히 잘 받았다고 言付け 를 부탁하네.

Q. 그래, 자네 아버님께 감사하다고 言付け 를 전해주게.

명 전언

ことづけをたのむ
言付けを頼む 전언을 부탁하다

業務 ぎょうむ

Q. 휴가를 다녀오니 처리해야 할 業務 가 산더미처럼 쌓였다.

Q. 감당할 수 없는 과중한 業務 에 지쳐 퇴사를 결심했다.

명 업무

ぎょうむほうこく
業務報告 업무 보고

業者 ぎょうしゃ

Q. 리모델링을 하려고 인테리어 業者 를 소개받았다.

Q. 보일러가 고장나 시공 業者 를 불러 수리했다.

명 업자

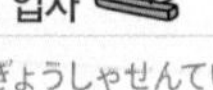

ぎょうしゃせんてい
業者選定 업자 선정

輿論 よろん

Q. 輿論 이 좋지 않자 정부는 기존의 정책을 포기했다.

Q. 인종차별 요소가 담긴 광고가 輿論 의 뭇매를 맞았다.

명 여론

よろんのはんえい
輿論の反映 여론의 반영

余地 よち

Q. 100% 내 잘못이라 변명의 余地 가 없다.

Q. 나에게는 선택의 余地 가 남아있지 않았다.

명 여지

うたがいのよち
疑いの余地 의심할 여지

余興 よきょう

Q. 망년회의 余興 로 간단한 카드 마술을 준비했다.

Q. 맛있는 음식과 함께 노래 공연 등의 余興 를 즐겼다.

명 여흥

そくせきのよきょう
即席の余興 즉석 여흥

Q　　　　　　　　　　A

逆立ち さかだち

Q. 책이 죄다 逆立ち 로 꽂혀 있어서 제목을 보기 힘들어.
Q. 逆立ち 를 서서 두 손으로 걷는 재주를 선보였다.

명 거꾸로 섬, 물구나무

ほんがさかだち
本が逆立ち　책이 거꾸로

役場 やくば

Q. 이사 후 동네 役場 에 가서 전입 신고를 했다.
Q. 지방 공무원은 役場 등에서 일한다.

명 관청, 공무소

むらやくば
村役場　면사무소

逆転 ぎゃくてん

Q. 경기 종료 직전에 골을 넣어 逆転 에 성공했다.
Q. 아까와 상황이 逆転 되어 오히려 내가 수세에 몰리고 있다.

명 역전

ぎゃくてんしょうり
逆転勝利　역전 승리

役職[1] やくしょく

Q. 대통령이 부재중일 때는 국무총리가 그 役職 를 대행한다.
Q. 저 직원은 맡은 役職 에 충실한 사람이야.

명 직무

やくしょくてあて
役職手当　직무수당

役職[2] やくしょく

Q. 이번 인사에서 부장으로 승진하면서 役職 가 되었다.
Q. 회사에서는 보통 부장급 이상이 役職 다.

명 관리직

やくしょくをしりぞく
役職を退く　관리직에서 물러나다

鉛 なまり

Q. 베토벤의 사인은 鉛 중독으로 밝혀졌다.
Q. 인두로 鉛 땜질을 해 부품을 기판에 단단히 고정했다.

명 납

なまりちゅうどく
鉛中毒　납중독

縁側 えんがわ

Q. 시골집에 내려가 縁側 에 앉아 수박을 먹었다.
Q. 한옥에서 縁側 는 통로이자 휴식 공간이기도 했다.

명 툇마루

えんがわにこしをかける
縁側に腰を掛ける　툇마루에 걸터앉다

延べ のべ

Q. 세 명이 이틀 걸려 해냈으니 延べ 여섯 명 분의 일이다.
Q. 그 감독은 첫 영화에서 延べ 100만의 관객을 동원했다.

명 총계

のべごひゃくにん
延べ500人　총 500명

* 중복된 것도 포함하여 계산하는 방식

縁談 えんだん

Q. 결혼할 나이가 되니 여기저기서 縁談 이 들어왔다.
Q. 양가에서 縁談 이 오가던 중 갑작스럽게 헤어졌다.

명 혼담

えんだんがまとまる
縁談が纏まる　혼담이 성사되다

Q — A

沿線 えんせん

Q. 도시를 벗어나자 철도 沿線 으로 논밭이 끝없이 펼쳐졌다.
Q. 기차가 부산에 근접하니 沿線 에 바다가 보이기 시작했다.

명 연선

てつどうえんせん
鉄道沿線 철도 연선

* 선로를 따라서 있는 땅이나 그 일대를 뜻함

燃焼 ねんしょう

Q. 수영은 지방 燃焼 에 효과적인 운동이다.
Q. 불은 창고를 깡그리 燃焼 시킨 다음에야 꺼졌다.

명 연소, 불에 탐

かんぜんねんしょう
完全燃焼 완전 연소

演芸 えんげい

Q. 흥이 넘치는 아이니까 演芸 방면으로 나갈지도 몰라.
Q. 교양 프로그램만 맡다가 첫 演芸 오락 프로그램을 맡았다.

명 연예

えんげいかい
演芸界 연예계

演出 えんしゅつ

Q. 스모키 화장으로 시크한 이미지를 演出 했다.
Q. 배우의 연기와 감독의 演出 그리고 음악까지 완벽했다.

명 연출

ぶたいえんしゅつ
舞台演出 무대연출

閲覧 えつらん

Q. 도서관의 조용한 閲覧 실에서 책을 보며 하루를 보냈다.
Q. 공공도서관은 누구나 도서 閲覧 및 대출이 가능하다.

명 열람

えつらんしつ
閲覧室 열람실

熱量 ねつりょう

Q. 熱量 의 단위는 칼로리이며 cal이라고 표기한다.
Q. 다이어트 중이라 일일이 熱量 를 계산해서 먹는다.

명 열량

ねつりょうけいさん
熱量計算 열량 계산

熱湯 ねっとう

Q. 냄비에 물을 끓여 아이의 젖병을 熱湯 소독했다.
Q. 熱湯 를 붓다가 손을 데어 빨갛게 부었다.

명 열탕, 끓는 물

ねっとうしょうどく
熱湯消毒 열탕 소독

映写 えいしゃ

Q. 보통 영화에서는 1초에 24장의 프레임이 映写 된다.
Q. 연속적으로 映写 된 그림은 움직이는 것처럼 보입니다.

명 영사[영화 등을 상영함]

えいしゃき
映写機 영사기

英字 えいじ

Q. 힘들게 배운 영어를 잊지 않기 위해 英字 신문을 읽는다.
Q. 영어를 표기하는 英字 를 알파벳이라고 한다.

명 영자, 영문자

えいじしんぶん
英字新聞 영어신문

Q

A

預金 よきん

Q. 아이를 은행에 데려가 預金 계좌를 개설해주었다.
Q. 정기 預金 이자가 가장 높은 은행은 어디일까?

명 예금

よきんつうちょう
預金通帳 예금통장

汚れ よごれ

Q. 이 세제는 옷감의 손상 없이 汚れ 만 감쪽같이 빼줍니다.
Q. 연말에는 1년간 묵은 汚れ 를 벗기는 대청소를 한다.

명 더러움, 때

ふくのよごれ
服の汚れ 옷의 때

誤差 ごさ

Q. 두 후보는 誤差 범위 내에서 치열하게 접전 중이다.
Q. 한 치의 誤差 도 없이 완벽하게 일을 해냈다.

명 오차

そくていごさ
測定誤差 절대오차

頑丈 がんじょう

Q. 이 가방은 보기보다 頑丈 라서 막 던져도 멀쩡해.
Q. 식탁이 아주 頑丈 라서 오래 쓸 수 있을 것 같다.

명 튼튼함, 단단함

がんじょうなからだ
頑丈な体 단단한 신체

往診 おうしん

Q. 의사는 往診 가방에 청진기를 챙겨 넣으며 일어섰다.
Q. 의사는 거동을 못 하는 환자들의 집에 往診 을 가기도 해.

명 왕진

おうしんりょう
往診料 왕진료

外観 がいかん

Q. 그의 外観 은 아름답지만, 마음씨는 누구보다 추악하다.
Q. 오래되어 外観 은 낡았지만 안은 리모델링 해서 깨끗하다.

명 외관

がいかんけんさ
外観検査 외관검사

外来 がいらい

Q. 생태계를 파괴하는 外来 어종 퇴치 낚시 대회가 열렸다.
Q. 통원 치료를 받는 환자를 外来 환자라고 한다.

명 외래

がいらいしんりょう
外来診療 외래 진료

外方 そっぽ

Q. 아이는 화가 났는지 눈을 맞추지 않고 外方 만 보았다.
Q. 이쪽을 바라보다가 눈이 마주치니 고개를 外方 로 돌렸다.

명 다른 쪽

そっぽをむく
外方を向く 외면하다

外相 がいしょう

Q. 우리나라 외교부 장관과 일본 外相 가 만나 회담을 했다.
Q. 모스크바 3상 회의에는 3국의 外相 가 모여 회의를 했다.

명 외무장관, 외상

がいしょうかいぎ
外相会議 외무장관 회의

Q 

外貨 がいか

Q. 우리나라는 지난해 수출이 늘어 많은 外貨 를 벌어들였다.

Q. 환율이 떨어졌을 때 미리 外貨 를 사두기로 했다.

명 외화[외국의 화폐]

がいかよきん
外貨預金 외화 예금

要望 ようぼう

Q. 주민들의 要望 로 지하철역에 에스컬레이터를 설치했다.

Q. 시민의 要望 에 부응하여 편의시설을 늘려나가겠습니다.

명 요망

ようぼうじこう
要望事項 요망 사항

欲望 よくぼう

Q. 성공하겠다는 欲望 에 사로잡혀 이기적인 선택을 했다.

Q. 돈에 대한 欲望 를 충족시키기 위해 사기를 치는 사람.

명 욕망

よくぼうにちゅうじつ
欲望に忠実 욕망에 충실

用法 ようほう

Q. 복용 전 반드시 첨부된 用法 설명서를 읽어보세요.

Q. 약은 用法 와 용량을 잘 지켜서 사용해야 한다.

명 용법

ようほうようりょう
用法用量 용법 용량

溶液 ようえき

Q. 용매로 물을 사용한 溶液 를 수용액이라고 한다.

Q. 렌즈를 溶液 로 세척 후 담가서 보관한다.

명 용액

ようえきののうど
溶液の濃度 용액의 농도

優 ゆう

Q. 수학은 공부하지 않아도 항상 수나 優 를 받았다.

Q. 성적표에는 수 優 미양가가 골고루 찍혀 있었다.

명 우

ゆうしゅう
優秀 우수

★ 좋은 성적을 나타내는 말

雨具 あまぐ

Q. 폭풍우 때문에 우산, 우비, 부츠 등의 雨具 를 챙겼다.

Q. 우산은 가장 흔하게 쓰이는 雨具 이다.

명 우구

あまぐのようい
雨具の用意 우구 준비

★ 비를 막는 물건의 총칭

雨気 あまけ

Q. 하늘이 어둑한 게 雨気 가 있으니 우산을 챙겨가렴.

Q. 구름이 雨気 를 머금고 있는 걸 보니 비가 내릴 것 같다.

명 비가 올 듯한 기미

あまけをふくんだくも
雨気を含んだ雲 비 기운을 머금은 구름

優越 ゆうえつ

Q. 백인 優越 주의에 사로잡혀 유색인종을 배척했다.

Q. 신체조건은 우리 팀이 優越 했지만, 실력은 부족하다.

명 우월 

ゆうえつかん
優越感 우월감

Q

A

優位 ゆうい

Q. 분명히 실력은 우리 팀이 優位 였는데 경기에서 패배했다.

Q. 다른 건 몰라도 바둑 실력은 내가 그보다 優位 에 있다.

명 우위

ゆういにたつ
優位に立つ　우위에 서다

雨天 うてん

Q. 야외 경기는 雨天 시 취소될 수 있습니다.

Q. 여행지에서 雨天 시 가볼 만한 실내 관광지 추천.

명 우천

うてんのためちゅうし
雨天のため中止　우천으로 인해 중지

愚痴 ぐち

Q. 답답한 마음에 친구에게 愚痴 를 늘어놓았다.

Q. 우울하니까 자꾸 남에게 愚痴 만 늘어놓게 된다.

명 푸념

ぐちをこぼす
愚痴を零す　푸념을 늘어놓다

友好 ゆうこう

Q. 양국은 友好 관계를 맺고 상호 교류를 이어갔다.

Q. 임시정부 100주년 한중 友好 음악회가 개최되었다.

명 우호

ゆうこうかんけい
友好関係　우호 관계

芸 げい

Q. 기생들은 가무는 물론 시나 서화 등의 여러 芸 를 익혔다.

Q. 서커스단이 芸 를 선보일 때마다 관중들이 환호했다.

명 기예, 곡예

きょくげい
曲芸　곡예

運搬 うんぱん

Q. 방학을 이용해 이삿짐 運搬 아르바이트를 했다.

Q. 깨지기 쉬운 물건이니 運搬 할 때 주의해주십시오.

명 운반

うんぱんけいろ
運搬経路　운반 경로

運輸 うんゆ

Q. 화물 및 여객을 수송하는 運輸 사업을 하고 있다.

Q. 運輸 사업은 위치에 따라 육상, 해상, 항공으로 분류된다.

명 운수

うんゆぎょう
運輸業　운수업

運用 うんよう

Q. 3d 프린터 運用 기술사 자격증을 따려고 공부 중이야.

Q. 고령화 사회인 만큼 노후 자금 運用 에 신중해야 한다.

명 운용

うんようほうほう
運用方法　운용 방법

云云 うんぬん

Q. 남의 과거에 대해 함부로 云云 하지 말아라.

Q. 민심이 좋지 않으니 선거 云云 할 때가 아닙니다.

명 운운

うんぬんする
云云する　운운하다

Q  

原っぱ はらっぱ

Q. 몇 년째 텅 빈 原っぱ 였던 곳을 사서 건물을 올렸다.
Q. 철물점 뒤쪽 原っぱ 에 못 쓰는 고철이 굴러다니고 있다.

명 빈터, 공터

はらっぱであそぶ
原っぱで遊ぶ 공터에서 놀다

遠距離 えんきょり

Q. 우리는 멀리 떨어져 살면서 遠距離 연애를 했다.
Q. 너무 오래 걸리는 遠距離 통학에 지쳐 자취를 결심했다.

명 원거리

えんきょりれんあい
遠距離恋愛 원거리 연애

元年 がんねん

Q. 1419년은 세종대왕이 즉위해 연호를 사용한 元年 이다.
Q. 방송 시작 때부터 함께했던 元年 멤버가 한자리에 모였다.

명 출발점이 되는 첫해

れいわがんねん
令和元年 레이와 원년

原文 げんぶん

Q. 자연스러운 의역보다 原文 에 충실한 번역을 원합니다.
Q. 번역문과 原文 의 뜻이 너무 달라서 당황스러웠다.

명 원문

げんぶんのにゅあんす
原文のニュアンス 원문의 뉘앙스

遠方 えんぽう

Q. 아이에게는 한 시간 거리도 遠方 로 느껴졌을 것이다.
Q. 가까운 곳에 있는 이웃이 遠方 에 있는 친척보다 낫다.

명 먼 곳

えんぽうからきたきゃく
遠方からきた客 먼 곳에서 온 손님

原書 げんしょ

Q. 대학에서 독일 소설의 原書 를 보면서 독일어를 공부했다.
Q. 외국어 原書 를 읽지 못하는 사람들을 위한 번역 출판.

명 원서

げんしょこうどく
原書講読 원서 강독

★ 특히 서양 책을 가리킴

願書 がんしょ

Q. 지원하는 대학의 입학 願書 교부와 접수가 시작되었다.
Q. 입학 願書 는 방문 또는 우편 등기를 통해 제출해주세요.

명 원서

がんしょうけつけ
願書受付 원서 접수

★ 특히 입학 원서를 가리킴

元首 げんしゅ

Q. 군주국의 국가 元首 는 국왕이다.
Q. 대통령, 총리, 국왕 등은 나라를 다스리는 元首 다.

명 원수

こっかげんしゅ
国家元首 국가원수

★ 국가의 최고 통치권을 가진 사람을 뜻함

元素 げんそ

Q. 기원전 철학자들이 주장한 4대 元素 공기, 물, 불, 흙.
Q. 과학 수업 시간에 元素 주기율표를 암기했다.

명 원소

どういげんそ
同位元素 동위원소

Q

A

原作 げんさく

Q. 이 연극의 原作 는 인기 웹툰이다.

Q. 영화와 原作 소설의 내용이 너무 달라 팬들이 실망했다.

명 원작

げんさくしょうせつ
原作小説 원작 소설

原典 げんてん

Q. 번역본이 아닌 原典 을 읽고 싶어 외국어 공부를 했다.

Q. 原典 의 한 구절을 인용해 현대식으로 옮긴 것입니다.

명 원전, 원서

げんてんからのいんよう
原典からの引用 원전에서의 인용

原点 げんてん

Q. 수사를 原点 에서부터 다시 시작하기로 했다.

Q. 1대1이 되면서 승부는 다시 原点 으로 돌아갔다.

명 원점

げんてんにもどる
原点に戻る 원점에 돌아가다

原爆 げんばく

Q. 1945년 미국은 히로시마에 原爆 를 투하했다.

Q. 原爆 가 폭발하는 순간에는 버섯 모양 구름이 관찰된다.

명 원자폭탄

げんばくとうか
原爆投下 원폭 투하

原形 げんけい

Q. 놀랍게도 무덤 안은 原形 그대로 잘 보존되어 있었다.

Q. 제품의 原型 자료가 유출되어 똑같이 만든 짝퉁이 나왔다.

명 원형, 본모습

げんけいをたもつ
原形を保つ 원형을 유지하다

* **표기 차이** 原型: 어떤 완제품의 바탕이 되는 형태

月賦 げっぷ

Q. 12개월 月賦 로 컴퓨터를 샀다.

Q. 3개월 月賦 는 무이자가 가능합니다.

명 월부, 할부

げっぷはんばい
月賦販売 월부 판매

月謝 げっしゃ

Q. 매달 30만 원의 月謝 를 내며 영어를 배웠다.

Q. 한 달에 몇 번 수업을 받느냐에 따라 月謝 금액이 달라.

명 월사금[다달이 내는 수업료] 

げっしゃをはらう
月謝を払う 월사금을 내다

威力 いりょく

Q. 핵폭탄의 엄청난 威力 에 모두가 경악했다.

Q. 사람들은 법보다 돈의 威力 가 세다고 생각한다.

명 위력

いりょくきょうか
威力強化 위력 강화

偽物 にせもの

Q. 이 가방은 진품처럼 보이지만 사실은 偽物 입니다.

Q. 그가 면허를 위조한 偽物 의사라는 게 밝혀졌다.

명 가짜

ほんものとにせもの
本物と偽物 진품과 가짜

Q  

偉人 いじん

Q. 세종대왕과 이순신은 누구나 다 아는 偉人 이다.

Q. 세종대왕의 偉人 전을 읽고 독후감을 쓰는 숙제.

명 위인

いじんでん
偉人伝 위인전

委託 いたく

Q. 여행 중에 강아지를 委託 할 만한 곳을 알아보는 중이야.

Q. 온라인 샵에 委託 판매를 하고 물품 배송만 하기로 계약.

명 위탁

いたくけいやくしょ
委託契約書 위탁 계약서

危害 きがい

Q. 뉴트리아는 생태계에 危害 를 가하는 생태계 교란종이다.

Q. 피해자에게 危害 를 가할 우려가 있어 구속 수사 중이다.

명 위해

きがいぼうし
危害防止 위해 방지

乳 ちち

Q. 아기가 어머니의 乳 를 빨고 있다.

Q. 버터와 치즈는 소의 乳 를 가공해서 만든다.

명 젖

ちちをすう
乳を吸う 젖을 빨다

有(り)様 ありさま

Q. 사고 현장의 끔찍한 有(り)様 에 모두 충격을 받았다.

Q. 한 때 천하를 호령한 내가 이런 한심한 有(り)様 라니!

명 모양, 상태

このありさまだ
この有り様だ 이 꼴이다

* 좋지 않은 상태일 때 쓰이는 경향 있음

有機 ゆうき

Q. 아이들에게는 안전한 有機 농 제품만 먹여요.

Q. 무기화합물과 有機 화합물의 차이는 탄소의 유무이다.

명 유기[생명력을 가짐]

ゆうきぶつ
有機物 유기물

油絵 あぶらえ

Q. 油絵 물감은 물이 아닌 기름에 개어서 사용한다.

Q. 수채화와 달리 油絵 는 건조가 느려서 건조제를 사용한다.

명 유화

あぶらえがか
油絵画家 유화 화가

* 그림의 한 종류

育成 いくせい

Q. 그는 평생을 아동문학가의 발굴 및 育成 에 힘썼다.

Q. 정부는 중소기업을 育成 하기 위해 자금 지원을 확대했다.

명 육성

いくせいけいかく
育成計画 육성계획

肉親 にくしん

Q. 그는 肉親 의 생존조차 확인할 수 없는 천애 고아였다.

Q. 집을 나왔지만 肉親 에 대한 정이 사라진 건 아니었다.

명 육친

にくしんのじょう
肉親の情 육친의 정

Q | A

融通 ゆうずう

Q. 그는 어떻게든 자금 融通 를 해보겠다며 돌아다녔다.
Q. 역시 融通 성 있는 친구라니까! 이래야 말이 통하지!

명 융통

かねをゆうずうする
金を融通する　돈을 융통하다

隠居 いんきょ

Q. 그는 관직도 거절하고 산속에 들어가 隠居 생활을 했다.
Q. 그는 고향에 隠居 하며 세상에 다시 나설 때를 기다렸다.

명 은거

いんきょせいかつ
隠居生活　은거 생활

乙 おつ

Q. 십간은 갑 乙 병정 무기 경신 임계이다.
Q. 그에게 돈을 빌리면서 갑과 乙 의 관계가 형성되었다.

명 을

こうはおつに
甲は乙に　갑은 을에게

* 갑으로 시작하는 순위에서 제2위를 뜻함

吟味 ぎんみ

Q. 그녀는 차를 한 모금 마시고 吟味 하듯 눈을 감았다.
Q. 가끔 혼자 수목원에 가서 자연을 吟味 하곤 한다.

명 음미

さくひんをぎんみする
作品を吟味する　작품을 음미하다

音色 ねいろ

Q. 악기의 音色 차이로 인해 같은 곡이라도 느낌이 다르다.
Q. 그녀의 허스키한 音色 에 매력을 느끼는 사람들이 많다.

명 음색

てんしのようなねいろ
天使のような音色　천사 같은 음색

応急 おうきゅう

Q. 아이가 화상을 입어 応急 처치를 하고 119에 신고했다.
Q. 応急 환자를 태운 구급차가 사이렌을 울리며 달렸다.

명 응급

おうきゅうしょち
応急処置　응급처치

議決 ぎけつ

Q. 의안은 참석자의 과반수가 찬성해야 議決 된다.
Q. 헌법은 국회의 議決 를 거친 후 투표를 통해 개정된다.

명 의결

ぎけつきかん
議決機関　의결 기관

義理 ぎり

Q. 저 혼자 살겠다고 도망치다니 義理 없는 놈 같으니!
Q. 내가 힘들 때 물심양면으로 도와준 義理 있는 친구다.

명 의리

ぎりちょこ
義理チョコ　의리로 주는 초콜릿

議事堂 ぎじどう

Q. 9호선에는 국회 議事堂 역이 있다.
Q. 여의도 국회 議事堂 앞에서 1인 시위가 있었다.

명 의사당

こっかいぎじどう
国会議事堂　국회의사당

Q

議案 ぎあん

Q. 예산안을 비롯한 각종 議案 에 대해 논의했다.
Q. 시의회는 27건의 議案 을 전부 가결, 채택했다.

명 의안[회의에서 심사할 원안]

ぎあんのしんぎ
議案の審議 의안 심의

医院 いいん

Q. 집 근처에 개인이 운영하는 내과 医院 이 있다.
Q. 보통 병원보다 규모가 작은 곳을 医院 이라고 한다.

명 의원

ないかいいん
内科医院 내과의원

意地 いじ

Q. 그는 끝까지 자기 말이 옳다며 意地 를 부렸다.
Q. 아이가 자랄수록 意地 도 세지고 말도 잘 듣지 않는다.

명 고집

いじをはる
意地を張る 고집을 부리다

異 い

Q. 異 의 있습니다! 증인은 지금 거짓말을 하고 있습니다!
Q. 사춘기잖아. 異 성에게 관심을 가질 때도 됐지.

명 다름

いせい
異性 이성

異見 いけん

Q. 노조와 회사는 異見 을 좁히지 못했고 협상은 결렬되었다.
Q. 저도 그의 의견에 異見 이 없습니다.

명 이견

いけんがあるほう
異見がある方 이견이 있으신 분

異動 いどう

Q. 연말에 회사에서 대대적인 인사 異動 가 있을 예정이다.
Q. 이번에 총무과로 부서 異動 를 하게 되었다.

명 (직위, 근무처의) 이동

じんじいどう
人事異動 인사이동

異論 いろん

Q. 그의 말이 옳다는 것에는 모두 異論 이 없었다.
Q. 이 문제에 대해선 전문가들 사이에도 異論 이 분분하다.

명 이론

いろんをとなえる
異論を唱える 이론을 제기하다

異性 いせい

Q. 그냥 친구야. 異性 로 느껴지지 않는데 어떻게 연애를 해?
Q. 사춘기가 되어 서서히 異性 에 대한 호기심이 생겼다.

명 이성

いせいかんのこうさい
異性間の交際 이성 간의 교제

異議 いぎ

Q. 위원회의 결정에 납득할 수 없어 異議 를 제기했다.
Q. 재판장님, 異議 있습니다!

명 이의

いぎあり
異議あり 이의 있음

Q A

移行 いこう

Q. 고대로부터 중세로 移行 하는 시대라고 볼 수 있겠군요.
Q. 아날로그 방송이 종료되고 디지털 방송으로 移行 되었다.

명 이행

いこうそち
移行措置 이행 조치

人柄 ひとがら

Q. 저 사람은 人柄 가 좋아서 남 욕을 하고 다닐 리가 없어.
Q. 능력도 있는데 人柄 까지 좋으니 따르는 사람이 많다.

명 인품

ひとがらがいい
人柄がいい 인품이 좋다

人け ひとけ

Q. 집에 아무도 없는지 人け 가 느껴지지 않았다.
Q. 人け 없는 골목을 혼자 걸어가려니 조금 무서웠다.

명 인기척

ひとけがない
人けがない 인기척이 없다

印鑑 いんかん

Q. 여기에 印鑑 을 찍거나 사인을 해주세요.
Q. 통장 만들 때 쓴 印鑑 을 어디에 두었는지 기억이 안 나.

명 인감, 도장

いんかんしょうめい
印鑑証明 인감 증명

人格 じんかく

Q. 어쩜 그리 순식간에 돌변하는지, 이중 人格 인줄 알았네.
Q. 그 사람이 쓰는 말은 그 사람의 人格 를 나타낸다.

명 인격

じんかくけいせい
人格形成 인격 형성

人目 ひとめ

Q. 그는 人目 를 너무 신경 써서 자신의 의견은 내지 않는다.
Q. 부모님은 人目 가 의식되는지 화를 내지 않고 참으셨다.

명 남의 눈

ひとめにつく
人目に付く 남의 눈에 띄다

人民 じんみん

Q. 북한의 명칭은 조선 민주주의 人民 공화국이다.
Q. 사회주의 국가에선 국민 대신 人民 이란 말을 쓴다.

명 인민, 백성

じんみんきょうわこく
人民共和国 인민공화국

人影 ひとかげ

Q. 공포 영화를 보는데 창밖에 人影 가 어른거려서 기겁했다.
Q. 어둠 속에 숨는 사람의 人影 가 언뜻 보였다.

명 인영

ひとかげがうつる
人影が写る 사람 그림자가 비치다

* 사람의 모습·그림자를 뜻함

人体 じんたい

Q. 아기용품은 人体 에 무해한 성분으로 만든다.
Q. 과학실에 있는 人体 모형을 볼 때마다 괜히 무서웠다.

명 인체

じんたいもけい
人体模型 인체 모형

Q A 

人材 じんざい

Q. 조선 시대 과거시험은 人材 를 등용하는 관문이었다.
Q. 나 같은 人材 를 못 알아보고 탈락시키다니!

명 인재

じんざいはけん
人材派遣 인재 파견

人情 にんじょう

Q. 저쪽이 그렇게 나온다면 우리도 人情 사정 볼 필요 없지.
Q. 모금 현장에는 이재민을 돕는 人情 의 손길이 이어졌다.

명 인정

にんじょうみあふれるひと
人情味溢れる人 인정미 넘치는 사람

日ごろ ひごろ

Q. 큰맘 먹고 日ごろ 가보고 싶었던 유럽 여행을 계획했다.
Q. 수요일 아침도 日ごろ 와 마찬가지로 출근을 한다.

명 평소

ひごろのおこない
日ごろの行い 평소의 행동

日の丸 ひのまる

Q. 태양을 뜻하는 둥근 원이 그려진 일장기가 日の丸 다.
Q. 日の丸 를 국기로 정식 채택한 것은 99년 8월 9일이다.

명 태양을 본뜬 붉은 동그라미

ひのまるべんとう
日の丸弁当 매실장아찌를 박은 도시락밥

一見 いっけん

Q. 백문이 불여 一見 이라는 말도 있으니 직접 한번 봐라.
Q. 두 질환은 一見 비슷해 보이지만 큰 차이가 있다.

명 일견, 언뜻 봄

ひゃくぶんはいっけんにしかず
百聞は一見に如かず 백문이 불여일견

一頃 ひところ

Q. 이 동네도 一頃 에는 대단한 번화가였는데.
Q. 그도 一頃 에는 최고의 인기를 누리던 스타였다.

명 한때

ひところはやったうた
一頃流行った歌 한때 유행했던 노래

一括 いっかつ

Q. 개당 만 원에 10개 팝니다. 一括 로 사시면 깎아드려요.
Q. 여러 개 一括 배송하면 배송비는 한 번만 내도 되는 거죠?

명 일괄

いっかつばらい
一括払い 일괄 결제

一筋 ひとすじ

Q. 당신이 마지막 남은 一筋 의 희망입니다. 도와주세요!
Q. 네 갈래로 흐르던 강은 이곳에서 모여 一筋 가 되었다.

명 한 줄기

ひとすじのけむり
一筋の煙 한 줄기의 연기

一気 いっき

Q. 목이 말라서 물 한 컵을 一気 에 들이켰다.
Q. 마침 사람도 많으니까 一気 에 정리해버립시다.

명 단숨

いっきのみ
一気飲み 원샷

Q — **A**

一段 いちだん

Q. 가위바위보를 해서 이기면 계단을 一段 올라가는 거야.

Q. 흰 띠에서 一段 승급해 노란띠가 되었다.

명 한 계단, 한 단계

いちだんじょう
一段上 — 한 계단(단계) 위

一帯 いったい

Q. 듣자 하니 이 一帯 의 땅이 모두 그 대감의 것이라고 했다.

Q. 차가 갑자기 몰리면서 一帯 의 교통이 혼잡해졌다.

명 일대

そのふきんいったい
その付近一帯 — 그 부근 일대

一同 いちどう

Q. 그는 전교생 一同 를 대표해서 앞으로 나가 선서를 했다.

Q. 돌아가신 분들에 대한 묵념이 있겠습니다. 一同 묵념!

명 일동

いちどうちゅうもく
一同注目 — 일동 주목

一等 いっとう

Q. 우리 반 반장이 이번 중간고사에서 전교 一等 를 했다.

Q. 결승전에서 패배해 안타깝게 一等 를 놓치고 2등을 했다.

명 일등

いっとうせき
一等席 — 일등석

一連 いちれん

Q. 경찰은 一連 의 사건들이 동일범의 소행이라고 보았다.

Q. 기기를 등록하시려면 뒷면의 一連 번호를 입력하십시오.

명 일련

いちれんのながれ
一連の流れ — 일련의 흐름

一律 いちりつ

Q. 대인 소인 상관없이 一律 적으로 요금 5,000원.

Q. 패션에 개성이 없고 다 천편 一律 야.

명 일률

いちりつなりょうきん
一律な料金 — 일률적인 요금

一面 いちめん

Q. 이번 일로 그가 가진 의외의 一面 을 볼 수 있었다.

Q. 사회의 어두운 一面 을 가감 없이 들춰낸 신문 기사.

명 일면

いがいないちめん
意外な一面 — 의외의 일면

一目 いちもく

Q. 단어장을 一目 했을 뿐인데 단숨에 다 외웠다.

Q. 요점을 一目 요연하게 알 수 있을 만큼 잘 정리된 참고서.

명 슬쩍 봄, 한번 봄

いちもくりょうぜん
一目瞭然 — 일목요연

一変 いっぺん

Q. 형세가 一変 해서 이번에는 우리가 유리한 상황이 되었다.

Q. 아버지의 성함을 듣더니 태도가 一変 해 연신 굽신거렸다.

명 일변

たいどがいっぺんする
態度が一変する — 태도가 일변하다

一別 いちべつ

Q. 그와 나는 一別 했다가 다시 만나 사귀고 있다.
Q. 그녀와는 10년 전 一別 한 이후 만나지 못했다.

명 한번 헤어짐

いちべついらい
一別以来 헤어진 이래

一部分 いちぶぶん

Q. 사람의 一部分 만 보고서는 그 사람을 판단할 수 없다.
Q. 나는 월급의 一部分 을 떼어 꼬박꼬박 저축했다.

명 일부분

ぜんたいのいちぶぶん
全体の一部分 전체의 일부분

日焼け ひやけ

Q. 피부가 日焼け 하는 게 싫어서 사계절 선크림을 바른다.
Q. 내 피부는 조금만 햇볕을 쬐어도 日焼け 를 해서 쓰리다.

명 햇볕에 탐

ひやけどめ
日焼け止め 선크림

一息 ひといき

Q. 너무 힘들어. 이쯤에서 一息 쉬었다 가자.
Q. 그 긴 계단을 一息 에 뛰어 올라갔다.

명 한 호흡, 단숨

ひといきにのぼる
一息に登る 단숨에 오르다

一心 いっしん

Q. 부부는 一心 동체라는 말도 있잖아요.
Q. 우리는 어머니가 빨리 나으시길 一心 으로 기도했다.

명 일심

いっしんどうたい
一心同体 일심동체

日夜 にちや

Q. 한 달 뒤의 수능을 대비해 日夜 도 없이 공부에 매진했다.
Q. 우리 회사는 日夜 2교대로 일을 합니다.

명 주야

にちやどりょくする
日夜努力する 밤낮으로 노력하다

一切 いっさい

Q. 이번 일의 비용 一切 는 이쪽에서 부담하겠습니다.
Q. 이번 일에 대해서는 너에게 一切 의 책임도 묻지 않겠다.

명 일체

いっさいのせきにん
一切の責任 일체의 책임

日取(り) ひどり

Q. 양가 부모님께 말씀드린 뒤 결혼식 日取(り) 를 잡았다.
Q. 함께 휴가를 내야 하니까 어서 여행 日取(り) 를 정하자.

명 날짜

けっこんしきのひどり
結婚式の日取り 결혼식 날짜

日向 ひなた

Q. 음지에서 日向 로 나아가다.
Q. 日向 에서 말려야 잘 말라요. 바람도 불면 더 좋고요.

명 양지

かげとひなた
陰と日向 음지와 양지

Q　A

入賞 にゅうしょう

Q. 미술 대회에서 장려상에 入賞 했다.
Q. 여러 대회에서 상을 받은 入賞 경력을 자랑한다.

명 입상

にゅうしょうさくひん
入賞作品　입상 작품

入手 にゅうしゅ

Q. 경찰은 유력한 정보를 入手 해서 수사에 나섰다.
Q. 현재 불법 마약의 入手 루트를 조사 중입니다.

명 입수

にゅうしゅけいろ
入手経路　입수 경로

雌 めす

Q. 동물에는 수컷과 雌 가 있다.
Q. 사마귀는 짝짓기 후 雌 가 수컷을 잡아먹는다.

명 동물의 암컷

めすとおす
雌と雄　암컷과 수컷

磁気 じき

Q. 磁気 부상 열차는 자석의 힘으로 선로 위를 떠서 달린다.
Q. 나침반 바늘이 북쪽을 가리키는 건 지구의 磁気 장 때문.

명 자기

じきふじょう
磁気浮上　자기 부상

* 자석이 갖는 작용이나 성질을 뜻함

自立 じりつ

Q. 대학을 졸업하자마자 부모님 집을 나와 自立 를 했다.
Q. 자취를 하긴 하지만, 경제적으로 自立 하지는 못했다.

명 자립

じりつしえん
自立支援　자립 지원

字体 じたい

Q. 손글씨로 쓴 것 같은 字体 를 필기체라고 한다.
Q. 돋움체, 굴림체 등 여러 가지 字体 가 있다.

명 자체, 서체

きゅうじたい
旧字体　구자체

刺繍 ししゅう

Q. 손수건에 刺繍 로 내 이름을 새겼다.
Q. 임금은 금실로 용의 刺繍 를 놓은 곤룡포를 입었다.

명 자수, 수놓음

ふらんすししゅう
フランス刺繍　프랑스 자수

自首 じしゅ

Q. 범인은 自首 를 결심하고 경찰서로 향했다.
Q. 지각한 녀석들! 自首 하여 광명 찾자.

명 자수

はんにんのじしゅ
犯人の自首　범인의 자수

* 범죄사실을 스스로 신고한다는 뜻

自在 じざい

Q. 외국어를 자유 自在 로 구사하려면 얼마나 공부해야 해?
Q. 축구선수가 축구공을 自在 로 다루는 묘기를 선보였다.

명 자재

じゆうじざい
自由自在　자유자재

自転 じてん

Q. 지구의 自転 으로 낮과 밤이, 공전으로 계절이 생긴다.
Q. 지구는 북극과 남극을 연결한 축을 중심으로 自転 한다.

명 자전[저절로 돌아감]

じてんしゅうき
自転周期 자전 주기

自助 じじょ

Q. 스스로 自助 할 수 있도록 돕는 복지정책.
Q. 그녀는 남에게 기대지 않으려는 自助 정신이 강하다.

명 자조

じじょせいしん
自助精神 자조 정신

★ '스스로 돕다'라는 뜻

自尊心 じそんしん

Q. 지금은 自尊心 을 버리고 고개를 숙여야 할 때다.
Q. 대놓고 무시하는 그 행동이 내 自尊心 에 상처를 입혔다.

명 자존심

じそんしんのつよいじょせい
自尊心の強い女性 자존감이 강한 여성

自主 じしゅ

Q. 독립 운동가들은 우리나라의 自主 독립을 위해 노력했다.
Q. 우리 땅은 우리가 지킨다는 것이 自主 국방의 정신이다.

명 자주[스스로 처리함]

じしゅどくりつ
自主独立 자주독립

作 さく

Q. 이 그림은 1813년 作 다.
Q. 생각하는 사람은 로댕의 作 다.

명 작, 작품

ろだんのさく
ロダンの作 로댕의 작품

作り つくり

Q. 이건 어머니가 직접 作り 를 해주신 목도리야.
Q. 오븐 없이 디저트 作り 하는 방법을 인터넷에서 찾아봤어.

명 만듦

つくりかた
作り方 만드는 방법

作用 さよう

Q. 자연은 자정 作用 를 통해 스스로 오염을 정화한다.
Q. 콩나물에는 알코올 해독 作用 를 돕는 성분이 들어있다.

명 작용

ふくさよう
副作用 부작용

残金 ざんきん

Q. 나머지 残金 은 이사하는 날 치르기로 했다.
Q. 저번 달 카드값을 내고 나니 통장에 残金 이 얼마 없었다.

명 잔금

ざんきんせいきゅうしょ
残金請求書 잔금 청구서

潜水 せんすい

Q. 물속에 潜水 해서 배의 밑바닥을 수리했다.
Q. 해녀들은 산소통 없이 潜水 해서 해산물을 딴다.

명 잠수

せんすいふ
潜水夫 잠수부

Q — A

潜入 せんにゅう

Q. 우리 회사에 스파이가 潜入 했다는 소문이 돌았다.
Q. 어둠을 틈 다 적진에 潜入 해서 주요 시설물을 촬영했다.

명 잠입

せんにゅうちょうさ
潜入調査 잠입 조사

雑記 ざっき

Q. 주변에서 일어나는 일을 적은 신변 雑記 식 수필이다.
Q. 여러 가지 일을 두서없이 적은 雑記 노트.

명 잡기[여러 가지 일을 적음]

しんぺんざっき
身辺雑記 신변잡기

雑木 ぞうき

Q. 이 나무는 땔감으로밖에 쓸 데가 없는 雑木 다.
Q. 오랫동안 방치된 묘소 주변은 잡초와 雑木 가 무성했다.

명 잡목

ぞうきばやし
雑木林 잡목림

雑貨 ざっか

Q. 100엔 샵에서는 여러 가지 雑貨 를 100엔에 팔고 있다.
Q. 벨트는 패션 雑貨 카테고리에 있을 거야.

명 잡화

ざっかてん
雑貨店 잡화점

奨励 しょうれい

Q. 출산 奨励 를 위해 육아휴직수당을 인상하기로 했다.
Q. 우리 팀은 선수들의 해외 진출을 적극 奨励 하고 있습니다.

명 장려

しょうれいきん
奨励金 장려금

蔵相 ぞうしょう

Q. G20 蔵相 회의에 우리나라 기획재정부 장관도 참여했다.
Q. 우스갯소리로 가정 경제권을 쥔 사람을 蔵相 라고 부른다.

명 재무장관, 재무상

わがやのぞうしょう
我が家の蔵相 우리 집의 재무장관

長編 ちょうへん

Q. 신문에 100화가 넘는 長編 소설을 연재하고 있다.
Q. 그 작가의 소설이라면 長編 과 단편을 가리지 않고 읽지.

명 장편

ちょうへんたんぺん
長編短編 장편 단편

在宅 ざいたく

Q. 오늘은 출근하지 않고 집에서 在宅 근무를 했다.
Q. 프리랜서는 대부분 在宅 근무 방식으로 일한다.

명 재택[집에 있음]

ざいたくきんむ
在宅勤務 재택근무

財団 ざいだん

Q. 한국 장학 財団 에 학자금 대출을 신청했다.
Q. 저소득 아동을 후원하는 아동 복지 財団 에 후원을 했다.

명 재단

こくりつかがくざいだん
国立科学財団 국립과학재단

再発 さいはつ

Q. 완치된 줄 알았던 병이 再発 해서 다시 입원하게 되었다.
Q. 이런 일이 다시는 再発 하지 않도록 대책을 마련해야 한다.

명 재발

さいはつぼうし
再発防止 재발 방지

栽培 さいばい

Q. 각고의 노력 끝에 씨 없는 수박의 栽培 에 성공했다.
Q. 이 지방에서는 옥수수와 콩을 많이 栽培 한다.

명 재배

こうちさいばい
高地栽培 고지 재배

財源 ざいげん

Q. 국민의 세금은 국가의 핵심 財源 이다.
Q. 이곳은 관광 수입을 財源 으로 삼고 있다.

명 재원

ざいげんかくほ
財源確保 재원 확보

* 재물의 근원, 돈의 출처를 뜻함

再現 さいげん

Q. 민속촌은 우리 조상들의 생활상을 再現 해놓은 곳이다.
Q. 연극 무대에서 원작 영화의 명장면을 그대로 再現 했다.

명 재현

ちゅうじつにさいげんする
忠実に再現する 충실하게 재현하다

著 ちょ

Q. 교수님은 자신의 연구를 쉽게 풀어쓴 著 를 집필하셨다.
Q. 책 著 에 전념하기 위해 직장을 떠났다.

명 저, 저술

ちょしゃ
著者 저자

貯蓄 ちょちく

Q. 노후를 생각해 젊을 때부터 조금씩 貯蓄 를 해야 한다.
Q. 정기적으로 돈을 貯蓄 하고 있니?

명 저축

ちょちくよきん
貯蓄預金 저축예금

滴 しずく

Q. 비 맞은 우산을 털자 滴 가 사방으로 튀었다.
Q. 수도꼭지에서 滴 가 똑똑 떨어지고 있다.

명 물방울

しずくがたれる
滴が垂れる 물방울이 떨어지다

的 まと

Q. 담벼락에 늘어놓은 캔을 的 삼아 새총을 쏘며 놀았다.
Q. 화살이 정확하게 的 의 가운데를 맞췄다.

명 과녁

まとにあたる
的に当たる 과녁에 맞히다

跡継(ぎ) あとつぎ

Q. 저 집은 跡継(ぎ) 가 없어서 이대로 대가 끊기게 생겼다.
Q. 아직 어린 왕자가 왕의 跡継(ぎ) 가 되었다.

명 후사, 후계자

あとつぎがたえる
跡継ぎが絶える 후사가 끊기다

Q　　　　　　　　　　A

適性 てきせい

Q. 이 일은 내 適性 에 맞지 않으니 그만둬야겠어.
Q. 돌보기 좋아하는 適性 를 살려서 간호사가 되었다.

명 적성

てきせいけんさ
適性検査　적성 검사

纏め まとめ

Q. 보고서는 보기 쉽게 잘 纏め 를 해서 제출하도록 하게.
Q. 그동안 모은 자료를 纏め 를 해두자.

명 정리, 요약

そうまとめ
総纏め　총정리

転居 てんきょ

Q. 지방으로 전근을 하게 되어 집도 그쪽으로 転居 를 했다.
Q. 내년 봄에는 월세 생활을 접고 전셋집으로 転居 를 간다.

명 이사

てんきょつうち
転居通知　이사 통지

転校 てんこう

Q. 좀 있으면 학기 말인데 지금 転校 를 온 사정이 뭘까?
Q. 제일 친했던 친구가 다른 학교로 転校 를 가게 되었다.

명 전학

てんこうせい
転校生　전학생

転勤 てんきん

Q. 어렸을 때부터 부모님의 잦은 転勤 으로 이사를 많이 했다.
Q. 해외로 転勤 발령이 나서 가족들과 떨어지게 되었다.

명 전근

てんきんめいれい
転勤命令　전근 명령

* 근무지 변경을 동반한 이동을 뜻함

前途 ぜんと

Q. 능력 있고 前途 가 유망한 젊은이들을 지원해줘야 한다.
Q. 인종차별이 완전히 사라지기엔 아직 前途 요원하다.

명 전도, 앞길

ぜんとたなん
前途多難　전도다난

* 앞날을 뜻할 때 자주 쓰임

転落 てんらく

Q. 그 정치인은 한순간에 모든 권력을 잃고 転落 했다.
Q. 발을 헛디뎌 벼랑에서 転落 했지만, 기적적으로 살았다.

명 전락, 추락

てんらくぼうし
転落防止　전락 방지

伝来 でんらい

Q. 어릴 적 읽은 伝来 동화 중 혹부리 영감을 가장 좋아한다.
Q. 불교는 삼국시대 때 한반도에 伝来 되었다.

명 전래

でんらいどうわ
伝来童話　전래동화

戦力 せんりょく

Q. 에이스의 부상으로 우리 팀의 戦力 가 약화하였다.
Q. 전쟁에서 적의 戦力 를 과소평가해서는 안 된다.

명 전력

せんりょくひょうか
戦力評価　전력 평가

前売(り) まえうり

Q. 명절 때는 귀성 차표를 前売(り) 하는 게 전쟁에 가깝다.
Q. 여행 가서 필요한 티켓들은 미리 前売(り) 를 해두었다.

명 예매

まえうりけん
前売り券 예매권

全盛 ぜんせい

Q. 연기대상을 받으며 자신의 全盛 시대임을 알렸다.
Q. 명, 청 시대 중국은 강대국으로 全盛 시기를 누렸다.

명 전성[한창 왕성함]

ぜんせいき
全盛期 전성기

戦術 せんじゅつ

Q. 중국군의 인해 戦術 에 속수무책으로 당할 수밖에 없었다.
Q. 전략과 戦術 는 작전술의 2대 요소이다.

명 전술

せんじゅつかく
戦術核 전술핵

殿様 とのさま

Q. 옛날 영주처럼 호화로운 생활을 殿様 생활이라고도 한다.
Q. 유복하고 세상 물정 모르는 이를 殿様 에 비유하기도 한다.

명 영주·귀인에 대한 존칭

とのさまぐらし
殿様暮らし (영주처럼) 호화로운 생활

田園 でんえん

Q. 어머니는 도시를 떠나 田園 생활을 즐기고 싶다고 하셨다.
Q. 田園 일기는 20년 넘게 장수한 한국의 농촌 드라마이다.

명 전원

でんえんふうけい
田園風景 전원 풍경

* 논과 밭을 뜻함

電源 でんげん

Q. 화장실 電源 을 끄는 걸 깜빡해서 잔소리를 들었다.
Q. 볼만한 프로그램이 없어서 그냥 TV의 電源 을 껐다.

명 전원[전력을 공급하는 근원]

でんげんをきる
電源を切る 전원을 끊다

転任 てんにん

Q. 현지 지사장으로 転任 을 명하셨습니다.
Q. 담임 선생님은 다른 학교로 転任 을 가셨다.

명 전임

ちほうにてんにん
地方に転任 지방으로 전임

* 다른 근무 혹은 임지로 옮김

戦災 せんさい

Q. 전쟁이 길어지자 戦災 로 나라가 폐허가 되었다.
Q. 내전 지역에서 戦災 로 무고한 시민들이 목숨을 잃었다.

명 전재

せんさいこじ
戦災孤児 전쟁으로 인한 고아

* 전쟁으로 인하여 입은 재해를 뜻함

電子辞書 でんしじしょ

Q. 이 電子辞書 에는 사전 27권의 내용이 전부 들어 있어.
Q. 스마트폰이 보급된 뒤 電子辞書 조차 잘 쓰이지 않는다.

명 전자사전

こがたでんしじしょ
小型電子辞書 소형 전자사전

Q

A

全集 ぜんしゅう

Q. 추리 소설을 좋아해서 애거서 크리스티 全集 를 샀다.
Q. 초등학교 입학선물로 세계 문학 全集 를 받았다.

명 전집

かきょくぜんしゅう
歌曲全集 가곡 전집

全快 ぜんかい

Q. 하루라도 빨리 全快 를 해서 퇴원하고 싶다.
Q. 현대의학으로는 全快 불가한 병이라서 평생 관리해야 해.

명 완쾌

ぜんかいいわい
全快祝い 완쾌 축하

折 おり

Q. 그럼 적절한 折 를 봐서 다시 찾아뵙겠습니다.
Q. 공부하는 것도 다 折 가 있는 법이다.

명 때, 시기

おりをうかがう
折をうかがう 때를 엿보다

折(り) おり

Q. 색종이를 折(り) 해서 학을 만들어 보세요.
Q. 종이를 折(り) 해서 커다란 용을 만들다니 대단하다.

명 꺾음, 접음

おりがみ
折り紙 종이접기

切り きり

Q. 사람의 욕심은 切り 가 없다.
Q. 그는 한번 이야기를 시작하면 아주 切り 가 없다.

명 끝

きりがない
切りがない 끝이 없다

切れ目 きれめ

Q. 구름의 切れ目 사이로 햇빛이 비쳤다.
Q. 양념이 잘 스며들도록 고기에 切れ目 를 냈다.

명 벌어진 틈

ほうちょうできれめをいれる
包丁で切れ目を入れる 부엌칼로 칼집을 내다

折衷 せっちゅう

Q. 양쪽의 의견을 折衷 해서 타협점을 찾아보자.
Q. 유모차 팝니다. 집 근처로 오시면 가격 折衷 가능합니다.

명 절충

せっちゅうあん
折衷案 절충안

絶版 ぜっぱん

Q. 絶版 이 된 책을 구하려고 중고서점을 돌아다녔다.
Q. 출판사가 문을 닫으면서 많은 책이 絶版 되었다.

명 절판

ぜっぱんになったちょしょ
絶版になった著書 절판된 저서

粘り ねばり

Q. 동남아 쌀은 粘り 가 없어서 볶음밥에 적당하다.
Q. 상대 팀은 마지막까지 포기하지 않는 粘り 를 보여주었다.

명 끈기

ねばりがある
粘りがある 끈기가 있다

占領 せんりょう

Q. 파죽지세로 쳐들어가 적국의 수도를 단숨에 占領 했다.
Q. 압도적인 예매 1위로 극장가를 占領 한 인기 영화.

명 점령

せんりょうち
占領地 점령지

点線 てんせん

Q. 컵라면의 点線 이 표시된 곳까지 물을 부었다.
Q. 도로에는 실선과 点線 을 이용해 차선을 구분한다.

명 점선

てんせんをひく
点線を引く 점선을 긋다

接続詞 せつぞくし

Q. 문장에서 앞뒤를 연결해주는 역할을 하는 품사 接続詞.
Q. Before, After는 문장에서 接続詞 로 쓰인다.

명 접속사

せつぞくしのたんご
接続詞の単語 접속사 단어

情 じょう

Q. 저 남자는 어쩐지 밉상이라 情 가 가지 않는다.
Q. 겨우 며칠 안 봤는데 그새 情 가 들었는지 만나고 싶다.

명 정

ゆうじょう
友情 우정

頂き いただき

Q. 상대 에이스가 다쳤으니 이 시합은 우리가 頂き 다.
Q. 이만큼이나 점수 차가 벌어졌으니 우리 팀이 頂き 하겠어.

명 (승부에서) 이기는 일

このしあいはいただきだ
この試合は頂きだ 이 시합은 이겼다

定年 ていねん

Q. 교수 임기를 마치고 定年 퇴임하신 스승님.
Q. 아버지는 定年 퇴직하신 후에도 계속 일하고 싶어 하셨다.

명 정년

ていねんえんちょう
定年延長 정년 연장

整列 せいれつ

Q. 엑셀 파일의 데이터를 오름차순으로 整列 했다.
Q. 바탕화면 아이콘을 종류별로 整列 했다.

명 정렬

いちれつにせいれつ
一列に整列 일렬로 정렬

正体 しょうたい

Q. 밤길에 正体 불명의 괴한에게 습격을 받았다.
Q. 모두가 궁금해하던 범인의 正体 가 밝혀지는 순간이었다.

명 정체

しょうたいふめい
正体不明 정체불명

精算 せいさん

Q. 직장인 연말 精算 을 13월의 월급이라고 한다.
Q. 회계를 맡은 사원이 행사 비용을 精算 해서 올렸다.

명 정산

せいさんしょ
精算書 정산서

Q

A

定食 ていしょく

Q. 백반과 다양한 반찬이 나오는 벌교 꼬막 定食 를 먹었다.
Q. 돈가스 定食 에는 밥과 된장국이 추가로 나온다.

명 정식

ていしょくめにゅー
定食メニュー 정식 메뉴

製法 せいほう

Q. 이 식당의 양념 製法 는 창업자만이 알고 있다고 한다.
Q. 막걸리가 좋다고 양조장에서 製法 까지 배워왔대.

명 제조법

くすりのせいほう
薬の製法 제약법

製鉄 せいてつ

Q. 製鉄 소의 용광로는 쇠도 녹일 만큼 뜨겁다.
Q. 포항은 우리나라 製鉄 산업의 중심지이다.

명 제철[철재를 만드는 공정] 

せいてつしょ
製鉄所 제철소

条 じょう

Q. 이 법률은 일곱 개의 条 항으로 이루어져 있다.
Q. 이 규정에서 문제가 되는 세 번째 条 를 개정하기로 했다.

명 조목

じょうをかいせいする
条を改正する 조목을 개정하다

造(り) つくり

Q. 노아는 신의 계시를 받아 방주 造(り) 를 했다.
Q. 우리 집은 건축가이신 아버지가 직접 造(り) 를 하셨다.

명 집·정원·연못 등을 만듦

にわつくり
庭造り 정원을 만듦

吊り革 つりかわ

Q. 차내에 서 계신 분들은 吊り革 를 꼭 잡아주세요.
Q. 아이들은 키가 작아 버스의 吊り革 를 잡을 수가 없다.

명 (전차·버스 등의) 손잡이

つりかわにつかまる
吊り革に掴まる 손잡이를 꽉 잡다

鳥居 とりい

Q. 신사 입구에 새빨간 鳥居 가 서 있다.
Q. 鳥居 는 여기서부터는 신의 영역임을 나타내는 표시이다.

명 토리이

とりいをくぐる
鳥居をくぐる 토리이 밑을 지나다

* 신사 입구에 세운 기둥 문을 뜻함

助動詞 じょどうし

Q. 본동사와 연결되어 보조하는 동사를 助動詞 라고 한다.
Q. 먹어보다에서 보다는 먹다를 보조하는 助動詞 다.

명 조동사

じょどうしとせつぞくし
助動詞と接続詞 조동사와 접속사

* 품사의 한 종류

遭難 そうなん

Q. 산에서 길을 잃고 遭難 을 당했다.
Q. 쓰나미로 遭難 을 당한 어민이 무사히 구조되었다.

명 조난

そうなんしんごう
遭難信号 조난 신호

Q A 

照明 しょうめい

Q. 카페의 照明 가 너무 어두워서 책을 읽을 수가 없었다.
Q. 무대 위의 照明 가 꺼지고 극장 안이 어둠에 휩싸였다.

명 조명

しょうめいきぐ
照明器具 조명 기구

助詞 じょし

Q. 한국어에는 은, 는, 이, 가, 을, 를 등의 助詞 가 있다.
Q. 助詞 는 체언 뒤에 붙어 다른 말과의 문법 관계를 표시해.

명 조사

かくじょし
格助詞 격조사

* 품사의 한 종류

調印 ちょういん

Q. 두 나라는 평화 협정 조약에 調印 을 했다.
Q. 유엔군과 북한, 중국은 휴전 협정에 調印 을 했다.

명 조인

じょうやくのちょういん
条約の調印 조약의 조인

* 계약이나 조약에 동의하여 서명하는 일을 뜻함

操縦 そうじゅう

Q. 누군가 배후에서 操縦 하는 사람이 있을 거야.
Q. 아버지는 공군 출신이라 비행기 操縦 를 할 줄 아신다.

명 조종

そうじゅうほう
操縦法 조종법

措置 そち

Q. 소속사는 악플에 대해 법적 措置 를 취하겠다고 밝혔다.
Q. 미세먼지가 심각해지면 비상 저감 措置 에 들어간다.

명 조치

ぐんじてきそち
軍事的措置 군사적 조치

照合 しょうごう

Q. 용의자의 지문을 채취해 범인의 것과 照合 해보았다.
Q. 번역본을 원문과 照合 해서 잘못된 곳이 있는지 살펴본다.

명 대조

しもんをしょうごうする
指紋を照合する 지문을 대조하다

存続 そんぞく

Q. 회원 중에는 이 모임이 存続 되길 원하는 사람이 많습니다.
Q. 특허의 存続 기간은 출원일로부터 20년이다.

명 존속

そんぞくきかん
存続期間 존속 기간

踵 かかと

Q. 키를 잴 때 踵 를 몰래 들었다가 걸려서 혼이 났다.
Q. 踵 를 들고 까치발로 걸었다.

명 발뒤꿈치

かかとをあげる
踵を上げる 발뒤꿈치를 들다

従来 じゅうらい

Q. 이번 영화는 従来 와는 다른 파격적 촬영기법이 도입됐다.
Q. 개정 논의가 있었지만 결국 従来 의 방침을 유지하게 됐다.

명 종래

じゅうらいどおり
従来通り 종래대로

Q

A

従事 じゅうじ

Q. 아무래도 같은 일에 従事 하는 사람끼리는 말이 잘 통하지.
Q. 현직에 従事 하고 계시는 선배님들께 질문이 있습니다.

명 종사

けんきゅうにじゅうじする
研究に従事する 연구에 종사하다

終日 しゅうじつ

Q. 시험공부를 위해 주말에도 終日 책상 앞에 앉아 있었다.
Q. 오늘은 아침부터 밤까지 終日 비가 내렸다.

명 종일

しゅうじつふくむする
終日服務する 종일 복무하다

座談会 ざだんかい

Q. 새 제품을 써본 후 座談会 에 참석해 의견을 나눴다.
Q. 구청장은 소통을 위해 주민이 참여하는 座談会 를 열었다.

명 좌담회

ざだんかいにさんかする
座談会に参加する 좌담회에 참가하다

左利き ひだりきき

Q. 세계 인구의 90%는 오른손잡이이며 10%는 左利き 다.
Q. 동물들도 오른손잡이와 左利き 로 나뉜다고 한다.

명 왼손잡이

ひだりききとみぎきき
左利きと右利き 왼손잡이와 오른손잡이

座標 ざひょう

Q. 조난자의 座標 를 인근 선박에 송신하여 구출에 성공했다.
Q. 서른을 맞이해 내 삶의 座標 를 새로 설정했다.

명 좌표

ざひょうへんかん
座標変換 좌표 변환

主[1] しゅ

Q. 노트북을 사는 主 된 목적은 영상 편집이다.
Q. 홍대에서 인디 뮤지션들이 主 가 되는 페스티벌이 열린다.

명 주, 주체

しゅになる
主になる 주가 되다

主[2] しゅ

Q. 대한민국의 主 는 국민이다.
Q. 교회에 다니며 主 를 섬기고 있습니다.

명 주인, 대장, 하느님

しゅをとる
主を取る 주인을 섬기다

* 발음 차이 あるじ

主[3] ぬし

Q. 월세를 밀려 집 主 에게 눈치가 보인다.
Q. 그 산 말인가? 主 없는 땅이라고 하던데.

명 주인, 임자

いえのぬし
家の主 집주인

* '남편'이라는 뜻으로도 쓰임

主観 しゅかん

Q. 저 사람은 자기 主観 없이 남이 하자는 대로만 한다.
Q. 자기 主観 이 뚜렷해 남의 말에 쉽게 흔들리지 않는다.

명 주관

しゅかんてきなかんがえ
主観的な考え 주관적인 생각

周期 しゅうき

Q. 지구의 자전 周期 는 23시간 56분 4초이다.
Q. 복고풍 스타일은 20년을 周期 로 유행한다는 분석이 있다.

명 주기

しゅうきべつ
周期別 주기별

宙返り ちゅうがえり

Q. 광대가 점프하며 宙返り 를 연속으로 도는 재주를 부렸다.
Q. 비행기가 빙글빙글 宙返り 하는 걸 보고 관중이 환호했다.

명 공중제비, 공중회전

ちゅうがえりひこう
宙返り飛行 공중회전 비행

主体 しゅたい

Q. 높임 표현은 主体 높임, 객체 높임, 상대 높임이 있다.
Q. 북한의 최고 통치 이념은 主体 사상이다.

명 주체

しゅたいせい
主体性 주체성

主食 しゅしょく

Q. 동양권 나라들은 대부분 쌀을 主食 로 먹는다.
Q. 요즘 밥 대신 빵을 主食 로 삼는 사람들이 늘고 있다.

명 주식

くにべつのしゅしょく
国別の主食 나라별 주식

★ 끼니때마다 주로 먹는 음식을 뜻함

株式 かぶしき

Q. 투자한 株式 가 상장 폐지되어 큰돈을 잃었다.
Q. 나는 픽사의 몬스터 株式 회사라는 영화를 좋아해.

명 주식

かぶしきがいしゃ
株式会社 주식회사

★ 주식회사의 자본을 이루는 단위를 뜻함

主演 しゅえん

Q. 갓 데뷔한 신인 배우가 영화의 主演 자리를 꿰찼다.
Q. 영화 시사회 후 主演 과 조연 배우들이 무대 인사를 했다.

명 주연

しゅえんじょゆう
主演女優 주연 여배우

主任 しゅにん

Q. 교문 앞에 선도부와 학생 主任 선생님이 서 있었다.
Q. 우리 회사는 사원, 主任, 대리, 과장 순서로 승진한다.

명 주임

しゅにんけんきゅういん
主任研究員 주임 연구원

主催 しゅさい

Q. 방송사 主催 로 대선 후보 토론회가 열렸다.
Q. 주말 시위에 主催 측 추산 100만 명이 몰렸다고 한다.

명 주최

しゅさいち
主催地 주최지

走行 そうこう

Q. 강사를 옆에 태우고 도로 走行 연습을 했다.
Q. 저절로 움직이는 자율 走行 자동차를 처음으로 개발했다.

명 주행

そうこうきょり
走行距離 주행거리

Q | **A**

準急 じゅんきゅう

Q. 準急 는 급행열차보다는 정차역이 많다.
Q. 급행열차가 없어서 아쉬운 대로 準急 라도 타기로 했다.

명 준급행열차

じゅんきゅうれっしゃ
準急列車 준급행열차

衆 しゅう

Q. 주말의 홍대는 衆 로 발 디딜 틈도 없었다.
Q. 군 衆 심리에 휩쓸려 남들 하는 대로 따라 하지 않을래.

명 많은 사람

たいしゅう
大衆 대중

中継 ちゅうけい

Q. 기자는 뉴스 中継 를 위해 사고 현장에서 대기하고 있다.
Q. 잠시 후 9시부터 결승전 中継 방송을 보내드리겠습니다.

명 중계

なまちゅうけい
生中継 생중계

中毒 ちゅうどく

Q. 알코올 中毒 로 인해 뇌 손상이 일어나기도 한다.
Q. 스마트폰 中毒 가 현대사회의 큰 문제로 떠오르고 있다.

명 중독

やくぶつちゅうどく
薬物中毒 약물 중독

中腹 ちゅうふく

Q. 산 中腹 에서 조금만 쉬었다 가자.
Q. 정상까지 가지 못하고 산 中腹 에서 다시 돌아왔다.

명 (산) 중턱

やまのちゅうふく
山の中腹 산 중턱

重複 じゅうふく

Q. 모임 날짜가 重複 되어 한쪽을 포기해야 했다.
Q. 같은 표현을 重複 하여 쓰지 않도록 유의해야 한다.

명 중복

ごくのじゅうふく
語句の重複 어구의 중복

* **발음 차이** ちょうふく: 옛 말씨

中傷 ちゅうしょう

Q. 서로를 깎아내리려고 中傷 와 모략을 서슴지 않았다.
Q. 허위 글을 게시해 나를 中傷 하던 사람을 고소했다.

명 중상

ちゅうしょうをうける
中傷を受ける 중상을 당하다

* 타인을 헐뜯고 명예를 해치는 것을 뜻함

衆議院 しゅうぎいん

Q. 일본 국회에는 상원인 참의원과 하원인 衆議院 이 있다.
Q. 자민당은 대표적인 衆議院 정당이다.

명 중의원

しゅうぎいんとさんぎいん
衆議院と参議院 중의원과 참의원

仲人 なこうど

Q. 그녀는 지금껏 100쌍의 부부를 이어준 仲人 였다.
Q. 결혼정보회사의 등장으로 仲人 가 설 자리를 잃고 있다.

명 중매인

なこうどをたてる
仲人を立てる 중매를 세우다

Q A

中和 ちゅうわ

Q. 한약의 쓴맛을 中和 하기 위해 감초를 넣는다.
Q. 산성 물질은 알칼리성 물질로 中和 를 할 수가 있다.

명 중화

ちゅうわはんのう
中和反応 중화 반응

増進 ぞうしん

Q. 자두의 신맛은 피로 해소와 식욕 増進 에 도움을 준다.
Q. 저학력 학생의 학력 増進 을 위한 자료 개발에 힘썼다.

명 증진

がくりょくぞうしん
学力増進 학력 증진

志 こころざし

Q. 입신양명의 志 를 품고 과거시험을 보러 떠났다.
Q. 아이는 미술을 공부하겠다는 志 를 굽히지 않았다.

명 뜻

こころざしをとげる
志を遂げる 뜻을 이루다

持(ち)切り もちきり

Q. 교실은 어제 있었던 축구 시합 이야기로 持(ち)切り 였다.
Q. 회사는 새로 부임하는 사장의 소문으로 持(ち)切り 였다.

명 한동안 그 화제가 계속됨

そのうわさでもちきりだ
その噂で持ち切りだ 그 소문으로 자자하다

遅れ おくれ

Q. 남아선호는 시대에 遅れ 인 사상이다.
Q. 남들보다 진도가 遅れ 인 탓에 주말에도 공부했다.

명 늦음, 뒤떨어짐

じだいおくれ
時代遅れ 시대에 뒤떨어짐

地代 じだい

Q. 땅을 빌려 농사를 짓는 대신 다달이 地代 를 내기로 했다.
Q. 땅을 사겠다는 사람이 많아 地代 가 천정부지로 솟았다.

명 지대, 지가

じだいをはらう
地代を払う 지대를 내다

指令 しれい

Q. 본부에서 즉각 철수하라는 指令 가 떨어졌다.
Q. 적국에 잠입해 군사기밀을 빼내라는 指令 를 받았다.

명 지령

しれいをうける
指令を受ける 지령을 받다

志望 しぼう

Q. 의사를 志望 하는 많은 청년이 의대에 지원했다.
Q. 다행히도 1 志望 인 학교에 합격했다.

명 지망

しぼうどうき
志望動機 지망 동기, 지원 동기

知性 ちせい

Q. 知性 와 미모를 겸비한 아나운서.
Q. 知性 넘치는 과학을 다루면서도 감성을 자극하는 시집.

명 지성

ちせいしゅぎ
知性主義 지성 주의

Q A

地元 じもと

Q. 여행을 갔으면 地元 의 맛집은 꼭 가봐야 한다.
Q. 서울에 가지 않고 地元 에 있는 직장에 취직했다.

명 그 지역, 사는 지역

じもとのしんぶん
地元の新聞 그 고장의 신문

地主 じぬし

Q. 농민들은 地主 의 땅에 농사를 짓고 소작료를 지불했다.
Q. 증조할아버지는 넓은 땅을 가진 地主 이셨다고 한다.

명 지주

じぬしかいきゅう
地主階級 지주 계급

志向 しこう

Q. 우리는 남북의 평화 통일을 志向 해야 한다.
Q. 미래 志向 적인 마인드로 세상을 살아가기로 했다.

명 지향

みらいしこう
未来志向 미래지향

職務 しょくむ

Q. 안전관리자로 취직하여 職務 교육을 받았다.
Q. 제대로 일하지 않는 경찰의 職務 유기를 규탄하는 시위.

명 직무

しょくむたいまん
職務怠慢 직무 태만

直送 ちょくそう

Q. 싱싱한 채소를 산지 直送 로 보내드립니다.
Q. 매일 통영에서 直送 로 올라오는 싱싱한 해산물입니다.

명 직송

さんちちょくそう
産地直送 산지 직송

振(り)出し ふりだし

Q. 작은 카페로 振(り)出し 하여 거대 체인 기업이 되었다.
Q. 사업을 시작하는 오늘이 인생의 두 번째 振(り)出し 다.

명 시작, 출발

じんせいのふりだし
人生の振り出し 인생의 시작

振り ふり

Q. 타자의 배트 振り 는 아쉽게도 헛스윙이었다.
Q. 구걸하는 사람을 보고도 못 본 振り 를 했다.

명 휘두름, 흔듦

ふりがおおきい
振りが大きい 휘두르는 품이 크다

★ ~체, ~척이라는 뜻으로도 쓰임

真ん前 まんまえ

Q. 가게는 역의 真ん前 에 있으니 나오면 바로 보일 거야.
Q. 누가 남의 집 대문 真ん前 에 차를 대놓은 거지?

명 정면, 바로 앞

えきのまんまえ
駅の真ん前 역 바로 앞에

進度 しんど

Q. 이 반은 다른 반보다 수업 進度 가 빠르다.
Q. 두 명 정도 인원을 추가하니 작업 進度 가 훨씬 빨라졌다.

명 진도

がっかのしんど
学科の進度 학과 진도

診療 しんりょう

Q. 우리 병원의 診療 시간은 오전 9시부터 저녁 6시까지다.
Q. 퇴근 후 야간 診療 를 보는 병원을 찾아갔다.

명 진료

しんりょうしょ
診療所 진료소

真理 しんり

Q. 석가모니는 보리수 아래에서 불도의 真理 를 깨달았다.
Q. 모든 건 마음 먹기에 달렸다는 真理 를 깨달은 원효대사.

명 진리

ふへんのしんり
不変の真理 불변의 진리

真上 まうえ

Q. 우리 집 真上 에 있는 집이 밤마다 쿵쾅거려서 못 살겠다.
Q. 로빈 후드의 화살이 머리 真上 에 있는 사과를 관통했다.

명 바로 위

あたまのまうえ
頭の真上 머리 바로 위

真相 しんそう

Q. 미제사건을 끝까지 추적해 그 真相 를 밝혀냈다.
Q. 군 사망사고의 真相 규명을 촉구하는 집회가 열렸다.

명 진상

じけんのしんそう
事件の真相 사건의 진상

真心 まごころ

Q. 친구를 걱정하는 마음에 真心 에서 우러나온 충고를 했다.
Q. 真心 를 담아서 만든 요리입니다. 맛있게 드세요.

명 진심, 정성

まごころをこめる
真心を込める 정성을 담다

進展 しんてん

Q. 피해자에 대한 보상 문제는 여전히 아무 進展 이 없었다.
Q. 스토리에 進展 이 없으니까 흥미가 떨어지고 지루하다.

명 진전

じたいのしんてん
事態の進展 사태의 진전

進呈 しんてい

Q. 매장에 방문만 하셔도 샘플 향수를 進呈 합니다.
Q. 제품을 구매하신 모든 분께 할인쿠폰을 進呈 합니다.

명 진정, 증정

いちまいしんてい
1枚進呈 한 장 드림

進出 しんしゅつ

Q. 우리 학교 야구부가 10년 만에 결승에 進出 했다.
Q. 한류 아이돌의 해외 進出 가 활발하게 이루어지고 있다.

명 진출

かいがいしんしゅつ
海外進出 해외 진출

津波 つなみ

Q. 바닷가에서 지진이 일어나 거대한 津波 가 마을을 덮쳤다.
Q. 津波 를 막기 위해 해안에 거대한 방파제를 만들었다.

명 쓰나미, 해일

じしんによるつなみ
地震による津波 지진으로 인한 쓰나미

Q A

真下 ました

Q. 전망대의 바닥 일부가 유리라서 真下 를 볼 수 있다.
Q. 유람선이 다리 真下 를 지나고 있었다.

명 바로 아래

はしのました
橋の真下 다리 바로 밑

振興 しんこう

Q. 농가를 대상으로 농어촌 振興 기금 신청을 받는다.
Q. 우리 마을은 관광산업 振興 를 위해 숙박시설을 정비했다.

명 진흥

しんこうさく
振興策 진흥책

秩序 ちつじょ

Q. 뛰지 마시고 秩序 를 지켜서 차례대로 입장하세요.
Q. 교통 秩序 를 지키지 않고 난폭 운전하는 사람.

명 질서

ちつじょいじ
秩序維持 질서 유지

窒息 ちっそく

Q. 젤리를 급하게 먹다 기도가 막혀 窒息 상태야!
Q. 산소가 없으면 인간은 窒息 사하고 만다.

명 질식

ちっそくし
窒息死 질식사

質疑 しつぎ

Q. 강의가 끝난 후 교수님과 質疑 응답 시간을 가졌다.
Q. 국정감사에서 質疑 를 맡은 의원들이 마이크 앞에 앉았다.

명 질의

しつぎおうとう
質疑応答 질의응답

集計 しゅうけい

Q. 투표의 중간 集計 결과를 발표했다.
Q. 우리나라의 올림픽 금메달 集計 순위는 5개로 7위였다.

명 집계

しゅうけいけっか
集計結果 집계 결과

徴収 ちょうしゅう

Q. 프리랜서는 3.3%의 원천 徴収 세금을 낸다.
Q. 고속도로 통행료를 자동으로 徴収 하는 하이패스.

명 징수

げんせんちょうしゅう
源泉徴収 원천 징수

差(し)引き さしひき

Q. 수입에서 지출을 差(し)引き 하니 겨우 10만 원 남는다.
Q. 월급에서 세금을 差(し)引き 한 후 받는다.

명 차감, 공제

さしひきざんだか
差し引き残高 차감 잔액

差額 さがく

Q. 여행비로 쓰고 남은 差額 는 똑같이 나눠 가졌다.
Q. 상품권으로 결제하고 남은 差額 를 현금으로 돌려받았다.

명 차액

ゆしゅつにゅうのさがく
輸出入の差額 수출입의 차액

Q　　　　　　　　　　　A

錯覚 さっかく

Q. 시내에서 날 봤다고? 다른 사람이랑 錯覚 한 거 아냐?
Q. 모르는 사람을 친구로 錯覚 를 해 인사를 했다.

명 착각

めのさっかく
目の錯覚　　눈의 착각

着工 ちゃっこう

Q. 신사옥이 着工 1년 만에 준공되었다.
Q. 着工 시기가 정해져서 드디어 내년 첫 삽을 뜰 예정이다.

명 착공

そうきちゃっこう
早期着工　　조기 착공

着目 ちゃくもく

Q. 별것 아닌 것처럼 보인 단서에 着目 하는 명탐정.
Q. 혼밥족이 늘어나는 추세에 着目 한 1인 고깃집.

명 주목, 착안

ちゃくもくにあたいする
着目に値する　　주목할 가치가 있다

★ 눈여겨보거나, 실마리를 찾았다는 뜻

着色 ちゃくしょく

Q. 치아를 누렇게 着色 시키는 식품 1위는 홍차라고 한다.
Q. 봉숭아 꽃잎을 빻아 손톱을 着色 했다.

명 착색

ちゃくしょくざい
着色剤　　착색제

着席 ちゃくせき

Q. 모두 자리에 着席 를 해주십시오.
Q. 의자에 着席 하기도 전에 버스가 출발해 넘어질 뻔했다.

명 착석

ちゃくせきじゅん
着席順　　착석 순

錯誤 さくご

Q. 처음에는 다 시행 錯誤 를 거치기 마련이다.
Q. 담당자의 錯誤 로 내 서류가 접수되지 않았다고 한다.

명 착오

じだいさくご
時代錯誤　　시대착오

賛美 さんび

Q. 그 시인은 주로 자연의 아름다움을 賛美 하는 시를 썼다.
Q. 예수를 賛美 하는 복음성가.

명 찬미

しぜんをさんびする
自然を賛美する　　자연을 찬미하다

擦れ違い[1] すれちがい

Q. 맞은편에서 걸어오던 친구를 못 보고 擦れ違い 를 했다.
Q. 못 알아보고 擦れ違い 를 하는 나를 그가 잡아 세웠다.

명 스치듯 지나감

すれちがいにこえをかける
擦れ違いに声をかける
스쳐 지나가다 말을 걸다

擦れ違い[2] すれちがい

Q. 두 명의 증언이 擦れ違い 인 걸 보니 한쪽은 거짓말이다.
Q. 교실에 찾아갔지만 擦れ違い 했는지 결국 만나지 못했다.

명 엇갈림

すれちがいであえない
擦れ違いで会えない　　엇갈려서 만나지 못하다

Q

A

参上 さんじょう

Q. 그럼 내일 댁으로 参上 를 하겠습니다.

Q. 주말에는 시골 할머니 댁에 参上 할 예정입니다.

명 찾아뵘

さんじょういたします
参上いたします　찾아뵙겠습니다

参議院 さんぎいん

Q. 일본 국회에는 상원인 参議院 과 하원인 중의원이 있다.

Q. 두 번째로 법을 심사하고 통과시키는 상원이 参議院 이다.

명 참의원

さんぎいんとしゅうぎいん
参議院と衆議院　참의원과 중의원

参照 さんしょう

Q. 실제 착용한 모습은 사진을 参照 해주십시오.

Q. 찾아오시는 길은 아래 약도를 参照 해주시기 바랍니다.

명 참조

かずさんしょう
下図参照　아래 그림 참조

創刊 そうかん

Q. 잡지의 創刊 10주년 기념으로 특별 부록을 준비했다.

Q. 뜻이 맞는 사람들이 모여 새로운 신문을 創刊 했다.

명 창간

そうかんごう
創刊号　창간호

創立 そうりつ

Q. 회사 創立 기념일이라고 보너스가 나왔다.

Q. 우리 회사를 創立 한 것은 나의 증조부이다.

명 창립

そうりつきねん
創立記念　창립 기념

創造 そうぞう

Q. 종교인들은 신이 천지 創造 를 했다고 주장한다.

Q. 모방은 創造 의 어머니이다.

명 창조

そうぞうしゃ
創造者　창조자

採決 さいけつ

Q. 중의원에서 법안 採決 를 강행, 찬성 다수로 가결되었다.

Q. 금융 안정화 법안의 수정안이 의회 상원에서 採決 되었다.

명 채결

ほうあんをさいけつする
法案を採決する　법안을 채결하다

採算 さいさん

Q. 제품을 이 가격에 팔면 저희도 採算 이 맞지 않습니다.

Q. 적게 투자해서 많이 벌 수 있다니 採算 이 맞는 장사다.

명 채산[계산하여 수지가 맞음]

さいさんがあう
採算が合う　채산이 맞다

採集 さいしゅう

Q. 여름방학 숙제로 시골에 가서 곤충 採集 를 했다.

Q. 전국 각지의 민요를 採集 해서 정리하는 작업을 했다.

명 채집

こんちゅうさいしゅう
昆虫採集　곤충 채집

採択 さいたく

Q. e-스포츠가 아시안 게임 시범 종목으로 採択 되었다.
Q. 찌아찌아족은 2009년 한글을 문자로 採択 했다.

명 채택

せいめいをさいたくする
声明を採択する　성명을 채택하다

柵 さく

Q. 축사에 있던 염소가 柵 를 넘어서 도망쳤다.
Q. 집 주변에 나무로 된 柵 를 둘렀다.

명 울타리

さくをめぐらす
柵を巡らす　울타리를 두르다

天 てん

Q. 그것이 天 의 뜻이고 나의 운명이라면 따를 수밖에.
Q. 윤동주를 대표하는 시는 天 과 바람과 별과 시이다.

명 하늘

てんとち
天と地　하늘과 땅

天体 てんたい

Q. 내 취미는 天体 망원경으로 별자리를 관찰하는 것이다.
Q. 주변이 어두울수록 天体 관측이 더 쉬워진다.

명 천체

てんたいぼうえんきょう
天体望遠鏡　천체망원경

天災 てんさい

Q. 지진과 같은 天災 로부터 살아남기 위한 인간의 노력.
Q. 이번 참사는 天災 가 아닌 인간에 의한 인재이다.

명 천재

てんさいちへん
天災地変　천재지변

★ 자연의 변화로 일어나는 재앙을 뜻함

天地 てんち

Q. 성경에는 하느님이 7일 동안 天地 를 창조했다고 나온다.
Q. 네가 이렇게 일찍 일어나다니 天地 가 개벽할 일이다.

명 천지

てんちそうぞう
天地創造　천지 창조

天下 てんか

Q. 양귀비는 天下 제일의 미녀로 이름이 높았다.
Q. 시험에 합격했을 뿐인데 마치 天下 를 얻은 기분이다.

명 천하

てんかいっぴん
天下一品　천하일품

鉄鋼 てっこう

Q. 포항의 鉄鋼 산업단지에 있는 제철소.
Q. 鉄鋼 로 만든 건물의 뼈대.

명 철강

てっこうせいさん
鉄鋼生産　철강생산

鉄棒 てつぼう

Q. 체육 시간에 鉄棒 에서 턱걸이하는 시험을 봤다.
Q. 鉄棒 에 매달려 한 손으로 턱걸이를 했다.

명 철봉

てつぼううんどう
鉄棒運動　철봉 운동

Q — A

聴覚 ちょうかく

Q. 개는 인간보다 후각과 聴覚 가 발달했다.
Q. 보청기는 뇌의 聴覚 영역을 자극하는 장치이다.

명 청각

ちょうかくしょうがい
聴覚障害 — 청각장애

聴講 ちょうこう

Q. 이 교수님의 수업은 다른 학과에서도 聴講 를 하러 온다.
Q. 지각해서 수업을 聴講 하지 못하고 복도를 서성였다.

명 청강

ちょうこうとどけ
聴講届け — 청강 신청

聴診器 ちょうしんき

Q. 흰 가운과 목에 건 聴診器 는 의사를 대표하는 이미지야.
Q. 의사가 환자의 가슴에 聴診器 를 대고 진찰을 하고 있다.

명 청진기

いしゃのちょうしんき
医者の聴診器 — 의사의 청진기

晴天 せいてん

Q. 그의 갑작스러운 죽음은 내게 晴天 벽력같은 소식이었다.
Q. 오늘은 구름 한 점 없는 晴天 입니다. 나들이는 어떨까요.

명 청천

せいてんのひ
晴天の日 — 청명한 날

清濁 せいだく

Q. 날씨와 달리 사람의 품성은 한눈에 清濁 를 깨닫기 어렵다.
Q. 마음이 넓은 사람을 두고 清濁 병탄이라 부르기도 한다.

명 맑음과 흐림

せいだくへいどん
清濁併呑 — 청탁병탄

諦め あきらめ

Q. 안 될 일은 빨리 諦め 를 하는 게 좋은 선택일 수도 있다.
Q. 몇 번 실패하더라도 절대 諦め 를 하지 않을 것이다.

명 단념

あきらめがはやい
諦めが早い — 체념이 빠르다

滞納 たいのう

Q. 핸드폰 요금을 滞納 해서 핸드폰이 끊겼다.
Q. 전기요금을 3개월 滞納 를 했더니 단전 예고장이 왔다.

명 체납

たいのうしょぶん
滞納処分 — 체납 처분

焦(げ)茶 こげちゃ

Q. 焦(げ)茶 색 카레는 생긴 대로 진한 맛이 일품이었다.
Q. 나는 연한 갈색보다는 焦(げ)茶 색 지갑이 더 맘에 들어.

명 짙은 갈색

こげちゃいろのかみ
焦げ茶色の髪 — 짙은 갈색의 머리

初耳 はつみみ

Q. 그 소문, 나는 初耳 인데 다들 알고 있었던 거야?
Q. 나는 그 이야기 初耳 인데 넌 누구한테 들은 거야?

명 처음 듣는 일

はつみみのはなし
初耳の話 — 처음 듣는 이야기

初版 しょはん

Q. 출간기념으로 初版 에는 특별부록을 증정하기로 했다.
Q. 初版 인쇄가 완판되어 2판 인쇄에 들어갔다.

명 초판

しょはんはっこう
初版発行 초판 발행

触覚 しょっかく

Q. 맹인들은 손끝의 触覚 를 이용해 점자책을 읽는다.
Q. 청각, 미각, 후각, 시각, 触覚 를 합쳐 오감이라고 한다.

명 촉각

しょっかくきかん
触覚器官 촉각 기관

総会 そうかい

Q. 다음 정기 総会 에서 새 회장을 선출하기로 했다.
Q. 임시 주주 総会 에서 김 이사의 해임이 결정되었다.

명 총회

そうかいしりょう
総会資料 총회 자료

最善 さいぜん

Q. 나는 내가 할 수 있는 最善 을 다 해서 노력했어.
Q. 最善 의 방어는 공격이다.

명 최선

さいぜんさく
最善策 최선책

最中[2] さなか

Q. 때는 한국 전쟁이 最中 인 1952년 무렵.
Q. 비가 내리는 最中 인데도 아랑곳하지 않고 뛰쳐나갔다.

명 한창일 때

なつのさなか
夏の最中 한여름

墜落 ついらく

Q. 비행기 墜落 사고로 많은 사람이 죽었다.
Q. 우리 팀은 최근 연패를 하며 끝없이 墜落 하고 있었다.

명 추락

ひこうきのついらく
飛行機の墜落 비행기의 추락

推理 すいり

Q. 저는 셜록 홈스 같은 推理 소설을 좋아합니다.
Q. 지금까지 찾은 증거들로 범인이 누군지 推理 를 해보았다.

명 추리

すいりしょうせつ
推理小説 추리 소설

抽選 ちゅうせん

Q. 참가자들께는 抽選 을 통해 푸짐한 선물을 드립니다.
Q. 제비뽑기 하나씩 뽑으셨죠? 그럼 抽選 시작합니다!

명 추첨

ちゅうせんけん
抽選券 추첨권

畜産 ちくさん

Q. 畜産 시설의 분뇨에서 발생한 악취로 민원이 들어왔다.
Q. 이 마을은 대부분이 소를 키우는 畜産 농가들이다.

명 축산

ちくさんのうか
畜産農家 축산농가

Q　　　　　　　　　　A

出動 しゅつどう

Q. 긴급 환자 신고를 받고 구급차가 出動 했다.

Q. 구급대원들은 언제든지 出動 할 수 있게 대기하고 있었다.

명 출동

しゅつどうかいすう
出動回数　출동 횟수

出来物 できもの

Q. 소개팅 날인데 코에 出来物 가 나서 매우 속상하다.

Q. 얼굴이나 두피에 노폐물이 쌓이면 出来物 가 날 수 있다.

명 뾰루지, 종기, 부스럼

できものができる
出来物が出来る　뾰루지가 나다

出社 しゅっしゃ

Q. 보통 직장인들은 주5일 出社 를 합니다.

Q. 우리 회사는 아침 9시까지 出社 를 해야 합니다.

명 출근

しゅっしゃじかん
出社時間　출근 시간

出産 しゅっさん

Q. 아직 出産 예정일은 멀었는데 진통이 와서 당황했다.

Q. 과장님은 만삭까지 일하다 얼마 전 出産 휴가를 내셨다.

명 출산

しゅっさんよていび
出産予定日　출산예정일

出生 しゅっせい

Q. 아이를 낳고 出生 신고를 하러 주민센터를 방문했다.

Q. 태아가 모체를 떠나 태어나는 일을 出生 라고 부른다.

명 출생

しゅっせいしょうめいしょ
出生証明書　출생증명서

* **발음 차이** しゅっしょう: 옛 말씨

出演 しゅつえん

Q. 내가 좋아하는 배우가 出演 하는 드라마를 매주 챙겨본다.

Q. 그는 이 영화에 카메오로 出演 했다.

명 출연

てれびしゅつえん
テレビ出演　방송 출연

出題 しゅつだい

Q. 수능 문제 出題 위원들은 외부와의 접촉이 금지된다.

Q. 시험 준비를 위해 이전의 出題 경향을 분석하는 중이다.

명 출제

しゅつだいはんい
出題範囲　출제범위

出直し でなおし

Q. 카메라 고장으로 촬영은 내일 出直し 하기로 했다.

Q. 부정선거의 정황이 발견되어 出直し 선거를 했다.

명 다시 함

でなおしせんきょ
出直し選挙　재선거

出品 しゅっぴん

Q. 올해 국제 아트 페어에 작품을 出品 하게 되었다.

Q. 여행 사진 공모전 出品 작 중 수상작들을 관람했다.

명 출품

しゅっぴんしゃ
出品者　출품자

Q  

充実 じゅうじつ

Q. 이 학습지는 내용이 充実 해서 돈이 아깝지 않다.
Q. 이 청소기는 흡입력이 세서 기본에 充実 한 제품이야.

명 충실

じゅうじつしたせいかつ
充実した生活 충실한 생활

趣 おもむき

Q. 한국인데도 굉장히 이국적인 趣 가 있는 마을이다.
Q. 쓸쓸한 겨울 바다도 나름의 趣 가 있다.

명 정취, 멋

いこくてきなおもむき
異国的な趣 이국적인 정취

取(り)扱い とりあつかい

Q. 귀중품이니 조심히 取(り)扱い 해주십시오.
Q. 상대가 누구든 차별 없이 공평한 取(り)扱い 를 한다.

명 취급, 대우

とりあつかいちゅうい
取り扱い注意 취급 주의

吹奏 すいそう

Q. 플루트나 트럼펫 같은 吹奏 악기를 배워보고 싶다.
Q. 피리와 같은 관악기를 연주할 때 吹奏 한다고 해.

명 취주[불어서 연주하는 것]

すいそうがくぶ
吹奏楽部 취주악부

趣旨 しゅし

Q. 그 법을 제정한 趣旨 는 좋지만, 현실성이 떨어진다고 봐.
Q. 제 발언이 본래 趣旨 와 다르게 받아들여져 유감입니다.

명 취지

しゅしのせつめい
趣旨の説明 취지의 설명

治安 ちあん

Q. 우리 동네는 밤늦게 돌아다녀도 될 만큼 治安 이 좋다.
Q. 여자 혼자 떠나도 안전할 만큼 治安 이 좋은 여행지.

명 치안

ちあんたいさく
治安対策 치안 대책

侵略 しんりゃく

Q. 이순신 장군은 왜적의 侵略 를 여러 차례 막아냈다.
Q. 타국의 영토를 차지하려고 侵略 전쟁을 일으켰다.

명 침략

しんりゃくせんそう
侵略戦争 침략 전쟁

沈黙 ちんもく

Q. 웅변은 은이고 沈黙 는 금이다.
Q. 국어 시간에 한용운의 '님의 沈黙' 라는 시를 배웠다.

명 침묵

ちんもくをまもる
沈黙を守る 침묵을 지키다

沈殿 ちんでん

Q. 沈殿 물이 생길 수 있으니 마시기 전 흔들어 주세요.
Q. 불순물이 바닥에 沈殿 하면 위쪽의 맑은 물만 따라낸다.

명 침전

ちんでんぶつ
沈殿物 침전물

Q　　A

快楽 かいらく

Q. 돈을 따는 순간의 快楽 에 취해 도박에 중독되었다.
Q. 에피쿠로스가 말한 快楽 란 동물적 욕망의 만족이 아니다.

명 쾌락

かいらくしゅぎ
快楽主義 쾌락주의

打(ち)消し うちけし

Q. 그런 의도가 아니라고 打(ち)消し 를 했지만 소용없었다.
Q. 그의 의견을 듣고 打(ち)消し 의 의미로 고개를 저었다.

명 부정

うちけしぶん
打ち消し文 부정문

打開 だかい

Q. 위기 국면을 打開 할 방법이 없는지 생각해보자.
Q. 물 부족량 打開 방안으로 빗물 재활용을 제시했다.

명 타개

だかいさく
打開策 타개책

打撃 だげき

Q. 조류인플루엔자 파동으로 장사에 큰 打撃 를 입었다.
Q. 존경하는 야구 타자의 打撃 자세를 흉내 내 연습했다.

명 타격

だげきをうける
打撃を受ける 타격을 받다

妥結 だけつ

Q. 협상 妥結 를 위해 여러 방면으로 노력할 것입니다.
Q. 노사는 총파업 예고 2시간 전에 극적인 妥結 에 성공했다.

명 타결

こうしょうがだけつする
交渉が妥結する 교섭이 타결되다

他方 たほう

Q. 내가 가리키는 쪽은 안보고 엉뚱하게 他方 만 보고 있다.
Q. 한쪽 말만 듣지 말고 他方 의 말도 들어보고 결정하자.

명 다른 쪽

たほうのいいぶん
他方の言い分 다른 쪽 말

炭素 たんそ

Q. 연탄 난방을 할 땐 일산화 炭素 중독을 주의해야 한다.
Q. 이산화 炭素 는 물에 녹여 탄산음료를 만들 수 있다.

명 탄소

たんそかごうぶつ
炭素化合物 탄소 화합물

態勢 たいせい

Q. 보석이 전시된 특별관은 24시간 경계 態勢 였다.
Q. 그는 자신의 이익 앞에선 누구보다 態勢 전환이 빨랐다.

명 태세

けいかいたいせい
警戒態勢 경계 태세

駄作 ださく

Q. 그 작품의 후속작은 전작의 명성에 먹칠하는 駄作 다.
Q. 어설픈 각본 때문에 형편없는 駄作 라는 평가를 받았다.

명 졸작

めいさくとださく
名作と駄作 명작과 졸작

土木 どぼく

Q. 집을 짓기 전에 우선 土木 공사를 해야 한다.
Q. 궁전을 짓기 위한 土木 공사에 백성들을 동원했다.

명 토목

どぼくこうじ
土木工事 토목공사

討議 とうぎ

Q. 오랜 討議 끝에 모두가 만족하는 결론에 도달했다.
Q. 討議 는 토론과 달리 같은 방향의 해결안을 찾는다.

명 토의

とうぎじこう
討議事項 토의 사항

土俵 どひょう

Q. 스모 시합을 위해 두 선수가 土俵 위로 올라섰다.
Q. 스모는 상대를 쓰러트리거나 土俵 밖으로 밀어내야 한다.

명 씨름판

どひょうでたおれる
土俵で倒れる 씨름판에 쓰러지다

痛感 つうかん

Q. 이번 일로 나의 능력이 부족함을 痛感 했다.
Q. 감독은 패배에 대한 책임을 痛感 한다며 고개를 숙였다.

명 통감

せきにんをつうかんする
責任を痛感する 책임을 통감하다

統率 とうそつ

Q. 상급자는 부하직원을 統率 하는 능력을 갖추어야 한다.
Q. 어린아이들을 선생님 혼자 統率 하기에는 역부족이었다.

명 통솔

とうそつりょく
統率力 통솔력

退治 たいじ

Q. 여름이 다가오면 모기 退治 약을 구비해둔다.
Q. 한국 마약 退治 운동 본부에서 토론회가 열렸다.

명 퇴치

おにをたいじする
鬼を退治する 귀신을 퇴치하다

退化 たいか

Q. 인간의 꼬리뼈는 꼬리가 존재했다가 退化 를 한 흔적이다.
Q. 뱀도 원래 다리가 있었지만 退化 하면서 사라졌다.

명 퇴화

たいかきかん
退化器官 퇴화기관

特権 とっけん

Q. 국회의원은 면책 特権 을 가지고 있다.
Q. 수험생만의 特権! 수험표를 가져오시면 할인해드려요.

명 특권

とっけんかいきゅう
特権階級 특권 계급

特技 とくぎ

Q. 이력서에 취미나 特技 는 왜 적으라는 건지 모르겠어.
Q. 중국어 特技 를 살려서 중국에서 일하고 싶다.

명 특기

かわったとくぎ
変わった特技 색다른 특기

Q　A

特産 とくさん

Q. 천안의 特産 먹거리로는 호두과자가 유명하다.
Q. 여행을 가면 그곳에서만 살 수 있는 特産 물을 사 온다.

명 특산

とくさんぶつ
特産物 특산물

特集 とくしゅう

Q. 가족들과 함께 설날 特集 프로그램을 시청했다.
Q. 여름을 맞아 납량 特集 영화를 시리즈로 편성했다.

명 특집

とくしゅうページ
特集ページ 특집 페이지

特派 とくは

Q. 현지에 있는 해외 特派 원을 연결해 생중계했다.
Q. 전쟁터에 特派 된 종군취재기자.

명 특파[특별히 파견함]

とくはいん
特派員 특파원

破棄 はき

Q. 거래처의 일방적인 계약 破棄 에 곤란한 상황이 되었다.
Q. 대법원은 원심을 破棄 하고 고등법원으로 돌려보냈다.

명 파기

けいやくのはき
契約の破棄 계약 파기

把握 はあく

Q. 그는 아직도 상황 把握 가 안 된 모양이다.
Q. 눈치가 없어서 분위기 把握 를 잘 못 한다.

명 파악

しんそうのはあく
真相の把握 진상 파악

版 はん

Q. 현대 版 로미오와 줄리엣으로 불리는 안타까운 실화.
Q. 최신 기출 경향을 담은 개정 版 참고서.

명 판

かいていばん
改訂版 개정판

判定 はんてい

Q. 선수들은 심판의 편파적인 判定 에 이의를 제기했다.
Q. 안전성 부적합 判定 를 받은 제품을 전량 리콜했다.

명 판정

はんていけっか
判定結果 판정 결과

版画 はんが

Q. 版画 를 만드는 수업이 있어 목판을 사러 나왔다.
Q. 版画 는 조각칼을 사용하기 때문에 항상 부상에 조심하자.

명 판화

はんがか
版画家 판화가

貝殻 かいがら

Q. 조개의 껍데기를 貝殻 라고 부른다.
Q. 마들렌은 보통 貝殻 모양 틀에 반죽을 넣고 굽는다.

명 조가비

かいがらをひろう
貝殻を拾う 조개껍데기를 줍다

Q — A

敗戦 はいせん

Q. 敗戦 국은 승전국에 영토 일부를 빼앗겼다.
Q. 일본의 2차 대전 敗戦 으로 모든 식민지가 해방되었다.

명 **패전**

はいせんこく
敗戦国 패전국

膨張 ぼうちょう

Q. 물이 얼면 부피가 膨張 한다.
Q. 폐는 숨을 들이마시면 膨張 한다.

명 **팽창**

じんこうのぼうちょう
人口の膨張 인구의 팽창

片 かた

Q. 片 의 말만 듣지 말고 양쪽 말을 다 들어보고 결정하자.
Q. 나는 片 의 뺨에만 보조개가 있어.

명 **한쪽**

かたえくぼ
片えくぼ 한쪽 보조개

便秘 べんぴ

Q. 유산균이나 식이섬유 섭취는 便秘 치료에 도움이 된다.
Q. 배변이 3~4일에 한 번 미만인 경우를 便秘 라고 한다.

명 **변비**

べんぴぐすり
便秘薬 변비약

片言 かたこと

Q. 나는 片言 의 영어로 어떻게든 길을 설명해주려 애썼다.
Q. 아이는 작년만 해도 片言 였는데 그새 말이 늘었다.

명 **서투른 말씨**

かたことのにほんご
片言の日本語 서투른 일본어

平方 へいほう

Q. 2의 平方 는 4이다.
Q. 1 平方 미터는 0.3025평이다.

명 **제곱, 평방**

へいほうめーとる
平方メートル 제곱미터

平常 へいじょう

Q. 고객의 폭언에도 平常 심을 유지하기 위해 애썼다.
Q. 목요일 아침에 나는 平常 대로 출근할 준비를 했다.

명 **평상, 평소**

へいじょうしん
平常心 평상심

平成 へいせい

Q. 2019년은 平成 31년이며, 레이와 원년이기도 하다.
Q. 1989년 1월 8일 이전은 쇼와 시대, 이후는 平成 시대이다.

명 **헤이세이**

へいせいじゅうねん
平成10年 헤이세이 10년

* 1989년부터 사용된 일본의 연호

平生 へいぜい

Q. 마치 아무 일도 없었다는 듯 平生 와 똑같은 모습이다.
Q. 平生 술을 자주 먹었더니 건강에 이상이 생겼다.

명 **평소**

へいぜいどおり
平生通り 평소대로

Q A

閉口 へいこう

Q. 지독한 추위에 閉口 하고 덜덜 떨면서 집으로 돌아왔다.

Q. 조르는 아이에게 閉口 한 부모는 결국 장난감을 사주었다.

명 항복, 질림, 손듦

へいこうさせる
閉口させる 항복시키다

廃棄 はいき

Q. 우리 식당은 반찬을 재활용하지 않고 廃棄 합니다.

Q. 실컷 이용만 당하다 廃棄 처분당한 거지 뭐.

명 폐기

はいきぶつ
廃棄物 폐기물

布巾 ふきん

Q. 마른 布巾 으로 그릇의 물기를 닦았다.

Q. 상을 다 치웠으면 布巾 으로 닦아라.

명 행주

ほしふきん
干し布巾 마른행주

捕鯨 ほげい

Q. 그린피스는 고래 捕鯨 를 반대하는 활동을 벌여왔다.

Q. 일본은 국제 捕鯨 위원회 탈퇴 후 고래잡이를 재개했다.

명 포경

ほげいせん
捕鯨船 포경선

* '고래잡이'를 뜻함

布告 ふこく

Q. 일본군은 선전 布告 도 없이 진주만을 습격했다.

Q. 다른 국가에 전쟁을 공식 선언하는 것이 선전 布告 다.

명 포고

せんせんふこく
宣戦布告 선전포고

褒美 ほうび

Q. 임금은 큰 공을 세운 장군에게 후한 褒美 를 내렸다.

Q. 우리 팀이 실적 1위를 해서 褒美 휴가를 받았다.

명 포상

ほうびをもらう
褒美をもらう 포상을 받다

暴力団 ぼうりょくだん

Q. 경찰이 조직 暴力団 을 소탕했다고 발표했다.

Q. 삼합회, 야쿠자 등 여러 暴力団 이 존재한다.

명 폭력단

ぼうりょくだんいん
暴力団員 폭력 단원

票 ひょう

Q. 나는 찬성에 票 를 던질 생각이다.

Q. 작은 票 에 지령을 적어 몰래 전달했다.

명 투표지

さんせいひょう
賛成票 찬성표

* '종이·쪽지'의 뜻으로도 쓰임

標語 ひょうご

Q. 소방청은 소방안전 標語 와 포스터 공모전을 개최했다.

Q. 꺼진 불도 다시 보자는 標語 가 기억에 남는다.

명 표어

こうつうひょうご
交通標語 교통 표어

豊作 ほうさく

Q. 올해는 일조량과 강수량이 적당해 豊作 가 예상된다.
Q. 작물이 豊作 면 가격이 하락하는 문제점이 있다.

명 풍작

べいのほうさく
米の豊作 쌀 풍년

風土 ふうど

Q. 열대지방의 風土 에서 열대과일이 잘 자란다.
Q. 원래 작은 나라의 한 지역에서만 발생하는 風土 병이었다.

명 풍토

ふうどびょう
風土病 풍토병

披露宴 ひろうえん

Q. 예식장 옆 뷔페를 披露宴 장소로 예약했다.
Q. 출판기념회 후 한정식집에서 披露宴 을 했다.

명 피로연

けっこんひろうえん
結婚披露宴 결혼 피로연

辟易 へきえき

Q. 파죽지세로 밀고 들어오는 모습에 辟易 해서 도망을 쳤다.
Q. 나는 이제 화내기도 辟易 했으니 아예 신경을 안 쓸래.

명 (두렵거나 질려서) 물러섬

へきえきしてしりぞく
辟易して退く 질려서 물러서다

必修 ひっしゅう

Q. 전공 必修 과목을 전부 이수했으니 학점만 채우면 돼.
Q. 요즘 카페에 와이파이는 必修 인데 여기는 왜 없지?

명 필수

ひっしゅうかもく
必修科目 필수과목

必然 ひつぜん

Q. 사람이 나이를 먹고 늙어 죽는 것은 必然 이다.
Q. 우연이 반복되면 必然 이라고 할 수 있겠지요.

명 필연

ひつぜんてきなかんけい
必然的な関係 필연적 관계

匹敵 ひってき

Q. 그는 어느새 스승에 匹敵 할 만한 실력을 갖추었다.
Q. 그 자동차는 1년 치 월급에 匹敵 할 만한 가격이었다.

명 필적

ひってきするじつりょく
匹敵する実力 필적할만한 실력

下痢 げり

Q. 심한 장염으로 물만 마셔도 下痢 를 해 배가 홀쭉해졌다.
Q. 식중독에 걸리면 신체는 독소를 내보내려고 下痢 를 한다.

명 설사

げりどめ
下痢止め 설사약

下心 したごころ

Q. 무슨 下心 가 있어서 나한테 잘해주는 건지 모르겠어.
Q. 나는 진작부터 그의 음흉한 下心 를 간파하고 있었다.

명 속셈, 흑심, 사심

したごころをみぬいた
下心を見抜いた 속셈을 간파했다

Q

A

荷造(り) にづくり

Q. 여행 출발 전날 밤 가방에 荷造(り) 를 했다.

Q. 유리로 된 물건을 보낼 땐 에어캡으로 荷造(り) 를 해라.

명 짐을 쌈, 포장함

にづくりひ
荷造り費 포장비

下調べ したしらべ

Q. 방송 촬영 전에 스태프들이 먼저 下調べ 를 다녀왔다.

Q. 여행 전에 인터넷 검색으로 현지에 대한 下調べ 를 했다.

명 예비 조사

げんちへのしたしらべ
現地への下調べ 현지 예비조사

下取り したどり

Q. 쓰던 제품을 가져가서 下取り 로 신품을 저렴하게 샀다.

Q. 쓰던 핸드폰을 반납하면 下取り 로 최대 9만 원 할인.

명 보상 판매

したどりたいしょう
下取り対象 보상판매 대상

下火 したび

Q. 진화작업이 시작되자 아까보다 불기운이 下火 되었다.

Q. 한때 잘나가던 스타였는데 요즘은 인기가 下火 가 되었다.

명 쇠함, 한물감

にんきがしたびになる
人気が下火になる 인기가 쇠하다

学歴 がくれき

Q. 저의 최종 学歴 는 대학교 졸업입니다.

Q. 성별, 나이, 学歴 는 따지지 않지만, 경력은 중요하게 본다.

명 학력

がくれきぎぞう
学歴偽造 학력 위조

学説 がくせつ

Q. 공룡의 멸종에 대해서는 여러 가지 学説 가 존재한다.

Q. 교수의 새 学説 가 발표되자 학계가 발칵 뒤집혔다.

명 학설

あたらしいがくせつ
新しい学説 새로운 학설

学芸 がくげい

Q. 유치원 学芸 회에서 아이들이 간단한 율동을 선보였다.

Q. 학문과 예능을 통틀어 이르는 말 学芸.

명 학예

がくげいかい
学芸会 학예회

鼾 いびき

Q. 피곤했는지 드르렁드르렁 鼾 를 하며 자고 있었다.

Q. 아버지는 주무실 때 鼾 가 심한 편이라 곁에 자기 힘들어.

명 코 고는 소리, 코골이

いびきをたてる
鼾を立てる 코를 골다

漢語 かんご

Q. 일본어는 히라가나, 가타카나, 漢語 를 섞어 표기한다.

Q. 일본어와 한국어에는 漢語 에서 유래된 단어가 많이 있다.

명 한자어

かんごのかなひょうき
漢語の仮名表記 한자어의 카나 표기

Q A

合(わ)せ あわせ

Q. 서로 등을 合(わ)せ 를 하고 키를 재 보았다.
Q. 전화로 얘기하지 말고 얼굴을 合(わ)せ 하자.

명 맞춤, 맞댐

かおをあわせる 顔を合わせる	얼굴을 맞대다

合間 あいま

Q. 너무 바빠서 숨을 돌릴 合間 도 없다.
Q. 버스를 타고 가는 合間 에 책을 읽는다.

명 틈, 짬

しごとのあいま 仕事の合間	일하는 틈

合議 ごうぎ

Q. 군사 合議 를 파기하고 무력 도발을 감행해왔다.
Q. 두 사람은 合議 하에 이혼하기로 결정을 내렸다.

명 합의

ごうぎのうえで 合議の上で	합의해서

合唱 がっしょう

Q. 아이들은 입을 모아 合唱 를 하듯이 네! 하고 대답했다.
Q. 우리 반은 교내 合唱 대회에서 전통민요를 부르기로 했다.

명 합창

がっしょうだん 合唱団	합창단

合致 がっち

Q. 세 사람의 의견이 모처럼 合致 해서 싸움 없이 넘어갔다.
Q. 낙태죄의 헌법 불 合致 판정으로 낙태가 합법화된다.

명 합치

もくてきにがっちする 目的に合致する	목적에 합치하다

抗争 こうそう

Q. 광주 민주화 운동은 민주주의를 향한 위대한 抗争 였다.
Q. 6월 민주 抗争 에서 이한열은 경찰의 최루탄에 사망했다.

명 항쟁

ぶりょくこうそう 武力抗争	무력 항쟁

海路 かいろ

Q. 울릉도 동남쪽 海路 따라 이백리.
Q. 바다에서 선박이 지나다니는 길을 海路 라고 한다.

명 항로, 뱃길

かいろをいく 海路を行く	뱃길을 가다

海流 かいりゅう

Q. 우리는 海流 가 흐르는 대로 배가 흘러가게 놔두었다.
Q. 공기의 흐름을 기류, 바다의 흐름을 海流 라고 한다.

명 해류

かいりゅうにのる 海流に乗る	해류를 타다

海抜 かいばつ

Q. 강화도의 마니산은 海抜 472m이다.
Q. 고랭지란 海抜 600m 이상의 높고 한랭한 지역을 뜻한다.

명 해발

かいばつさんぜんめーとる 海抜三千メートル	해발 3천 미터

Q — A

解剖 かいぼう

Q. 부검이란 사인을 알아내기 위해 시체를 解剖 하는 것이다.
Q. 과학자들은 아인슈타인의 뇌를 解剖 해서 연구했다.

명 해부

じんたいかいぼうず
人体解剖図 인체 해부도

海運 かいうん

Q. 배로 물건을 실어나르는 海運 업에 종사하고 있습니다.
Q. 그는 여러 척의 여객선을 거느린 海運 회사의 사장이다.

명 해운

かいうんがいしゃ
海運会社 해운 회사

解除 かいじょ

Q. 스마트폰 화면을 밀어서 잠금을 解除 할 수 있다.
Q. 뇌물을 받은 경찰 간부의 직위를 解除 했다.

명 해제

かいじょじょうけん
解除条件 해제 조건

行政 ぎょうせい

Q. 공무원들의 탁상 行政 에 사람들이 분노했다.
Q. 닥터헬기 비상착륙을 시가 책임지는 行政 명령을 내렸다.

명 행정

たくじょうぎょうせい
卓上行政 탁상행정

享受 きょうじゅ

Q. 지방에서도 문화생활을 享受 할 기회가 늘어나길 바란다.
Q. 부모님 밑에서 독립하면서 마음껏 자유를 享受 하고 있다.

명 향수[받아들여 누림]

しあわせをきょうじゅする
幸せを享受する 행복을 향수하다

郷土 きょうど

Q. 고기국수는 제주도의 郷土 음식이다.
Q. 전국을 돌며 그 지역에서만 자라는 郷土 식물을 연구했다.

명 향토

きょうどりょうり
郷土料理 향토 요리

軒並 のきなみ

Q. 경찰은 동네 軒並 를 빠짐없이 찾아가 목격자를 찾았다.
Q. 국경일이 되면 軒並 에 빠짐없이 국기를 게양한다.

명 늘어선 집, 집마다

のきなみにこっきをたてる
軒並に国旗を立てる 집마다 국기를 달다

懸賞 けんしょう

Q. 어마어마한 금액이 걸린 懸賞 수배범이 틀림없었다.
Q. 懸賞 금 100억이 걸린 범죄자.

명 현상

けんしょうきん
懸賞金 현상금

現地 げんち

Q. 해외여행 중 우연한 기회로 現地 의 가정집을 방문했다.
Q. 여행 중 現地 의 시장을 구경하며 특산물을 샀다.

명 현지

げんちほうこく
現地報告 현지 보고

現行 げんこう

Q. 학생들에게 現行 교육 제도의 문제점에 관해 물어보았다.
Q. 흉기를 휘두르는 사람을 경찰이 現行 범으로 체포했다.

명 현행

げんこうのきょうかしょ
現行の教科書 현행 교과서

脅迫 きょうはく

Q. 인질을 잡고 있는 범인의 脅迫 로 거짓 증언을 했다.
Q. 약점을 잡고 脅迫 를 해서 돈을 뜯어낸다.

명 협박

きょうはくざい
脅迫罪 협박죄

協議 きょうぎ

Q. 아무런 사전 協議 도 없이 멋대로 일을 진행하다니!
Q. 두 기업은 계약을 연장할지 協議 중이다.

명 협의

じぜんきょうぎ
事前協議 사전 협의

形勢 けいせい

Q. 지원군의 등장으로 순식간에 形勢 가 역전되었다.
Q. 그는 자신의 形勢 가 불리해지자 곧바로 말을 바꿨다.

명 형세

ゆうりなけいせい
有利な形勢 유리한 형세

形態 けいたい

Q. 가루 形態 의 코코아라서 우유에 타 먹기 좋다.
Q. 흉터를 덮기 위해 흉터의 形態 에 따라 문신을 새겼다.

명 형태

けいたいをかえる
形態を変える 형태를 바꾸다

恵み めぐみ

Q. 내가 이겼군. 恵み 를 베풀어 목숨만은 살려주겠다.
Q. 부처님의 恵み 가 온 세상에 가득하길.

명 자비, 은혜

かみのめぐみ
神の恵み 신의 은혜

琥珀 こはく

Q. 나무에서 흘러나온 수지가 굳어 생긴 보석 琥珀.
Q. 琥珀 안에 든 모기는 영화 쥬라기공원의 상징과도 같다.

명 호박

こはくいろ
琥珀色 호박색

* 송진이 굳어서 생긴 보석의 일종

戸籍 こせき

Q. 양자를 들여 가문의 戸籍 에 올리고 가업을 잇게 했다.
Q. 아버지는 사고를 친 형을 戸籍 에서 파버리겠다며 화냈다.

명 호적

こせきとうほん
戸籍謄本 호적등본

好評 こうひょう

Q. 평론가들에게는 好評 를 받았지만, 대중들은 외면했다.
Q. 악평을 받은 好評 를 받든 저는 계속 글을 쓸 것입니다.

명 호평

こうひょうはつばいちゅう
好評発売中 호평 발매 중

Q — A

戸締(ま)り とじまり

Q. 외출하면서 현관문이 잘 잠겼는지 戸締(ま)り 를 했다.
Q. 주번은 마지막에 나갈 때 창문 닫고 戸締(ま)り 를 해라.

명 문단속

とじまりをわすれる
戸締まりを忘れる　문단속을 잊다

好況 こうきょう

Q. 기록적인 폭염에 냉방제품 판매가 好況 를 이루고 있다.
Q. 수출이 늘어나 우리 경제가 몇 년 만에 好況 를 맞았다.

명 호황

こうきょうさんぎょう
好況産業　호황 산업

魂 たましい

Q. 억울하게 죽은 사람의 魂 를 달래는 제사를 지냈다.
Q. 일본은 물건 하나하나에도 魂 가 깃들어 있다고 믿는다.

명 혼

みんぞくのたましい
民族の魂　민족의 혼

混血 こんけつ

Q. 그는 한국인 아버지와 일본인 어머니를 둔 混血 다.
Q. 이국적인 외모 탓에 混血 로 착각하는 사람들이 많다.

명 혼혈

こんけつのこども
混血の子供　혼혈아

枠 わく

Q. 안경이 박살 나서 렌즈와 枠 를 완전히 새로 맞추었다.
Q. 枠 에 박힌 듯한 뻔한 내용의 드라마 내용에 질렸다.

명 테, 틀

まどわく
窓枠　창문틀

画期 かっき

Q. 컴퓨터는 인간의 삶을 바꿔놓은 画期 적인 발명품이다.
Q. 기존에 없던 画期 적인 암 치료법을 개발하는 데 성공했다.

명 획기

かっきてきなこころみ
画期的な試み　획기적인 시도

花壇 かだん

Q. 마당 한쪽에는 장미를 심어놓은 花壇 이 있다.
Q. 학교 花壇 에는 무궁화와 진달래가 피어 있다.

명 화단

にわのかだん
庭の花壇　뜰의 화단

炬燵 こたつ

Q. 탁자에 전열 기구를 붙이고 이불을 덮은 것이 炬燵 다.
Q. 일본에서 겨울이면 빼놓을 수 없는 난방기구가 炬燵 다.

명 코타츠

でんきごたつ
電気炬燵　전기 코타츠

和文 わぶん

Q. 일본어 전공이어서 和文 으로 된 문서를 막힘없이 읽었다.
Q. 일본어 공부를 할 겸 和文 으로 일기를 쓰고 있다.

명 일문[일본 문자]

わぶんえいやく
和文英訳　일영 번역

Q A

化繊 かせん

Q. 나일론은 화학적 가공을 통해 만드는 化繊 이다.
Q. 섬유에는 천연섬유와 化繊 이 있다.

명 화학섬유

かせんのふく
化繊の服 화학섬유 옷

画用紙 がようし

Q. 미술 시간에는 빳빳한 画用紙 에 그림을 그렸다.
Q. 준비물로 크레파스와 画用紙 를 한 장 가져가야 해.

명 도화지

がようしにえをえがく
画用紙に絵を描く 도화지에 그림을 그리다

貨幣 かへい

Q. 貨幣 가 발명되면서 물물교환의 단점을 극복했다.
Q. 비트코인, 이더리움 등 다양한 가상 貨幣 가 생겨났다.

명 화폐

かへいせいど
貨幣制度 화폐 제도

化合 かごう

Q. 산소와 수소가 化合 하면 물이 된다.
Q. 두 가지 이상의 원소를 化合 해 새로운 물질을 만들었다.

명 화합

かごうぶつ
化合物 화합물

★ 주로 화학적인 결합을 뜻할 때 쓰임

確立 かくりつ

Q. 청소년기는 자아 정체성을 確立 하는 시기이다.
Q. 두 정상은 평화 체제 確立 를 위해 노력하겠다고 말했다.

명 확립

じがのかくりつ
自我の確立 자아의 확립

拡散 かくさん

Q. 정부 퇴진을 요구하는 시위가 전국으로 拡散 되었다.
Q. 열차 탈선 사고로 안전에 대한 불안감이 拡散 되고 있다.

명 확산

うわさのかくさん
噂の拡散 소문의 확산

確定 かくてい

Q. 정확한 모임 날짜는 아직 確定 가 되지 않았다.
Q. 면접 합격자에게 입사 날짜가 確定 되었다는 연락이 왔다.

명 확정 

ごうかくかくてい
合格確定 합격 확정

還暦 かんれき

Q. 예전엔 還暦 가 되면 장수를 축하하며 잔치를 열었다.
Q. 61살을 還暦 라고 한다.

명 환갑

かんれきいわい
還暦祝い 환갑잔치

換算 かんさん

Q. 이 작품은 돈으로 換算 할 수 없는 가치가 있습니다.
Q. 1인치를 센티미터로 換算 하면 2.54 센티미터이다.

명 환산

どるにかんさん
ドルに換算 달러로 환산

Q　A

歓声 かんせい

Q. 금메달이 확정되는 순간 누구랄 것 없이 歓声 를 질렀다.
Q. 폭죽이 터질 때마다 사람들이 歓声 를 질렀다.

명 환성

わきあがるかんせい
沸き上がる歓声　터져 나오는 환성

還元 かんげん

Q. 자신의 전 재산을 사회에 還元 하겠다는 유언을 남겼다.
Q. 얼음이 녹아서 물로 還元 된다.

명 환원

しゃかいにかんげん
社会に還元　사회에 환원

皇居 こうきょ

Q. 일본의 왕과 그 가족들이 사는 궁을 皇居 라고 한다.
Q. 도쿄도 치요다구에 일본 왕의 거처인 皇居 가 있다.

명 황거, 天皇의 거처

とうきょうのこうきょ
東京の皇居　도쿄의 황거

会談 かいだん

Q. 평양에서 남북 정상 会談 이 열렸다.
Q. 2010년 11월 G20 会談 이 서울에서 열렸다.

명 회담

かんにちかいだん
韓日会談　한일 회담

回路 かいろ

Q. 직류 回路 에서는 전류가 한 방향으로만 흐른다.
Q. 전기 回路 의 과부하가 화재 원인으로 지목되었다.

명 회로

でんきかいろ
電気回路　전기회로

回送 かいそう

Q. 하루 운행을 마친 버스가 영업소로 回送 하고 있다.
Q. 문제가 있는 물건을 본사에 回送 하고 교환을 받았다.

명 회송

かいそうひ
回送費　회송비

横綱 よこづな

Q. 横綱 는 스모 선수 등급에서 가장 높은 단계이다.
Q. 유일한 일본인 横綱 였던 기세노사토가 은퇴하였다.

명 씨름꾼의 최고위, 제1인자

よこづなをやぶる
横綱を破る　요코즈나를 이기다

後回し あとまわし

Q. 숙제는 後回し 인 채 게임만 하고 있다.
Q. 그는 배를 채우기 바빠서 경치 구경도 後回し 였다.

명 뒤로 미룸, 뒷전

しごとをあとまわしする
仕事を後回しする　일을 뒷전으로 미루다

休学 きゅうがく

Q. 사고를 당해 입원하느라 오랫동안 학교를 休学 했다.
Q. 졸업을 미루기 위해 1년 休学 하기로 했다.

명 휴학

きゅうがくとどけ
休学届　휴학 신청서

凶作 きょうさく

Q. 불량 종자를 심은 농가에서 凶作 피해가 발생하고 있다.
Q. 가뭄으로 농작물이 말라 죽어 올해는 凶作 가 예상된다.

명 흉작

きょうさくのとし
凶作の年 흉작의 해

興業 こうぎょう

Q. 조선업을 興業 시켜 나라 발전에 도움이 되고 싶다.
Q. 쓰러져가는 농업을 다시 興業 하려면 어떻게 해야 할까?

명 흥업

しょくさんこうぎょう
殖産興業 생산을 늘리고 산업을 일으킴

★ '새로 사업을 일으킴, 산업을 흥하게 함'이라는 뜻

戯曲 ぎきょく

Q. '세일즈맨의 죽음'은 극작가 아서 밀러의 戯曲 다.
Q. 자신이 직접 戯曲 를 쓰고 배우로 무대에 올랐다.

명 희곡

ぎきょくさっか
戯曲作家 희곡 작가

終始 しゅうし

Q. 그는 질문에 대답하지 않고 終始 침묵으로 일관했다.
Q. 終始 일관 상대를 압도하는 모습을 보여주며 승리했다.

명 시종

しゅうしせっきょくてき
終始積極的 처음부터 끝까지 적극적

★ 처음과 끝, 처음부터 끝까지를 뜻함

実[2] じつ

Q. 쓸모없는 껍데기는 버리고 実 만 취하다.
Q. 말뿐인 사과가 아니라 実 피해 보상을 촉구한다.

명 실질, 열매

じつをとる
実を取る 실질을 취하다

実[3] じつ

Q. 그가 하는 말이 거짓인지 実 인지 알 수가 없었다.
Q. 実 를 말하자면 제 영화가 이렇게 성공할 줄 몰랐습니다.

명 진실, 사실

じつのおやこ
実の親子 친부모 자식

申(し)分[1] もうしぶん

Q. 申(し)分 있으면 한번 해 봐. 들어줄게.
Q. 저는 더 申(し)分 없으니 발언하지 않겠습니다.

명 할 말

もうしぶんをきく
申し分を聞く 주장을 듣다

申(し)分[2] もうしぶん

Q. 실력만 보면 국가대표가 되기에 申(し)分 이 없다.
Q. 이 정도면 합격하기에 申(し)分 이 없는 성적이다.

명 부족함, 결점

もうしぶんのないせいせき
申し分のない成績 부족함 없는 성적

揃い[1] そろい

Q. 한국에서 커플끼리 揃い 인 옷을 입는 것은 흔하다.
Q. 친구들끼리 우정의 표시로 揃い 인 팔찌를 만들었다.

명 같음

そろいのこーで
揃いのコーデ 같은 코디

Q A

揃い[2] そろい

Q. 좋아하는 작가의 책을 한 권도 빠짐없이 揃い 를 했다.

Q. 모자와 揃い 인 가방입니다. 같이 샀어요.

명 갖추어짐, 모여 있음

ぜんかんぞろい
全巻揃い 전권 갖춤

* 세트라는 뜻으로도 쓰임

人道[1] じんどう

Q. 차가 人道 를 침범해 행인들을 덮치는 사고가 발생했다.

Q. 사람이 다니는 人道 위에서 오토바이를 타는 건 불법이다.

명 인도[사람이 다니는 길]

じんどうとしゃどう
人道と車道 인도와 차도

人道[2] じんどう

Q. 부모를 공경하는 것은 마땅히 지켜야 할 人道 다.

Q. 人道 주의적 차원에서 북한에 대한 지원을 결정했다.

명 인도[사람의 도리]

じんどうしゅぎ
人道主義 인도주의

覚え[1] おぼえ

Q. 어렴풋이 覚え 가 난다. 그 영화 본 적 있는 것 같아.

Q. 저 사람 어디선가 본 覚え 가 있는데 어디서 봤지?

명 기억

ききおぼえのあるこえ
聞覚えのある声 들은 기억이 있는 목소리

覚え[2] おぼえ

Q. 저 아이는 覚え 가 빨라서 금방금방 배운다.

Q. 요령을 覚え 하고부터는 오래 걸리지 않는 일이었다.

명 습득, 이해

おぼえがはやい
覚えが早い 이해가 빠르다

写し[1] うつし

Q. 원본을 잃어버릴지도 모르니 서류의 写し 를 만들어두게.

Q. 이것은 책 원본을 그대로 필사한 写し 입니다.

명 사본

しょるいのうつし
書類の写し 서류의 사본

写し[2] うつし

Q. 아마 사진으로 写し 한 것이 남아있을 텐데. 잠시만요.

Q. 명감독 밑에서 영화 写し 의 노하우를 배웠다.

명 사진·영화 등을 찍음

おおうつし
大写し 클로즈업

溝[1] みぞ

Q. 여름철 작은 溝 에서 친구들과 물놀이 하던 기억.

Q. 학교에 가려고 溝 를 건널 때마다 신발이 젖기 일쑤였다.

명 개천, 도랑

みぞをわたる
溝を渡る 도랑을 건너다

溝[2] みぞ

Q. 오해가 풀리지 않아서 친구 사이의 溝 는 깊어져만 갔다.

Q. 연이은 분쟁으로 양국 관계의 溝 가 점점 깊어진다.

명 감정적 거리, 틈

みぞがふかまる
溝が深まる 골이 깊어지다

溝[3] どぶ

Q. 溝 에서 올라오는 불쾌한 냄새에 얼굴을 찌푸렸다.
Q. 길가에 떨어뜨린 스마트폰이 溝 뚜껑 사이로 쏙 들어갔다.

명 도랑, 시궁창, 하수구

どぶのにおい
溝の匂い 시궁창 냄새

梅干(し) うめぼし

Q. 梅干(し) 는 매실을 소금에 절여 말린 일본 전통 요리다.
Q. 상큼한 梅干(し) 한 알을 넣은 일본식 주먹밥.

명 우메보시[매실장아찌]

うめぼしをつくる
梅干しを作る 우메보시를 만들다

面目 めんぼく

Q. 물려받은 집이 다 타버리다니, 조상님을 뵐 面目 가 없다.
Q. 부모님을 뵐 面目 가 없어서 고향에 가지 않았다.

명 면목, 체면, 명예

めんぼくない
面目ない 면목이 없다

* 발음 차이 めんもく

目下[2] もっか

Q. 目下 해결해야 할 용무가 생겨 먼저 실례하겠습니다.
Q. 目下 상영 중인 영화 목록을 알려주세요.

명 현재, 지금, 아랫사람, 손아래

もっかじょうえいちゅう
目下上映中 현재 상영 중

餅 もち

Q. 밀가루가 아니라 쌀로 만든 餅 라서 역시 쫄깃하네!
Q. 팥소가 들어가 달콤하고 쫄깃한 찹쌀 餅.

명 모찌

もちをつく
餅を搗く 떡을 치다

霰 あられ

Q. 빗방울이 내리는가 했더니 추운 날씨에 霰 로 변했다.
Q. 중부지방은 霰 가 약간 내리지만 쌓이지는 않겠습니다.

명 싸라기, 싸락눈

あられにかわった
霰に変わった 싸락눈으로 변했다

市場[2] しじょう

Q. 주택 市場 안정을 위한 정부의 대책이 발표되었다.
Q. 한국 기업의 중국 市場 진출을 위한 세미나가 개최되었다.

명 시장

ちゅうごくしじょうしんしゅつ
中国市場進出 중국 시장 진출

* 경제적인 기능을 나타낼 때 쓰임

早急 そうきゅう

Q. 중요한 일입니다! 早急 하게 연락해주세요.
Q. 너무 早急 하게 굴지 말고 침착하게 행동해.

명 조급, 몹시 급함

そうきゅうにれんらくする
早急に連絡する 조급히 연락하다

(お)粥 おかゆ

Q. 몸살이 심해 며칠 동안 (お)粥 밖에 먹지 못했다.
Q. (お)粥 는 소화가 잘되는 유동식이다.

명 죽

おかゆはしょうかがよい
お粥は消化がよい 죽은 소화가 잘된다

Q A

令和 れいわ

Q. 2019년 5월 1일부터 일본의 새 연호 令和 가 시작된다.
Q. 헤이세이 31년을 H.31, 令和 1년을 R.1로 각각 표기한다.

명 레이와

れいわじだい
令和時代 레이와 시대

* 2019년부터 사용된 일본의 연호

決め手 きめて

Q. 유죄를 입증할만한 決め手 가 없어 무혐의 선고되었다.
Q. 이 전략이 승리를 위한 決め手 야. 이것만 통하면 이긴다!

명 결정적인 방법, 수단, 근거 

きめてをかく
決め手を欠く 결정적인 근거가 없다

重宝 ちょうほう

Q. 집안에 대대로 전해 내려오는 重宝 다.
Q. 이 사전은 重宝 야. 색인이 잘 돼서 단어를 찾기 좋거든.

명 귀중한 물건, 소중히 아낌 

いえにつたわるじゅうほう
家に伝わる重宝 집안에 전해 내려오는 보물

* 편리해서 자주 쓰는 것을 뜻하기도 함

有りの儘 ありのまま

Q. 아직 인간의 손이 닿지 않아 有りの儘 상태인 숲.
Q. 대체 여기서 무슨 일이 있었어? 有りの儘 말해!

명 있는 그대로임, 사실대로임 

ありのままをいう
有りの儘を言う 사실대로 말하다

過疎 かそ

Q. 그 시골 마을은 인구 過疎 지역이다.
Q. 천연자원 매장량 過疎 로 인해 수입에만 의존해야 한다.

명 과소[지나치게 드묾]

じんこうかそ
人口過疎 인구 과소

正規 せいき

Q. 인턴을 무사히 마치고 正規 직원이 되었다.
Q. 코딩을 학교 正規 과목으로 지정하겠다고 발표했다.

명 정규

せいきのしょくいん
正規の職員 정규 직원

単独 たんどく

Q. 처음으로 単独 연주회를 연 피아니스트.
Q. 공범이 없는 単独 범행으로 밝혀졌다.

명 단독

たんどくはんこう
単独犯行 단독 범행

大方[1] おおかた

Q. 재산의 大方 를 잃고 남은 돈은 몇 푼 되지 않았다.
Q. 신인 후보의 정책에 大方 의 사람들이 찬성하고 있습니다.

명 대부분

おおかたのひと
大方の人 대부분의 사람

波及 はきゅう

Q. 한류 콘텐츠 수출에 따른 波及 효과를 연구하고 있다.
Q. 올림픽의 경제적 波及 효과는 얼마나 될까?

명 파급

はきゅうこうか
波及効果 파급 효과

採取 さいしゅ

Q. 범행 현장에서 유력한 용의자의 지문을 採取 했습니다.
Q. 주말에 아이들과 갯벌에서 조개를 採取 하며 놀았다.

명 채취

しもんさいしゅ
指紋採取 지문 채취

箪笥 たんす

Q. 샤워를 한 뒤 箪笥 에서 옷을 꺼내 입었다.
Q. 새로 산 티셔츠를 잘 접어 箪笥 에 넣었다.

명 장롱, 옷장

たんすにいれる
箪笥に入れる 옷장에 넣다

跡地 あとち

Q. 그 폐건물의 跡地 에 고층 빌딩이 들어섰다.
Q. 카페 '동경'의 跡地 에 오픈했습니다. 많이 찾아주세요.

명 건물이 철거된 뒤의 부지

びるのあとち
ビルの跡地 빌딩 터

* 상점이 문을 닫은 뒤의 공간을 뜻하기도 함

憤り いきどおり

Q. 그의 오만한 언동에 憤り 를 느꼈지만 내색하지 않았다.
Q. 불공평한 판결에 세상 사람들은 憤り 를 느끼고 있다.

명 분노, 노여움

いきどおりをおぼえる
憤りを覚える 분노를 느끼다

* 怒り 와 달리 마음속에 품은 분노를 뜻함

遠隔 えんかく

Q. 집 밖에서도 가스 밸브를 잠글 수 있는 遠隔 제어 시스템.
Q. 먼 곳에서 드론을 遠隔 조종하여 테러를 일으켰다.

명 원격

えんかくそうさ
遠隔操作 원격 조작

鑑定 かんてい

Q. 필적 鑑定 를 통해 협박장을 보낸 사람을 찾아냈다.
Q. 전문가들의 鑑定 결과 그 미술품은 위작으로 밝혀졌다.

명 (사물의 진위 등을) 감정

ひっせきかんてい
筆跡鑑定 필적 감정

欠如 けつじょ

Q. 그 녀석은 책임감이 欠如 되어 있어서 안 돼.
Q. 자신감이 欠如 된 아이는 말끝을 얼버무리곤 한다.

명 결여

そうぞうりょくけつじょ
想像力欠如 상상력 결여

実況 じっきょう

Q. 피해 지역의 実況 를 있는 그대로 보도하는 중계방송.
Q. 신년 음악회의 実況 생중계를 집에서도 볼 수 있다.

명 실황[실제 상황]

じっきょうちゅうけい
実況中継 실황 중계

修復 しゅうふく

Q. 분쟁이 끝나고 이웃 나라와의 우호 관계를 修復 했다.
Q. 파손된 부분을 복구하기 위한 修復 공사가 진행 중입니다.

명 수복, 수리

しゅうふくこうじ
修復工事 수복 공사

Q A

ワット わっと

Q. 100 ワット 짜리 전구를 사다.

Q. 전력의 단위인 ワット 는 영어 W로 표시한다.

명 (전력의 단위) 와트 유래 watt [와트]

ひゃくわっとのでんきゅう
100ワットの電球 백 와트의 전구

レギュラー れぎゅらー

Q. 1학년인데 벌써 レギュラー 선수로 뽑히다니 대단하다.

Q. 특집 방송이 인기가 많아 レギュラー 방송으로 편성됐다.

명 정규의 유래 regular [레귤러]

れぎゅらーばんぐみ
レギュラー番組 정규 방송

アルゼンチン あるぜんちん

Q. アルゼンチン 의 축구영웅 마라도나.

Q. アルゼンチン 의 수도 부에노스아이레스 여행.

명 아르헨티나 유래 argentina [아르헨티나]

あるぜんちんたんご
アルゼンチンタンゴ 아르헨티나 탱고

ガレージ がれーじ

Q. 차가 있어서 개인 ガレージ 가 있는 맨션을 계약했어.

Q. 이 ガレージ 에는 차가 두 대 들어간다.

명 차고 유래 garage [개러지]

くるまをがれーじにいれる
車をガレージに入れる 차를 차고에 넣다

クレーン くれーん

Q. クレーン 이 차를 들어 올리고 있다.

Q. クレーン 은 기중기라고도 한다.

명 기중기 유래 crane [크레인]

くれーんげーむ
クレーンゲーム 인형 뽑기 게임

サツマイモ さつまいも

Q. サツマイモ 는 감자보다 달아서 좋아.

Q. サツマイモ 껍질은 감자와 다르게 보라색이다.

명 고구마 유래 sweet potato [스위트 포테이토]

じゃがいもとさつまいも
ジャガイモとサツマイモ 감자와 고구마

* 표기 차이 薩摩芋: 한자 표기

ショー しょー

Q. 화려한 마술 ショー 가 끝나자 관객들이 손뼉을 쳤다.

Q. 패션 ショー 에서 선보인 의상들.

명 구경거리 유래 show [쇼]

ぱれーどしょー
パレードショー 퍼레이드 쇼

ストロー すとろー

Q. 음료 하나에 ストロー 를 두 개 꽂아 함께 마셨다.

Q. 액체를 빨아올려 마실 때 쓰는 도구 ストロー.

명 빨대 유래 straw [스트로]

すとろーください
ストローください 빨대 주세요

スプリング すぷりんぐ

Q. スプリング 가 달려서 통통 튀는 장난감.

Q. 침대에서 뛰어놀면 침대 속 スプリング 가 망가진다.

명 스프링 유래 spring [스프링]

べっどのすぷりんぐ
ベッドのスプリング 침대 스프링

スラックス すらっくす

Q. 여자는 スラックス 를 입지만 남자는 치마를 입지 않는다.

Q. 스커트보다 スラックス 가 편해.

명 좁은 바지 유래 slacks [슬랙스]

すらっくすすがた
スラックス姿 슬랙스 차림

セックス せっくす

Q. 로맨스 코미디 영화 セックス 인 더 시티.

Q. 부부 사이에도 동의 없는 セックス 는 범죄 행위이다.

명 섹스 유래 sex [섹스]

せっくすしんぼる
セックスシンボル 섹스 심볼

ゼリー ぜりー

Q. ゼリー 같이 쫀득쫀득한 식감.

Q. 말랑말랑하고 씹으면 쫄깃한 딸기 맛 ゼリー.

명 젤리 유래 jelly [젤리]

ももあじのぜりー
桃味のゼリー 복숭아 맛 젤리

ソックス そっくす

Q. ソックス 를 안 신고 신발을 신었더니 발이 시리다.

Q. 그 ソックス 랑 신발은 색깔이 어울리지 않아.

명 양말 유래 socks [삭스]

にーそっくす
ニーソックス 니삭스

ソロ そろ

Q. ソロ 연주회를 연 유명 피아니스트.

Q. 팀 활동 외에 ソロ 활동도 열심히 하는 가수.

명 단독, 독주 유래 solo [솔로]

そろでびゅー
ソロデビュー 솔로 데뷔

タイム たいむ

Q. 저는 파트 タイム 로 일하고 있습니다.

Q. 나무 아래에 추억을 담은 タイム 캡슐을 묻어놓았다.

명 타임 유래 time [타임]

ぱーとたいむ
パートタイム 파트 타임

ツアー つあー

Q. 전국 ツアー 콘서트를 열기로 했다.

Q. 처음 가는 해외여행이라 패키지 ツアー 를 선택했어.

명 여행 유래 tour [투어]

ぱっけーじつあー
パッケージツアー 패키지 투어

デッサン でっさん

Q. デッサン 을 할 때는 스케치북과 연필만 있으면 된다.

Q. 아르바이트로 미술학원에서 デッサン 모델 일을 했다.

명 소묘 유래 dessin [데생]: 프랑스어

でっさんもでる
デッサンモデル 데생 모델

ドリル どりる

Q. ドリル 로 판자에 구멍을 뚫었다.

Q. 전동 ドリル 를 쓰면 누구나 쉽게 구멍을 뚫을 수 있다.

명 드릴 유래 drill [드릴]

どりるとはんまー
ドリルとハンマー 드릴과 해머

Q A

トルコ とるこ

Q. トルコ 의 최대 도시 이스탄불.
Q. トルコ 는 나라 이름이지만 같은 이름의 보석도 있다.

명 **터키** 유래 turkey [터키]

とるこきょうわこく
トルコ共和国 터키 공화국

バッテリー ばってりー

Q. 핸드폰 バッテリー 가 다 닳아서 전원이 꺼졌다.
Q. 자동차 バッテリー 가 방전돼서 시동이 안 걸려.

명 **배터리** 유래 battery [배터리]

ばってりーこうかん
バッテリー交換 배터리 교환

ビジネス びじねす

Q. 사업 계획 혹은 아이디어를 ビジネス 모델이라고 한다.
Q. 비행기 일반석과 ビジネス 석의 차이는 무엇인가요?

명 **비즈니스** 유래 business [비즈니스]

びじねすほてる
ビジネスホテル 비즈니스호텔

ブル ぶる

Q. ブル 는 머리가 크고 심술궂게 생긴 투견이다.
Q. 확신이 든다면 ブル 처럼 밀고 나가야 한다.

명 **불도그, 불도저 등의 약자** 유래 bull [불]

ぶるどっぐ
ブルドッグ 불도그

ブルー ぶるー

Q. 청바지는 보통 ブルー 색이 많다.
Q. ブルー 는 우울한 색으로 여겨지며 블루스의 어원이다.

명 **청색** 유래 blue [블루]

らいとぶるー
ライトブルー 하늘색

フロントデスク ふろんとですく

Q. 호텔 フロントデスク 에서 체크인했다.
Q. 호텔 1층에 있는 フロントデスク 에 문의해 주세요.

명 **프런트 데스크** 유래 front desk [프런트 데스크]

ふろんとですくのきゃく
フロントデスクの客 프런트 데스크의 손님

ポット ぽっと

Q. 차를 마시려고 ポット 에 물을 넣어 끓였다.
Q. 요즘은 주전자보다는 전기 ポット 를 많이 쓰죠.

명 **주전자** 유래 pot [포트]

あついぽっと
熱いポット 뜨거운 포트

ボルト ぼると

Q. ボルト 를 너트에 끼워 맞춘다.
Q. ボルト 가 부러졌나 봐. 너트에 고정이 안 되어 있어.

명 **볼트** 유래 bolt [볼트]

ぼるとをしめる
ボルトを締める 볼트를 조이다

ポンプ ぽんぷ

Q. ポンプ 로 물을 끌어 올린다.
Q. 길거리에 빨간 소방 ポンプ 가 설치되어 있다.

명 **펌프** 유래 pump [펌프]

しょうぼうぽんぷ
消防ポンプ 소방펌프

Q — A

キャリア きゃりあ

Q. 이쪽 업계에서 10년이나 일한 キャリア 가 있다.
Q. 회사에 다니며 キャリア 를 쌓는다.

명 경력 — 유래 career [커리어]

ほうふなきゃりあ
豊富なキャリア — 풍부한 커리어

インテリ いんてり

Q. 가족이 모두 서울대 출신인 インテリ 집안이다.
Q. 할머니는 그 시절 여대를 나온 보기 드문 インテリ 다.

명 지식인, 지식인 계급 — 유래 intelligent [인텔리전트]

いんてりのくのう
インテリの苦悩 — 지식인의 고뇌

レントゲン れんとげん

Q. 건강검진으로 흉부 レントゲン 을 찍었다.
Q. 정확한 진단을 위해 피검사와 レントゲン 촬영을 했다.

명 뢴트겐 — 유래 x-ray [엑스레이]

れんとげんさつえい
レントゲン撮影 — 엑스레이 촬영

* 일본에서 엑스레이를 부를 때 쓰는 말

グレー ぐれー

Q. 검은색과 흰색을 섞으면 グレー 가 된다.
Q. 구름으로 뒤덮인 グレー 의 하늘.

명 회색 — 유래 gray [그레이]

ぐれーのふでばこ
グレーの筆箱 — 회색 필통

ブーツ ぶーつ

Q. 겨울이라 따뜻한 ブーツ 한 켤레를 장만했다.
Q. 비가 많이 와서 무릎까지 오는 ブーツ 를 신었다.

명 부츠 — 유래 boots [부츠]

かわのぶーつ
皮のブーツ — 가죽 부츠

ノイローゼ のいろーぜ

Q. 계속되는 클레임에 ノイローゼ 에 걸릴 것 같다.
Q. 공부하란 말 좀 그만해. ノイローゼ 걸리겠어.

명 노이로제 — 유래 neurosis [노이로제]

のいろーぜぎみ
ノイローゼ気味 — 노이로제 기미

ジャガイモ じゃがいも

Q. ジャガイモ 보다는 단맛이 나는 고구마를 좋아해.
Q. 햄버거 세트에는 ジャガイモ 튀김이 포함되어 있다.

명 감자 — 유래 potato [포테이토]

じゃがいもをほる
ジャガイモを掘る — 감자를 캐다

ウェルダン うぇるだん

Q. 저는 날것이 싫으니 고기는 ウェルダン 으로 익혀주세요.
Q. 굽기 정도를 레어, 미디엄, ウェルダン 중에 선택하세요.

명 웰던 — 유래 well done [웰던]

うぇるだんでやく
ウェルダンで焼く — 웰던으로 굽다

コンタクト[1] こんたくと

Q. 작전대로 가짜 돈 가방을 들고 타깃과 コンタクト 하겠다.
Q. 제가 거래처에 コンタクト 를 해보겠습니다.

명 접촉, 연락 — 유래 contact [콘택트]

こんたくとをたもつ
コンタクトを保つ — 접촉을 유지하다

Q　A

コンタクト[2] こんたくと

Q. 하드 コンタクト 렌즈와 소프트 コンタクト 렌즈.
Q. コンタクト 렌즈를 빼고 안경을 쓰다.

명 콘택트렌즈 유래 contact [콘택트]

こんたくとれんず
コンタクトレンズ 콘택트렌즈

アンコール あんこーる

Q. 관객들은 アンコール 를 외치며 자리를 떠나지 않았다.
Q. 인기가 많아서 アンコール 공연을 하게 되었다.

명 앙코르 유래 encore [앙코르]

あんこーるきょく
アンコール曲 앙코르곡

バッジ ばっじ

Q. 교복 상의에 학교 バッジ 를 달았다.
Q. 임산부 バッジ 를 달고 있는 여성에게 자리를 양보하자.

명 배지 유래 badge [배지]

かんばっじ
缶バッジ 캔 배지

システム しすてむ

Q. 기계가 처리하는 자동화 システム 를 갖춘 공장.
Q. 태양광 충전 システム 를 갖춘 전기 자동차.

명 조직, 체계, 구조 유래 system [시스템]

しすてむかんり
システム管理 시스템 관리

メロディー めろでぃー

Q. 그 노래의 メロディー 가 아직도 기억난다.
Q. 두 노래의 メロディー 가 완전 똑같은데 표절 아니야?

명 멜로디 유래 melody [멜로디]

おもいでのめろでぃー
思い出のメロディー 추억의 멜로디

ファイト ふぁいと

Q. 한국은 파이팅! 일본은 ファイト! 하고 응원한다.
Q. 절대 쓰러지지 않아. 내 ファイト 를 보여주겠어!

명 투지 유래 fight [파이트]

ふぁいとをもやす
ファイトを燃やす 투지를 불태우다

ルール るーる

Q. 그 선수는 ルール 를 어겨서 옐로카드를 받았다.
Q. ルール 를 지키며 페어 플레이합시다.

명 규칙 유래 rule [룰]

るーるいはん
ルール違反 룰 위반

バット ばっと

Q. 야구 バット 를 휘둘러 공을 쳤다.
Q. 금속 バット 로 공을 치면 깡! 하는 소리가 난다.

명 방망이 유래 bat [배트]

やきゅうのばっと
野球のバット 야구 배트

レディー れでぃー

Q. 서양의 レディー 퍼스트 문화.
Q. 신사 レディー 여러분, 주목해 주세요.

명 레이디 유래 lady [레이디]

れでぃーふぁーすと
レディーファースト 레이디 퍼스트

ゲスト げすと

Q. 외부 손님이나 방문객이 머물고 가는 ゲスト 하우스.
Q. 인기 방송에 특별 ゲスト 로 출연하다.

명 손님 유래 guest [게스트]

げすとはうす
ゲストハウス 게스트 하우스

ストライキ すとらいき

Q. 노동환경 개선을 요구하며 ストライキ 를 하고 있다.
Q. 버스 운전기사 ストライキ 로 교통 대란이 일어났다.

명 파업, 동맹 휴교 유래 strike [스트라이크]

すとらいきのかいじょ
ストライキの解除 파업의 해제

アプローチ あぷろーち

Q. 여성의 시각으로 アプローチ 한다.
Q. 맘에 드는 사람에게 적극적으로 アプローチ 하는 성격.

명 접근, 접근법 유래 approach [어프로치]

あぷろーちほうほう
アプローチ方法 어프로치 방법

チェンジ ちぇんじ

Q. 긴 머리를 싹둑 잘라 이미지 チェンジ 를 했다.
Q. 배구는 한 세트가 끝날 때마다 코트 チェンジ 를 한다.

명 교체 유래 change [체인지]

いめーじちぇんじ
イメージチェンジ 이미지 체인지

ナシ なし

Q. 까마귀 날자 ナシ 떨어진다.
Q. 우리나라의 나주 지방은 과일 ナシ 로 유명하다.

명 배 유래 pear [페어]

せいようなし
西洋ナシ 서양배

* 과일의 일종

ポジション ぽじしょん

Q. 나는 우리 팀에서 공격수 ポジション 을 맡고 있다.
Q. 어느 ポジション 에서든 활약할 수 있는 만능선수.

명 지위, 위치 유래 position [포지션]

べすとぽじしょん
ベストポジション 베스트 포지션

ドライバー どらいばー

Q. 나사를 풀어야 하는데 ドライバー 가 없네.
Q. 전동 ドライバー 가 있어서 손쉽게 조립했다.

명 나사돌리개 유래 driver [드라이버]

どらいばーとれんち
ドライバーとレンチ 드라이버와 렌치

* 운전사, 골프채 등과 발음과 표기가 동일하므로 주의

ジャンパー じゃんぱー

Q. 날씨가 쌀쌀하니 ジャンパー 라도 걸치렴.
Q. 쌀쌀한 가을에 입고 다닐 ジャンパー 를 한 벌 장만했다.

명 점퍼 유래 jumper [점퍼]

あたたかいじゃんぱー
温かいジャンパー 따뜻한 점퍼

アルミ あるみ

Q. アルミ 포일은 흔히 은박지라고 부른다.
Q. アルミ 보다 가벼우면서 철보다 강한 금속.

명 알루미늄 유래 aluminum [알루미늄]

あるみかん
アルミ缶 알루미늄 깡통

Q

A

ニュー にゅー

Q. 해피 ニュー 이어! 올해도 다들 행복하세요.
Q. 이건 너무 올드하잖아! 난 ニュー 디자인을 원해.

명 새로움 유래 new [뉴]

はっぴーにゅーいやー
ハッピーニューイヤー 해피 뉴 이어

キャッチ きゃっち

Q. 눈치가 빨라 미세한 표정 변화도 전부 キャッチ 한다.
Q. 타자가 친 공을 수비수가 キャッチ 했다.

명 잡음 유래 catch [캐치]

きゃっちふれーず
キャッチフレーズ 캐치프레이즈

インターチェンジ いんたーちぇんじ

Q. 다음 インターチェンジ 에서 고속도로를 빠져나가야 해.
Q. 서울로 들어오는 インターチェンジ 의 정체가 심하다.

명 나들목 유래 interchange [인터체인지]

いんたーちぇんじのちかく
インターチェンジの近く 인터체인지의 근방

トーン とーん

Q. 차분한 トーン 으로 낭독했다.
Q. 파스텔 トーン 의 귀여운 색깔로 골랐다.

명 음조, 색조 유래 tone [톤]

とーんだうん
トーンダウン 톤다운

パトカー ぱとかー

Q. 음주 단속을 피해 달아나는 차를 パトカー 가 쫓았다.
Q. 집 앞에 パトカー 한 대와 경찰들이 있어서 깜짝 놀랐다.

명 순찰차 유래 patrol car [패트롤 카]

ふくめんぱとかー
覆面パトカー 잠복 중인 순찰차

ビールス びーるす

Q. 독감 ビールス 가 유행하고 있으니 조심하세요.
Q. 컴퓨터가 ビールス 에 감염된 거 같아.

명 바이러스 유래 virus [바이러스]

しんしゅのびーるす
新種のビールス 신종 바이러스

コントラスト こんとらすと

Q. 검은 바탕에 노란 무늬가 コントラスト 를 이루고 있다.
Q. 빛과 그림자가 선명한 コントラスト 를 이루고 있었다.

명 대조, 대비 유래 contrast [콘트라스트]

しろとくろのこんとらすと
白と黒のコントラスト 흑과 백의 대조

パート ぱーと

Q. 편의점에서 パート 타임 아르바이트를 하고 있어.
Q. 이 노래의 후렴구 パート 는 다 같이 노래하자.

명 부분 유래 part [파트]

ぱーとたいむ
パートタイム 파트타임

スタジオ すたじお

Q. 사진 スタジオ 에 가서 결혼사진을 촬영했다.
Q. 녹음 スタジオ 에서 음악을 녹음했다.

명 스튜디오 유래 studio [스튜디오]

すたじおさつえい
スタジオ撮影 스튜디오 촬영

ミュージック みゅーじっく

Q. 라디오에서 흘러나오는 ミュージック 를 따라 불렀다.
Q. 헤드폰을 쓰고 혼자 ミュージック 감상을 하는 취미.

명 음악 유래 music [뮤직]

みゅーじっくびでお
ミュージックビデオ 뮤직비디오

ウォッカ うぉっか

Q. 러시아에서 즐겨 마시는 술 ウォッカ.
Q. 애주가인 그는 블라디보스토크에서 ウォッカ 를 샀다.

명 보드카 유래 vodka [보드카]

うぉっかかくてる
ウォッカカクテル 보드카 칵테일

ミセス みせす

Q. 로빈 윌리엄스 주연의 ミセス 다웃파이어.
Q. 30대가 되니 친구 중에 ミセス 가 점점 늘어간다.

명 기혼 여성 유래 mrs [미시즈]

みせすきむ
ミセスキム 미세스 킴

チャンネル ちゃんねる

Q. 이 방송 재미없다. 리모컨으로 チャンネル 좀 돌려봐.
Q. 이 チャンネル 에선 종일 드라마만 방송한다.

명 채널 유래 channel [채널]

ちゃんねるをあわせる
チャンネルを合わせる 채널을 맞추다

タイミング たいみんぐ

Q. 눈치를 보며 퇴근할 タイミング 를 엿보았다.
Q. 우물쭈물하다가 프러포즈할 タイミング 를 놓쳤다.

명 타이밍 유래 timing [타이밍]

たいみんぐがあわない
タイミングが合わない 타이밍이 맞지 않다

センス せんす

Q. 모델이라 그런지 옷 입는 センス 가 좋다.
Q. 유머 センス 가 있는 재미있는 사람이 좋아.

명 지각, 분별력 유래 sense [센스]

せんすのよさ
センスの良さ 센스 좋음

メディア めでぃあ

Q. 모든 メディア 가 그의 은퇴 속보를 다뤘다.
Q. SNS상에서 활동하는 소셜 メディア 기자단.

명 미디어 유래 media [미디어]

そーしゃるめでぃあ
ソーシャルメディア 소셜 미디어

ドライクリーニング どらいくりーにんぐ

Q. 실크를 세탁할 때는 ドライクリーニング 를 해야 한다.
Q. 셔츠를 세탁소에 가져가 ドライクリーニング 를 했다.

명 드라이클리닝 유래 dry cleaning [드라이 클리닝]

どらいくりーにんぐだい
ドライクリーニング代 드라이클리닝비

ベストセラー べすとせらー

Q. 무라카미 하루키는 ベストセラー 작가이다.
Q. 내용은 몰라도 제목은 다 아는 ベストセラー 책.

명 베스트셀러 유래 best seller [베스트 셀러]

こんげつのべすとせらー
今月のベストセラー 이번 달 베스트셀러

Q / **A**

ブランケット ぶらんけっと

Q. 날씨가 쌀쌀해 무릎 ブランケット 를 덮었다.
Q. 어깨에 ブランケット 를 걸치고 침실에서 나왔다.

명 담요 유래 blanket [블랭킷]

ぶらんけっとさいず
ブランケットサイズ 담요 사이즈

ヒント ひんと

Q. 문제가 너무 어려워. ヒント 좀 줘.
Q. 퀴즈가 너무 어렵다고 해서 ヒント 를 주기로 했다.

명 힌트 유래 hint [힌트]

くいずのひんと
クイズのヒント 퀴즈의 힌트

スチーム すちーむ

Q. 하얀 김이 나오는 スチーム 다리미.
Q. 물 세차 말고 화끈한 スチーム 세차는 어때?

명 증기 유래 steam [스팀]

すちーむあいろん
スチームアイロン 스팀다리미

ショッピングセンター しょっぴんぐせんたー

Q. 다양한 브랜드의 상점이 모인 ショッピングセンター.
Q. 동대문 지하 ショッピングセンター.

명 쇼핑센터 유래 shopping center [쇼핑 센터]

しょっぴんぐせんたーきょうかい
ショッピングセンター協会 쇼핑센터 협회

ハンガー はんがー

Q. 바닥에 벗어놓은 옷들을 ハンガー 에 걸었다.
Q. 옷장을 들일 공간이 없어서 ハンガー 를 쓰고 있다.

명 옷걸이 유래 hanger [행어]

はんがーにかける
ハンガーに掛ける 행거에 걸다

タイル たいる

Q. 바닥에 세라믹 タイル 를 깔았다.
Q. 공중목욕탕은 벽, 바닥, 욕조 전부 タイル 로 되어 있다.

명 타일 유래 tile [타일]

たいるこうじ
タイル工事 타일 공사

パスワード ぱすわーど

Q. 현관문 パスワード 를 주기적으로 변경하고 있다.
Q. 아이디와 パスワード 를 입력해주세요.

명 비밀번호 유래 password [패스워드]

ぱすわーどをへんこうする
パスワードを変更する 비밀번호를 변경하다

デモンストレーション でもんすとれーしょん

Q. 신차에 탑승해볼 수 있는 デモンストレーション 행사.
Q. 출시 예정 제품을 사용해볼 수 있는 デモンストレーション.

명 홍보를 위한 실연 유래 demonstration [데먼스트레이션]

でもんすとれーしょんこうか
デモンストレーション効果 데먼스트레이션 효과

ランプ らんぷ

Q. 아무도 없는 어두운 집에 돌아와 ランプ 를 켰다.
Q. 은은한 빛이 나는 반딧불 모양의 ランプ 를 샀다.

명 전등 유래 lamp [램프]

はろげんらんぷ
ハロゲンランプ 할로겐램프

チョコレート ちょこれーと

Q. 밸런타인데이에 チョコレート 를 받았다.

Q. 카카오가 82% 함유된 チョコレート.

명 초콜릿 유래 chocolate [초콜릿]

みるくちょこれーと
ミルクチョコレート 밀크 초콜릿

メーカー めーかー

Q. 벤츠, BMW는 세계적으로 유명한 자동차 メーカー 다.

Q. 저 녀석은 어디를 가든 사고를 치는 트러블 メーカー 야.

명 제작자, 제조업체 유래 maker [메이커]

いちりゅうのめーかー
一流のメーカー 일류 메이커

* 영어로는 brand 로 표현함

カクテル かくてる

Q. 여러 가지 술과 재료를 섞어 만드는 カクテル.

Q. 바텐더가 셰이커를 흔들며 カクテル 를 만들고 있다.

명 칵테일 유래 cocktail [칵테일]

かくてるぐらす
カクテルグラス 칵테일글라스

アクセル あくせる

Q. 브레이크를 밟는다는 게 실수로 アクセル 를 밟았다.

Q. アクセル 를 밟아 차의 속도를 올렸다.

명 액셀[가속 장치] 유래 accelerator [액셀러레이터]

あくせるぺだる
アクセルペダル 가속 페달

アルカリ あるかり

Q. 비누는 대부분 アルカリ 성이다.

Q. アルカリ 는 염기성이다.

명 알칼리 유래 alkali [알칼리]

あるかりでんち
アルカリ電池 알칼리 건전지

リフィル りふぃる

Q. 음료수는 무한 リフィル 가능합니다.

Q. 무한 リフィル 라면서 많이 먹는다고 눈치를 주다니!

명 리필[다시 채움]  유래 refill [리필]

りふぃるさーびす
リフィルサービス 리필 서비스

スポーツカー すぽーつかー

Q. 빨간 スポーツカー 를 타고 달려보고 싶다.

Q. 레이싱 경기장의 スポーツカー 들이 신호를 기다린다.

명 스포츠카 유래 sports car [스포츠 카]

あかいすぽーつかー
赤いスポーツカー 빨간 스포츠카

マーク まーく

Q. 빨간 머리는 그의 트레이드 マーク 이다.

Q. 베어 문 사과 그림은 기업 애플의 マーク 이다.

명 표, 상표 유래 mark [마크]

とれーどまーく
トレードマーク 트레이드 마크

ブザー ぶざー

Q. 테이블 위의 ブザー 를 눌러 종업원을 불렀다.

Q. 경기 종료를 알리는 ブザー 소리와 동시에 골이 들어갔다.

명 경보기 유래 buzzer [버저]

ぶざーをならす
ブザーを鳴らす 버저를 울리다

Q A

ペア ぺあ

Q. 새 구두 한 ペア 를 샀다.
Q. 숟가락과 젓가락 한 ペア.

명 쌍 유래 pair [패어]

ぺあるっく
ペアルック 페어 룩

シナリオ しなりお

Q. 새로운 판타지 영화의 シナリオ 를 집필 중인 작가.
Q. 최악의 シナリオ 가 현실로 다가오고 있다.

명 시나리오 유래 scenario [시나리오]

しなりおらいたー
シナリオライター 시나리오 작가

ジャンル じゃんる

Q. 기존의 힙합 ジャンル 에서 벗어난 신곡을 발표한 가수.
Q. 이 영화의 ジャンル 는 코미디이다.

명 장르 유래 genre [장르]

じゃんるべつ
ジャンル別 장르별

サービスチャージ さーびすちゃーじ

Q. 표시된 요금에 10%의 サービスチャージ 를 추가합니다.
Q. 미국에는 서비스에 대한 サービスチャージ 문화가 있다.

명 봉사료 유래 service charge [서비스 차지]

さーびすちゃーじとちっぷ
サービスチャージとチップ 봉사료와 팁

アラブ あらぶ

Q. 석유 매장량이 풍부한 アラブ 지역.
Q. アラブ 인구의 90% 이상은 무슬림이다.

명 아랍 유래 arab [아랍]

あらぶぶんかけん
アラブ文化圏 아랍 문화권

ダブル だぶる

Q. 성수기에는 ダブル 의 가격이 되므로 돈이 많이 든다.
Q. 두 명이 잘 수 있는 ダブル 침대가 딸린 방이 필요해요.

명 이중 유래 double [더블]

だぶるすこあ
ダブルスコア 더블 스코어

タイマー たいまー

Q. 세시간 뒤에 일어나도록 タイマー 를 맞춰두었다.
Q. 육상경기에서 시간을 재는 사람을 タイマー 라고 한다.

명 타이머 유래 timer [타이머]

たいまーせってい
タイマー設定 타이머 설정

インフォメーション いんふぉめーしょん

Q. 책자에는 주요 연락처의 インフォメーション 이 있습니다.
Q. インフォメーション 데스크에서 행사 안내 책자를 받았다.

명 정보, 지식 유래 information [인포메이션]

いんふぉめーしょんですく
インフォメーションデスク 안내 데스크

* 접수처·안내처를 뜻하기도 함

チャイム ちゃいむ

Q. 손님이 들어오면 チャイム 를 울려 알려주는 장치.
Q. 현관의 チャイム 를 듣고 누가 들어온 줄 알았어.

명 차임 유래 chime [차임]

げんかんのちゃいむ
玄関のチャイム 현관 벨

ラベル らべる

Q. 서랍 칸마다 붙인 ラベル 를 보면 내용물을 알 수 있다.
Q. 옷에 사이즈별로 ラベル 스티커를 붙여 놓았다.

명 상표, 종류나 번호를 기록한 종잇조각
유래 label [라벨]

らべるいんさつ
ラベル印刷 라벨 인쇄

モーテル もーてる

Q. 시골의 작은 モーテル 에서 하룻밤 머물렀다.
Q. 고급 호텔에 묵을 돈은 없어서 근처 モーテル 에서 묵었다.

명 모텔 유래 motel [모텔]

もーてるにとまる
モーテルに泊まる 모텔에 숙박하다

カンニング かんにんぐ

Q. 시험 시간에 カンニング 를 하다 선생님께 들켰다.
Q. カンニング 페이퍼를 만들 시간에 공부를 열심히 하렴.

명 부정행위 유래 cunning [커닝]

かんにんぐぺーぱー
カンニングペーパー 커닝페이퍼

* 영어로는 cheating 으로 표현함

コマーシャル こまーしゃる

Q. 신문에 신제품의 コマーシャル 를 싣는다.
Q. TV의 コマーシャル 음악으로 대중에게 친근한 곡.

명 상업적, 상업 광고 유래 commercial [커머셜]

こまーしゃるそんぐ
コマーシャルソング 광고 음악

イギリス いぎりす

Q. 신사의 나라 イギリス.
Q. イギリス 의 수도는 런던이야.

명 영국 유래 england [잉글랜드]

しんしのくにいぎりす
紳士の国イギリス 신사의 나라 영국

* 표기 차이 英国

オリエンテーション おりえんてーしょん

Q. 신입생 オリエンテーション 에 참가하다.
Q. オリエンテーション 은 흔히 OT라고 한다.

명 오리엔테이션 유래 orientation [오리엔테이션]

おりえんてーしょんしりょう
オリエンテーション資料 오리엔테이션 자료

コントロール こんとろーる

Q. 충동적인 성격이라서 감정 コントロール 가 잘 안된다.
Q. 나를 네 마음대로 コントロール 하려 하지 마.

명 컨트롤 유래 control [컨트롤]

まいんどこんとろーる
マインドコントロール 마인드 컨트롤

ベース べーす

Q. 실제 사건을 ベース 로 한 영화.
Q. 기초 과정을 소홀히 하면 ベース 가 갖춰지지 않는다.

명 토대, 기초 유래 base [베이스]

ほーむべーす
ホームベース 홈베이스

トラブル とらぶる

Q. 쓸데없는 トラブル 일으키지 말고 얌전히 있어라.
Q. 친구들과 トラブル 가 있었지만 금방 해결됐다.

명 트러블 유래 trouble [트러블]

とらぶるはっせい
トラブル発生 트러블 발생

Q A

ニンニク にんにく

Q. 국을 끓일 때 다진 ニンニク 한 숟갈을 넣었다.
Q. 드라큘라는 십자가와 ニンニク 를 싫어해.

명 마늘 　유래 garlic [갈릭]

にんにくのいっぺん
ニンニクの一片 　마늘 한 쪽

ショック しょっく

Q. 아직도 사고의 ショック 에서 벗어나지 못했다.
Q. 오일 ショック 로 세계 경제가 혼란에 빠졌다.

명 충격 　유래 shock [쇼크]

しょっくりょうほう
ショック療法 　쇼크 요법

モーニングコール もーにんぐこーる

Q. 알람시계가 고장 나서 モーニングコール 를 부탁했다.
Q. モーニングコール 와 룸서비스를 제공하는 호텔.

명 모닝콜 　유래 morning call [모닝 콜]

もーにんぐこーるさーびす
モーニングコールサービス 　모닝콜 서비스

ナイター ないたー

Q. 야간 조명이 설치되어 ナイター 스키를 탈 수 있다.
Q. 한여름에는 더위를 피해 ナイター 경기를 한다.

명 야간 경기 　유래 nighter [나이터]

ないたーすきー
ナイタースキー 　나이트 스키

ショッピングバッグ しょっぴんぐばっぐ

Q. 양손에 ショッピングバッグ 를 들고 백화점을 나왔다.
Q. 종이 ショッピングバッグ 에 구매한 옷을 담아주었다.

명 쇼핑백 　유래 shopping bag [쇼핑백]

しょっぴんぐばっぐがさける
ショッピングバッグが裂ける 　쇼핑백이 찢어지다

マッサージ まっさーじ

Q. 어깨가 심하게 뭉쳐 マッサージ 를 받으니 좀 낫다.
Q. 태국 여행을 왔으면 타이 マッサージ 는 받아봐야지.

명 마사지 　유래 massage [마사지]

たいまっさーじ
タイマッサージ 　타이 마사지

ルームメート るーむめーと

Q. 혼자 살긴 부담스러워서 ルームメート 를 구해볼까 해.
Q. 얘는 내 기숙사 ルームメート 야.

명 룸메이트 　유래 roommate [룸메이트]

るーむめーとになる
ルームメートになる 　룸메이트가 되다

ワイファイ わいふぁい

Q. 여기 ワイファイ 가 잘 안 터져요.
Q. 스마트폰, 노트북을 위한 무료 ワイファイ 를 제공합니다.

명 와이파이 　유래 wi-fi [와이파이]

むりょうのわいふぁい
無料のワイファイ 　무료 와이파이

パンフレット ぱんふれっと

Q. 자사의 상품을 소개하는 パンフレット 가 놓여 있었다.
Q. 여행사에 있던 일본 여행 パンフレット 를 챙겨왔다.

명 안내 책자 　유래 pamphlet [팸플릿]

りょこうぱんふれっと
旅行パンフレット 　여행안내 책자

カット かっと

Q. 머리를 짧게 カット 하고 밝은색으로 염색했다.
Q. 회사의 경영 부진으로 직원들의 임금을 カット 했다.

명 자름, 깎음 유래 cut [컷]

かっととぱーま
カットとパーマ 커트와 파마

アップ あっぷ

Q. 쓰러뜨린 적이 파워 アップ 를 해서 다시 나타났다.
Q. 외관을 가꾸면 이미지 アップ 를 노릴 수 있다.

명 상승, 인상 유래 up [업]

ぱわーあっぷ
パワーアップ 파워 업

ダース だーす

Q. 연필 한 ダース 면 12자루다.
Q. 도넛 두 ダース 면 24개다.

명 다스 유래 dozen [더즌]

えんぴつごだーす
鉛筆5ダース 연필 5다스

* 12개로 한 조를 이루는 것을 뜻함

コンテスト こんてすと

Q. 발명품 コンテスト 에 내 일생일대의 발명품을 출품했지.
Q. 노래 コンテスト 에서 우승하고 가수 데뷔를 제안받았다.

명 콘테스트 유래 contest [콘테스트]

びじんこんてすと
美人コンテスト 미인대회

レバー ればー

Q. 예전에는 자동차 창문을 열 때 レバー 를 돌려서 열었다.
Q. レバー 로 집게를 움직이다가 버튼을 눌러 인형을 집는다.

명 레버 유래 lever [레버]

ればーをひく
レバーを引く 레버를 당기다

カムバック かむばっく

Q. 오랜만에 영화로 カムバック 한 배우.
Q. 새 앨범을 내고 カムバック 무대를 가졌다.

명 다시 돌아옴 유래 comeback [컴백]

かむばっくきゃんぺーん
カムバックキャンペーン 컴백 캠페인

イベント いべんと

Q. 올해의 가장 큰 국가적 イベント 는 선거였다.
Q. 이곳에서 기금 조성 イベント 가 열린다.

명 사건, 행사 유래 event [이벤트]

めーんいべんと
メーンイベント 메인 이벤트

ガイド がいど

Q. 패키지여행은 ガイド 가 붙어서 다 해결해주니 편리하다.
Q. 현지 ガイド 가 우리를 박물관으로 안내해 주었다.

명 안내, 안내원 유래 guide [가이드]

がいどぶっく
ガイドブック 가이드북

レッスン れっすん

Q. 피아노를 연주하고 싶어서 요즘 レッスン 을 받고 있어.
Q. 유명한 기타리스트에게 レッスン 을 받고 있어.

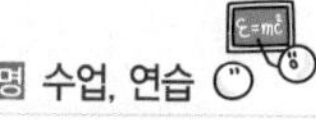

명 수업, 연습 유래 lesson [레슨]

ぴあののれっすん
ピアノのレッスン 피아노 레슨

Q A

エンジニア えんじにあ

Q. 그는 무인 자동차를 설계하는 エンジニア 입니다.

Q. 미국에서는 전문 기술자를 エンジニア 라고 부른다.

명 기술자 유래 engineer [엔지니어]

えんじにありんぐさーびす
エンジニアリングサービス 엔지니어링 서비스

ロープ ろーぷ

Q. 물에 빠진 친구에게 ロープ 를 묶은 튜브를 던져주었다.

Q. ロープ 로 만든 올가미는 카우보이의 상징 중 하나다.

명 줄, 밧줄 유래 rope [로프]

くらいみんぐろーぷ
クライミングロープ 클라이밍 로프

チームワーク ちーむわーく

Q. 우리 팀은 같이 일한 지 5년이 넘어 チームワーク 가 좋다.

Q. 이번 경기의 패인은 チームワーク 가 부족했기 때문이다.

명 팀워크 유래 teamwork [팀워크]

ちーむわーくのうりょく
チームワーク能力 팀워크 능력

ジーパン じーぱん

Q. ジーパン 은 뒤집어서 빨아야 색이 덜 빠진다.

Q. 흰 티에 푸른색 ジーパン 을 입은 수수한 모습.

명 청바지 유래 jeans [진즈]

じーぱんすがた
ジーパン姿 청바지 모습

コンパス[1] こんぱす

Q. 원을 정확히 그리려면 コンパス 를 쓰도록 해.

Q. コンパス 의 고정축은 끝이 날카로우니 조심해야 한다.

명 제도 용구 유래 compass [컴퍼스]

こんぱすでえんをえがく
コンパスで円を描く 컴퍼스로 원을 그리다

コンパス[2] こんぱす

Q. 길을 잃었어도 북쪽으로 가려면 コンパス 만 보면 돼.

Q. 길을 찾을 수 있도록 コンパス 와 GPS 기능을 탑재했다.

명 나침반 유래 compass [컴퍼스]

こうかいようこんぱす
航海用コンパス 항해용 나침반

カメラマン かめらまん

Q. 유명인의 화보를 주로 찍는 실력 있는 カメラマン 이다.

Q. 사진학과 출신의 カメラマン 을 모집합니다.

명 사진작가 유래 cameraman [카메라맨]

かめらまんぼしゅう
カメラマン募集 카메라맨 모집

オンライン おんらいん

Q. 은행에 가지 않고 オンライン 상으로 계좌를 만들다.

Q. 실제로는 본 적 없는 オンライン 상의 게임 친구.

명 온라인 유래 online [온라인]

おんらいんげーむ
オンラインゲーム 온라인 게임

カルテ かるて

Q. 의사가 환자의 カルテ 를 확인했다.

Q. 환자가 요청하면 의사는 カルテ 를 공개해야 한다.

명 진료기록 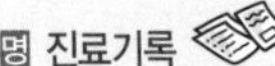 유래 karte [카르테]: 독일어

かるてこうかい
カルテ公開 진료기록 공개

ポーズ ぽーず

Q. 카메라 앞에서 멋진 ポーズ 를 취하는 패션모델.

Q. 사진 찍는 내내 어색한 ポーズ 를 취한 채 굳어있었다.

명 자세 　　유래 pose [포즈]

もでるぽーず
モデルポーズ 　　모델 포즈

シート しーと

Q. 침대 シート 에 음료수가 묻었길래 벗겨내서 세탁했다.

Q. 자동차 좌석에 통풍이 잘되는 シート 를 깔았다.

명 얇은 판·종이·천·비닐 등 　　유래 sheet [시트]

しーとかばー
シートカバー 　　시트커버

ストロボ すとろぼ

Q. 실내가 어두워서 카메라에 ストロボ 를 장착했다.

Q. 야간촬영을 할 땐 ストロボ 가 꼭 필요하다.

명 사진 촬영용 섬광 장치 (원래는 상표명) 　　유래 strobe [스트로브]

すとろぼらいと
ストロボライト 　　스트로보 라이트

バー ばー

Q. 주말마다 단골 バー 에서 칵테일을 마신다.

Q. 높이뛰기는 높이 걸친 バー 를 뛰어넘어야 한다.

명 술집 　　유래 bar [바]

ばーてんだー
バーテンダー 　　바텐더

★ '막대'라는 뜻으로도 쓰임

サイクル さいくる

Q. 인도와 차도 사이에 サイクル 도로가 생겼다.

Q. 밤을 몇 번 샜더니 수면 サイクル 가 엉망이 됐어.

명 자전거, 주기 　　유래 cycle [사이클]

すいみんさいくる
睡眠サイクル 　　수면 주기

パートナー ぱーとなー

Q. 부부는 인생을 함께하는 パートナー 다.

Q. 폴카는 여자와 남자가 パートナー 를 이루어 추는 춤이다.

명 동료, 동반자 　　유래 partner [파트너]

すぱーりんぐぱーとなー
スパーリングパートナー 　　스파링 파트너

ボイコット ぼいこっと

Q. 갑질을 한 기업의 제품을 ボイコット 를 하는 사람들.

Q. 악덕 회사 제품에 대한 ボイコット 운동이 일어났다.

명 배척 　　유래 boycott [보이콧]

ぼいこっとせんげん
ボイコット宣言 　　보이콧 선언

セクション せくしょん

Q. 행사장은 세 개의 セクション 으로 분리되어 있다.

Q. 남성복을 파는 セクション 은 어디에 있나요?

명 분할된 부분 　　유래 section [섹션]

せくしょんごと
セクションごと 　　섹션마다

ビザ びざ

Q. 입국 ビザ 가 발급되었다.

Q. 관광 ビザ 만으로는 그 나라에서 일할 수 없다.

명 사증 　　유래 visa [비자]

びざはっきゅう
ビザ発給 　　비자 발급

Q A

コミュニケーション こみゅにけーしょん

Q. 함께 의견을 나누는 コミュニケーション 능력이 뛰어나다.
Q. 상사와의 원활한 コミュニケーション 은 중요하다.

명 의사소통, 전달
유래 communication [커뮤니케이션]

こみゅにけーしょんのやくわり
コミュニケーションの役割
커뮤니케이션의 역할

デザイン でざいん

Q. 자동차 성능은 별로지만 デザイン 이 멋져서 타고 싶다.
Q. 독특한 デザイン 으로 눈길을 끄는 명함.

명 디자인
유래 design [디자인]

しょうぎょうでざいん
商業デザイン 상업 디자인

スペース すぺーす

Q. 작은 집은 スペース 활용을 잘해야 해요.
Q. 종이 한 장 안에 다 써내야 해서 더는 スペース 가 없어요.

명 공간, 간격
유래 space [스페이스]

よゆうすぺーす
余裕スペース 여유 공간

* 우주를 뜻하기도 함

タイトル たいとる

Q. 소설을 쓴 뒤 タイトル 를 붙이느라 종일 고민했다.
Q. 유명 아이돌의 새 タイトル 곡이 오늘 밤 공개된다.

명 제목, 직함
유래 title [타이틀]

えいがのたいとる
映画のタイトル 영화 제목

ホース ほーす

Q. 잔디밭에 긴 ホース 로 물을 뿌렸어요.
Q. 수도에서 연결된 ホース 를 마당까지 끌고 왔다.

명 관
유래 hose [호스]

ほーすこうかん
ホース交換 호스 교환

マスコミ ますこみ

Q. マスコミ 는 매스 커뮤니케이션의 준말이다.
Q. 장관의 부적절한 발언이 マスコミ 를 통해 보도되었다.

명 매스컴, 대중 언론
유래 mass communication [매스 커뮤니케이션]

ますこみかんけいしゃ
マスコミ関係者 매스컴 관계자

ノートパソコン のーとぱそこん

Q. 잦은 출장 때문에 업무용 ノートパソコン 을 샀다.
Q. ノートパソコン 은 컴퓨터이지만 휴대가 가능하다.

명 휴대용 컴퓨터
유래 notebook personal computer [노트북 퍼스널 컴퓨터]

のーとぱそこんをかう
ノートパソコンを買う 노트북을 사다

コーナー こーなー

Q. 저 コーナー 를 돌면 학교가 나온다.
Q. 경찰을 따돌리려고 이리저리 コーナー 를 돌며 도망쳤다.

명 모퉁이
유래 corner [코너]

こーなーをまわる
コーナーをまわる 코너를 돌다

タレント たれんと

Q. 예능방송에 출연해서 유명한 タレント 가 운영하는 식당.
Q. 그 タレント 는 연기뿐 아니라 노래도 잘해.

명 인기인, 재능 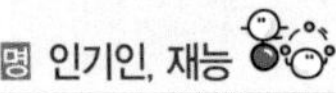
유래 talent [탤런트]

ゆうめいなたれんと
有名なタレント 유명한 탤런트

ジャンプ じゃんぷ

Q. 번지 ジャンプ 는 무서워서 해 본 적 없어요.
Q. 키가 작은 선수가 높이 ジャンプ 해서 덩크슛을 넣었다.

명 도약 유래 jump [점프]

じゃんぷすーつ
ジャンプスーツ 점프수트

案内デスク あんないですく

Q. 저기 있는 案内デスク 에 한번 물어보세요.
Q. 1층에 있던 案内デスク 직원이 5층으로 가라고 했다.

명 안내 데스크 유래 information desk [인포메이션 데스크]

あんないですくのでんわばんごう
案内デスクの電話番号 안내 데스크 전화번호

コメント こめんと

Q. 저는 할 말이 없으니 노 コメント 하겠습니다.
Q. 뉴스 기사의 コメント 란이 비난으로 가득 찼다.

명 설명, 견해 유래 comment [코멘트]

のーこめんと
ノーコメント 노 코멘트

チェックイン ちぇっくいん

Q. 저희 호텔 チェックイン 시간은 오후 2시입니다.
Q. 해외 호텔에 チェックイン 할 때는 여권을 확인한다.

명 투숙 수속, 탑승 수속 유래 check-in [체크인]

ちぇっくいんのじかん
チェックインの時間 체크인 시간

レンジ れんじ

Q. 전자 レンジ 에 데우기만 하면 되는 간편식이 인기다.
Q. 집에서 음식을 해 먹지 않아 가스 レンジ 를 거의 안 써.

명 레인지 유래 range [점화구]

でんしれんじ
電子レンジ 전자레인지

メール めーる

Q. 당분간 전화를 못 쓰니 メール 로 연락하세요.
Q. メール 에 파일을 첨부해서 보냈다.

명 이메일 유래 mail [메일]

めーるをおくる
メールを送る 메일을 보내다

ダウン だうん

Q. 갑작스러운 정전으로 컴퓨터 전원이 ダウン 되었다.
Q. 2라운드에서 어퍼컷을 맞고 완전히 ダウン 되었다.

명 내려감, 쓰러짐 유래 down [다운]

しすてむだうん
システムダウン 시스템 다운

ポイント ぽいんと

Q. 1,000원을 결제하시면 10 ポイント 가 적립됩니다.
Q. 수비가 약한 곳을 핀 ポイント 로 공격해서 득점했다.

명 점, 요점, 점수 유래 point [포인트]

ぽいんとかーど
ポイントカード 포인트 카드

ルームナンバー るーむなんばー

Q. 제 ルームナンバー 는 103호입니다.
Q. 호텔 키에 ルームナンバー 가 적혀있다.

명 방 번호 유래 room number [룸 넘버]

るーむなんばーをわすれる
ルームナンバーを忘れる 방 번호를 잊다

Q

A

レンタカー れんたかー

Q. 제주도에서 レンタカー 를 빌려 드라이브를 즐겼다.

Q. 택시를 타느니 レンタカー 를 빌려 타는 게 낫겠다.

명 렌터카 유래 rental car [렌털 카]

れんたかーがいしゃ
レンタカー会社 렌터카 회사

ベスト べすと

Q. 저 사람은 유명한 ベスト 셀러 소설책의 작가야.

Q. 올해의 ベスト 영화와 워스트 영화를 정해보겠습니다.

명 최상, 최선 유래 best [베스트]

べすとせらー
ベストセラー 베스트셀러

パパ ぱぱ

Q. 아이가 태어나서 그는 비로소 パパ 가 되었다.

Q. 엄마가 좋아 パパ 가 좋아?

명 아빠 유래 papa [파파]

ぱぱとまま
パパとママ 아빠와 엄마

パンク ぱんく

Q. 주행 중에 갑자기 타이어가 パンク 났다.

Q. 자전거 바퀴가 갑자기 パンク 나서 사고가 날 뻔했다.

명 펑크 유래 punk [펑크]

たいやのぱんく
タイヤのパンク 타이어의 펑크

* 구멍이 나거나 부풀어 터진 것을 뜻함

ブレイクタイム ぶれいくたいむ

Q. 중간에 ブレイクタイム 가 있는 네 시간짜리 연극.

Q. 이 음식점은 3시에서 5시까지 ブレイクタイム 를 갖는다.

명 휴식 시간 유래 break time [브레이크 타임]

ぶれいくたいむをとる
ブレイクタイムを取る 휴식 시간을 갖다

フリーマーケット ふりーまーけっと

Q. 중고품을 싸게 파는 フリーマーケット 가 열리는 거리.

Q. フリーマーケット 에서 헐값에 산 옛날 그릇이야.

명 벼룩시장 유래 flea market [플리 마켓]

ふりーまーけっとかいさい
フリーマーケット開催 프리마켓 개최

デコレーション でこれーしょん

Q. 딸기를 썰어 케이크 위를 デコレーション 했다.

Q. 과일을 デコレーション 한 생크림 케이크.

명 장식 유래 decoration [데코레이션]

でこれーしょんよう
デコレーション用 장식용

ムード むーど

Q. 지금은 농담할 ムード 가 아니다.

Q. 장난도 ムード 를 봐가면서 쳐야지.

명 기분, 분위기 유래 mood [무드]

むーどにのる
ムードにのる 무드를 타다

フォーム ふぉーむ

Q. 보고서는 정해진 フォーム 에 맞추어 쓰세요.

Q. 멋진 フォーム 로 공을 던지는 투수.

명 형식, 자세 유래 form [폼]

ふぉーむろーらー
フォームローラー 폼롤러

ドライブイン どらいぶいん

Q. 차를 탄 채로 이용할 수 있는 ドライブイン 상점.
Q. 차에 앉아 영화를 보는 ドライブイン 시어터에 갔다.

명 드라이브인 유래 drive in [드라이브 인]

どらいぶいんしあたー
ドライブインシアター 자동차영화관

* 차에 탑승해 이용 가능한 점포를 뜻함

セレモニー せれもにー

Q. 골을 넣고 멋진 セレモニー 를 선보였다.
Q. 한 골도 못 넣어서 준비한 セレモニー 를 못했다.

명 의식 유래 ceremony [세리머니]

ごーるせれもにー
ゴールセレモニー 골 세리머니

ガイドブック がいどぶっく

Q. 이 ガイドブック 한 권이면 일본 여행은 문제없다.
Q. 스위스 관광 정보가 담긴 ガイドブック 를 샀다.

명 가이드북 유래 guidebook [가이드북]

たびのがいどぶっく
旅のガイドブック 여행안내서

ファッション ふぁっしょん

Q. 최신 유행 ファッション 에 맞춰 옷을 입었다.
Q. 남들 ファッション 에 따라 입지 말고 내 개성을 찾자.

명 유행 유래 fashion [패션]

ふぁっしょんもでる
ファッションモデル 패션모델

* 특히 복장을 표현할 때 쓰임

メッセージ めっせーじ

Q. 대학을 졸업하는 조카에게 축하 メッセージ 를 보냈다.
Q. 문자 メッセージ 를 보냈으니까 한 번 확인해주세요.

명 메시지 유래 message [메시지]

めっせーじかーど
メッセージカード 메시지 카드

ミスプリント みすぷりんと

Q. 출판된 책에서 글씨가 튀는 ミスプリント 를 찾았다.
Q. 교정 과정에서 ミスプリント 를 잡아내지 못했다.

명 오식 유래 misprint [미스프린트]

みすぷりんとのていせい
ミスプリントの訂正 미스프린트의 정정

エラー えらー

Q. 컴퓨터 エラー 로 작업물이 지워졌다.
Q. 프로그램 설치 도중 エラー 가 발생했습니다.

명 잘못, 실패 유래 error [에러]

えらーがおきる
エラーが起きる 에러가 일어나다

モニター もにたー

Q. 잇단 지진으로 해저 단층 モニター 의 필요성이 제기된다.
Q. 방송을 보고 モニター 를 해주실 분들을 구합니다.

명 비판자, 감시자 유래 monitor [모니터]

もにたーがめん
モニター画面 모니터 화면

ホール ほーる

Q. 콘서트 ホール 에서 음악회가 열린다.
Q. 레스토랑에서 ホール 서빙 아르바이트를 했다.

명 회관 등 넓은 공간 유래 hall [홀]

ほーるすたっふ
ホールスタッフ 홀 스텝

Q　A

ナプキン なぷきん

Q. 식사 후 ナプキン 으로 입을 닦았다.
Q. 손에 흘린 주스를 ナプキン 으로 닦았다.

명 냅킨　유래 napkin [냅킨]

かみなぷきん
紙ナプキン　종이 냅킨

チェックアウト ちぇっくあうと

Q. 투숙객은 정오까지 チェックアウト 를 하고 나가야 한다.
Q. 짐을 싸고 チェックアウト 를 하러 로비로 내려갔다.

명 체크 아웃　유래 check out [체크 아웃]

ちぇっくあうとのじかん
チェックアウトの時間　체크아웃 시간

リード りーど

Q. 네가 노래를 잘하니 우리 팀의 リード 싱어 역할을 해라.
Q. 그녀는 유행을 リード 하는 톱스타이다.

명 선도　유래 lead [리드]

りーどにしたがう
リードに従う　리드에 따르다

タワー たわー

Q. 서울의 랜드마크 중에는 남산 서울 タワー 가 있다.
Q. 일본 도쿄에는 전파 탑을 겸하는 도쿄 タワー 가 있다.

명 탑　유래 tower [타워]

とうきょうたわー
東京タワー　도쿄타워

ブレスレット ぶれすれっと

Q. 팔목에 찬 ブレスレット 가 빛났다.
Q. 그 손목시계는 꼭 ブレスレット 같이 예쁘구나.

명 팔찌　유래 bracelet [브레이슬릿]

ねっくれすとぶれすれっと
ネックレスとブレスレット　목걸이와 팔찌

ニュアンス にゅあんす

Q. 되도록 부정적인 ニュアンス 의 단어는 사용하지 말자.
Q. 웃으면서 말했지만 어쩐지 ニュアンス 가 기분 나빴다.

명 미묘한 차이　유래 nuance [뉘앙스]

びみょうなにゅあんす
微妙なニュアンス　미묘한 뉘앙스

ジャンボ じゃんぼ

Q. ジャンボ 사이즈의 거대한 음식을 5분 만에 먹어 치웠다.
Q. 초대형 비행기를 ジャンボ 비행기라고 부르기도 한다.

명 거대함　유래 jumbo [점보]

じゃんぼさいず
ジャンボサイズ　점보 사이즈

レース れーす

Q. 내 딸은 レース 가 달린 옷을 좋아한다.
Q. 식탁보에 レース 가 달려 더 고급스러워 보인다.

명 레이스, 서양식 수예 편물　유래 lace [레이스]

れーすのかーてん
レースのカーテン　레이스 커튼

サンタクロース さんたくろーす

Q. サンタクロース 가 탄 썰매를 끄는 루돌프.
Q. 크리스마스에 선물을 주는 サンタクロース 할아버지.

명 산타클로스　유래 santa claus [산타 클로스]

さんたくろーすむら
サンタクロース村　산타클로스 마을

Q — A

カテゴリー かてごりー

Q. '연주' カテゴリー 로 지정해서 직접 연주한 곡을 올렸다.

Q. 둘 다 소설이니까 같은 カテゴリー 로 분류하세요.

명 범주 유래 category [카테고리]

かてごりーべつ
カテゴリー別 카테고리별

バックパック ばっくぱっく

Q. 학교 갈 때 등에 バックパック 를 멘다.

Q. バックパック 를 메면 손이 자유로워서 편하다.

명 배낭 유래 backpack [백팩]

ばっくぱっくをかける
バックパックを掛ける 백팩을 메다

エアメール えあめーる

Q. 급한 물건이니 해상우편 말고 エアメール 로 보내.

Q. 배를 이용한 해상우편, 항공기를 이용한 エアメール.

명 항공 우편 유래 airmail [에어메일]

えあめーるのしーる
エアメールのシール 항공편 스티커

携帯メール けいたいめーる

Q. 자는 사이 휴대폰에 수십 통의 전화와 携帯メール 가 왔다.

Q. 주소를 携帯メール 로 보내드릴게요.

명 문자 메시지 유래 携帯 [케에타이] + mail [메일]

けいたいめーるをほぞんする
携帯メールを保存する 문자 메시지를 보관하다

フロント ふろんと

Q. 호텔 フロント 에서 체크인 수속을 밟다.

Q. 외국어를 할 줄 알면 해외 호텔 フロント 근무도 가능해.

명 프런트 유래 front [프런트]

ほてるのふろんと
ホテルのフロント 호텔 프런트

トイレットペーパー といれっとぺーぱー

Q. 화장실에 トイレットペーパー 가 다 떨어졌어.

Q. 변기에 トイレットペーパー 를 버렸는데 막혔다.

명 화장지 유래 toilet paper [토일릿 페이퍼]

といれっとぺーぱーをかう
トイレットペーパーを買う 휴지를 사다

* 화장실에서 쓰는 두루마리 휴지를 뜻함

ジャズ じゃず

Q. 미국 뉴올리언스는 ジャズ 의 발상지이다.

Q. 루이 암스트롱은 ジャズ 역사에 남은 유명한 가수이다.

명 재즈 유래 jazz [재즈]

じゃずぴあの
ジャズピアノ 재즈 피아노

パチンコ ぱちんこ

Q. パチンコ 는 일본에서 가장 대중적인 사행성 오락이다.

Q. 구슬이 튕기며 떨어지는 모습 때문에 パチンコ 라 부른다.

명 파칭코 유래 pachinko [파칭코]

ぱちんこてん
パチンコ店 빠찡코 점

ミニバー みにばー

Q. ミニバー 는 호텔 객실의 냉장고를 작은 바에 빗댄 것.

Q. 호텔 ミニバー 에서 꺼낸 음료수는 자동으로 계산이 된다.

명 호텔 객실에 있는 작은 냉장고 유래 mini bar [미니 바]

ほてるのみにばー
ホテルのミニバー 호텔 미니바

Q A

センチメートル せんちめーとる

Q. 100 センチメートル 가 1m입니다.
Q. 30 センチメートル 짜리 자를 준비하세요.

명 (길이의 단위) 센티미터
유래 centimeter [센티미터]

へいほうせんちめーとる
平方センチメートル 제곱센티미터

プラットフォーム ぷらっとふぉーむ

Q. 1번 プラットフォーム 의 기차가 떠났다.
Q. 부산행 기차는 이 プラットフォーム 에서 출발합니다.

명 플랫폼 유래 platform [플랫폼]

ぷらっとふぉーむのばんごう
プラットフォームの番号 플랫폼 번호

マイル まいる

Q. 30 マイル 거리라고 했으니 걸어서 가긴 힘들겠네.
Q. 1 マイル 는 1.6km 정도 됩니다.

명 (길이의 단위) 마일 유래 mile [마일]

にまいる
2マイル 2마일

エイプリルフール えいぷりるふーる

Q. 4월 1일은 エイプリルフール 다.
Q. エイプリルフール 는 거짓말을 하거나 장난을 치는 날.

명 만우절 유래 april fool [에이프릴 풀]

しがつついたちえいぷりるふーる
4月1日エイプリルフール 4월 1일 만우절

アーチ あーち

Q. アーチ 형의 다리 밑으로 배가 지나간다.
Q. 눈썹 모양이 アーチ 형이다.

명 아치 유래 arch [아치]

あーちばし
アーチ橋 아치교

アーティスト あーてぃすと

Q. 거리의 アーティスト 가 캔버스에 그림을 그리고 있다.
Q. 피카소는 세계적으로 유명한 アーティスト 다.

명 아티스트 유래 artist [아티스트]

めーきゃっぷあーてぃすと
メーキャップアーティスト 메이크업 아티스트

インターホン いんたーほん

Q. 현관 インターホン 이 고장 났으니 집 앞에 오면 전화해.
Q. インターホン 화면을 들여다보니 택배 기사가 서 있었다.

명 인터폰 유래 interphone [인터폰]

いんたーほんのこしょう
インターホンの故障 인터폰 고장

* 원래 상표명, 영어로는 intercom에 해당

インフレーション いんふれーしょん

Q. 화폐 가치가 하락하고 물가가 오르는 インフレーション.
Q. インフレーション 으로 화폐 가치가 떨어졌다.

명 인플레이션 유래 inflation [인플레이션]

はいぱーいんふれーしょん
ハイパーインフレーション 하이퍼 인플레이션

* 표기 차이 インフレ: 준말

アート あーと

Q. アート 센터에서 작품 전시, 대관 등을 할 수 있다.
Q. 손톱을 아름답게 꾸미는 네일 アート.

명 예술, 미술 유래 art [아트]

あーとこれくたー
アートコレクター 예술품 컬렉터

エアポート えあぽーと

Q. 지금 당장 한국을 떠야겠다. 차를 エアポート 로 몰아!

Q. エアポート 는 항상 외국인과 여행객들로 가득합니다.

명 공항 유래 airport [에어포트]

えあぽーとばす
エアポートバス 공항버스

カウンター かうんたー

Q. カウンター 앞에는 계산을 기다리는 손님들이 줄을 섰다.

Q. 계산은 저쪽 カウンター 에서 해주세요.

명 계산대 유래 counter [카운터]

ほてるのかうんたー
ホテルのカウンター 호텔 카운터

カラン からん

Q. カラン 을 틀자 물이 콸콸 쏟아져 나왔다.

Q. カラン 을 꽉 잠그지 않아서 물방울이 똑똑 떨어진다.

명 수도꼭지 유래 karan [카란]: 네덜란드어

からんをひねる
カランをひねる 수도꼭지를 틀다

クライアント くらいあんと

Q. クライアント 가 디자인 시안을 요청해서 보내드렸어.

Q. 매달 한 번씩 クライアント 와의 미팅을 진행합니다.

명 고객, 거래처 유래 client [클라이언트]

くらいあんとのいらい
クライアントの依頼 클라이언트의 의뢰

クレジット くれじっと

Q. 직불카드가 아닌 クレジット 카드로 물건을 산다.

Q. クレジット 등급이 높아서 고액대출이 가능하다.

명 신용 유래 credit [크레딧]

くれじっとかーど
クレジットカード 신용카드

コミュニティー こみゅにてぃー

Q. 인터넷 コミュニティー 를 보니 여론이 심상치 않다.

Q. 입주민들만 이용할 수 있는 コミュニティー 센터.

명 지역 사회, 공동체 유래 community [커뮤니티]

こみゅにてぃーせんたー
コミュニティーセンター 커뮤니티 센터

シャボン しゃぼん

Q. シャボン 으로 거품을 내서 손을 씻어야지.

Q. シャボン 으로 손을 씻어야 병균이 사라져요.

명 비누 유래 sabão [사방]: 포르투갈어

しゃぼんだま
シャボン玉 비눗방울

スキャンダル すきゃんだる

Q. 할리우드를 발칵 뒤집은 スキャンダル.

Q. 파파라치에게 사진이 찍혀 スキャンダル 에 휩싸였다.

명 스캔들 유래 scandal [스캔들]

せいかいのすきゃんだる
政界のスキャンダル 정계 스캔들

タックス たっくす

Q. タックス 프리는 면세라는 뜻이다.

Q. 공항 タックス 프리 샵에서 선물을 샀다.

명 세금, 조세 유래 tax [택스]

たっくすふりー
タックスフリー 면세

Q A

ディスク でぃすく

Q. CD는 콤팩트 ディスク 의 약자이다.
Q. 레코드판이나 CD는 ディスク 형태다.

명 디스크 유래 disk [디스크]

ひかりでぃすく
光ディスク 광디스크

ディテール でぃてーる

Q. 세세한 ディテール 하나하나까지 놓치지 않는 꼼꼼한 사람.
Q. 주제만 정하고 ディテール 에 대해서는 나중에 논의하자.

명 상세, 부분 유래 detail [디테일]

でぃてーるにこだわる
ディテールにこだわる 디테일에 구애되다

バックヤード ばっくやーど

Q. 저택 バックヤード 에서 바비큐 파티를 했다.
Q. 집의 バックヤード 에 텃밭을 가꾸고 싶어.

명 뒤뜰 유래 backyard [백야드]

ばっくやーどのあるいえ
バックヤードのある家 뒤뜰이 있는 집

ハリケーン はりけーん

Q. 미국 남동부를 강타한 대형 ハリケーン 카트리나.
Q. 북대서양에서 발생한 열대성 저기압은 ハリケーン 이다.

명 허리케인 유래 hurricane [허리케인]

はりけーんのためけっこう
ハリケーンのため欠航 허리케인으로 인해 결항

ファブリック ふぁぶりっく

Q. 가죽 소파 말고 ファブリック 소파를 샀다.
Q. 구김이 잘 가는 ファブリック 재질 커버.

명 직물, 편물 유래 fabric [패브릭]

ふぁぶりっくそざい
ファブリック素材 패브릭 소재

フェンシング ふぇんしんぐ

Q. フェンシング 는 가늘고 긴 칼로 싸우는 스포츠이다.
Q. フェンシング 는 서양식 검도라고 볼 수 있다.

명 펜싱 유래 fencing [펜싱]

ふぇんしんぐせんしゅ
フェンシング選手 펜싱 선수

フォーマット ふぉーまっと

Q. 가면을 쓰고 노래를 부르는 독특한 방송 フォーマット.
Q. 외국에서 한식당을 운영하는 방송 フォーマット.

명 형식, 구성 유래 format [포맷]

ふぉーまっとにあわせ
フォーマットに合わせ 형식에 맞춰

プライバシー ぷらいばしー

Q. 동의 없이 사진을 찍는 건 プライバシー 침해다.
Q. プライバシー 보호를 위해 커튼을 치고 생활한다.

명 사생활 유래 privacy [프라이버시]

ぷらいばしーのしんがい
プライバシーの侵害 프라이버시 침해

フランチャイズ ふらんちゃいず

Q. フランチャイズ 가맹비가 많이 들어 점주들도 불만이다.
Q. フランチャイズ 업체들이 지역 상권을 잠식하고 있다.

명 프랜차이즈 유래 franchise [프랜차이즈]

ふらんちゃいずけいやく
フランチャイズ契約 프랜차이즈 계약

プレミアム ぷれみあむ

Q. プレミアム 를 얹어 주고 그 물건을 살 수 있었다.
Q. プレミアム 제품 라인은 가격이 제법 비싸다.

명 할증금 유래 premium [프리미엄]

ぷれみあむがつく
プレミアムが付く 프리미엄이 붙다

★ 다른 것보다 가치 있는 것을 뜻함

ペース ぺーす

Q. 마라톤 경기에서 끝까지 ペース 를 유지하며 잘 달렸다.
Q. 상대방의 ペース 에 말려들었다.

명 속도 유래 pace [페이스]

ぺーすをあげる
ペースを上げる 페이스를 올리다

★ 주로 진행 속도를 표현할 때 쓰이며 '리듬'이라는 뜻으로도 쓰임

ボーダー ぼーだー

Q. ボーダー 무늬 티셔츠는 죄수복 같아서 싫어.
Q. ボーダー 가 접해 있는 나라.

명 가장자리, 경계 유래 border [보더]

ぼーだーらいん
ボーダーライン 경계선

マニュアル まにゅある

Q. 반드시 マニュアル 를 읽고 나서 제품을 사용하세요.
Q. 자세한 작동 방법은 マニュアル 를 참조하세요.

명 매뉴얼 유래 manual [매뉴얼]

さーびすまにゅある
サービスマニュアル 서비스 매뉴얼

ミッション みっしょん

Q. 톰 크루즈 주연의 ミッション 임파서블 시리즈.
Q. 비밀 ミッション 을 받고 침투한 스파이.

명 임무 유래 mission [미션]

みっしょんいんぽっしぶる
ミッションインポッシブル 미션 임파서블

ユーザー ゆーざー

Q. ユーザー 의 ID와 비밀번호를 입력하세요.
Q. 찾으시는 ユーザー 명을 입력하세요.

명 사용자 유래 user [유저]

ゆーざーめい
ユーザー名 유저명

リスク りすく

Q. 뒤늦게 시장에 진입했으니 リスク 를 감수할 수밖에 없다.
Q. 하이 リスク 하이 리턴이야. 위험이 큰 만큼 수익도 크지.

명 위험, 위험도 유래 risk [리스크]

りすくはかくごのうえだ
リスクは覚悟の上だ 리스크는 각오한 바다

マスト ますと

Q. マスト 하나 달린 돛단배로 태평양을 일주했다.
Q. 배의 갑판 위에 수직으로 세운 기둥 マスト.

명 돛대 유래 mast [마스트]

めいんますと
メインマスト 주 돛대

アニバーサリー あにばーさりー

Q. 10주년을 맞이하여 アニバーサリー 세트를 판매합니다.
Q. 회사의 창립 20년 アニバーサリー 기획.

명 기념일 유래 anniversary [애니버서리]

あにばーさりーけーき
アニバーサリーケーキ 기념일 케이크

Q

A

メディカルチェック めでぃかるちぇっく

Q. 건강을 위해 일 년에 한 번 メディカルチェック 를 받자.

Q. メディカルチェック 를 꾸준히 받아야 큰 병을 예방한다.

명 건강진단, 신체검사

유래 medical check [메디컬 체크]

ていきてきなめでぃかるちぇっく
定期的なメディカルチェック 정기적인 건강진단

スロープ すろーぷ

Q. 계단 옆에 완만한 スロープ 가 있어 휠체어도 입장 가능함.

Q. 실력에 안 맞는 스키 スロープ 에서 놀다가 굴러서 다쳤다.

명 경사면 유래 slope [슬로프]

くるまいすようすろーぷ
車椅子用スロープ 휠체어용 슬로프

プロセス ぷろせす

Q. 책을 내고 싶다면 알아야 하는 출간 プロセス.

Q. 작업의 プロセス 와 순서를 파악해야 한다.

명 과정, 공정, 절차 유래 process [프로세스]

さぎょうのぷろせす
作業のプロセス 작업 과정

インテリア いんてりあ

Q. 원목을 사용한 고급스러운 실내 インテリア.

Q. 방의 インテリア 에 맞춰서 흰색 가구를 들여놓았다.

명 실내 장식 유래 interior [인테리어]

いんてりあでざいん
インテリアデザイン 인테리어 디자인

エスコート えすこーと

Q. 부인, 제가 무도회장까지 エスコート 하겠습니다.

Q. 걱정하지 마. 내가 집까지 エスコート 해 줄게.

명 호위, 호송 유래 escort [에스코트]

えすこーとする
エスコートする 에스코트하다

ハイブリッド はいぶりっど

Q. 유전자 변형으로 탄생한 ハイブリッド 종자.

Q. 휘발유와 전기의 ハイブリッド 자동차.

명 (동식물의) 잡종, 혼합물

유래 hybrid [하이브리드]

はいぶりっどしゃ
ハイブリッド車 하이브리드 카

シチュエーション しちゅえーしょん

Q. 곤란한 シチュエーション 에 처해 있다.

Q. 드라마에 가슴이 두근거리는 シチュエーション 이 나왔다.

명 위치, 경우, 상황 유래 situation [시추에이션]

しちゅえーしょんこめでぃ
シチュエーションコメディ 시추에이션 코미디

オークション おーくしょん

Q. 빚을 갚지 못해 집이 オークション 으로 넘어갔다.

Q. オークション 에서 최고액을 불러 낙찰받았다.

명 경매 유래 auction [옥션]

おーくしょんにかける
オークションにかける 경매에 부치다

コラボレーション こらぼれーしょん

Q. 유명 캐릭터와 음식점의 コラボレーション 행사 메뉴.

Q. 전 부서가 コラボレーション 해서 제품 혁신을 이루었다.

명 협력, 협동 유래 collaboration [컬래버레이션]

こらぼれーしょんきかく
コラボレーション企画 협업 기획

クライマックス くらいまっくす

Q. 공연이 クライマックス 에 달하자 모두가 일어섰다.
Q. 한국 여름 더위의 クライマックス 는 8월이다.

명 정점, 최고조 유래 climax [클라이맥스]

くらいまっくすにたっする
クライマックスに達する 클라이맥스에 달하다

ブース ぶーす

Q. 투표 ブース 에 들어가 비밀 투표를 했다.
Q. 야외에 설치된 흡연 ブース 안에 모여 담배를 피우고 있다.

명 전시회장·교실 등의 칸막이 공간 유래 booth [부스]

とうひょうぶーす
投票ブース 투표 부스

リーフレット りーふれっと

Q. 관광지를 소개하는 リーフレット 를 받아 왔다.
Q. 길거리에서 광고 リーフレット 를 나누어 주는 사람.

명 한 장짜리 광고지 유래 leaflet [리플릿]

りーふれっとをくばる
リーフレットを配る 리플렛을 나눠주다

エージェンシー えーじぇんしー

Q. 웹툰 エージェンシー 는 작품을 플랫폼에 공급한다.
Q. 직업 エージェンシー 에서 일을 소개받았다.

명 대리점, 대리업 유래 agency [에이전시]

えーじぇんしーとけいやく
エージェンシーと契約 에이전시와 계약

パフォーマンス ぱふぉーまんす

Q. 아이돌 그룹의 화려한 パフォーマンス 에 환호성이 터졌다.
Q. 세계 평화를 기원하는 パフォーマンス 행사가 있었다.

명 상연, 연기, 행위 유래 performance [퍼포먼스]

ろじょうぱふぉーまんす
路上パフォーマンス 노상 퍼포먼스

セキュリティー せきゅりてぃー

Q. 개인정보의 セキュリティー 가 너무 허술합니다.
Q. 도난방지용 セキュリティー 장치가 설치된 매장.

명 안전, 방범 유래 security [시큐리티]

ほーむせきゅりてぃー
ホームセキュリティー 홈 시큐리티

コンベンション こんべんしょん

Q. 넓은 コンベンション 룸에 모여 집회를 한다.
Q. 수원 コンベンション 센터에서 취업 박람회를 한대.

명 집회, 회의 유래 convention [컨벤션]

こんべんしょんほーる
コンベンションホール 컨벤션 홀

トレード とれーど

Q. 사과는 애플사의 브랜드를 상징하는 トレード 마크다.
Q. トレード 를 통해 다른 팀으로 넘어간 야구 선수.

명 상거래, 무역 유래 trade [트레이드]

ふぇあとれーど
フェアトレード 공정 무역

★ 프로야구 등에서는 선수 이적을 뜻함

エディター えでぃたー

Q. 패션 잡지 エディター 는 최신 트렌드에 민감해야 한다.
Q. 나는 출판사에서 エディター 로 근무하고 있다.

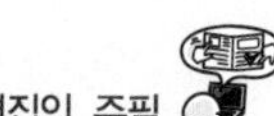

명 편집인, 주필 유래 editor [에디터]

ざっしのえでぃたー
雑誌のエディター 잡지 에디터

Q A

ドキュメント どきゅめんと

Q. 그 ドキュメント 는 사본까지 2부 출력해서 가져와.

Q. 이 영화는 ドキュメント 가 아니라 꾸며낸 이야기입니다.

명 문서, 기록 유래 document [도큐먼트]

まいどきゅめんと
マイドキュメント 내 문서

トラウマ とらうま

Q. 전쟁의 끔찍한 기억이 トラウマ 로 남았다.

Q. トラウマ 를 방치하면 정신질환으로 발전할 수 있다.

명 정신적 외상 유래 trauma [트라우마]

とらうまになる
トラウマになる 트라우마가 되다

タブー たぶー

Q. 나치의 전범기는 현대에도 タブー 로 여겨진다.

Q. 이슬람교의 タブー 는 돼지고기를 먹지 않는 것이다.

명 금기, 금제 유래 taboo [터부]

しゅうきょうじょうのたぶー
宗教上のタブー 종교상의 터부

レシピ れしぴ

Q. 네가 만든 요리 정말 맛있다. レシピ 좀 알려줘!

Q. 몇 인분을 기준으로 작성한 レシピ 인가요?

명 조리법, 조합법 유래 recipe [레시피]

りょうりれしぴ
料理レシピ 요리 레시피

ドレッサー どれっさー

Q. 그녀는 거울 달린 ドレッサー 앞에서 화장하고 있다.

Q. 이 화장품은 엄마 방 ドレッサー 위에 놓아 줄래?

명 화장대 유래 dresser [드레서]

あんてぃーくふうどれっさー
アンティーク風ドレッサー 앤틱 풍 화장대

ノミネート のみねーと

Q. 그의 작품이 대상 후보에 ノミネート 되었다.

Q. 그는 올해의 최우수 배우상에 ノミネート 되었다.

명 지명, 임명, 추천 유래 nominate [노미네이트]

さくひんしょうにのみねーとされる
作品賞にノミネートされる 작품상 후보에 오르다

アドバイザー あどばいざー

Q. 그는 우리 회사의 법률 アドバイザー 로 근무하고 있다.

Q. 그는 언제나 조언을 아끼지 않는 최고의 アドバイザー 다.

명 조언자 유래 advisor [어드바이저]

あどばいざーをさがす
アドバイザーを探す 조언자를 찾다

ディーラー でぃーらー

Q. 그는 중고차를 판매하는 ディーラー 다.

Q. 골동품을 사고파는 ディーラー.

명 판매업자 유래 dealer [딜러]

ちゅうこしゃでぃーらー
中古車ディーラー 중고차 딜러

ヒッチハイク ひっちはいく

Q. 남의 차를 얻어타며 ヒッチハイク 여행을 즐겼다.

Q. 차도 없고 대중교통도 없어 ヒッチハイク 할 수밖에 없다.

명 히치하이크 유래 hitchhike [히치하이크]

ひっちはいくをする
ヒッチハイクをする 히치하이크를 하다

ウェブサイト うぇぶさいと

Q. 회사 홍보를 위해 인터넷 ウェブサイト 를 만들었다.
Q. 자세한 사항은 ウェブサイト 홈페이지에서 확인하세요.

명 웹사이트 유래 website [웹사이트]

うぇぶさいとにけいさい
ウェブサイトに掲載 웹사이트에 게재

ハンディキャップ はんでぃきゃっぷ

Q. 근시는 운동선수에게 ハンディキャップ 다.
Q. 그는 한쪽 손만 사용하는 ハンディキャップ 를 제안했다.

명 불리한 조건 유래 handicap [핸디캡]

はんでぃきゃっぷをこくふく
ハンディキャップを克服 핸디캡을 극복

リニューアル りにゅーある

Q. 인테리어를 전면 リニューアル 한 뒤 재오픈한 매장.
Q. 운영을 중단했던 쇼핑몰이 リニューアル 를 앞두고 있다.

명 재개, 개장 유래 renewal [리뉴얼]

ほーむぺーじりにゅーある
ホームページリニューアル 홈페이지 리뉴얼

エピソード えぴそーど

Q. 기억에서 지워 버리고 싶은 부끄러운 エピソード.
Q. 가장 재미있는 エピソード 는 책의 첫 장에 나온다.

명 일화 유래 episode [에피소드]

えぴそーどをのこす
エピソードを残す 에피소드를 남기다

プライド ぷらいど

Q. 나는 내 일에 대해 나름대로 プライド 를 갖고 있다.
Q. 남의 プライド 를 함부로 상하게 하다가 큰코다친다.

명 긍지, 자존심 유래 pride [프라이드]

ぷらいどがたかい
プライドが高い 프라이드가 높다

フィアンセ ふぃあんせ

Q. 그는 내 フィアンセ 야. 결혼을 약속한 사이지.
Q. 그는 결혼 직전에 フィアンセ 와 헤어졌다.

명 약혼자 유래 fiance [피앙세]

ふぃあんせをしょうかいする
フィアンセを紹介する 약혼자를 소개하다

ペンパル ぺんぱる

Q. 일본에 사는 ペンパル 친구에게 편지를 쓰고 있어.
Q. 해외에 사는 ペンパル 가 보내준 선물이야.

명 펜팔[편지를 주고받으며 사귀는 벗] 유래 penpal [펜팔]

むりょうぺんぱるさいと
無料ペンパルサイト 무료 펜팔 사이트

マイルストーン まいるすとーん

Q. 내 인생의 マイルストーン 이 된 중대 사건.
Q. 지금이 회사의 앞날을 결정지을 マイルストーン 이다.

명 큰 고비, 중간 목표 지점 유래 milestone [마일스톤]

まいるすとーんとなるはっけん
マイルストーンとなる発見 마일스톤이 될 발견

メガホン めがほん

Q. 경찰은 メガホン 으로 너희들은 포위됐다고 외쳤다.
Q. 이 영화의 メガホン 을 잡은 감독.

명 확성 나팔 유래 megaphone [메가폰]

めがほんをにぎる
メガホンを握る 메가폰을 잡다

Q A

アクセス あくせす

Q. 네트워크에 アクセス 할 권한이 없습니다.
Q. 인터넷에 アクセス 해서 검색을 해보기로 했다.

명 접근, 접속 유래 access [액세스]

あくせすできる
アクセスできる 액세스할 수 있다

ケアハウス けあはうす

Q. 노인들을 돌보는 ケアハウス.
Q. 나이 든 환자만 수용하고 있는 ケアハウス.

명 케어 하우스[간호인이 딸린 노인 요양소] 유래 care [케어] + house [하우스]

こうれいしゃけあはうす
高齢者ケアハウス 고령자 케어 하우스

ディスカウント でぃすかうんと

Q. 20% ディスカウント 쿠폰을 적용해서 싸게 샀다.
Q. 10월 20일까지 ディスカウント 된 가격으로 판매합니다.

명 할인 유래 discount [디스카운트]

でぃすかうんとしょっぷ
ディスカウントショップ 할인 판매점

インシュリン いんしゅりん

Q. 당뇨병으로 インシュリン 주사를 맞다.
Q. インシュリン 은 혈당을 강하시키는 호르몬이다.

명 인슐린 유래 insulin [인슐린]

いんしゅりんにたよる
インシュリンに頼る 인슐린에 의지하다

キャンペーン きゃんぺーん

Q. 대통령 선거 キャンペーン 기간이라 전국이 떠들썩하다.
Q. 금연 キャンペーン 광고를 만들었다.

명 캠페인[정치적·사회적 운동] 유래 campaign [캠페인]

きゃんぺーんをはる
キャンペーンを張る 캠페인을 벌이다

インターン いんたーん

Q. 대학병원에서 インターン 을 마친 레지던트입니다.
Q. インターン 기간을 마치고 정규직에 채용되다.

명 견습, 수습 유래 intern [인턴]

だいがくびょういんのいんたーん
大学病院のインターン 대학병원 인턴

トピック とぴっく

Q. 오늘의 해외 トピック 는 영국의 소식입니다.
Q. 이번 トピック 영상은 사람 말을 흉내 내는 강아지인데요.

명 화제 유래 topic [토픽]

こんしゅうのとぴっく
今週のトピック 금주의 토픽

インフラ いんふら

Q. 도로, 하천, 항만 등의 インフラ 구축에 힘을 쏟는다.
Q. 고속도로는 중요한 교통 インフラ 중 하나이다.

명 인프라[산업·경제·사회적 생산 기반] 유래 infrastructure [인프라스트럭처]

いんふらせいび
インフラ整備 인프라 정비

テロリスト てろりすと

Q. 설치된 폭탄을 제거하고 テロリスト 를 체포했다.
Q. 건물을 폭파하겠다고 협박하는 テロリスト.

명 테러리스트 유래 terrorist [테러리스트]

ばくだんてろりすと
爆弾テロリスト 폭탄 테러리스트

ライター らいたー

Q. 독자와 ライター 의 만남.

Q. 저는 소설을 쓰는 ライター 이고 이번에 또 책을 냈어요.

명 저자, 집필자 유래 writer [라이터]

しなりおらいたー
シナリオライター 시나리오 작가

アングラ[1] あんぐら

Q. 뒷골목엔 허가받지 않은 アングラ 가게들이 있다.

Q. アングラ 에서 암암리에 마약 거래가 이루어지고 있다.

명 비합법, 지하 유래 underground [언더그라운드]

あんぐらけいざい
アングラ経済 지하경제

アングラ[2] あんぐら

Q. 길거리에서 무명 래퍼들이 모여 アングラ 공연을 열었다.

Q. 기성 예술 관념을 부정하고 アングラ 를 추구했다.

명 전위예술, 실험예술 유래 underground [언더그라운드]

あんぐらげき
アングラ劇 전위 연극

テクニック てくにっく

Q. 피아노를 연주하는 テクニック 가 뛰어나다.

Q. 운전 テクニック 가 좋아서 좁은 길도 자유자재로 달린다.

명 기교, 기술 유래 technique [테크닉]

こうどのてくにっく
高度のテクニック 고도의 테크닉

フェア ふぇあ

Q. 베이비 フェアー 에 가니까 양육에 필요한 제품들이 많다.

Q. 국제 무역 フェアー 에 참가하다.

명 박람회, 직매 전시회 유래 fair [페어]

ふぇあーかいさいちゅう
フェアー開催中 페어 개최 중

コラム こらむ

Q. 매일 아침 신문의 경제 コラム 를 읽는다.

Q. 신문에서 사회적인 이슈에 대한 コラム 를 읽고 있다.

명 신문·잡지의 단평란 유래 column [칼럼]

こらむをけいさいする
コラムを掲載する 칼럼을 게재하다

インキュベーター いんきゅべーたー

Q. 미숙아를 낳아 インキュベーター 에 넣었다.

Q. インキュベーター 안에 있던 달걀에서 병아리가 태어났다.

명 부란기, 부화기 유래 incubator [인큐베이터]

いんきゅべーたーにいれる
インキュベーターに入れる 인큐베이터에 넣다

ピックアップ ぴっくあっぷ

Q. 카탈로그를 보고 맘에 드는 물건을 ピックアップ 했다.

Q. 거기 계시면 제가 차 몰고 ピックアップ 하러 갈게요.

명 집어냄, 골라냄 유래 pick up [픽 업]

ぴっくあっぷする
ピックアップする 픽업하다

スクリプト すくりぷと

Q. 배우들이 연기에 앞서 スクリプト 를 읽고 있다.

Q. 소설을 영화화하기 위해 スクリプト 를 작성했다.

명 각본, 대본 유래 script [스크립트]

すくりぷとらいたー
スクリプトライター 각본 작가

Q **A**

ターミナル たーみなる

Q. 버스 ターミナル 까지는 택시를 타고 가자.
Q. 공항 ターミナル 에서 면세점을 이용했다.

명 터미널 유래 terminal [터미널]

こうそくばすたーみなる
高速バスターミナル 고속버스 터미널

ウィット うぃっと

Q. ウィット 가 있는 사람이라 말을 재치있게 한다.
Q. 청첩장에 쓰인 ウィット 있는 한마디에 미소를 지었다.

명 기지, 재기 유래 wit [위트]

うぃっとにとむ
ウィットに富む 위트가 풍부하다

アリバイ ありばい

Q. 범행 시각에 대한 アリバイ 가 증명되다.
Q. 공범과 짜고 アリバイ 를 조작하다.

명 현장 부재 증명 유래 alibi [알리바이]

ありばいがなりたつ
アリバイが成り立つ 알리바이가 성립되다

キャッシュ きゃっしゅ

Q. 복권은 キャッシュ 로만 살 수 있다.
Q. 카드보다 キャッシュ 로 사면 더 싸다.

명 현금 유래 cash [캐쉬]

きゃっしゅばっく
キャッシュバック 캐시백

ネットワーク ねっとわーく

Q. 복잡하게 얽힌 통신 ネットワーク.
Q. 인적 ネットワーク 를 잘 활용해서 성공했어.

명 네트워크 유래 network [네트워크]

ねっとわーくそしき
ネットワーク組織 네트워크 조직

エージェント えーじぇんと

Q. エージェント 가 조직이나 법인이 되면 에이전시가 된다.
Q. 저 남자, FBI エージェント 라는 소문이 있어.

명 대리인 유래 agent [에이전트]

えーじぇんとをつうじる
エージェントを通じる 대리인을 통하다

* '첩보원'을 뜻하기도 함

ブローカー ぶろーかー

Q. 부동산 ブローカー 를 통해 건물을 매입했다.
Q. 자동차 판매 ブローカー 를 통해 타던 차를 팔았다.

명 브로커, 중개인, 알선업자 유래 broker [브로커]

ふどうさんぶろーかー
不動産ブローカー 부동산 브로커

マネジメント まねじめんと

Q. 부실한 マネジメント 로 인해 회사가 파산했다.
Q. 회장 연임에 성공하면서 マネジメント 능력을 인정받았다.

명 경영, 관리 유래 management [매니지먼트]

でぃまねじめんと
ディマネジメント 디매니지먼트

アウトレット あうとれっと

Q. 브랜드 제품을 저렴하게 사려고 アウトレット 에 갔다.
Q. 이 アウトレット 에서는 도매가격으로 물건을 판다.

명 재고품 할인 매점 유래 outlet [아웃렛]

あうとれっとすとあ
アウトレットストア 아웃렛 스토어

シンボル しんぼる

Q. 비둘기는 평화의 シンボル 다.
Q. 코끼리는 태국의 シンボル 다.

명 상징, 기호 유래 symbol [심볼]

しんぼるまーく
シンボルマーク 심볼 마크

カンファレンス かんふぁれんす

Q. 대기업 임원 전원이 참석하는 경영 カンファレンス.
Q. 수십 명이 모인 カンファレンス 에서 결정한 중대 사안.

명 회의, 협의회 유래 conference [컨퍼런스]

ぴーすかんふぁれんす
ピースカンファレンス 평화 회의

コンサルタント こんさるたんと

Q. 경영이 어려울 땐 사업 コンサルタント 에게 자문한다.
Q. 그는 대통령의 경제 コンサルタント 로 이름을 알렸다.

명 상담역 유래 consultant [컨설턴트]

びじねすこんさるたんと
ビジネスコンサルタント 비즈니스 컨설턴트

フレーム ふれーむ

Q. 가족사진을 フレーム 에 끼워 진열장에 놓았다.
Q. 유행에 따라 안경의 フレーム 를 교체해서 씁니다.

명 테, 틀, 뼈대 유래 frame [프레임]

めがねのふれーむ
眼鏡のフレーム 안경테

フィードバック ふぃーどばっく

Q. 상품에 대한 고객들의 フィードバック 가 긍정적입니다.
Q. 내가 그린 그림 보고 フィードバック 를 해줄래?

명 의견, 반응, 평가 유래 feedback [피드백]

ふぃーどばっくそうしん
フィードバック送信 피드백 송신

アドベンチャー あどべんちゃー

Q. 생사를 건 アドベンチャー 가 펼쳐진다.
Q. 판타지 세계를 여행하는 액션 アドベンチャー 게임.

명 모험 유래 adventure [어드벤처]

あどべんちゃーげーむ
アドベンチャーゲーム 어드벤쳐 게임

アップロード あっぷろーど

Q. 서버에 자료를 アップロード 해놨습니다. 확인하세요.
Q. 저장 공간이 부족해 웹하드에 アップロード 했다.

명 업로드 유래 upload [업로드]

どうがあっぷろーど
動画アップロード 동영상 업로드

セクター せくたー

Q. 공공과 민간이 공동 출자한 민관합동법인 제3 セクター.
Q. 디스크에 배드 セクター 가 생겨서 버려야 한다.

명 부문, 부서 유래 sector [섹터]

みんかんせくたー
民間セクター 민간 부문

アンカー[1] あんかー

Q. 항구에 정박하기 위해 アンカー 를 내렸다.
Q. 출항하기 위해 선원들이 アンカー 를 배 위로 올린다.

명 닻 유래 anchor [앵커]

あんかーをおろす
アンカーを下ろす 닻을 내리다

Q — A

アンカー[2] あんかー

Q. 네가 가장 발이 빠르니 アンカー 로 뛰어서 골인해라.
Q. 계주 시합에서 アンカー 를 맡게 되어 어깨가 무겁다.

명 (릴레이에서) 마지막 주자 유래 anchor [앵커]

あんかーにえらばれる
アンカーに選ばれる 마지막 주자로 선발되다

アンカー[3] あんかー

Q. 어릴 적 꿈이던 뉴스 アンカー 가 되었다.
Q. 뉴스에서는 진행 MC를 アンカー 라고 부른다.

명 뉴스 진행자 유래 anchor [앵커]

にゅーすあんかー
ニュースアンカー 뉴스 앵커

コスト こすと

Q. 공정을 줄여 생산 コスト 를 크게 절감했다.
Q. 막대한 コスト 를 필요로 하는 우주 개발 사업.

명 원가, 비용 유래 cost [코스트]

せいさんこすと
生産コスト 생산 원가

ダイジェスト だいじぇすと

Q. 작품의 전체 내용을 압축한 ダイジェスト 판을 출간했다.
Q. 긴 보고서의 ダイジェスト 를 첫 페이지에 담았다.

명 간추림, 요약 유래 digest [다이제스트]

だいじぇすとばん
ダイジェスト版 요약판

メカニズム めかにずむ

Q. 시계가 작동하려면 정교한 メカニズム 가 필요하다.
Q. 뇌의 メカニズム 를 연구하는 뇌 의학자들.

명 사물의 구조 유래 mechanism [메커니즘]

しじょうのめかにずむ
市場のメカニズム 시장의 메커니즘

プラカード ぷらかーど

Q. 시장의 사임을 요구하는 プラカード 와 깃발.
Q. 전봇대에 설치된 プラカード 가 신호등을 가렸다.

명 광고나 표어 등을 공시하는 게시판 유래 placard [플래카드]

ぷらかーどをかける
プラカードを掛ける 플래카드를 걸다

オーダー おーだー

Q. 우리가 オーダー 한 음식만 안 나오는 것 같아.
Q. 먼저 오신 분부터 オーダー 를 받겠습니다.

명 주문 유래 order [오더]

おーだーをとりけす
オーダーを取り消す 오더를 취소하다

アイテム あいてむ

Q. 태국 여행에서 반드시 사 와야 할 추천 アイテム.
Q. 이 디저트가 요즘 뜨는 사업 アイテム 입니다.

명 항목, 품목, 세목 유래 item [아이템]

ほっとあいてむ
ホットアイテム 핫 아이템

ワークショップ わーくしょっぷ

Q. 신입사원 훈련 ワークショップ 일정표.
Q. 기업에서 보내는 연수를 흔히 ワークショップ 라고 부른다.

명 연구 집회 유래 workshop [워크숍]

わーくしょっぷさんか
ワークショップ参加 워크숍 참가

Q — A

ソリューション そりゅーしょん

Q. 피부 성향에 맞는 관리 ソリューション 이 필요하다.

Q. 피로 해소의 ソリューション 은 충분한 수면이다.

명 해결, 해결책 유래 solution [솔루션]

じぜんのそりゅーしょん
次善のソリューション 차선의 해결책

ケア けあ

Q. ケア 가 필요한 노인들을 모시는 요양소.

Q. 오바마 ケア 는 오바마 대통령의 의료보험 개혁 법안이다.

명 보살핌 유래 care [케어]

とうひけあ
頭皮ケア 두피 케어

ゴシップ ごしっぷ

Q. 악의적인 ゴシップ 를 유포한 사람이 처벌되었다.

Q. 연예인들의 사생활은 ゴシップ 거리로 소비되곤 한다.

명 소문 유래 gossip [가십]

ごしっぷきじ
ゴシップ記事 가십 기사

モーション もーしょん

Q. 앉았다 일어나는 モーション 을 하다가 현기증이 왔다.

Q. 영어가 미숙해서 モーション 을 섞어가며 대화했다.

명 동작, 몸짓 유래 motion [모션]

すろーもーしょん
スローモーション 슬로우 모션

ノウハウ のうはう

Q. 약간의 ノウハウ 만 터득하면 너도 할 수 있어.

Q. 컴퓨터를 직접 수리할 만큼의 ノウハウ 가 생겼다.

명 기술 정보 유래 know-how [노하우]

のうはうをまねする
ノウハウを真似する 노하우를 따라 하다

エンゲージリング えんげーじりんぐ

Q. 약혼식에서 エンゲージリング 를 주고받다.

Q. 약혼식이나 エンゲージリング 는 생략하는 추세이다.

명 약혼반지 유래 engagement ring [인게이지먼트 링]

えんげーじりんぐをわたす
エンゲージリングを渡す 약혼반지를 건네다

スケール すけーる

Q. 참여 아티스트가 늘면서 공연 スケール 가 점점 커졌다.

Q. 피해자들이 속속 등장해 사건의 スケール 가 커지고 있다.

명 크기, 규모 유래 scale [스케일]

すけーるがおおきい
スケールが大きい 스케일이 크다

アロマセラピー あろませらぴー

Q. 에센셜 오일을 사용한 アロマセラピー.

Q. アロマセラピー 는 향기 요법 혹은 자연 요법이라 한다.

명 방향 요법 유래 aromatherapy [아로마세러피]

あろませらぴーをうける
アロマセラピーを受ける 방향 요법을 받다

スタントマン すたんとまん

Q. 오토바이 질주를 대신 연기하는 スタントマン.

Q. 그 액션 장면은 スタントマン 이 대신 연기한 거예요.

명 스턴트맨 유래 stunt man [스턴트 맨]

べてらんすたんとまん
ベテランスタントマン 베테랑 스턴트맨

Q　A

ヘルメット へるめっと

Q. 오토바이를 타려면 ヘルメット 를 써야 해.
Q. 머리가 커서 ヘルメット 가 안 맞아.

명 헬멧　유래 helmet [헬멧]

ぼうだんへるめっと
防弾ヘルメット　방탄 헬멧

スナック すなっく

Q. スナック 식품은 핫도그부터 감자 칩까지 종류가 많다.
Q. 내가 아는 スナック 가 있어. 거기서 밥 먹고 한잔하자.

명 스낵　유래 snack [스낵]

すなっくしょくひん
スナック食品　스낵 식품

* 원래 가벼운 식사를 뜻하며, 주로 '스낵바'의 약자로 쓰임

コマース こまーす

Q. 온라인 コマース 가 크게 성장하고 있다.
Q. 스마트폰으로 물건을 사는 모바일 コマース 의 활성화.

명 상거래, 상업　유래 commerce [커머스]

いーこまーす
eコマース　전자상거래

タグ たぐ

Q. 손님이 옷에 달린 タグ 를 보며 가격을 확인하고 있다.
Q. 해시 タグ 는 SNS에서 검색을 돕는 편리한 시스템이다.

명 꼬리표　유래 tag [태그]

たぐをつける
タグを付ける　태그를 달다

フィット ふぃっと

Q. 슈퍼 히어로들이 입는 쫄쫄이는 몸에 フィット 한다.
Q. 마치 맞춤옷처럼 나에게 フィット 하는 옷이었다.

명 꼭 맞음, 어울림　유래 fit [핏]

ふぃっとするすーつ
フィットするスーツ　딱 맞는 슈트

リスペクト りすぺくと

Q. 너는 선배에 대한 リスペクト 가 부족해.
Q. 항상 할 말은 하고 사는 그를 リスペクト 한다.

명 존경, 경의　유래 respect [리스펙트]

りすぺくとします
リスペクトします　존경합니다

コック こっく

Q. 요리하는 것을 좋아해서 コック 가 되었어.
Q. 이 레스토랑의 コック 는 아주 실력 있는 사람이다.

명 요리사　유래 cook [쿡]

いちりゅうこっく
一流コック　일류 요리사

エッセンス えっせんす

Q. 바닐라 エッセンス 를 한 방울 넣으면 빵에 풍미가 생겨.
Q. 이것은 제 삶의 エッセンス 를 담은 작품입니다.

명 본질, 정수　유래 essence [에센스]

ばにらえっせんす
バニラエッセンス　바닐라 에센스

エディット えでぃっと

Q. 사진 색감이 맘에 들지 않아 조금 エディット 했다.
Q. 촬영한 영상을 순서에 맞게 エディット 했다.

명 수정, 편집　유래 edit [에디트]

ふぉとえでぃっと
フォトエディット　사진 편집

エンジニアリング えんじにありんぐ

Q. 이 건축물은 현대 토목 エンジニアリング 의 결정체이다.
Q. 유전자 エンジニアリング 는 세포의 DNA를 연구한다.

명 공학 (기술) 유래 engineering [엔지니어링]
そうごうえんじにありんぐ
総合エンジニアリング 종합 공학 기술

アウトプット あうとぷっと

Q. 프린터는 인풋 장치가 아닌 アウトプット 장치에 속한다.
Q. 기업에서는 성과를 アウトプット 라고 부르기도 한다.

명 출력, 결과물 유래 output [아웃풋]
いんぷっととあうとぷっと
インプットとアウトプット 인풋과 아웃풋

エンターテインメント えんたーていんめんと

Q. 영화는 대표적인 エンターテインメント 산업이다.
Q. 영화, 만화 등 다양한 エンターテインメント 가 생겨났다.

명 오락, 여흥 유래 entertainment [엔터테인먼트]
えんたーていんめんとさんぎょう
エンターテインメント産業 엔터테인먼트 산업

スペシャリスト すぺしゃりすと

Q. 이 분야 최고의 スペシャリスト 를 불러왔지.
Q. 이 방면에서는 내가 スペシャリスト 니까 맡겨 둬.

명 전문가 유래 specialist [스페셜리스트]
まるちすぺしゃりすと
マルチスペシャリスト 멀티 스페셜리스트

ダイアローグ だいあろーぐ

Q. 이 소설은 묘사가 많고 ダイアローグ 는 적다.
Q. 2장은 아버지와 아들의 짧은 ダイアローグ 로 시작한다.

명 대화, 문답 유래 dialogue [다이얼로그]
おーぷんだいあろーぐ
オープンダイアローグ 오픈 다이얼로그

プロジェクト ぷろじぇくと

Q. 연구 기간 1년에 90억 원이 투입된 プロジェクト 입니다.
Q. 이런 대형 プロジェクト 가 한 사람 때문에 엎어지다니!

명 계획 유래 project [프로젝트]
おおがたぷろじぇくと
大型プロジェクト 대형 프로젝트

フィクション ふぃくしょん

Q. 이 영화는 사실을 각색한 フィクション 입니다.
Q. 때론 현실이 フィクション 보다 더 극적이다.

명 허구 유래 fiction [픽션]
げんじつとふぃくしょん
現実とフィクション 현실과 허구

コットン こっとん

Q. 이 옷은 100% 순 コットン 입니다.
Q. 합성섬유를 사용하지 않은 리얼 コットン.

명 면, 솜 유래 cotton [코튼]
おーがにっくこっとん
オーガニックコットン 오가닉 코튼

パーキング ぱーきんぐ

Q. 차를 パーキング 할 곳이 없어 주변을 빙빙 돌았다.
Q. 그 식당에는 パーキング 공간이 넉넉하니 차를 가져가자.

명 주차, 주차장 유래 parking [파킹]
ぱーきんぐりょうきん
パーキング料金 주차 요금

Q — A

ジレンマ じれんま

Q. 이러지도 저러지도 못하는 ジレンマ 에 빠졌어.
Q. 진퇴양난의 ジレンマ 상태여서 결정하기 어렵다.

명 진퇴양난 유래 dilemma [딜레마]

じれんまにおちいる
ジレンマに陥る 딜레마에 빠지다

ミスマッチ みすまっち

Q. 체급 차이가 너무 나는 경기여서 애초에 ミスマッチ 였다.
Q. 주소와 우편번호의 ミスマッチ 로 우편물이 되돌아왔다.

명 부적당, 어울리지 않음 유래 mismatch [미스매치]

みすまっちのこーで
ミスマッチのコーデ 미스매치 코디

ツール つーる

Q. ツール 함에서 드라이버와 망치를 챙겨 왔다.
Q. 목수가 여러 가지 ツール 를 가지고 작업 중이다.

명 공구, 도구 유래 tool [툴]

へんしゅうつーる
編集ツール 편집 툴

エリア えりあ

Q. 산속이라 전화 서비스 エリア 를 벗어나 통화가 안 된다.
Q. 주정차 금지 エリア 에 주차했다가 과태료를 물었다.

명 지역, 구역 유래 area [에어리어]

きんえんえりあ
禁煙エリア 금연 구역

アンチ あんち

Q. 인기가 대단해서 팬이 많지만 アンチ 도 많다.
Q. 얼굴이나 목주름을 예방하는 アンチ 에이징 제품입니다.

명 반 (反) 유래 anti [안티]

あんちとふぁん
アンチとファン 안티와 팬

ジャンクフード じゃんくふーど

Q. 인스턴트나 패스트푸드를 ジャンクフード 라고 해요.
Q. 냉동식품 같은 ジャンクフード 는 건강에 좋지 않습니다.

명 정크푸드 유래 junk food [정크 푸드]

じゃんくふーどをたべる
ジャンクフードを食べる 정크푸드를 먹다

* 열량은 높지만, 영양가가 낮은 식품을 뜻함

ジェンダー じぇんだー

Q. 인종이나 ジェンダー, 나이 때문에 차별받지 않아야 한다.
Q. ジェンダー 는 생물학적 성이 아닌 사회적인 성을 뜻한다.

명 성, 성별 유래 gender [젠더]

とらんすじぇんだー
トランスジェンダー 트랜스젠더

ダウンロード だうんろーど

Q. 인터넷에서 양식을 ダウンロード 하시면 됩니다.
Q. 이메일에 첨부된 파일을 ダウンロード 했다.

명 다운로드 유래 download [다운로드]

むりょうだうんろーど
無料ダウンロード 무료 다운로드

オファー おふぁー

Q. TV 출연을 オファー 받았다.
Q. 새로운 기획안을 オファー 했지만 받아들여지지 않았다.

명 제안함, 신청함 유래 offer [오퍼]

しごとのおふぁー
仕事のオファー 일 제안

ウイークリー うぃーくりー

Q. 일주일마다 발행하는 ウイークリー 잡지.

Q. 잡지가 월간지에서 ウイークリー 로 바뀌어 자주 나온다.

명 주간지 유래 weekly [위클리]

うぃーくりーざっし
ウイークリー雑誌 주간 잡지

ファンド ふぁんど

Q. ファンド 부족으로 취소된 프로젝트.

Q. ファンド 방식 투자와 주식의 차이점은 무엇일까?

명 자금, 기금 유래 fund [펀드]

ふぁんどまねじゃ
ファンドマネジャ 펀드 매니저

エッセー えっせー

Q. 인간관계에 대해 느낀 바를 エッセー 로 써서 출판하다.

Q. 유학 생활 때의 일기를 바탕으로 쓴 진솔한 エッセー.

명 수필 유래 essay [에세이]

えっせーのしゅっぱん
エッセーの出版 수필 출판

メーキャップ めーきゃっぷ

Q. 립스틱 하나를 사도 メーキャップ 트렌드를 보고 고른다.

Q. 무대에 나가기 전 メーキャップ 를 받는 연예인들.

명 화장, 분장 유래 make up [메이크업]

めーきゃっぷあーていすと
メーキャップアーティスト 메이크업 아티스트

ガイドライン がいどらいん

Q. 재난 대피 ガイドライン.

Q. 위염 환자를 위한 식생활 ガイドライン 에 따랐다.

명 지침 유래 guideline [가이드라인]

がいどらいんをていじする
ガイドラインを提示する 가이드라인을 제시하다

クリニック くりにっく

Q. 퇴원 후 재활 クリニック 에 다니고 있어.

Q. 외래 환자 전문 クリニック 에서 일합니다.

명 진료소 유래 clinic [클리닉]

でんたるくりにっく
デンタルクリニック 치과

ドナー どなー

Q. 적합한 ドナー 가 나타나는 대로 이식 수술을 할게요.

Q. 장기 ドナー 임을 증명하는 카드를 소지하고 다닌다.

명 기증자, 헌혈자 유래 donor [도너]

どなーとうろく
ドナー登録 기증자 등록

カルチャー かるちゃー

Q. 전통 カルチャー 를 계승하려고 노력한다.

Q. 서로 다른 동서양의 カルチャー 를 이해해야 한다.

명 문화, 교양 유래 culture [컬처]

さぶかるちゃー
サブカルチャー 서브컬쳐

インフルエンザ いんふるえんざ

Q. 철새들이 날아와 조류 インフルエンザ 를 퍼뜨린다.

Q. インフルエンザ 는 독감으로 알려진 호흡기 질환이다.

명 독감, 유행성 감기 유래 influenza [인플루엔자]

いんふるえんざのしょうじょう
インフルエンザの症状 독감 증상

Q　　　　　　　　　　　　　A

スレート すれーと

Q. スレート 지붕은 발암물질로 인해 요즘은 잘 안 쓰인다.
Q. 물결 모양으로 겹쳐서 잇는 방식의 スレート 지붕.

명 석반　　유래 slate [슬레이트]

せきめんすれーと
石綿スレート　　석면 슬레이트

エコノミー えこのみー

Q. 저렴한 가격의 エコノミー 호텔에서 묵었다.
Q. エコノミー 석은 영 불편해서 비즈니스석을 구했다.

명 경제, 절약　　유래 economy [이코노미]

えこのみーせき
エコノミー席　　이코노미석

プロフィール ぷろふぃーる

Q. プロフィール 에 적힌 나이랑 실제 나이가 달라요.
Q. SNS의 プロフィール 사진을 새로 찍은 사진으로 바꿨다.

명 인물평, 인물 소개　　유래 profile [프로필]

じんぶつぷろふぃーる
人物プロフィール　　인물 프로필

コネクション こねくしょん

Q. 나는 학연, 지연과 같은 コネクション 이 없다.
Q. 흡연과 암 사이에는 コネクション 이 있다.

명 연줄, 관계　　유래 connection [커넥션]

こねくしょんがある
コネクションがある　　관계가 있다

イミテーション いみてーしょん

Q. 진짜 보석과 イミテーション 보석을 바꿔치기하다.
Q. 도난 방지를 위해 イミテーション 을 진열해 두었다.

명 모조품　　유래 imitation [이미테이션]

いみてーしょんのだいや
イミテーションのダイヤ　모조 다이아몬드

クラクション くらくしょん

Q. 사람이 갑자기 튀어나와서 차의 クラクション 을 울렸다.
Q. 화가 나서 クラクション 을 마구 울려대는 운전자.

명 자동차의 경적　　유래 klaxon [클랙슨]

くらくしょんをならす
クラクションを鳴らす　　클랙슨을 울리다

* 원래는 제조사 이름, 영어로는 horn 에 해당

イントロダクション いんとろだくしょん

Q. 책의 イントロダクション 에 간략한 개요가 쓰여 있다.
Q. 노래의 イントロダクション 만 듣고도 제목을 알다.

명 서문, 서곡, 도입부　　유래 introduction [인트로덕션]

いんとろだくしょんをかく
イントロダクションを書く　　서문을 쓰다

トラフィック とらふぃっく

Q. 출퇴근 시간에는 トラフィック 체증이 매우 심하다.
Q. 일일 トラフィック 가 초과한 홈페이지 접근이 차단됐다.

명 교통, 교통량, 전송량　　유래 traffic [트래픽]

とらふぃっくがおおい
トラフィックが多い　　전송량이 많다

フィルター ふぃるたー

Q. 커피를 갈아 フィルター 안에 넣고 뜨거운 물을 부으세요.
Q. 두 달에 한 번씩 정수기 フィルター 를 교체한다.

명 필터　　유래 filter [필터]

じょうすいきのふぃるたー
浄水器のフィルター　　정수기의 필터

Q A 

インプット いんぷっと

Q. 컴퓨터 키보드는 대표적인 インプット 장치다.
Q. 제작비는 インプット, 판매수익은 아웃풋이다.

명 입력, 투입 유래 input [인풋]

いんぷっとでばいす
インプットデバイス 입력 장치

マンモス まんもす

Q. 코끼리의 조상이라 할 수 있는 マンモス.
Q. 인구 100만이 넘는 マンモス 도시.

명 매머드 유래 mammoth [매머드]

まんもすのおおきさ
マンモスの大きさ 매머드의 크기

* 거대하다는 뜻으로 사용되기도 함

マーケティング まーけてぃんぐ

Q. 좋은 상품도 적절한 マーケティング 없이는 팔기 힘들다.
Q. SNS를 중심으로 제품 홍보 マーケティング 를 한다.

명 마케팅 유래 marketing [마케팅]

ばいらるまーけてぃんぐ
バイラルマーケティング 바이럴 마케팅

チョイス ちょいす

Q. 정해진 요리에서 세 가지를 チョイス 하는 세트 메뉴.
Q. 굿 チョイス 야! 나도 둘 중에 그게 훨씬 낫더라.

명 선택 유래 choice [초이스]

べすとちょいす
ベストチョイス 베스트 초이스

デジタル でじたる

Q. 필름 카메라와 デジタル 카메라의 차이.
Q. デジタル 방식의 시계와 아날로그 방식의 바늘 시계.

명 디지털 유래 digital [디지털]

でじたるとけい
デジタル時計 디지털시계

グラフ ぐらふ

Q. 하향 곡선을 그리는 グラフ 를 보는 투자자들의 표정.
Q. 인구의 변화 추이를 나타내는 グラフ 를 자료로 첨부했다.

명 도표 유래 graph [그래프]

ぼうぐらふ
棒グラフ 막대그래프

コンサルティング こんさるてぃんぐ

Q. 학생들의 진로 コンサルティング 를 담당하는 교사.
Q. 구직을 하면서 취업 コンサルティング 를 받았다.

명 조언, 전문 분야에 대한 지도 유래 consulting [컨설팅]

こんさるてぃんぐさーびす
コンサルティングサービス 컨설팅 서비스

コスチューム こすちゅーむ

Q. 핼러윈에 마녀 コスチューム 를 입고 거리를 걸어 다녔어.
Q. 나는 해적 コスチューム 를 입고 연기를 했어.

명 무대 의상, 가장용 의상 유래 costume [코스튬]

こすちゅーむぷれー
コスチュームプレー 코스튬 플레이

アドバンテージ あどばんてーじ

Q. 홈그라운드의 アドバンテージ 를 살리면 이길 수 있다.
Q. 저렴한 가격이 アドバンテージ 인 제품.

명 강점, 이점 유래 advantage [어드밴티지]

あどばんてーじをいかす
アドバンテージを活かす 강점을 살리다

Q A

コスメチック こすめちっく

Q. コスメチック 샵에서 클렌징 워터와 마스크팩을 샀다.
Q. 비싼 コスメチック 라고 피부에 더 좋을까?

명 화장품　유래 cosmetic [코스메틱]

こすめちっくしょっぷ
コスメチックショップ　화장품 가게

オーガニック おーがにっく

Q. 화학 비료를 쓰지 않는 オーガニック 채소.
Q. 나는 아무거나 먹지만, 아이에겐 オーガニック 만 먹인다.

명 유기농, 유기 재배, 유기 농업　유래 organic [오개닉]

おーがにっくしょうひん
オーガニック商品　유기농 상품

コミッション こみっしょん

Q. 은행에서 환전 시 コミッション 이 든다.
Q. コミッション 을 챙기고 편의를 봐준 혐의가 있다.

명 수수료　유래 commission [커미션]

りたーんこみっしょん
リターンコミッション　환불 수수료

* '뇌물'을 뜻하기도 함

リコール りこーる

Q. 불량률이 높아서 제품을 전량 リコール 하기로 했다.
Q. 배터리 폭발 이슈로 인해 リコール 된 제품.

명 회수, 소환　유래 recall [리콜]

りこーるされたくるま
リコールされた車　리콜된 차

チェンバー ちぇんばー

Q. 회의를 위해 チェンバー 에 모인 하원의원들.
Q. 지방의원들이 의회 チェンバー 에서 회의했다.

명 방, 회의실　유래 chamber [체임버]

ちぇんばーみゅーじっく
チェンバーミュージック　실내악

モード もーど

Q. 휴대폰을 끄시거나 진동 モード 로 설정해주세요.
Q. 어두운 곳에서 사진을 찍을 땐 야간 モード 로 촬영하세요.

명 방법, 양식, 형태　유래 mode [모드]

まなーもーど
マナーモード　매너 모드

オランダ おらんだ

Q. 히딩크는 オランダ 의 국가대표선수였다.
Q. オランダ 의 수도는 암스테르담이다.

명 네덜란드　유래 holland [홀랜드]

おらんだご
オランダ語　네덜란드어

* 원래는 지명, 정식 명칭은 ネーデルランド 임

アクリル あくりる

Q. アクリル 진열장은 유리 진열장보다 저렴하고 가볍다.
Q. 투명한 アクリル 로 만든 작은 어항에서 금붕어를 키웠다.

명 아크릴　유래 acryl [아크릴]

あくりるえのぐ
アクリル絵具　아크릴 물감

アスベスト あすべすと

Q. アスベスト 는 과거 슬레이트 지붕에 많이 사용했다.
Q. アスベスト 는 '돌솜'이라고도 하는 1등급 발암물질이다.

명 석면　유래 asbestos [아스베스토스]

あすべすとじょきょこうじ
アスベスト除去工事　석면 제거 공사

イヤマフ いやまふ

Q. イヤマフ 를 깜빡하고 나갔다가 귀가 얼어붙는 줄 알았어.
Q. 날씨가 춥던데 イヤマフ 랑 목도리랑 장갑 잘 챙겼니?

명 헤드폰 형태의 방한구
유래 ear [이어] + muff [머프]

いやまふをつける
イヤマフを付ける 귀마개를 쓰다

インターンシップ いんたーんしっぷ

Q. 신입사원은 3개월의 インターンシップ 기간을 거친다.
Q. 2년의 インターンシップ 기간 뒤 채용 여부가 결정된다.

명 기업 활동 체험 제도
유래 internship [인턴십]

いんたーんしっぷにさんか
インターンシップに参加 인턴십에 참가

インテリジェンス いんてりじぇんす

Q. 책을 많이 읽어서 インテリジェンス 를 계발하자.
Q. 인공 インテリジェンス 알파고와 이세돌의 바둑 대결.

명 지성, 지능, 정보
유래 intelligence [인텔리전스]

いんてりじぇんすにとむ
インテリジェンスに富む 지성이 풍부하다

バイオレーション ばいおれーしょん

Q. 격렬한 몸싸움 끝에 심판이 バイオレーション 을 선언했다.
Q. 분명히 バイオレーション 인데, 심판이 못 봤나 봐.

명 (농구 등의) 규칙 위반, 파울
유래 violation [바이열레이션]

ばいおれーしょんをする
バイオレーションをする 반칙행위를 하다

ガーデニング がーでにんぐ

Q. 집에서 작은 식물을 기르는 홈 ガーデニング 가 유행이다.
Q. 정원사를 꿈꾸는 그는 ガーデニング 열심히 공부 중이다.

명 조원술, 정원 가꾸기
유래 gardening [가드닝]

がーでにんぐれっすん
ガーデニングレッスン 가드닝 레슨

ガードレール がーどれーる

Q. 고속도로 양옆에는 ガードレール 가 설치되어 있다.
Q. 졸음운전을 하다가 ガードレール 를 들이받았다.

명 가드레일 유래 guard rail [가드 레일]

がーどれーるにしょうとつ
ガードレールに衝突 가드레일에 충돌

カウンセラー かうんせらー

Q. 전문 심리 カウンセラー 에게 상담을 받았다.
Q. 심리 カウンセラー 가 쓴 연애 심리 책이 인기를 끌었다.

명 상담사 유래 counselor [카운슬러]

せんもんのかうんせらー
専門のカウンセラー 전문 상담사

カウンセリング かうんせりんぐ

Q. 정신질환은 약과 カウンセリング 를 병행하여 치료한다.
Q. 심리상담사가 유족들의 カウンセリング 를 했다.

명 상담 유래 counseling [카운슬링]

かうんせりんぐがひつようだ
カウンセリングが必要だ
카운슬링이 필요하다

カスタムメード かすたむめーど

Q. 이 신발은 カスタムメード 라서 나에게 꼭 맞아.
Q. カスタムメード 는 아니지만 마치 날 위한 옷처럼 느껴져.

명 특별주문 유래 custom made [커스텀 메이드]

かすためめーどせいひん
カスタムメード製品 커스텀 메이드 제품

Q **A**

カプセル かぷせる

Q. 가루약이 싫어서 カプセル 에 든 알약으로 조제했다.
Q. カプセル 커피는 하나씩 까서 넣으면 되니 편리하다.

명 캡슐 유래 capsule [캡슐]

かぷせるとい
カプセルトイ 캡슐 토이

カルタ かるた

Q. 시의 다음 구절을 찾아 맞추는 카드놀이 カルタ.
Q. カルタ 는 카드를 뜻하는 포르투갈어 carta에서 유래했다.

명 카드놀이, 트럼프나 화투 등 유래 carta [카르타]: 포르투갈어

かるたあそび
カルタ遊び 카드놀이

キーワード きーわーど

Q. 검색창에 キーワード 를 입력하면 검색 결과가 나온다.
Q. 검색 단어 랭킹으로 한 해의 キーワード 를 알아봅시다!

명 단서가 되는 말 유래 keyword [키워드]

こんしゅうのきーわーど
今週のキーワード 이번 주 키워드

キーポイント きーぽいんと

Q. 그래서 네가 하고 싶은 말의 キーポイント 가 뭐야?
Q. 우리 집 음식 맛의 キーポイント 는 직접 만든 조미료이다.

명 요점 유래 key point [키 포인트]

きーぽいんとになる
キーポイントになる 키포인트가 되다

キーボード きーぼーど

Q. 문서 작업을 하던 도중 キーボード 가 고장 났다.
Q. 게임을 좋아해서 기계식 컴퓨터 キーボード 를 샀어.

명 키보드 유래 keyboard [키보드]

きーぼーどかばー
キーボードカバー 키보드 덮개

キャスト きゃすと

Q. 스태프 롤의 キャスト 명단에 배우들의 이름이 보인다.
Q. 신작 드라마의 주요 キャスト 가 발표되었다.

명 배역 유래 cast [캐스트]

みすきゃすと
ミスキャスト 미스 캐스트

キャッシュカード きゃっしゅかーど

Q. キャッシュカード 입니다. 현금영수증 처리해주세요.
Q. 신용카드와 달리 キャッシュカード 는 혜택이 별로 없다.

명 현금 카드 유래 cash card [캐시 카드]

きゃっしゅかーどをつくる
キャッシュカードを作る 현금 카드를 만들다

ギャランティー ぎゃらんてぃー

Q. ギャランティー 는 배우의 지명도에 따라 차등 지급된다.
Q. 그는 이번 영화에 노 ギャランティー 로 출연했다.

명 출연료 유래 guarantee [개런티]

ぎゃらんてぃーをうけとる
ギャランティーを受け取る 개런티를 받다

キュレーター きゅれーたー

Q. キュレーター 는 작품을 관리하고 전시회를 기획한다.
Q. 박물관의 화석을 담당하고 관리하는 キュレーター.

명 큐레이터 유래 curator [큐레이터]

はくぶつかんのきゅれーたー
博物館のキュレーター 박물관의 큐레이터

クエスチョンマーク くえすちょんまーく

Q. 문장 끝에 クエスチョンマーク 가 있으면 의문문이다.
Q. 빈정대는 표현에 クエスチョンマーク 를 사용하기도 한다.

명 물음표 유래 question mark [퀘스천 마크]

くえすちょんまーくをつける
クエスチョンマークを付ける
물음표를 붙이다

クレーム くれーむ

Q. 손님들은 음식이 맛없다고 クレーム 를 제기했다.
Q. 고객의 クレーム 가 속출하고 있으니 신속하게 해결해라.

명 불만, 이의 제기 유래 claim [클레임]

くれーむをつける
クレームを付ける 클레임을 걸다

クレジットカード くれじっとかーど

Q. クレジットカード 를 남용하면 카드빚을 감당할 수 없다.
Q. 큰 금액을 지불할 때는 クレジットカード 가 편리하다.

명 신용카드 유래 credit card [크레딧 카드]

くれじっとかーどじょうほう
クレジットカード情報 신용카드 정보

クロージング くろーじんぐ

Q. 그 공장은 クロージング 가 결정되었다.
Q. 앵커는 뉴스를 마치며 クロージング 멘트를 했다.

명 폐쇄, 밀폐, 폐막 유래 closing [클로징]

こうじょうのくろーじんぐ
工場のクロージング 공장 폐쇄

グローバルスタンダード ぐろーばるすたんだーど

Q. グローバルスタンダード 시간은 협정 세계시라고도 부른다.
Q. ISBN은 모든 책에 붙는 グローバルスタンダード 번호다.

명 국제표준
유래 global standard [글로벌 스탠더드]

ぐろーばるすたんだーどせいひん
グローバルスタンダード製品
글로벌 스탠다드 제품

ゲリラ げりら

Q. 반군의 계속되는 ゲリラ 공격에 골머리를 앓고 있다.
Q. 베트남전은 ゲリラ 전술의 무서움을 보여주는 사례이다.

명 기습, 유격군 유래 guerrilla [게릴라]

げりらごうう
ゲリラ豪雨 게릴라성 호우

コーディネート こーでぃねーと

Q. 연예인의 의상을 コーディネート 해주는 코디네이터.
Q. 그녀는 패션센스가 좋아 옷의 コーディネート 를 잘한다.

명 조정하기, 균형 잡기
유래 coordinate [코디네이트]

こーでぃねーとらんきんぐ
コーディネートランキング
코디네이트 랭킹

コンセプト こんせぷと

Q. 전통 한옥을 コンセプト 로 한 고급스러운 찻집.
Q. 그림이 너무 난해해서 무슨 コンセプト 인지 모르겠어.

명 개념, 관념 유래 concept [컨셉트]

こんせぷとあーと
コンセプトアート 컨셉 아트

コンディション こんでぃしょん

Q. 시합을 앞두고 コンディション 조절에 신경 쓰고 있다.
Q. 오늘은 어쩐지 몸의 コンディション 이 좋지 않다.

명 상태 유래 condition [컨디션]

こんでぃしょんがよい
コンディションがよい 컨디션이 좋다

Q

A

コンテンツ こんてんつ

Q. 스마트폰으로 다양한 コンテンツ 를 소비하는 젊은 세대.
Q. 이 영화는 コンテンツ 는 부실한데 겉 포장만 요란하다.

명 내용, 알맹이 유래 content [콘텐츠]

もばいるこんてんつ
モバイルコンテンツ 모바일 콘텐츠

コンピュータウイルス こんぴゅーたういるす

Q. コンピュータウイルス 때문에 백신 프로그램을 설치했다.
Q. コンピュータウイルス 때문에 컴퓨터를 포맷해버렸어.

명 컴퓨터 바이러스 유래 computer virus [컴퓨터 바이러스]

こんぴゅーたういるすにかんせんした
コンピュータウイルスに感染した
컴퓨터 바이러스에 감염됐다

コンプレックス こんぷれっくす

Q. 그는 낮은 학력에 대한 コンプレックス 를 가지고 있었다.
Q. 뻐드렁니가 コンプレックス 라서 치아 교정을 받았다.

명 열등감 유래 complex [콤플렉스]

いくつかのこんぷれっくす
いくつかのコンプレックス
몇 가지 콤플렉스

サバイバル さばいばる

Q. 오디션 프로그램은 サバイバル 형식으로 치러진다.
Q. 좀비를 피해 살아남아야 하는 サバイバル 게임.

명 살아남음 유래 survival [서바이벌]

さばいばるげーむ
サバイバルゲーム 서바이벌 게임

シガー しがー

Q. 중절모를 쓰고 커다란 シガー 를 물고 있는 마피아 보스.
Q. 쿠바산 シガー 가 유명하다.

명 엽궐련 유래 cigar [시가]

しがーをすう
シガーを吸う 시가를 피우다

シットアップ しっとあっぷ

Q. 윗몸을 일으켰다 눕혔다 하는 운동 シットアップ.
Q. 서로 다리를 잡아주며 シットアップ 연습을 했다.

명 윗몸일으키기 유래 sit up [싯 업]

しっとあっぷほうほう
シットアップ方法 윗몸일으키기 방법

シナジー しなじー

Q. 안타까운 장면과 슬픈 음악이 シナジー 효과를 가져왔다.
Q. 두 제품을 함께 사용하시면 シナジー 효과가 있습니다.

명 동반 상승효과 유래 synergy [시너지]

しなじーこうか
シナジー効果 시너지 효과

ジャッジ じゃっじ

Q. 선수가 ジャッジ 의 판정에 항의하다가 퇴장되었다.
Q. 재판장님의 공정한 ジャッジ 를 바랍니다.

명 심판, 판정 유래 judge [저지]

あんふぇあなじゃっじ
アンフェアなジャッジ 불공평한 판정

ショーウィンドー しょーうぃんどー

Q. 백화점 ショーウィンドー 안에 마네킹이 진열되어 있다.
Q. 빵집의 ショーウィンドー 를 들여다보며 군침만 흘렸다.

명 진열창 유래 show window [쇼 윈도]

しょーうぃんどーにちんれつ
ショーウィンドーに陳列 쇼윈도에 진열

Q A

シリコン しりこん

Q. 부드러운 シリコン 소재로 된 젖병.
Q. 휴대폰에 부드럽고 말랑말랑한 シリコン 케이스를 씌웠다.

명 실리콘 유래 silicon [실리콘]

しりこんしょっき
シリコン食器 실리콘 식기

シンナー しんなー

Q. 페인트에 シンナー 를 섞어 묽게 만들었다.
Q. 공구의 기름을 닦기 위해서 주로 シンナー 를 사용한다.

명 시너 유래 thinner [시너]

しんなーちゅうどく
シンナー中毒 시너 중독

スクラップ すくらっぷ

Q. 좋아하는 연예인이 나온 부분만 잘라 スクラップ 를 했다.
Q. 신문을 볼 때 관심 있는 기사는 따로 スクラップ 해둔다.

명 신문·잡지 등의 오려낸 기사 유래 scrap [스크랩]

こらむをすくらっぷする
コラムをスクラップする 칼럼을 스크랩하다

スクランブルエッグ すくらんぶるえっぐ

Q. 팬에 달걀을 휘저어 スクランブルエッグ 를 만들었다.
Q. 달걀 프라이에 실패해 スクランブルエッグ 가 되었다.

명 지진 달걀 유래 scrambled eggs [스크램블드 에그]

とーすととすくらんぶるえっぐ
トーストとスクランブルエッグ 토스트와 스크램블드에그

スタートアップ すたーとあっぷ

Q. 우리 회사는 1년도 채 안 된 スタートアップ 기업이다.
Q. スタートアップ 기업이기 때문에 적은 자본으로 시작했다.

명 신생 벤처기업 유래 startup [스타트업]

すたーとあっぷきぎょう
スタートアップ企業 스타트업 기업

スプリンクラー すぷりんくらー

Q. 천장에는 화재에 대비한 スプリンクラー 가 설치되어 있다.
Q. 잔디밭에 물을 주려고 회전식 スプリンクラー 를 설치했다.

명 자동 살수 소화 장치 유래 sprinkler [스프링클러]

すぷりんくらーせっち
スプリンクラー設置 스프링클러 설치

スポット すぽっと

Q. 무대에 선 남자를 한줄기 スポット 라이트가 비추었다.
Q. 여기는 귀신이 나오기로 유명한 심령 スポット 입니다.

명 지점, 장소 유래 spot [스폿]

しんれいすぽっと
心霊スポット 심령스폿

スランプ すらんぷ

Q. 그 선수는 スランプ 를 극복하지 못하고 결국 은퇴했다.
Q. スランプ 가 왔는지 좀처럼 성적이 오르지 않았다.

명 부진 유래 slump [슬럼프]

すらんぷにおちいる
スランプに陥る 슬럼프에 빠지다

セールス せーるす

Q. 저는 고객을 직접 방문해 물건을 파는 セールス 맨입니다.
Q. 온라인 セールス 가격과 비교한 뒤 더 저렴한 것을 샀다.

명 판매, 외판 유래 sales [세일즈]

せーるすまん
セールスマン 세일즈맨

Q A

セルフサービス せるふさーびす

Q. 이 가게는 가격이 저렴한 대신 전부 セルフサービス 다.
Q. 직접 주유를 하는 セルフサービス 주유소가 늘고 있다.

명 선택·운반 등을 손님이 스스로 하는 방식
유래 self-service [셀프서비스]

せるふさーびすのしょくどう
セルフサービスの食堂 셀프서비스 식당

セレブ せれぶ

Q. 파티장에는 연예인과 사업가 등 セレブ 들이 모여 있었다.
Q. セレブ 들은 파파라치에게 시달리는 고통을 토로했다.

명 유명인, 명사 유래 celebrity [셀러브리티]

はりうっどせれぶ
ハリウッドセレブ 할리우드 셀럽

センセーション せんせーしょん

Q. 데뷔 직후 センセーション 을 일으키며 스타덤에 올랐다.
Q. 사회적 センセーション 을 일으킨 문제작.

명 이목을 끔, 놀라게 함
유래 sensation [센세이션]

いちだいせんせーしょん
一大センセーション 일대 센세이션

セント せんと

Q. セント 프란체스코 성당.
Q. 산타클로스는 セント 니콜라스의 별칭이다.

명 성, 성인 유래 saint [세인트]

せんとぱうろ
セントパウロ 성 바울

ソーシャル そーしゃる

Q. SNS는 ソーシャル 네트워크 서비스의 약자이다.
Q. 저희 ソーシャル 클럽에서 새로운 친구를 만나보세요.

명 사회적, 사교적 유래 social [소셜]

そーしゃるげーむ
ソーシャルゲーム 소셜 게임

タイムアップ たいむあっぷ

Q. タイムアップ! 일대일 무승부로 경기가 끝났습니다.
Q. 선수들은 タイムアップ 순간까지 최선을 다했다.

명 규정 시간이 끝남 유래 time up [타임 업]

たいむあっぷのふえ
タイムアップの笛 종료 휘슬

タンク たんく

Q. LPG 가스 タンク 에 불이 붙어 대형 폭발이 일어났다.
Q. 휘발유를 싣고 가던 タンク 로리가 전복됐다.

명 기체·액체를 담는 용기 유래 tank [탱크]

がすたんく
ガスタンク 가스탱크

チアリーダー ちありーだー

Q. チアリーダー 들의 열띤 응원에 관객들도 뜨겁게 호응했다.
Q. チアリーダー 들의 화려한 응원 안무가 눈길을 사로잡았다.

명 여성 응원단원 유래 cheerleader [치어리더]

ちありーだーいしょう
チアリーダー衣装 치어리더 복장

テレワーク てれわーく

Q. 출근하지 않고 집에서 テレワーク 를 하며 월급을 받아요.
Q. 프리랜서들은 대부분 テレワーク 로 일을 한다.

명 재택근무 유래 telework [텔레워크]

てれわーくをどうにゅうする
テレワークを導入する 재택근무를 도입하다

ドキュメンタリー どきゅめんたりー

Q. 정글의 생태를 다룬 ドキュメンタリー 를 재미있게 봤다.
Q. 픽션을 사실처럼 다루는 페이크 ドキュメンタリー 방식.

명 다큐멘터리 유래 documentary [다큐멘터리]

どきゅめんたりーしょうせつ
ドキュメンタリー小説 다큐멘터리 소설

トッピング とっぴんぐ

Q. 아이스크림 위에 시리얼을 トッピング 로 올려 먹었다.
Q. 돈을 내고 와플 위에 여러 가지 トッピング 를 추가했다.

명 각종 재료나 소스를 얹거나 장식하는 것 유래 topping [토핑]

とっぴんぐをついかする
トッピングを追加する 토핑을 추가하다

トレードマーク とれーどまーく

Q. 멋진 턱수염은 그 배우를 상징하는 トレードマーク 다.
Q. 그 기업의 トレードマーク 는 한 입 베어 문 사과이다.

명 등록 상표 유래 trademark [트레이드마크]

とれーどまーくになった
トレードマークになった 트레이드 마크가 되었다

トレンド とれんど

Q. 포털 검색어를 보면 최신 トレンド 를 알 수 있다.
Q. 복고풍 패션 トレンド 가 전국에서 유행 중이다.

명 경향, 유행 유래 trend [트렌드]

とれんどせったー
トレンドセッター 트렌드 세터

ナンバープレート なんばーぷれーと

Q. 범행 차량의 ナンバープレート 가 찍힌 CCTV 화면.
Q. ナンバープレート 를 가린 불법 주차 차량이 적발되었다.

명 자동차 등의 번호판 유래 number plate [넘버 플레이트]

なんばーぷれーとのしゅるい
ナンバープレートの種類 자동차 번호판의 종류

ノット のっと

Q. 그 배의 최대 속력은 30 ノット 다.
Q. 1 ノット 는 1해리와 같으므로 바다에서 주로 사용한다.

명 (배의) 속력의 단위 유래 knot [노트]

にじゅうのっと
20ノット 20노트

ノンステップバス のんすてっぷばす

Q. ノンステップバス 는 바닥이 낮아 탑승하기 편하다.
Q. 휠체어도 쉽게 탑승할 수 있는 ノンステップバス.

명 저상 버스 유래 non-step bus [논스텝 버스]

しんがたののんすてっぷばす
新型のノンステップバス 신형 저상 버스

バイキング ばいきんぐ

Q. バイキング 식당인 줄 알고 잔뜩 먹었다가 곤경에 빠졌다.
Q. 일정 금액을 내면 마음껏 먹을 수 있는 バイキング 식당.

명 바이킹, 바이킹요리 유래 viking [바이킹]

ばいきんぐりょうり
バイキング料理 바이킹요리

* 일정 요금을 내고 각자 골라 먹는 방식, 우리의 뷔페 개념

ノンフィクション のんふぃくしょん

Q. 픽션과 ノンフィクション 을 적절히 섞은 역사 소설이다.
Q. 이 영화는 사실에 기반한 ノンフィクション 영화이다.

명 사실에 기반한 기록 작품 유래 non-fiction [논픽션]

のんふぃくしょんぶもん
ノンフィクション部門 논픽션 부문

Q **A**

ハイテク はいてく

Q. 스마트폰은 ハイテク 의 결정체이다.
Q. NASA의 ハイテク 기술을 사용했다는 게 정말이야?

명 첨단 기술 유래 high tech [하이 테크]

はいてくでーた
ハイテクデータ 첨단 기술 정보

ハイパー はいぱー

Q. Super보다 강력하다는 의미로 ハイパー 를 사용한다.
Q. 얼마나 대단하길래 ハイパー 마켓이라고 부르는 거야?

명 과도한, 초월한, 극도의 유래 hyper [하이퍼]

はいぱーいんふれーしょん
ハイパーインフレーション 하이퍼 인플레이션

バインダー ばいんだー

Q. 관심 있는 기사는 오려서 バインダー 에 철을 해두고 있다.
Q. バインダー 에 종이를 너무 많이 철해서 넘기기도 힘들다.

명 신문·서류 등을 철하는 용구 유래 binder [바인더]

ふぁいるばいんだー
ファイルバインダー 파일 바인더

ハザードマップ はざーどまっぷ

Q. 지진이 일어나면 ハザードマップ 를 따라 이동해주세요.
Q. 재해가 잦은 일본에선 ハザードマップ 를 숙지해야 한다.

명 재해 발생 시의 긴급 대피 경로도 유래 hazard map [해저드 맵]

すいがいはざーどまっぷ
水害ハザードマップ 수해 긴급 대피 경로도

バックアップ ばっくあっぷ

Q. 스마트폰에 있는 사진을 웹하드에 バックアップ 했다.
Q. 업무 파일이 날아가지 않도록 バックアップ 를 자주 하자.

명 파일 등을 예비로 두는 일, 여분 유래 backup [백업]

でーたのばっくあっぷ
データのバックアップ 데이터 백업

パラダイム ぱらだいむ

Q. パラダイム 를 깨고 세상을 다른 시선으로 바라보자.
Q. 아이폰은 パラダイム 의 전환을 통해 만들어진 것이다.

명 규범, 범례 유래 paradigm [패러다임]

せいさくぱらだいむ
政策パラダイム 정책 패러다임

ビジョン[1] びじょん

Q. 밤에도 선명하게 보이는 나이트 ビジョン 을 사용했다.
Q. 영화의 와이드 스크린 규격을 비스타 ビジョン 이라고 해.

명 시각 유래 vision [비전]

ないとびじょん
ナイトビジョン 나이트 비전

ビジョン[2] びじょん

Q. 이 사업은 ビジョン 이 좋으니 투자할 만하다.
Q. 네 직업은 그래도 미래에 대한 ビジョン 이 있잖아.

명 미래에 대한 전망·계획 유래 vision [비전]

びじょんがない
ビジョンがない 비전이 없다

ビュッフェ びゅっふぇ

Q. 결혼식장 ビュッフェ 음식이 정말 맛이 없더라.
Q. 일본의 ビュッフェ 는 무한리필 식당이 아닌 곳도 있다.

명 서서 먹는 파티, 입식 식당 유래 buffet [뷔페]: 프랑스어

びゅっふぇしきしょくじ
ビュッフェ式食事 뷔페식 식사

ビルトイン びるといん

Q. ビルトイン 주방이 있는 집을 사고 싶다.
Q. 집의 모든 장롱은 ビルトイン 방식이어서 교체가 어렵다.

명 붙박이 유래 built-in [빌트인]

びるといんこんろ
ビルトインコンロ 빌트인 가스레인지

ファースト ふぁーすと

Q. 비행기 좌석은 ファースト, 비즈니스, 이코노미가 있다.
Q. 대통령이나 수상의 부인을 ファースト 레이디라고 한다.

명 첫 번째, 우선 유래 first [퍼스트]

ふぁーすとくらす
ファーストクラス 퍼스트 클래스

フィールド ふぃーるど

Q. フィールド 를 누비는 축구 선수들을 항상 동경했다.
Q. フィールド 의 잔디 상태가 나빠서 선수들이 잘 넘어졌다.

명 경기장 트랙 안쪽의 넓은 경기장 유래 field [필드]

あうとふぃーるど
アウトフィールド 외야

フィナーレ ふぃなーれ

Q. 가요프로의 フィナーレ 무대에는 1위를 한 가수가 선다.
Q. 화려한 불꽃놀이로 폐회식의 フィナーレ 를 장식했다.

명 종장 유래 finale [피날레]

ふぃなーれをかざる
フィナーレを飾る 피날레를 장식하다

フェイク ふぇいく

Q. 동물 보호를 위해 진짜처럼 보이는 フェイク 퍼를 샀다.
Q. 상대 선수의 フェイク 에 속아 수비에 실패했다.

명 속임수, 가짜 유래 fake [페이크]

ふぇいくふぁー
フェイクファー 인조 모피

フォルダー ふぉるだー

Q. 바탕화면에 새로운 フォルダー 를 만들어 사진을 저장했다.
Q. フォルダー 방식 휴대폰이 이제 스마트폰으로 진화했다.

명 서류철 유래 folder [폴더]

きょうゆうふぉるだー
共有フォルダー 공유 폴더

フォロー ふぉろー

Q. 문하생은 작가의 일을 フォロー 하는 역할이다.
Q. 네가 신입사원을 フォロー 해주며 일을 가르쳐줘라.

명 보충, 보조 유래 follow [폴로]

しごとをふぉろーする
仕事をフォローする 업무를 보조하다

ブティック ぶてぃっく

Q. 패션을 공부해 일본에서 ブティック 를 운영하고 싶다.
Q. 저희 ブティック 는 원단부터 고려해서 옷을 제작합니다.

명 고급 기성복을 판매하는 소규모 전문점 유래 boutique [부티크]

おんらいんぶてぃっく
オンラインブティック 온라인 부티크

プライム ぷらいむ

Q. 미국 내 최고 등급인 プライム 품질의 쇠고기.
Q. 미국에서 가장 높은 신용 등급은 プライム 다.

명 가장 중요함, 가장 좋음 유래 prime [프라임]

ぷらいむれーと
プライムレート 우대 금리

Q A

ブラインド ぶらいんど

Q. 햇빛 때문에 눈이 부셔. ブラインド 좀 내려주겠니?
Q. 응시자의 실력만 보고 뽑는 ブラインド 채용을 한다.

명 블라인드 유래 blind [블라인드]

ぶらいんどさいよう
ブラインド採用 블라인드 채용

ブラックホール ぶらっくほーる

Q. 우주에는 모든 것을 빨아들이는 ブラックホール 가 있다.
Q. 빠져나올 수 없는 ブラックホール 같은 매력을 가진 사람.

명 블랙홀 유래 black hole [블랙 홀]

ぶらっくほーるしょうめつ
ブラックホール消滅 블랙홀 소멸

フラッシュ ふらっしゅ

Q. 사진이 너무 어두우니 フラッシュ 를 켜고 다시 찍자.
Q. 기자회견장에 들어서자 フラッシュ 세례가 쏟아졌다.

명 섬광 유래 flash [플래시]

ふらっしゅをたく
フラッシュを焚く 플래시를 터트리다

フリーパス ふりーぱす

Q. 그는 엄청난 스펙으로 2차 면접까지 フリーパス 했다.
Q. 여행객을 위한 대중교통 フリーパス 티켓을 판매하고 있다.

명 무료승차권, 무조건 통과 유래 free pass [프리 패스]

ふりーぱすちけっと
フリーパスチケット 프리패스 티켓

ブリーフィング ぶりーふぃんぐ

Q. 국정 ブリーフィング 를 실시해 그동안의 성과를 발표했다.
Q. 비서에게 오늘 일정에 대한 ブリーフィング 를 받았다.

명 상황 설명 유래 briefing [브리핑]

じょうせいのぶりーふぃんぐ
情勢のブリーフィング 정세의 브리핑

フリーランサー ふりーらんさー

Q. フリーランサー 는 대부분 재택근무를 합니다.
Q. 공채 아나운서로 활동하다 フリーランサー 선언을 했다.

명 자유 계약에 의한 고용자 유래 freelancer [프리랜서]

ふりーらんさーではたらく
フリーランサーで働く 프리랜서로 일하다

ブルートゥース ぶるーとぅーす

Q. 선을 연결하지 않아도 쓸 수 있는 ブルートゥース 키보드.
Q. 줄이 없는 무선 ブルートゥース 이어폰을 쓰니 편하다.

명 블루투스 유래 bluetooth [블루투스]

ぶるーとぅーすいやほん
ブルートゥースイヤホン 블루투스 이어폰

プレゼンテーション ぷれぜんてーしょん

Q. 수업에서 조별 プレゼンテーション 의 발표자를 맡았다.
Q. 회사에서 プレゼンテーション 발표를 하려니 너무 떨렸다.

명 제시, 설명 유래 presentation [프레젠테이션]

ぷれぜんてーしょんのもくてき
プレゼンテーションの目的 프레젠테이션의 목적

フルタイム ふるたいむ

Q. 9시부터 6시까지 フルタイム 로 일합니다.
Q. 다섯 경기 연속으로 フルタイム 출전하는 힘든 일정.

명 전일 근무 유래 full-time [풀타임]

ふるたいむきんむ
フルタイム勤務 풀타임 근무

ブログ ぶろぐ

Q. 내 생각을 일기 방식으로 올리는 개인 ブログ 야.
Q. 브이로그는 비디오와 ブログ 의 합성어이다.

명 블로그 유래 blog [블로그]

こじんぶろぐ
個人ブログ 개인 블로그

プロショップ ぷろしょっぷ

Q. 낚시용품 プロショップ 에서 새로운 낚싯대를 샀다.
Q. 골프용품 プロショップ 에서 추천받은 골프 클럽이야.

명 전문점 유래 pro shop [프로 숍]

つりようひんのぷろしょっぷ
釣り用品のプロショップ 낚시용품 전문점

プロダクション ぷろだくしょん

Q. 그 プロダクション 에 소속된 연예인 중 가수는 7명이다.
Q. 그 プロダクション 의 연예인이 잇달아 물의를 일으켰다.

명 연예인 사무소 유래 production [프로덕션]

ぷろだくしょんをせつりつする
プロダクションを設立する 프로덕션을 설립하다

プロデューサー ぷろでゅーさー

Q. 저 사람이 이 방송을 책임지는 プロデューサー 야.
Q. 그는 국민 예능을 탄생시킨 プロデューサー 이다.

명 제작자 유래 producer [프로듀서]

おんがくぷろでゅーさー
音楽プロデューサー 음악 프로듀서

プロモーション ぷろもーしょん

Q. 신곡의 プロモーション 비디오를 각 방송국에 보냈다.
Q. 현재 항공 특가 プロモーション 을 진행하고 있습니다.

명 촉진, 장려 유래 promotion [프로모션]

ぷろもーしょんびでお
プロモーションビデオ 프로모션 비디오

ペナルティー ぺなるてぃー

Q. 실패할 때마다 받는 ペナルティー 가 두려웠다.
Q. 골키퍼를 긴장하게 하는 ペナルティー 킥.

명 벌칙, 벌금 유래 penalty [페널티]

ぺなるてぃーごーる
ペナルティーゴール 페널티 골

ペンション ぺんしょん

Q. 바닷가에 있는 ペンション 에서 가족들과 하루를 보냈다.
Q. 서양식 ペンション 이지만 일본식 식사도 제공 가능해요.

명 서양 민박 유래 pension [펜션]

ぺんしょんよやく
ペンション予約 펜션 예약

ホワイトカラー ほわいとからー

Q. 생산직을 블루칼라, 사무직을 ホワイトカラー 라고 한다.
Q. ホワイトカラー 가 생산직 노동자보다 편하다는 선입견.

명 사무계 근로자 유래 white collar [화이트 칼라]

ぶるーからーとほわいとからー
ブルーカラーとホワイトカラー 노동직과 사무직

ホルモン ほるもん

Q. 키가 크고 싶어서 성장 ホルモン 주사를 맞았다.
Q. 난소에서 분비되는 에스트로젠은 여성 ホルモン 이다.

명 호르몬 유래 hormone [호르몬]

かんきょうほるもん
環境ホルモン 환경 호르몬

Q　　A

マイレージ まいれーじ

Q. 구매금액의 5%를 マイレージ 로 적립해드립니다.
Q. マイレージ 쌓인 거 있으면 그걸로 결제할게요.

명 사용량, 마일리지 서비스
유래 mileage [마일리지]

まいれーじさーびす
マイレージサービス　마일리지 서비스

マグニチュード まぐにちゅーど

Q. 동일본 대지진은 マグニチュード 9.0의 엄청난 규모였다.
Q. マグニチュード 가 1 증가하면 지진이 30배 이상 강해진다.

명 진도　유래 magnitude [매그니튜드]

まぐにちゅーどななきゅう
マグニチュード7級　매그니튜드 7급

マスコミュニケーション ますこみゅにけーしょん

Q. マスコミュニケーション 은 줄여서 매스컴이라고 한다.
Q. 신문, TV 등 다양한 マスコミュニケーション 이 존재한다.

명 대중 언론
유래 mass communication [매스 커뮤니케이션]

ますこみゅにけーしょんのけんきゅう
マスコミュニケーションの研究
매스커뮤니케이션 연구

マスタープラン ますたーぷらん

Q. 이 프로젝트에는 기본적인 マスタープラン 조차 없다.
Q. CEO가 향후 10년간의 マスタープラン 을 제시했다.

명 종합 기본 계획, 전체 계획
유래 master plan [마스터 플랜]

としけいかくますたーぷらん
都市計画マスタープラン
도시계획 마스터플랜

ミキサー みきさー

Q. ミキサー 로 토마토를 갈아 주스를 만들었다.
Q. 이유식을 만들기 위해 ミキサー 로 채소를 갈았다.

명 주스를 만드는 기구　유래 mixer [믹서]

みきさーのすいっち
ミキサーのスイッチ　믹서 스위치

* 미국은 blender, 영국은 liquidizer 를 사용함

メンタルヘルス めんたるへるす

Q. 신체의 건강뿐 아니라 メンタルヘルス 도 중요하다.
Q. 상담 치료를 통해 メンタルヘルス 를 증진할 수 있습니다.

명 정신 건강　유래 mental health [멘탈 헬스]

めんたるへるすけあ
メンタルヘルスケア　정신 보건 케어

モダニズム もだにずむ

Q. モダニズム 에 대한 반동으로 포스트모더니즘이 등장했다.
Q. 인상주의는 モダニズム 사조에 속한다.

명 근대주의　유래 modernism [모더니즘]

もだにずむけんちく
モダニズム建築　모더니즘 건축

モニタリング もにたりんぐ

Q. 사업을 モニタリング 할 관리자를 임명했다.
Q. 제작 과정 일거수일투족을 モニタリング 했다.

명 감시　유래 monitoring [모니터링]

もにたりんぐしすてむ
モニタリングシステム　모니터링 시스템

モバイル もばいる

Q. モバイル 기계는 가벼울수록 좋다.
Q. 언제든지 간편하게 할 수 있는 モバイル 게임이 인기다.

명 모바일　유래 mobile [모바일]

もばいるばんきんぐ
モバイルバンキング　모바일 뱅킹

Q — A

モラル もらる

Q. 바람을 피운다면 네 モラル 를 의심받을 수밖에 없다.
Q. 삼강오륜은 유교에서 지켜야 할 기본적 モラル 다.

명 윤리, 도덕 유래 moral [모럴]

こうしゅうもらる
公衆モラル 공중도덕

ライフライン らいふらいん

Q. 전기, 가스, 수도와 같은 현대의 ライフライン.
Q. 지진으로 인해 손상된 ライフライン 의 점검에 들어갔다.

명 (통신, 전력, 운송 등의) 사회 기반 시설 유래 life line [라이프 라인]

らいふらいんのてんけん
ライフラインの点検 라이프 라인의 점검

リーダーシップ りーだーしっぷ

Q. 반장은 リーダーシップ 있게 반을 잘 이끌었다.
Q. 우리를 이끌어줄 リーダーシップ 있는 지도자가 필요하다.

명 지도력, 통솔력 유래 leadership [리더십]

すぐれたりーだーしっぷ
優れたリーダーシップ 뛰어난 리더십

リフォーム りふぉーむ

Q. 그녀의 취미는 오래된 옷을 リフォーム 해서 입는 것이다.
Q. 건축업계는 리모델링과 リフォーム 를 혼용해서 사용한다.

명 개량, 개선 유래 reform [리폼]

じゅうたくりふぉーむ
住宅リフォーム 주택 리폼

レイシスト れいしすと

Q. KKK 단은 백인 우월주의 レイシスト 들의 모임이다.
Q. レイシスト 들의 인종차별이 점점 심해지고 있다.

명 인종차별주의자 유래 racist [레이시스트]

れいしすとはんたい
レイシスト反対 인종차별주의자 반대

ロイヤルティー ろいやるてぃー

Q. 해외에 ロイヤルティー 를 지급하지 않는 국내 브랜드.
Q. 식물에도 종자권에 대한 ロイヤルティー 를 지급해야 한다.

명 저작권 사용료 유래 royalty [로열티]

ろいやるてぃーふりー
ロイヤルティーフリー 저작권 사용료 무료

ロープウェイ ろーぷうぇい

Q. 남산에 가서 ロープウェイ 를 타고 편하게 내려왔어.
Q. 산 아래에서 정상까지 ロープウェイ 를 타고 올라갔다.

명 케이블카 유래 ropeway [로프웨이]

ろーぷうぇいにのる
ロープウェイに乗る 케이블카를 타다

ログイン ろぐいん

Q. 오랜만에 ログイン 을 하려니 비밀번호가 기억이 안 난다.
Q. ログイン 을 하시려면 아이디와 패스워드를 입력하세요.

명 로그인 유래 login [로그인]

ろぐいんする
ログインする 로그인하다

ワクチン わくちん

Q. ワクチン 프로그램으로 컴퓨터 바이러스를 치료했다.
Q. 우리는 에이즈 ワクチン 을 개발하기 위해 노력 중입니다.

명 백신 유래 vaccine [백신]

わくちんちゅうしゃ
ワクチン注射 백신 주사

Q

A

レース れーす

Q. 슈퍼카들이 펼치는 レース 경기에 수많은 관중이 열광했다.
Q. F1 그랑프리는 세계 최고의 자동차 レース 대회이다.

명 경주 유래 race [레이스]

かーれーす
カーレース 자동차 레이스

ファン ふぁん

Q. 무더위가 심해서 ファン 을 켜도 소용없었다.
Q. 좋아하는 가수의 ファン 클럽에 가입하다.

명 선풍기, 환풍기 유래 fan [팬]

ふぁんをつける
ファンを点ける 선풍기를 켜다

* 어떤 대상을 열광적으로 좋아하는 사람을 뜻하기도 함

瞑る つぶる

Q. 가만히 눈을 瞑る 하고 마음을 진정시켰다.
Q. 할아버지는 편안한 모습으로 눈을 瞑る 하셨다.

1동 (눈을) 감다

めをつぶる
目を瞑る 눈을 감다

改まる[1] あらたまる

Q. 12월이 지나고 해가 改まる 했다.
Q. 시대에 발맞춰 두발 규칙이 改まる 했다.

1동 바뀌다, 개선되다

としがあらたまる
年が改まる 해가 바뀌다

改まる[2] あらたまる

Q. 시상식 같은 改まる 한 장소에 입고 갈 옷이 없다.
Q. 왜 그렇게 改まる 한 얼굴이야. 무슨 부탁이길래?

1동 격식 차리다

あらたまったかお
改まった顔 정색한 얼굴

* '정색하다'라는 뜻으로도 쓰임

緩む ゆるむ

Q. 9월이 되니 폭염도 緩む 해졌다.
Q. 적진의 경계 태세가 緩む 해진 틈을 타 공격했다.

1동 느슨해지다

きがゆるむ
気が緩む 마음이 느슨해지다

引っ掻く ひっかく

Q. 효자손으로 가려운 등을 引っ掻く 하다.
Q. 고양이가 손톱으로 引っ掻く 해서 피가 났다.

1동 긁다, 할퀴다

つめでひっかく
爪で引っ掻く 손톱으로 할퀴다

* **표기 차이** 引っ搔く: 옛 표기

説く とく

Q. 부처님의 가르침을 쉽게 풀어 説く 했다.
Q. 신약 개발의 필요성을 説く 하는 자리를 가졌다.

1동 설명하다

いみをとく
意味を説く 의미를 설명하다

裁く さばく

Q. 판사는 사람의 죄를 裁く 하는 역할을 한다.
Q. 범인을 잡아 반드시 법으로 裁く 할 것이다.

1동 판가름하다

こうへいにさばく
公平に裁く 공평하게 판결하다

逃(げ)出す にげだす

Q. 겁먹은 병사들은 혼비백산해서 逃(げ)出す 했다.
Q. 이 겁쟁이. 또 逃(げ)出す 할 셈이야?

1동 도망가다

ここからにげだす
此処から逃げ出す 여기서 도망가다

立(ち)寄る たちよる

Q. 창밖 풍경을 찍으려고 창문에 立(ち)寄る 했다.
Q. 퇴근길에 한잔하러 이자카야에 立(ち)寄る 하다.

1동 다가서다, 들르다

ほんやにたちよる
本屋に立ち寄る 서점에 들르다

連なる つらなる

Q. 개미가 連なる 해서 먹이를 나르고 있다.
Q. 차들이 도로에 連なる 하고 있다.

1동 나란히 줄지어 있다, 이어지다

くるまがどうろにつらなる
車が道路に連なる 차가 도로에 늘어서다

断つ たつ

Q. 건강을 위해 담배를 断つ 해야 한다.
Q. 새로 산 바지가 너무 길어 수선집에서 裁つ 해서 입었다.

1동 끊다

しょくをたつ
食を断つ 단식하다

* 계속하던 것을 그만둘 때 쓰임
* 표기 차이 裁つ: 종이, 천 등을 자르다 / 絶つ: 연관을 없애다

追(い)出す おいだす

Q. 건물주가 임대료를 못 내는 세입자들을 追(い)出す 했다.
Q. 무력을 사용해 원주민들을 그 땅에서 追(い)出す 했다.

1동 내쫓다

くみあいからおいだす
組合から追い出す 조합에서 내쫓다

欺く あざむく

Q. 우리 쪽 군사가 더 많은 것처럼 감쪽같이 적을 欺く 했다.
Q. 사람들을 欺く 해서 짝퉁을 비싸게 파는 악질 상인.

1동 속이다, 기만하다

ひとをあざむく
人を欺く 남을 속이다

誤魔化す ごまかす

Q. 그런 어설픈 거짓말로 나를 誤魔化す 하려 들다니.
Q. 誤魔化す 하려 하지 말고 얘기해. 어제 그 여자 누구야?

1동 속이다, 얼버무리다

めをごまかす
目を誤魔化す 눈을 속이다

濯ぐ[1] すすぐ

Q. 양치질하고 나서 물로 입을 濯ぐ 하는 걸 깜빡했어!
Q. 모함한 자를 자백 시켜 누명을 濯ぐ 했다.

1동 헹구다

せんたくものをすすぐ
洗濯物を濯ぐ 빨래를 헹구다

* '오명을 벗다'라는 뜻으로도 쓰임

濯ぐ[2] ゆすぐ

Q. 양치질하고 나서 물로 입을 濯ぐ 했다.
Q. 트리트먼트를 바르고 5분 뒤 흐르는 물로 濯ぐ 하세요.

1동 헹구다

くちをゆすぐ
口を濯ぐ 입을 헹구다

Q　A

恵む めぐむ

Q. 결식아동에게 쌀과 돈을 恵む 하다.

Q. 사또는 마을 사람들을 모두 모아 큰 잔치를 恵む 했다.

1동 베풀다, 구제하다

こめをめぐむ
米を恵む　쌀을 베풀다

貶す けなす

Q. 그가 잘못했지만, 공개적으로 貶す 할 필요는 없잖아.

Q. 부모가 되어서 아이가 보는 앞에서 서로를 貶す 하다니.

1동 헐뜯다

ひどくけなす
酷く貶す　호되게 헐뜯다

捗る はかどる

Q. 공부가 계획표대로 捗る 해서 기분이 좋다.

Q. 몸이 아파서 그런지 좀처럼 일이 捗る 하지 않는다.

1동 일이 순조롭게 되어 가다

しごとがはかどる
仕事が捗る　일이 잘되다

遅らす おくらす

Q. 그 약은 병의 진행을 遅らす 하지만 완치는 할 수 없다.

Q. 개인 사정으로 가게의 개점 시간을 遅らす 했다.

1동 늦추다

わざとおくらす
態と遅らす　일부러 늦추다

賑わう にぎわう

Q. 명동거리는 관광객들로 賑わう 했다.

Q. 우리 집은 식구가 많아서 늘 賑わう 하다.

1동 활기차다, 붐비다

いちがにぎわう
市が賑わう　시장이 붐비다

定まる さだまる

Q. 새로운 제도의 시행일이 定まる 했다.

Q. 학교폭력을 막기 위한 새로운 규칙이 定まる 했다.

1동 정해지다

きそくがさだまる
規則が定まる　규칙이 정해지다

結び付く むすびつく

Q. 정계와 재계가 밀접하게 結び付く 한 비리.

Q. 오랜 노력이 성공으로 結び付く 하다.

1동 관계되다, 이어지다

せいこうにむすびつく
成功に結び付く　성공으로 이어지다

臨む のぞむ

Q. 바다를 臨む 하고 지어진 아름다운 펜션.

Q. 전투에 臨む 하던 병사들이 장렬하게 전사했다.

1동 면하다, 임하다, 눈앞에 두다

こくどうにのぞむ
国道に臨む　국도에 면하다

保つ たもつ

Q. 꾸준한 운동으로 건강을 保つ 하고 있다.

Q. 평정심을 保つ 하다.

1동 유지하다

けんこうをたもつ
健康を保つ　건강을 유지하다

Q ——— A

面する めんする

Q. 집이 고속도로에 面する 해 있어서 소음 피해가 심해.

Q. 승승장구했던 그가 처음으로 위기에 面する 했다.

1동 면하다, 직면하다

ききにめんする
危機に面する　위기에 직면하다

睨む にらむ

Q. 그가 철창 너머에서 나를 죽일 듯이 睨む 했다.

Q. 그는 화가 덜 풀렸는지 여전히 나를 睨む 하고 있었다.

1동 노려보다

すごいめでにらむ
凄い目で睨む　무서운 눈초리로 노려보다

指差す ゆびさす

Q. 그녀가 목적지를 指差す 하며 앞장섰다.

Q. 못된 짓을 하면 남들이 뒤에서 指差す 할걸?

1동 손가락질하다

ゆびさすほうこう
指差す方向　손가락으로 가리키는 방향

見なす みなす

Q. 다들 아무 말도 안 하면 찬성으로 見なす 하겠어.

Q. 대답하지 않으면 적으로 見なす 하고 발포하겠다!

1동 간주하다, 가정하다

てきとみなす
敵と見なす　적으로 간주하다

徹する[1] てっする

Q. 군인 정신에 徹する 한 그가 끝까지 참호를 지켰다.

Q. 그 날카로운 눈빛은 속마음까지 徹する 하는 것 같았다.

1동 투철하다, 꿰뚫다

しんこうにてっする
信仰に徹する　신앙에 투철하다

徹する[2] てっする

Q. 내일은 토요일이니 오늘은 밤을 徹する 하고 놀자.

Q. 그 공사는 아침에 시작해 밤을 徹する 하도록 진행되었다.

1동 (밤을) 새다

よるをてっするさぎょう
夜を徹する作業　밤샘 작업

徹する[3] てっする

Q. 부모님을 죽인 원수에 대한 원한이 徹する 했다.

Q. 타지에서 병까지 얻으니 고향이 徹する 하게 그립다.

1동 사무치다

ほねにてっする
骨に徹する　뼈에 사무치다

誇る ほこる

Q. 미모를 誇る 하며 레드카펫을 걷는 배우.

Q. 誇る 할만한 업적을 세운 대단한 인물.

1동 자랑하다, 뽐내다

びぼうをほこる
美貌を誇る　미모를 자랑하다

呟く つぶやく

Q. 그는 혼잣말을 呟く 했다.

Q. 그는 단어를 呟く 하면서 외우는 습관이 있다.

1동 중얼거리다

ひとりでつぶやく
一人で呟く　혼자서 중얼거리다

Q A

嘲笑う あざわらう

Q. 그들은 내 낮은 점수를 보고 놀리며 嘲笑う 했다.
Q. 남의 실패를 손가락질하며 嘲笑う 하다.

1동 비웃다

しっぱいをあざわらう
失敗を嘲笑う 실패를 비웃다

こだわる

Q. 그런 사소한 일에 하나하나 こだわる 할 거 없어.
Q. 돈에 こだわる 하지 않아요. 제가 하고 싶은 일이니까요.

1동 구애되다

けいしきにこだわる
形式にこだわる 형식에 구애되다

制する せいする

Q. 그를 한 대 치고 싶은 감정을 간신히 制する 했다.
Q. 그는 이를 악물고 하품을 制する 했다.

1동 억누르다

いかりをせいする
怒りを制する 화를 억누르다

嘆く なげく

Q. 그의 안타까운 죽음에 모두가 嘆く 했다.
Q. 자신의 불행을 嘆く 해도 바뀌는 것은 없다.

1동 한탄하다

ひうんをなげく
悲運を嘆く 비운을 한탄하다

歪む[1] ゆがむ

Q. 급하게 맸더니 넥타이가 歪む 했다.
Q. 엄청난 통증으로 얼굴이 歪む 했다.

1동 비뚤어지다

ねくたいがゆがむ
ネクタイが歪む 넥타이가 비뚤어지다

歪む[2] ひずむ

Q. 긴 장마 때문에 습기를 먹었는지 판자가 歪む 했다.
Q. 그의 얼굴이 고통으로 歪む 했다.

1동 뒤틀리다, 일그러지다

いたがひずむ
板が歪む 판자가 뒤틀리다

損なう そこなう

Q. 기물을 損なう 했으면 물어내야지.
Q. 빈정대는 말에 기분이 損なう 하다.

1동 손상하다

きげんをそこなう
機嫌を損なう 기분이 상하다

営む いとなむ

Q. 일을 하고 돈을 벌어야만 삶을 営む 할 수 있다.
Q. 20년 동안 기업을 営む 한 CEO.

1동 영위하다, 경영하다

じぎょうをいとなむ
事業を営む 사업을 경영하다

立(ち)去る たちさる

Q. 모국을 立(ち)去る 하여 외국으로 이민을 했다.
Q. 그는 어디론가 정처 없이 立(ち)去る 했다.

1동 (물리적으로) 떠나다

れっしゃがたちさる
列車が立ち去る 열차가 떠나다

Q — A

引(き)取る[1] ひきとる

Q. 책임을 지고 이사 자리에서 引(き)取る 하기로 했다.
Q. 식사를 마치고 서재로 다시 引(き)取る 하셨습니다.

1동 물러나다, 돌아가다

しょさいへひきとる
書斎へ引き取る 서재로 돌아가다

引(き)取る[2] ひきとる

Q. 갈 곳 없는 아이를 잠시 引(き)取る 했다.
Q. 재고품은 저희가 引(き)取る 해서 처리하겠습니다.

1동 인수하다, 떠맡다

こどもをひきとる
子供を引き取る 아이를 맡다

弾く[2] はじく

Q. 손가락으로 바둑알을 弾く 하는 알까기 놀이를 했다.
Q. 코트에 방수 처리가 되어 빗물이 스미지 않고 弾く 한다.

1동 튀기다, (건반악기·현악기를) 연주하다

みずをはじく
水を弾く 물을 튀기다

赴く おもむく

Q. 나는 도쿄를 떠나 오사카로 赴く 했다.
Q. 내 눈으로 보기 위해 직접 현장으로 赴く 했다.

1동 향하여 가다

げんちにおもむく
現地に赴く 현지로 가다

転ずる てんずる

Q. 나는 마음이 転ずる 해서 제품을 반품했다.
Q. 그는 자신에게 곤란한 화제를 다른 화제로 転ずる 했다.

1동 (상황이나 방향을) 바꾸다, 바뀌다

ほうこうをてんずる
方向を転ずる 방향을 바꾸다

題する だいする

Q. 그는 자신이 그린 자화상에「나」라고 題する 했다.
Q. 나는 이 그림에 행복이라고 題する 할래.

1동 제목을 붙이다

かいぶつとだいする
怪物と題する 괴물이라는 제목을 붙이다

取(り)巻く とりまく

Q. 나무들이 호수를 取(り)巻く 하고 있다.
Q. 경찰들이 그 건물을 取(り)巻く 했다.

1동 둘러싸다

しゅういをとりまく
周囲を取り巻く 주위를 둘러싸다

弱る よわる

Q. 나이가 드니 이가 弱る 해서 딱딱한 것을 먹을 수 없다.
Q. 시력이 弱る 해져서 돋보기안경을 샀다.

1동 약해지다

からだがよわる
体が弱る 몸이 약해지다

生やす はやす

Q. 나이가 들면 멋지게 수염을 生やす 해야지.
Q. 잡초를 뽑지도 않고 그대로 生やす 하면 어떻게 하니.

1동 자라게 하다, 기르다

ひげをはやす
髭を生やす 수염을 기르다

Q **A**

霞む かすむ

Q. 나이를 먹으니 점점 눈이 霞む 해진다.
Q. 조연이 너무 돋보여 주인공의 존재가 霞む 해졌다.

1동 희미해지다, 침침해지다

けむりでかすむ
煙で霞む 연기로 뿌예지다

倣う ならう

Q. 기존의 판례에 倣う 하여 양형했다고 밝혔다.
Q. 남의 작품을 그대로 倣う 하는 건 표절이다.

1동 따르다

ぜんれいにならう
前例に倣う 전례에 따르다

* '모방하다'라는 뜻으로도 쓰임

待(ち)望む まちのぞむ

Q. 그들이 무사히 돌아오기를 待(ち)望む 한다.
Q. 일이 잘되기를 待(ち)望む 한다.

1동 희망하다

こころからまちのぞむ
心から待ち望む 진심으로 희망하다

尽(く)す つくす

Q. 꿈을 이룰 수 있도록 늘 최선을 尽(く)す 해 노력한다.
Q. 저희가 정성을 尽(く)す 하여 모시겠습니다.

1동 다하다

こころをつくす
心を尽くす 마음을 다하다

阻む[1] はばむ

Q. 이번 경기는 우리가 이겨서 저 팀의 연승을 阻む 하자.
Q. 길을 지나가는데 경찰이 멈추라며 阻む 했다.

1동 저지하다, 막다

れんしょうをはばむ
連勝を阻む 연승을 저지하다

阻む[2] はばむ

Q. 막상 번지 점프를 하려니 용기가 阻む 하고 겁이 났다.
Q. 회장님 앞에서도 阻む 하지 않고 당당하게 의견을 말했다.

1동 꺾이다, 주눅 들다

ゆうきがはばむ
勇気が阻む 용기가 꺾이다

嵌まる[1] はまる

Q. 내가 찾는 집과 조건이 嵌まる 하는 집을 찾았다.
Q. 뚜껑이 嵌まる 하지 않아. 짝이 맞지 않나 봐.

1동 꼭 끼이다, 적합하다

じょうけんにはまる
条件に嵌まる 조건에 들어맞다

嵌まる[2] はまる

Q. 차 바퀴가 진흙탕에 嵌まる 해서 앞으로 갈 수가 없다.
Q. 도박에 嵌まる 해서 인생을 허비하고 말았다.

1동 빠지다

ぎゃんぶるにはまる
ギャンブルに嵌まる 도박에 빠지다

嵌まる[3] はまる

Q. 적의 함정에 嵌まる 하고 말았다.
Q. 계략에 감쪽같이 嵌まる 하여 전투에서 패하고 말았다.

1동 속다

けいりゃくにはまる
計略に嵌まる 계략에 빠지다

齎す もたらす

Q. 이번 태풍은 큰 피해를 齎す 했다.
Q. 내 선택이 좋은 결과를 齎す 할 것이라고 믿는다.

1동 가져오다

ひがいをもたらす
被害を齎す 피해를 가져오다

取り扱う とりあつかう

Q. 남의 물건을 험하게 取り扱う 해서 부수고 말았다.
Q. 환자들을 取り扱う 하는 데 능숙한 베테랑 간호사이다.

1동 다루다

きけんぶつをとりあつかう
危険物を取り扱う 위험물을 다루다

見落(と)す みおとす

Q. 너는 중요한 사실을 見落(と)す 했어. 다시 확인하렴.
Q. 사소한 단서도 見落(と)す 하지 않도록 꼼꼼히 살폈다.

1동 못보다, 간과하다

まちがいをみおとす
間違いを見落とす 실수를 간과하다

見習う みならう

Q. 너도 부모님을 見習う 해서 훌륭한 학자가 되렴.
Q. 어머니가 요리하시는 걸 見習う 하다 보니 실력이 늘었어.

1동 본받다, 보고 배우다

おやをみならう
親を見習う 부모를 본받다

賄う[1] まかなう

Q. 아르바이트를 해서 등록금을 직접 賄う 했어.
Q. 대부분의 물건은 근처 마트에서 賄う 할 수 있다.

1동 마련하다, 조달하다

ひようをまかなう
費用を賄う 비용을 조달하다

賄う[2] まかなう

Q. 아르바이트를 하면 점심은 가게에서 賄う 해준다.
Q. 이 하숙집은 세 끼를 주인집에서 賄う 해준다.

1동 식사를 제공하다

ちゅうしょくをまかなう
昼食を賄う 점심을 제공하다

遣り通す やりとおす

Q. 네가 이 일을 끝까지 遣り通す 할 수 있을지 걱정이다.
Q. 이 정도 일은 혼자서 遣り通す 할 수 있어요.

1동 해내다

さいごまでやりとおす
最後まで遣り通す 마지막까지 하다

操る あやつる

Q. 학생이 로봇을 操る 해서 악당들을 물리치는 만화.
Q. 보트를 操る 해서 항구 쪽으로 향했다.

1동 조종하다, 다루다

うしろであやつる
後ろで操る 뒤에서 조종하다

摘む[1] つむ

Q. 주렁주렁 열린 사과를 摘む 해서 깨끗하게 씻었다.
Q. 길가에 난 예쁜 꽃을 摘む 해서 친구에게 선물했다.

1동 뜯다, 따다

はなをつむ
花を摘む 꽃을 따다

Q / A

摘む[2] つむ

Q. 정원사가 나뭇가지를 가지런하게 摘む 했다.

Q. 입대를 앞두고 머리를 짧게 摘む 했다.

1동 깎다

かみをみじかくつむ
髪を短く摘む　머리를 짧게 깎다

軋む きしむ

Q. 누가 올라오는지 계단이 軋む 하는 소리가 났다.

Q. 시골 할머니 집 마루는 오래돼서 軋む 하는 소리가 난다.

1동 삐걱거리다

ゆかがきしむ
床が軋む　마루가 삐걱거리다

弱まる よわまる

Q. 여행객들은 눈보라가 弱まる 하기를 기다렸다.

Q. 너무 운동을 안 했더니 체력이 弱まる 했다.

1동 약해지다

たいりょくがよわまる
体力が弱まる　체력이 약해지다

突っ突く つっつく

Q. 눈치를 주며 내 옆구리를 突っ突く 했다.

Q. 속눈썹이 눈을 자꾸 突っ突く 한다.

1동 쿡쿡 찌르다

えだでつっつく
枝で突っ突く　나뭇가지로 찌르다

捲る めくる

Q. 책갈피를 해둔 페이지까지 捲る 했다.

Q. 이불을 捲る 하고 일어났다.

1동 넘기다, 젖히다, 벗기다

ぺーじをめくる
ページを捲る　페이지를 넘기다

負かす まかす

Q. 다음 경기에서는 저 팀을 負かす 하고 말겠어.

Q. 강력한 우승 후보를 負かす 하고 결승에 진출했다.

1동 이기다

あいてをまかす
相手を負かす　상대를 이기다

★ '상대를 패배시키다'라는 뉘앙스로 쓰임

まごつく

Q. 길을 잃었는데 지도까지 없어져서 まごつく 했다.

Q. 속마음을 들켜 まごつく 해서 차를 엎지르고 말았다.

1동 당황하다

みちにまごつく
道にまごつく　길을 잃고 당황하다

合わす あわす

Q. 짝과 함께 시험의 답을 合わす 해보았다.

Q. 학생들의 수준에 合わす 해서 교육하겠습니다.

1동 맞추다

ぴんとをあわす
ピントを合わす　초점을 맞추다

諮る はかる

Q. 무작정 약을 사 드시지 말고 전문가와 諮る 하세요.

Q. 그 문제는 가족들에게 諮る 하고 결정해야 한다.

1동 의견을 묻다, 상의하다

せんもんかにはかる
専門家に諮る　전문가에게 상담하다

年取る としとる

Q. 이제 서른 살이야. 더 年取る 하기 전에 결혼하고 싶어.
Q. 年取る 할수록 얼굴에 주름이 생기고 시력도 나빠진다.

1동 나이를 먹다

としとるまえに
年取る前に 나이 먹기 전에

取り戻す とりもどす

Q. 도난당한 돈을 간신히 取り戻す 했다.
Q. 병이 나아 활력을 取り戻す 했다.

1동 되찾다

げんきをとりもどす
元気を取り戻す 활력을 되찾다

勝る まさる

Q. 실천은 이론보다 勝る 하다는 속담처럼 일단 도전했다.
Q. 신제품은 이전 모델보다 모든 면에서 勝る 합니다.

1동 낫다, 우수하다

ないにはまさる
無いには勝る 없는 것보다는 낫다

恥じらう はじらう

Q. 내 칭찬에 아이는 볼을 붉히며 恥じらう 했다.
Q. 꽃도 恥じらう 해서 고개를 숙인다는 절세 미녀 양귀비.

1동 부끄러워하다, 수줍어하다

ほおをそめてはじらう
頬を染めて恥じらう 볼을 붉히며 수줍어하다

危ぶむ あやぶむ

Q. 동생은 소풍날 비가 올까 봐 危ぶむ 했다.
Q. 그는 몸이 좋지 않아 계속 일할 수 있을지 危ぶむ 했다.

1동 불안해하다, 의심하다

てんきをあやぶむ
天気を危ぶむ 날씨를 걱정하다

妬む ねたむ

Q. 동생의 성공에 대해 妬む 하는 못난 형.
Q. 그는 아닌척했지만, 속으로는 그녀의 출세를 妬む 했다.

1동 질투하다

しゅっせをねたむ
出世を妬む 출세를 시샘하다

絡む からむ

Q. 나팔꽃의 덩굴이 나무를 絡む 해서 타고 올라간다.
Q. 두 사건이 복잡하게 絡む 되어 있다.

1동 휘감기다, 얽히다

かみのけがからむ
髪の毛が絡む 머리카락이 휘감기다

悟る さとる

Q. 수행 끝에 삶의 진리를 悟る 했다.
Q. 부모님의 참뜻을 이제야 悟る 했다.

1동 깨닫다, 이해하다, 터득하다

しんりをさとる
真理を悟る 진리를 깨닫다

折(り)返す[1] おりかえす

Q. 날씨가 더워서 소매를 折(り)返す 했다.
Q. 바지 밑단을 折(り)返す 해서 입으셔도 예뻐요.

1동 되 접어 꺾다

そでをおりかえす
袖を折り返す 소매를 접다

Q

A

折(り)返す[2] おりかえす

Q. 버스가 종점에서 다시 折(り)返す 하는 중이다.
Q. 친구에게서 바로 답장이 折(り)返す 했다.

1동 되돌아오다

しゅうてんでおりかえす
終点で折り返す　종점에서 되돌아오다

囀る さえずる

Q. 여자아이들은 쉬는 시간에 한시도 쉬지 않고 囀る 했다.
Q. 참새가 囀る 하는 소리에 아침이 온 걸 알았다.

1동 지저귀다, 재잘거리다

すずめがさえずる
雀が囀る　참새가 지저귀다

追(い)込む おいこむ

Q. 드디어 그놈을 궁지에 追(い)込む 했다.
Q. 양치기가 양들을 우리에 追(い)込む 했다.

1동 몰아넣다

きゅうちにおいこむ
窮地に追い込む　궁지에 몰아넣다

叩く[2] はたく

Q. 창문을 열고 이불의 먼지를 叩く 했다.
Q. 지갑을 몽땅 叩く 해서 조카들 선물을 사 주었다.

1동 털다, 치다

ちりをはたく
塵を叩く　먼지를 털다

口遊む くちずさむ

Q. 라디오의 노랫소리를 따라 口遊む 했다.
Q. 자장가를 口遊む 하며 아기를 재운다.

1동 읊조리다, 흥얼거리다

りゅうこうかをくちずさむ
流行歌を口遊む　유행가를 흥얼거리다

凌ぐ しのぐ

Q. 제정신으로는 凌ぐ 할 수 없는 끔찍한 고통이었다.
Q. 에어컨 없이 폭염을 凌ぐ 하다.

1동 참고 견디어내다

あつさをしのぐ
暑さを凌ぐ　더위를 참고 견디어내다

弛む たるむ

Q. 조깅을 하고 왔더니 운동화 끈이 弛む 해졌다.
Q. 무사히 목적지에 도착해 마음의 긴장이 弛む 했다.

1동 느슨해지다

ふくがたるむ
服が弛む　옷이 헐렁해지다

害する がいする

Q. 매일 과음해서 건강을 害する 했다.
Q. 옛날에는 사람을 害する 하는 호랑이가 많았다.

1동 해치다

かんじょうをがいする
感情を害する　감정을 해치다

染(ま)る そまる

Q. 먹물에 손이 검게 染(ま)る 했다.
Q. 해 질 녘 하늘이 붉게 染(ま)る 했다.

1동 물들다

くろにそまる
黒に染まる　검은색으로 물들다

添う そう

Q. 가을의 정취를 添う 해줄 야외 음악회.
Q. 밤길이 무서웠던 아이가 添う 해서 왔다.

1동 더하다, 첨가하다

おもむきがそう
趣が添う 정취가 더하다

* '곁에 따르다'라는 뜻으로도 쓰임

見逃す みのがす

Q. 몇 번이나 확인했는데 오타를 見逃す 하고 제출했어.
Q. 부하의 사소한 실수는 見逃す 하기로 했다.

1동 못보다, 눈감아주다

あやまちをみのがしてやる
過ちを見逃してやる 실수를 묵인해 주다

即する そくする

Q. 진술서는 사실에 即する 하여 작성하시기 바랍니다.
Q. 법원은 기존 판례에 即する 하여 무죄를 선고했다.

1동 꼭 맞다, 입각하다

じじつにそくする
事実に即する 사실에 입각하다

* **표기 차이** 則する: 기준에 따르다

果たす はたす

Q. 신제품 반응이 좋아서 올해의 매출 목표를 果たす 했다.
Q. 임무를 果たす 했습니다. 작전 지역에서 탈출하겠습니다!

1동 완수하다, 달성하다

せきにんをはたす
責任を果たす 책임을 다하다

障る さわる

Q. 무리해서 철야를 반복하면 건강에 障る 하다.
Q. 공사를 하는 소리가 시끄러워 신경에 障る 했다.

1동 방해되다, 해롭다

からだにさわる
体に障る 몸에 해롭다

浸す ひたす

Q. 물에 한 시간 浸す 하면 얼룩이 빠질 거야.
Q. 족욕기에 발을 浸す 하니 혈액순환이 잘 되는 것 같다.

1동 (물에) 담그다

みずにひたす
水に浸す 물에 담그다

割(り)込む わりこむ

Q. 사람이 가득한 열차 안으로 간신히 割(り)込む 했다.
Q. 방금 줄에 割(り)込む 하는 거 봤어! 새치기하지 마.

1동 비집고 들어가다

れつにわりこむ
列に割り込む 줄에 끼어들다

赤らむ あからむ

Q. 민망함에 두 뺨이 赤らむ 했다.
Q. 술을 마셨더니 얼굴색이 赤らむ 했다.

1동 불그스름해지다

かおがあからむ
顔が赤らむ 얼굴이 빨개지다

舞う まう

Q. 바람이 불어 벚꽃잎이 舞う 했다.
Q. 바람에 눈이 舞う 해서 옷 여기저기에 달라붙었다.

1동 흩날리다, 춤추다

かぜにまう
風に舞う 바람에 흩날리다

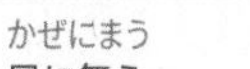

Q　A

親しむ したしむ

Q. 요즘 아이들은 어릴 적부터 스마트폰에 親しむ 하다.
Q. 어릴 때부터 옆집에서 자란 친구라 매우 親しむ 하다.

1동 친하다, 익숙하다

ともとしたしむ
友と親しむ　친구와 친하게 지내다

漂う ただよう

Q. 방 안에는 아직도 그녀의 향수 냄새가 漂う 했다.
Q. 방향을 잃은 배가 바다 위를 漂う 했다.

1동 떠돌다, 감돌다

よいんがただよう
余韻が漂う　여운이 감돌다

織る おる

Q. 베틀에 앉아 천을 織る 하는 모습.
Q. 짚으로 織る 한 돗자리.

1동 짜다

きぬをおる
絹を織る　비단을 짜다

乗(り)込む のりこむ

Q. 버스에 乗(り)込む 한 후 교통카드를 댔다.
Q. 늦잠을 자서 예약한 비행기에 乗(り)込む 하지 못했다.

1동 올라타다

ふねにのりこむ
船に乗り込む　배에 올라타다

抜け出す ぬけだす

Q. 범인은 경찰의 눈을 抜け出す 해서 은신 중이다.
Q. 강의 시간에 강의실을 몰래 抜け出す 하다 걸렸다.

1동 빠져나가다

こっそりぬけだす
こっそり抜け出す　몰래 빠져나가다

犯す おかす

Q. 범죄를 犯す 하다.
Q. 죄를 犯す 했으면 벌을 받아야 한다.

1동 범하다

つみをおかす
罪を犯す　죄를 범하다

寄(り)掛かる よりかかる

Q. 힘이 들어 벽에 몸을 寄(り)掛かる 했다.
Q. 생활비는 여전히 부모님에게 寄(り)掛かる 하고 있다.

1동 기대다, 의존하다

かべによりかかる
壁に寄り掛かる　벽에 기대다

掻き回す かきまわす

Q. 수저로 컵을 掻き回す 해서 가루를 녹이세요.
Q. 달걀을 掻き回す 해서 팬에 올리면 스크램블드에그가 된다.

1동 휘젓다

たまごをかきまわす
卵を掻き回す　달걀을 젓다

揺さ振る ゆさぶる

Q. 병뚜껑을 닫고 揺さ振る 해서 섞은 다음 드세요.
Q. 그들은 가족의 사고 소식에 마음을 揺さ振る 했다.

1동 흔들다, 동요시키다

かたをゆさぶる
肩を揺さ振る　어깨를 흔들다

粘る ねばる

Q. 밤새워 일하느라 졸렸지만 잠들지 않고 끝까지 粘る 했다.
Q. 粘る 해서 실이 늘어나는 낫토.

1동 끈질기게 버티다

さいごまでねばる
最後まで粘る　끝까지 끈덕지게 버티다

* '잘 달라붙다'라는 뜻으로도 쓰임

背く そむく

Q. 그는 세상을 背く 하고 산속에 들어가 혼자 살았다.
Q. 진학하라는 부모의 뜻을 背く 하고, 가업을 잇기로 했다.

1동 등지다, 거스르다, 배신하다

おやのいにそむく
親の意に背く　부모의 뜻을 거스르다

広まる ひろまる

Q. 부처님의 가르침이 세상에 広まる 했다.
Q. 그에 관한 좋지 않은 소문이 広まる 했다.

1동 (이야기·생각·평판 등) 넓어지다, 퍼지다

うわさがひろまる
噂が広まる　소문이 퍼지다

摩る さする

Q. 비누를 摩る 해서 거품을 냈다.
Q. 잠든 아기의 머리를 손으로 摩る 했다.

1동 가볍게 문지르다, 어루만지다

こしをさする
腰を摩る　허리를 문지르다

明(か)す あかす

Q. 그는 복면을 벗고 신원을 明(か)す 했다.
Q. 내 속마음을 솔직하게 明(か)す 했다.

1동 밝히다, 털어놓다

ほんみょうをあかす
本名を明かす　본명을 밝히다

辿り着く たどりつく

Q. 거센 눈보라를 견디며 에베레스트 정상에 辿り着く 했다.
Q. 길을 4시간이나 헤맨 끝에 겨우 목적지에 辿り着く 했다.

1동 고생 끝에 도착하다

さんちょうにたどりつく
山頂に辿り着く　산 정상에 도달하다

満たす みたす

Q. 주린 배를 満たす 했더니 잠이 온다.
Q. 배부르게 먹어서 식욕을 満たす 했다.

1동 채우다, 만족시키다

はらをみたす
腹を満たす　배를 채우다

促す うながす

Q. 빚쟁이들이 몰려와 빚을 갚으라고 促す 했다.
Q. 시민들은 정부가 이 문제를 신속히 해결하기를 促す 했다.

1동 촉구하다, 재촉하다

はんせいをうながす
反省を促す　반성을 촉구하다

急かす せかす

Q. 빨리 출발해달라고 택시 기사를 急かす 하다.
Q. 앉아서 기다리렴. 急かす 한다고 빨리 되는 게 아니야.

1동 재촉하다

しゅっぱつをせかす
出発を急かす　출발을 재촉하다

Q

A

接ぐ つぐ

Q. 사고로 부러진 뼈를 병원에서 接ぐ 하고 석고로 고정했다.

Q. 형은 다니던 직장을 그만두고 가업을 接ぐ 하기로 했다.

1동 접목하다, 잇다

ほねをつぐ
骨を接ぐ 뼈를 잇다

誤る あやまる

Q. 중요한 사진을 誤る 해서 지워버리고 말았다.

Q. 비밀번호를 5회 誤る 했습니다. 본인 인증을 해주세요.

1동 잘못하다, 실수하다

こたえをあやまる
答えを誤る 답을 틀리다

澄ます[1] すます

Q. 더러워진 상처 부위를 澄ます 하고 연고를 바르세요.

Q. 더러운 호스 안을 澄ます 하는 약품이야.

1동 깨끗이 하다

みずをすます
水を澄ます 물을 깨끗하게 하다

澄ます[2] すます

Q. 아이가 하는 말에 귀를 澄ます 하다.

Q. 신입 직원이 일을 잘하는지 한동안 澄ます 해서 지켜봤다.

1동 주의를 집중시키다

みみをすます
耳を澄ます 귀를 기울이다

着飾る きかざる

Q. 파티에 참석하기 위해 한껏 着飾る 를 했다.

Q. 외출하기 전에 거울 앞에서 화려하게 着飾る 를 했다.

1동 몸치장하다

はなやかにきかざる
華やかに着飾る 화려하게 치장하다

司る つかさどる

Q. 새로운 프로젝트를 司る 해서 진행하기로 했다.

Q. 우리 가정의 경제를 司る 하는 어머니.

1동 맡다, 담당하다, 관리하다

ざいせいをつかさどる
財政を司る 재정을 담당하다

受(け)持つ うけもつ

Q. 새로운 프로젝트는 자네가 受(け)持つ 해 주게.

Q. 제가 3학년 1반을 受(け)持つ 하는 담임입니다.

1동 맡다, 담당하다, 담임하다

じゅぎょうをうけもつ
授業を受け持つ 수업을 맡다

剝ぐ はぐ

Q. 모피 상품은 동물 가죽을 剝ぐ 해서 만든 것이다.

Q. 큰 죄를 저지른 자의 관직을 剝ぐ 한다.

1동 벗기다, 박탈하다

きのかわをはぐ
木の皮を剝ぐ 나무껍질을 벗기다

* **표기 차이** 剥ぐ: 간소화된 표기, PC 환경에서 권장됨

成(り)立つ なりたつ

Q. 두 회사 간의 큰 계약이 成(り)立つ 되었다.

Q. 선을 본 자리에서 바로 혼담이 成(り)立つ 해서 놀랐다.

1동 이루어지다, 성립되다

けいやくがなりたつ
契約が成り立つ 계약이 성립되다

Q A 

庇う かばう

Q. 모포로 아기를 庇う 하고 재웠다.

Q. 부장님께 혼나는 나를 과장님이 庇う 해주셨다.

1동 감싸다

きずをかばう
傷を庇う 상처를 감싸다

* '비호하다'라는 뜻으로도 쓰임

携わる たずさわる

Q. 선생님께선 어떤 일에 携わる 하고 계시나요?

Q. 저는 교육업에 携わる 하고 있습니다.

1동 종사하다

きょういくにたずさわる
教育に携わる 교육에 종사하다

書(き)取る かきとる

Q. 강의 내용을 노트에 書(き)取る 했다.

Q. 친구에게 수업 노트를 빌려 필기를 書(き)取る 했다.

1동 받아적다, 베껴 쓰다

こうぎをかきとる
講義を書き取る 강의를 받아쓰다

脅す おどす

Q. 저 테러 집단은 세계 평화를 脅す 하는 존재이다.

Q. 강도가 총을 치켜들고 은행 직원들을 脅す 했다.

1동 위협하다

じゅうでおどす
銃で脅す 총으로 위협하다

縮まる ちぢまる

Q. 너무 놀라서 수명이 縮まる 하는 줄 알았다.

Q. 1등과 2등의 거리가 점점 縮まる 하고 있다.

1동 줄어들다, 오그라들다

じゅみょうがちぢまる
寿命が縮まる 수명이 줄어들다

放り込む ほうりこむ

Q. 세탁기에 젖은 옷을 벗어 放り込む 했다.

Q. 빵을 먹고 나서 포장지를 쓰레기통에 放り込む 했다.

1동 (대충) 넣다

ごみばこにほうりこむ
ゴミ箱に放り込む 쓰레기통에 처넣다

攫う さらう

Q. 그는 데뷔작으로 각종 영화상을 攫う 했다.

Q. 그 후보는 유권자들의 마음을 사로잡아 표를 攫う 했다.

1동 채다, 휩쓸다

しょうをさらう
賞を攫う 상을 휩쓸다

割く さく

Q. 바쁜 시기였지만 그를 위해 시간을 割く 했다.

Q. 내가 부추기는 바람에 두 사람 사이를 裂く 하고 말았어.

1동 나누다, 할애하다

じかんをさく
時間を割く 시간을 할애하다

* 표기 차이 裂く: 찢다, 갈라놓다

傷付く きずつく

Q. 빙판길에 넘어져 무릎을 傷付く 했다.

Q. 무심한 한마디에 마음을 傷付く 하는 사람도 있다.

1동 다치다, 상처를 입다

こころがきずつく
心が傷付く 마음에 상처를 입다

Q A

落(ち)込む[1] おちこむ

Q. 앞을 안 보고 가다가 맨홀 구멍에 落(ち)込む 했다.
Q. 산불이 일어나 근처의 주민들이 위험에 落(ち)込む 했다.

1동 빠지다

きけんにおちこむ
危険に落ち込む 위험에 빠지다

落(ち)込む[2] おちこむ

Q. 친구는 지금 고백을 거절당해 몹시 落(ち)込む 했다.
Q. 실수 한 번 했다고 그렇게 落(ち)込む 할 필요 없어.

1동 침울해지다

しつれんしておちこむ
失恋して落ち込む 실연해서 침울해지다

凝る[1] こる

Q. 혈우병은 피가 凝る 하지 않아 지혈이 안 되는 병이다.
Q. 촛농은 촛대를 흐르는 도중 凝る 해서 굳어졌다.

1동 엉기다, 응고하다

ちがこる
血が凝る 피가 응고하다

凝る[2] こる

Q. 그는 요즘 승마에 재미를 붙여 한창 凝る 하고 있다.
Q. 이 옷은 다른 옷보다 더 디자인에 凝る 했습니다.

1동 열중하다, 공들이다

いごにこる
囲碁に凝る 바둑에 열중하다

凝る[3] こる

Q. 아이를 오래 안고 다녔더니 어깨가 凝る 했다.
Q. 오랜만에 운동했더니 다음 날 온몸이 凝る 했다.

1동 뻐근하다, 결리다

かたがこる
肩が凝る 어깨가 뭉치다

称する しょうする

Q. 스스로 천재라 称する 하다니 낯부끄럽지도 않은가?
Q. 사람들은 그의 업적을 称する 하며 동상을 세웠다.

1동 칭하다, 칭송하다

てんさいとしょうする
天才と称する 천재라고 칭하다

受(け)継ぐ うけつぐ

Q. 스승의 유지를 제자가 受(け)継ぐ 하다.
Q. 전통문화를 受(け)継ぐ 하고 발전시키기 위해 노력했다.

1동 계승하다

でんとうをうけつぐ
伝統を受け継ぐ 전통을 계승하다

反らす そらす

Q. 스트레칭을 하려고 일어서서 몸을 뒤로 反らす 했다.
Q. 태풍이 상륙하자 거센 바람이 나무를 反らす 하게 했다.

1동 휘게 하다, 젖히다

うしろにそらす
後ろに反らす 뒤로 젖히다

労る[1] いたわる

Q. 거동이 불편한 환자를 성심성의껏 労る 했다.
Q. 자신의 건강은 스스로 労る 하자.

1동 돌보다

としよりをいたわる
年寄りを労る 노인을 돌보다

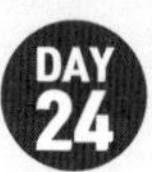

労る[2] いたわる

Q. 술 한 잔 사주며 실의에 빠진 부하 직원을 労る 해주었다.

Q. 그동안 고생한 선수들을 労る 하는 의미에서 건배했다.

1동 위로하다, 치하하다

ぶかをいたわる
部下を労る 부하를 위로하다

潤う[1] うるおう

Q. 장마라 집안이 潤う 해서 곰팡이가 생겼다.

Q. 오래간만에 온 비로 땅이 潤う 해졌다.

1동 습기를 띠다, 축축해지다

あめでうるおう
雨で潤う 비가 와서 습기 차다

潤う[2] うるおう

Q. 연봉이 많이 올라 살림살이도 潤う 해졌다.

Q. 아파트 단지가 생겨 주변 상점들이 潤う 했다.

1동 윤택해지다, 이익을 얻다

せいかつがうるおう
生活が潤う 생활이 윤택해지다

任す まかす

Q. 믿음이 가는 사람에게만 任す 할 수 있는 일.

Q. 그 뒤로 어떤 일이 있었는지는 상상에 任す 한다.

1동 (일을) 맡기다

そうぞうにまかす
想像に任す 상상에 맡기다

持て成す もてなす

Q. 손님을 정성껏 持て成す 하겠습니다.

Q. 직접 만든 요리로 손님들을 持て成す 했다.

1동 대접하다, 환대하다

てりょうりでもてなす
手料理で持て成す 손수 만든 요리로 대접하다

抜かす ぬかす

Q. 입맛이 없어서 저녁 식사를 抜かす 했다.

Q. 명단에서 내 이름을 抜かす 하다니!

1동 빠트리다, 빼먹다

ゆうしょくをぬかす
夕食を抜かす 저녁 식사를 빠뜨리다

凝らす こらす

Q. 관객들은 시선을 무대 위에 凝らす 했다.

Q. 그는 회장 안의 사람들의 시선을 凝らす 하며 등장했다.

1동 집중시키다

おもいをこらす
思いを凝らす 골똘히 생각하다

引(き)摺る ひきずる

Q. 공부를 引(き)摺る 하다 결국 벼락치기를 하고 있다.

Q. 마감 전까지 끝내려면 引(き)摺る 하고 있을 수 없다.

1동 질질 끌다

あしをひきずる
足を引き摺る 다리를 질질 끌다

奉る[1] たてまつる

Q. 신에게 제물을 奉る 했다.

Q. 농민들은 영주에게 조공을 奉る 했다.

1동 바치다, 드리다

おそなえをたてまつる
お供えを奉る 제물을 바치다

Q

A

奉る[2] たてまつる

Q. 그를 회장으로 奉る 하도록 합시다.
Q. 사당에 신을 奉る 했다.

1동 받들다, 모시다

かいちょうにたてまつる
会長に奉る　회장으로 모시다

差(し)出す さしだす

Q. 아이가 사탕을 달라고 두 손을 差(し)出す 했다.
Q. 명함을 差(し)出す 하며 자기소개를 했다.

1동 내밀다, 제출하다

がんしょをさしだす
願書を差し出す　원서를 제출하다

交わる まじわる

Q. 십자로는 두 길이 交わる 하는 곳이다.
Q. 나쁜 친구와 交わる 하지 말라고 했잖아.

1동 교차하다, 어울리다

あくゆうとまじわる
悪友と交わる　나쁜 친구와 어울리다

散蒔く ばらまく

Q. 저 사람은 입이 가벼워서 소문을 散蒔く 하고 다닌다.
Q. 길거리에 나타난 재벌이 돈을 허공에 散蒔く 했다.

1동 (흩) 뿌리다

うわさをばらまく
噂を散蒔く　소문을 퍼뜨리다

似通う にかよう

Q. 쌍둥이 형제라서 그런지 구별하기 힘들 만큼 似通う 해.
Q. 친구와 나는 남들이 자매로 착각할 만큼 似通う 하다.

1동 서로 잘 닮다, 서로 비슷하다

あににかようおとうと
兄に似通う弟　형과 닮은 남동생

這う はう

Q. 아기들은 손과 무릎으로 這う 한다.
Q. 악어가 엉금엉금 這う 해서 가고 있다.

1동 기다

わにがはう
鰐が這う　악어가 기다

負う[1] おう

Q. 아기를 등에 負う 했다.
Q. 책임을 負う 하고 물러났다.

1동 지다[짊어지다/떠맡다]

あかんぼうをおう
赤ん坊を負う　아기를 업다

負う[2] おう

Q. 우리 가게도 이번 태풍으로 큰 피해를 負う 했다.
Q. 계단에서 굴러 상처를 負う 했다.

1동 입다[해를 당하다/다치다]

きずをおう
傷を負う　상처를 입다

図る はかる

Q. 언제쯤 이 일을 시작하면 될지 시기를 図る 하는 중이야.
Q. 저 산의 높이가 어느 정도인지 図る 할 수 있겠니?

1동 가늠하다

じきをはかる
時期を図る　시기를 가늠하다

重んずる おもんずる

Q. 그 장교는 명예를 무엇보다 重んずる 하는 사람이었다.
Q. 의리보다 재물을 重んずる 하는 비겁한 사람이었다.

1동 중히 여기다, 존중하다

たいめんをおもんずる
体面を重んずる 체면을 중요시하다

俯く うつむく

Q. 아이는 수줍어서 눈도 못 마주치고 俯く 했다.
Q. 실망한 그는 俯く 한 채 땅만 보고 터덜터덜 걸어갔다.

1동 머리를 숙이다

あるきながらうつむく
歩きながら俯く 걸으면서 머리를 숙이다

仰ぐ あおぐ

Q. 아이는 존경심을 담아 부모를 仰ぐ 했다.
Q. 수능을 끝내고 벅차오르는 기분으로 하늘을 仰ぐ 했다.

1동 우러러보다

てんをあおぐ
天を仰ぐ 하늘을 우러러보다

植わる うわる

Q. 앞마당에 植わる 한 사과나무에서 열매가 열렸다.
Q. 태풍으로 정원에 植わる 했던 나무들이 죄다 뽑혔다.

1동 심어지다

さくらのきがうわる
桜の木が植わる 벚나무가 심어지다

励む はげむ

Q. 앞으로도 연구에 励む 해주세요.
Q. 주말까지 회사에 나갈 정도로 일에 励む 하다.

1동 힘쓰다

けんきゅうにはげむ
研究に励む 연구에 힘쓰다

打(ち)込む[1] うちこむ

Q. 액자를 걸기 위해 벽에 못을 打(ち)込む 했다.
Q. 텐트를 치기 위해 땅바닥에 쇠말뚝을 打(ち)込む 했다.

1동 박아넣다, 처넣다

くぎをうちこむ
釘を打ち込む 못을 박아넣다

打(ち)込む[2] うちこむ

Q. 공부에 打(ち)込む 하다 보니 시간이 가는 줄도 몰랐다.
Q. 밥 먹는 것도 잊고 연구에 打(ち)込む 했다.

1동 집중하다, 전념하다

べんきょうにうちこむ
勉強に打ち込む 공부에 몰두하다

冷(や)かす ひやかす

Q. 약자를 冷(や)かす 하지 말라.
Q. 아이를 짓궂게 冷(や)かす 하다가 결국 울리고 말았다.

1동 놀리다

ともだちをひやかす
友達を冷やかす 친구를 놀리다

見計らう みはからう

Q. 어느 정도 길이 막힐 걸 見計らう 해서 미리 출발하자.
Q. 그가 일어났을 시간을 見計らう 해서 전화를 걸어보았다.

1동 가늠하다

じかんをみはからう
時間を見計らう 시간을 가늠하다

Q

A

乗っ取る のっとる

Q. 비행기를 乗っ取る 한 범인들이 돈을 요구했다.
Q. 비열한 방법으로 남의 재산을 乗っ取る 한 악당이다.

1동 탈취하다, 빼앗다

しろをのっとる
城を乗っ取る 성을 빼앗다

澄む すむ

Q. 정수 필터에 물을 걸렀더니 흙탕물이 바로 澄む 해졌어.
Q. 비가 와서 부유물이 쓸려나간 뒤 澄む 해진 계곡물.

1동 맑아지다

みずがすむ
水が澄む 물이 맑아지다

惜しむ おしむ

Q. 가만히 누워서 덧없이 흘러가는 주말을 惜しむ 했다.
Q. 그는 남에게 쓰는 돈을 惜しむ 해서 커피 한 잔도 안 사.

1동 아까워하다, 아쉬워하다

ゆくはるをおしむ
行く春を惜しむ 가는 봄을 아쉬워하다

嵩張る かさばる

Q. 여행 마지막 날 기념품을 샀더니 짐이 嵩張る 해졌다.
Q. 라면을 오래 끓였더니 면이 물에 불어서 嵩張る 했다.

1동 부피가 커지다

にもつがかさばる
荷物が嵩張る 짐이 커지다

盛り上がる もりあがる

Q. 몸에 힘을 주자 역도 선수의 근육이 盛り上がる 했다.
Q. 콘서트장의 분위기는 점점 盛り上がる 했다.

1동 솟아오르다

ふんいきがもりあがる
雰囲気が盛り上がる 분위기가 고조되다

* '고조되다'라는 뜻으로도 쓰임

引き起(こ)す ひきおこす

Q. 역효과를 引き起(こ)す 할 수 있다.
Q. 가치관의 차이가 두 세대의 갈등을 引き起(こ)す 했다.

1동 일으키다

てろをひきおこす
テロを引き起こす 테러를 일으키다

* '야기하다'라는 뜻으로도 쓰임

富む とむ

Q. 복권에 당첨되어 하루아침에 富む 해진 집안.
Q. 그는 여행을 많이 해서 경험이 富む 한 사람이다.

1동 부유해지다

いえがとむ
家が富む 가정이 부유해지다

* '풍부하다'라는 뜻으로도 쓰임

見せびらかす みせびらかす

Q. 그는 자신의 비싼 구두를 見せびらかす 하며 잘난 체했다.
Q. 새로 산 스포츠카를 친구들에게 見せびらかす 했다.

1동 과시하다

ゆびわをみせびらかす
指輪を見せびらかす 반지를 과시하다

上回る うわまわる

Q. 실험 결과는 예상을 훨씬 上回る 하는 대성공이었다.
Q. 우리가 원하는 정도를 上回る 하는 고스펙의 지원자다.

1동 웃돌다

きじゅんをうわまわる
基準を上回る 기준을 상회하다

Q A 

乱す みだす

Q. 그가 단정하게 자른 머리를 마구 쓰다듬어 乱す 했다.

Q. 그의 사고 소식을 듣고 마음이 乱す 해서 집중이 안 된다.

1동 흐트러뜨리다, 혼란스럽게 하다

こころをみだす
心を乱す 마음을 어지럽히다

賜(わ)る たまわる

Q. 왕께서 상으로 금은보화를 賜(わ)る 하셨다.

Q. 스승님께서 賜(わ)る 하신 귀한 선물.

1동 내려주시다

かねをたまわる
金を賜わる 돈을 내려주시다

* 受ける의 겸양어

募る[1] つのる

Q. 외국에 있으니 가족에 대한 그리움이 나날이 募る 한다.

Q. 오후가 되자 태풍이 募る 해서 걸어 다니기도 힘들었다.

1동 점점 심해지다

きょうふがつのる
恐怖が募る 공포가 점점 심해지다

募る[2] つのる

Q. 나와 뜻을 같이하는 동료를 募る 했다.

Q. 버려진 동물들을 돕기 위해 기부금을 募る 했다.

1동 모집하다, 모으다

どうしをつのる
同志を募る 동지를 모으다

脱する だっする

Q. 적진에서 간신히 脱する 해서 살아 돌아왔다.

Q. 그는 이미 아마추어의 단계를 脱する 했어. 프로 수준이야.

1동 (위기 등에서) 벗어나다

そくばくからだっする
束縛から脱する 속박에서 벗어나다

* 정도·범위 등을 넘을 때도 쓰임

言(い)争う いいあらそう

Q. 토론하던 사람들이 화가 나서 言(い)争う 하고 있다.

Q. 사소한 일로 시비가 붙어 친구와 言(い)争う 했다.

1동 말다툼하다

さいなことでいいあらそう
細な事で言い争う 사소한 일로 말다툼하다

納(ま)る[1] おさまる

Q. 칼집에 納(ま)る 했던 칼을 다시 빼 들고 위협하는 도적.

Q. 이번 달 회비가 아직 納(ま)る 하지 않았어요.

1동 (본래 있어야 할 곳에) 들어가다

さやにおさまる
鞘に納まる 칼집에 들어가다

* '(돈·물건 등이) 들어오다'라는 뜻으로도 쓰임

納(ま)る[2] おさまる

Q. 천하를 통일하고 황제의 자리에 納(ま)る 했다.

Q. 경영능력을 인정받아 회장 자리에 納(ま)る 했다.

1동 지위·입장에 오르다

しゃちょうにおさまる
社長に納まる 사장 자리에 오르다

施す[1] ほどこす

Q. 우리나라도 지진에 대한 대비책을 施す 해야 한다.

Q. 주택시장 안정을 위한 대책을 施す 했다.

1동 (계획·대책 등을) 세우다

さくをほどこす
策を施す 방책을 세우다

Q　　　　　　　　　　　　　　　　　A

施す[2] ほどこす

Q. 자비를 施す 해서 한번은 살려주마.
Q. 곳간을 열어 배고픈 사람들에게 곡식을 施す 해주었다.

1동 베풀다

おんけいをほどこす
恩恵を施す　　은혜를 베풀다

施す[3] ほどこす

Q. 탱크에 위장무늬 덮개를 施す 해서 숲속에 숨겼다.
Q. 금은방에 도난 경보 장치를 施す 했다.

1동 달다, 설비하다

ぼうすいかこうをほどこす
防水加工を施す　　방수 가공을 하다

掬う すくう

Q. 우물에서 물을 掬う 하다.
Q. 그물로 물고기를 掬う 했다.

1동 떠내다, 건지다

みずをすくう
水を掬う　　물을 떠내다

歩む あゆむ

Q. 그는 오랜 세월 동안 요리의 길을 歩む 해 왔다.
Q. 공식 해체하고 각자의 길을 歩む 하기로 했다.

1동 걷다, 전진하다

くなんのみちをあゆむ
苦難の道を歩む　　고난의 길을 걷다

* 추상적인 의미로 쓰이는 경우가 많음

謙る へりくだる

Q. 상을 타도 잘난 척하지 않고 謙る 한 태도를 보인다.
Q. 너는 너무 謙る 해서 탈이야. 자존심도 없니?

1동 겸손하다, 자신을 낮추다

へりくだったいいかた
謙った言い方　　겸손한 말씨

病む やむ

Q. 우울증은 마음이 病む 한 상태이다.
Q. 추운 날씨에 폐렴을 病む 하다가 홀로 쓸쓸하게 죽었다.

1동 병들다, 앓다

こころがやむ
心が病む　　마음이 병들다

慕う[1] したう

Q. 아이는 울면서 엄마의 뒤를 慕う 했다.
Q. 주인이 어디를 가든 뒤를 졸졸 慕う 하는 강아지.

1동 쫓아가다

あとをしたう
後を慕う　　뒤를 쫓다

慕う[2] したう

Q. 때때로 떠나 온 고향을 慕う 한다.
Q. 고국에 있는 가족과 친구들을 慕う 하다.

1동 그리워하다

ぼこくをしたう
母国を慕う　　모국을 그리워하다

滞る とどこおる

Q. 월급을 못 받아 월세가 滞る 해서 곤란하다.
Q. 며칠 쉬고 출근하니 일이 엄청나게 滞る 해 있었다.

1동 밀리다, 막히다

しごとがとどこおる
仕事が滞る　　일이 밀리다

漏らす もらす

Q. 위치를 들킬 수 있으니 불빛이 漏らす 하지 않게 조심해.
Q. 그는 회사의 기밀을 라이벌 회사에 漏らす 했다.

1동 새게 하다

きみつをもらす
機密を漏らす 기밀을 누설하다

取(り)除く とりのぞく

Q. 위험 요소를 미리 확인하여 완전히 取(り)除く 했다.
Q. 썩은 귤을 取(り)除く 하지 않으면 옆 귤도 썩는다.

1동 없애다

げんいんをとりのぞく
原因を取り除く 원인을 없애다

尊ぶ とうとぶ

Q. 유교 국가는 연장자를 尊ぶ 한다.
Q. 그 사람의 삶의 방식이니까 尊ぶ 해야 한다.

1동 공경하다, 존중하다

ねんちょうしゃをとうとぶ
年長者を尊ぶ 연장자를 공경하다

生かす いかす

Q. 죽은 사람을 生かす 하는 방법은 없습니다.
Q. 유학 경험을 生かす 해서 외국계 회사에 취직했다.

1동 살리다

けいけんをいかす
経験を生かす 경험을 살리다

鈍る にぶる

Q. 은퇴한 지 오래라 실력이 鈍る 해졌다.
Q. 칼날이 鈍る 해서 잘 안 썰리네. 한 번 갈 때가 됐어.

1동 둔해지다, 무뎌지다

うでがにぶる
腕が鈍る 솜씨가 무뎌지다

* 발음 차이 なまる

飲(み)込む のみこむ

Q. 소화를 위해 음식을 잘 씹고 나서 飲(み)込む 해야 한다.
Q. 먹음직스러운 음식을 보고 군침을 飲(み)込む 했다.

1동 삼키다

つばをのみこむ
唾を飲み込む 침을 삼키다

築く きずく

Q. 강당 조회가 끝난 뒤 의자를 접어서 한 곳에 築く 했다.
Q. 공간이 없어 짐을 한쪽 구석에 築く 했다.

1동 쌓아 올리다

ざいをきずく
財を築く 재산을 쌓다

慣らす ならす

Q. 추운 지방에서 생활하려면 추위에 몸을 慣らす 해야지.
Q. 개와 달리 야생의 여우를 慣らす 해서 키우기는 어렵다.

1동 순응시키다, 길들이다

もうじゅうをならす
猛獣を慣らす 맹수를 길들이다

志す こころざす

Q. 저 아이는 학문에 志す 했으니 대학에 보내는 게 좋겠어.
Q. 네가 정말 정치에 志す 했다면 말리지는 않겠다.

1동 뜻을 두다

がくもんにこころざす
学問に志す 학문에 뜻을 두다

Q A

催す もよおす

Q. 학교를 떠나는 선배를 위해 송별회를 催す 하기로 했다.
Q. 마치 실제 사건을 보는 듯한 착각을 催す 했다.

1동 개최하다

そうべつかいをもよおす
送別会を催す 송별회를 열다

★ '(기분·상태를 표현할 때는) 불러일으키다'라는 뜻

記す しるす

Q. 이름과 생년월일을 첫 페이지 상단에 記す 하세요.
Q. 까먹기 전에 아이디어를 종이에 記す 해뒀다.

1동 적다, 쓰다, 기록하다

めいさいにしるす
明細に記す 상세히 적다

挑む いどむ

Q. 몸집도 작은데 덩치 큰 사내에게 挑む 해서 때려눕혔다.
Q. 언젠가는 에베레스트에 挑む 하고 싶다.

1동 (싸움을) 걸다

たたかいをいどむ
戦いを挑む 싸움을 걸다

★ '도전하다'라는 뜻으로도 쓰임

意気込む いきごむ

Q. 우리는 이번에야말로 우승하고자 意気込む 했다.
Q. 열띤 응원에 意気込む 한 대표팀은 내리 세 골을 넣었다.

1동 분발하다

かとうといきごむ
勝とうと意気込む 이기려고 분발하다

継ぐ つぐ

Q. 돌아가신 스승님의 뜻은 내가 継ぐ 하겠다.
Q. 삼대째 대를 継ぐ 해서 운영하고 있다는 오래된 맛집.

1동 잇다

こころざしをつぐ
志を継ぐ 뜻을 잇다

値する あたいする

Q. 네가 읽기에 値する 한 책이니 꼭 한번 읽어봐.
Q. 그건 칭찬하기에 値する 한 행동이었다. 정말 잘했어.

1동 상당하다

せんえんにあたいする
千円に値する 천 엔의 가치가 있다

★ '~에 들어맞는 가치가 있다'는 뜻

有する ゆうする

Q. 사우디아라비아는 많은 양의 석유를 有する 하고 있다.
Q. 모든 국민은 균등하게 교육받을 권리를 有する 한다.

1동 가지다

しかくをゆうする
資格を有する 자격을 가지다

収(ま)る[1] おさまる

Q. 책이 너무 많아서 더는 책장에 収(ま)る 하지 않는다.
Q. 작가가 하고 싶은 말이 책에 모두 収(ま)る 되어있다.

1동 담기다

はこにおさまる
箱に収まる 상자에 담기다

収(ま)る[2] おさまる

Q. 지진이 収(ま)る 할 때까지 책상 밑에 들어가 있으세요.
Q. 노조와 사측이 협상해 파업사태가 収(ま)る 되었다.

1동 안정되다, 진정되다

じしんがおさまる
地震が収まる 지진이 가라앉다

揺らぐ ゆらぐ

Q. 강에 돌을 던지자 수면에 비친 달빛이 揺らぐ 했다.
Q. 마음이 갈대처럼 이리저리 揺らぐ 했다.

1동 흔들리다

けついがゆらぐ
決意が揺らぐ 결의가 흔들리다

強請る ねだる

Q. 장난감을 사달라고 強請る 하다가 드러누웠다.
Q. 없는 과자가 強請る 한다고 생기니?

1동 조르다, 떼쓰다

こづかいをねだる
小遣いを強請る 용돈을 조르다

襲う おそう

Q. 3m 높이의 쓰나미가 바닷가에 있는 마을을 襲う 했다.
Q. 한밤중 적들이 잠든 틈을 노려 襲う 했다.

1동 덮치다, 습격하다

つなみがおそう
津波が襲う 해일이 덮치다

滅ぼす ほろぼす

Q. 이번에야말로 전쟁으로 나라가 滅ぼす 할지도 몰라.
Q. 불규칙한 생활이 몸을 滅ぼす 했다.

1동 멸망시키다, 망치다

せかいをほろぼす
世界を滅ぼす 세상을 멸망시키다

荒(ら)す あらす

Q. 긴 전쟁이 나라 전체를 荒(ら)す 했다.
Q. 깡패가 나타나 가게를 荒(ら)す 하며 행패를 부렸다.

1동 황폐하게 하다

みちをあらす
道を荒らす 길을 엉망으로 만들다

* '망가뜨리다'라는 뜻으로도 쓰임

交(わ)す かわす

Q. 친구와 술잔을 交(わ)す 하며 많은 이야기를 했다.
Q. 두 사람은 가볍게 악수를 交(わ)す 한 뒤 자리에 앉았다.

1동 주고받다, 교환하다

いけんをかわす
意見を交わす 의견을 주고받다

跨(が)る またがる

Q. 제주도 여행에서 처음으로 말에 跨(が)る 해 보았다.
Q. 섬 전체에 跨(が)る 해 있는 화산이 분화하면 큰일이야.

1동 올라타다, 걸치다

うまにまたがる
馬に跨がる 말에 올라타다

* 표기 차이 股がる

採る とる

Q. 고위 인사의 자녀만 採る 한 채용 비리의 실태.
Q. 이번에 신입사원을 한 명 採る 하기로 했다.

1동 뽑다, 채용하다

しゃいんをとる
社員を採る 사원을 뽑다

滲む[1] にじむ

Q. 종이가 젖어 잉크가 滲む 했다.
Q. 울었더니 화장이 滲む 해서 얼굴이 판다처럼 됐다.

1동 번지다

インクがにじむ
インクが滲む 잉크가 번지다

Q　　　　A

滲む[2] にじむ

Q. 더워서 이마에 땀이 滲む 했다.

Q. 상처가 벌어졌는지 붕대에 피가 滲む 했다.

1동 배어나다

あせがにじむ
汗が滲む　땀이 배어나다

演ずる えんずる

Q. 연극에서 주인공의 친구 역할을 演ずる 했다.

Q. 남들 앞에선 금실 좋은 부부인 척 演ずる 했다.

1동 연기하다

しゅやくをえんずる
主役を演ずる　주역을 연기하다

* 演じる 의 옛 말씨

漏る もる

Q. 지붕에서 물이 漏る 한다.

Q. 꽉 잠근 수도꼭지에서 물이 조금 漏る 했다.

1동 새다

あまみずがもる
雨水が漏る　빗물이 새다

* 액체에 한해 쓰임

取(り)次ぐ とりつぐ

Q. 내 의견을 사장님께 대신 取(り)次ぐ 해 줄래요?

Q. 하인은 손님의 방문 사실을 주인에게 取(り)次ぐ 했다.

1동 한쪽의 의사를 다른 편에 전하다

しゅちょうをとりつぐ
主張を取り次ぐ　주장을 전하다

食(い)違う くいちがう

Q. 지퍼의 이음매가 食(い)違う 했잖아. 열었다가 다시 닫아.

Q. 혼수에 대한 의견이 食(い)違う 해서 말다툼을 했다.

1동 어긋나다

いけんがくいちがう
意見が食い違う　의견이 어긋나다

恋する こいする

Q. 진심으로 恋する 했지만, 집안의 반대로 헤어지고 말았다.

Q. 너를 恋する 해. 나와 결혼해 줘.

1동 연애하다, 사랑하다

こいするひと
恋する人　사랑하는 사람

* 연애 감정을 표현할 때만 쓰임

踠く もがく

Q. 물에 빠진 사람이 필사적으로 踠く 하고 있었다.

Q. 빚을 갚으라고 아무리 踠く 해도 돈이 없는 걸 어떡해?

1동 발버둥 치다, 허우적거리다

おぼれてもがく
溺れて踠く　물에 빠져 허우적대다

* '안달하다, 초조해하다'라는 뜻으로도 쓰임

悩ます なやます

Q. 질병과 가난이 많은 이들을 悩ます 한다.

Q. 윗집이 유발하는 층간소음이 그를 悩ます 했다.

1동 괴롭히다, 성가시게 굴다

せんたくになやます
選択に悩ます　선택에 고민하게 하다

* '고민하게 하다'라는 뜻으로도 쓰임

治(ま)る おさまる

Q. 진통제를 마시니 통증이 治(ま)る 했다.

Q. 시위가 끝나자 거리의 소란도 治(ま)る 했다.

1동 잠잠해지다, 멎다, 진정되다

いたみがおさまる
痛みが治まる　통증이 가라앉다

担う になう

Q. 짐이 크니 둘이서 나눠 担う 하는 게 좋겠어.
Q. 이번 사태의 책임은 제가 担う 하겠습니다.

1동 짊어지다

せきにんをになう
責任を担う 책임을 지다

★ '(책임 등을) 떠맡다'라는 뜻으로도 쓰임

繕う[1] つくろう

Q. 원래 구멍이 나 있는 청바지인데 할머니가 繕う 하셨다.
Q. 요즘에도 양말을 繕う 해서 신는 사람이 있어?

1동 고치다, 수선하다

ずぼんをつくろう
ズボンを繕う 바지를 수선하다

繕う[2] つくろう

Q. 단상 위에 오르기 전에 목소리를 繕う 했다.
Q. 파티 참석을 위해 드레스와 장신구로 화려하게 繕う 했다.

1동 가다듬어 꾸미다, 보기 좋게 하다

こえをつくろう
声を繕う 목소리를 가다듬다

繕う[3] つくろう

Q. 상사에게 혼나는 신입을 옆에서 繕う 해주었다.
Q. 두 사람은 열애설에 대해 확답을 피하며 繕う 했다.

1동 감싸다, 체면을 세우다

そのばをつくろう
その場を繕う 그 자리를 수습하다

★ '얼버무리다'라는 뜻으로도 쓰임

懐く なつく

Q. 우리 개는 처음 보는 사람도 잘 懐く 하며 꼬리를 친다.
Q. 자주 놀아줘서 그런지 옆집 아이가 나를 잘 懐く 한다.

1동 따르다

ひとによくなつく
人に良く懐く 사람을 잘 따르다

遠ざかる とおざかる

Q. 배는 점점 遠ざかる 해서 이제는 눈에 보이지 않는다.
Q. 이사 간 친구와 점점 遠ざかる 해졌어. 어쩔 수 없나 봐.

1동 멀어지다, 소원해지다

ききがとおざかる
危機が遠ざかる 위기가 멀어지다

取(り)組む とりくむ

Q. 첫 시합부터 강팀과 取(り)組む 하게 되어 걱정이다.
Q. 복잡한 일이었지만 그는 최선을 다해 取(り)組む 했다.

1동 맞붙다, 맞닥뜨리다

きょうてきととりくむ
強敵と取り組む 강적과 맞붙다

★ '진지하게 몰두하다'라는 뜻으로도 쓰임

掠る[1] かする

Q. 총알이 귀 옆을 掠る 했다.
Q. 공이 아슬아슬하게 배트를 掠る 했다.

1동 스치다

ばっとにかする
バットに掠る 배트를 스치다

掠る[2] かする

Q. 공사비를 부풀려 일부를 掠る 하던 일당이 붙잡혔다.
Q. 남의 보수를 중간에서 몰래 掠る 하다 걸렸다.

1동 슬쩍 가로채다

かねをかする
金を掠る 돈을 가로채다

Q — A

貫く つらぬく

Q. 총알이 그의 가슴을 貫く 했지만, 놀랍게도 살아남았다.
Q. 외부의 압박에도 굴하지 않고 끝까지 뜻을 貫く 했다.

1동 관통하다

まとをつらぬく
的を貫く　과녁을 관통하다

* '관철하다'라는 뜻으로도 쓰임

備わる そなわる

Q. 최첨단 장비가 備わる 한 공장입니다.
Q. 이 체육관은 다양한 운동기구를 備わる 하고 있다.

1동 갖춰지다

じょうけんがそなわる
条件が備わる　조건이 갖춰지다

嵩む かさむ

Q. 작년보다 회사 규모가 嵩む 해서 직원을 더 뽑았다.
Q. 추가 요금이 붙어 비용이 嵩む 했다.

1동 커지다, 불어나다

しごとがかさむ
仕事が嵩む　일이 많아지다

蹴飛ばす けとばす

Q. 시비를 거는 남자의 정강이를 냅다 蹴飛ばす 했다.
Q. 좀비가 따라 올라오지 못하게 사다리를 蹴飛ばす 했다.

1동 걷어차다

ぼーるをけとばす
ボールを蹴飛ばす　공을 걷어차다

励ます はげます

Q. 친구는 낙담해있는 나를 따뜻한 말로 励ます 해주었다.
Q. 감독은 지친 선수들을 励ます 하며 경기를 이끌었다.

1동 격려하다

せんしゅをはげます
選手を励ます　선수를 격려하다

研ぐ[1] とぐ

Q. 칼날이 무뎌졌길래 숫돌을 가져와서 研ぐ 했다.
Q. 고양이가 나무에 대고 발톱을 研ぐ 하고 있다.

1동 갈다

はをとぐ
刃を研ぐ　날을 갈다

研ぐ[2] とぐ

Q. 저녁을 짓기 위해 쌀을 研ぐ 했다.
Q. 먼지 낀 거울을 물티슈로 깨끗하게 研ぐ 했다.

1동 문질러서 씻다, 닦다

こめをとぐ
米を研ぐ　쌀을 씻다

欠く[2] かく

Q. 아침 식사는 欠く 하지 말고 드세요.
Q. 당신에겐 회장이 될 자격이 欠く 하다.

1동 빠트리다

しょくじをかく
食事を欠く　식사를 거르다

* '부족하다'라는 뜻으로도 쓰임

欠く[1] かく

Q. 커다란 얼음을 망치로 잘게 欠く 했다.
Q. 설거지하다 컵을 떨어트려 欠く 했다.

1동 깨다

ちゃわんをかく
茶碗を欠く　찻잔을 깨트리다

察する さっする

Q. 컴퓨터가 켜지지 않는 원인을 察する 해서 고치다.
Q. 이런 말까지 해야 하는 제 마음도 좀 察する 해주십시오.

1동 헤아리다

ふんいきをさっする
雰囲気を察する　분위기를 헤아리다

要する ようする

Q. 고시 공부는 큰 노력을 要する 하는 일이다.
Q. 이것은 고난도의 기술을 要する 하는 작업이다.

1동 필요로 하다

きゅうをようする
急を要する　긴급을 요하다

怠る おこたる

Q. 통증이 조금 나아졌다고 치료를 怠る 하면 안 됩니다.
Q. 언제 도둑이 들지 모르니 주의를 怠る 하면 안 되네.

1동 소홀히 하다

てあてをおこたる
手当を怠る　치료를 소홀히 하다

売(り)出す[1] うりだす

Q. 티켓은 오후 다섯 시부터 현장에서 売(り)出す 한다.
Q. 새로 개발된 암 치료제가 오늘부터 売(り)出す 한다.

1동 팔기 시작하다

しんやくをうりだす
新薬を売り出す　신약을 팔기 시작하다

* '(선전하여) 많이 팔다'라는 뜻으로도 쓰임

売(り)出す[2] うりだす

Q. 무명이던 배우가 영화 한 편으로 売(り)出す 했다.
Q. 신인상 수상을 계기로 売(り)出す 한 작가.

1동 유명해지다

すたーとしてうりだす
スターとして売り出す　스타로서 유명해지다

取り締(ま)る とりしまる

Q. 팀장의 역할은 팀원들을 取り締(ま)る 하는 것이다.
Q. 경찰이 차를 세우고 음주운전을 取り締(ま)る 하고 있다.

1동 관리 감독하다, 단속하다

げんじゅうにとりしまる
厳重に取り締まる　엄중히 단속하다

押(し)込む おしこむ

Q. 초대받지 않은 파티에 押(し)込む 하고 싶지 않아.
Q. 맛없는 반찬을 억지로 목구멍에 押(し)込む 하고 삼켰다.

1동 밀고 들어가다, 밀어 넣다

からだをおしこむ
体を押し込む　몸을 밀어 넣다

覆す くつがえす

Q. 손바닥을 覆す 하듯이 말을 바꾸는 모습이 신뢰가 안 가.
Q. 이미 결정된 사항이다. 覆す 할 수는 없어.

1동 뒤집다

せいけんをくつがえす
政権を覆す　정권을 뒤엎다

* '번복하다'라는 뜻으로도 쓰임

導く みちびく

Q. 새로 온 감독이 팀을 우승으로 導く 했다.
Q. 화려한 언변으로 협상을 유리하게 導く 했다.

1동 인도하다, 이끌다

もくてきちまでみちびく
目的地まで導く　목적지까지 인도하다

Q

群がる むらがる

Q. 펭귄들은 群がる 해서 체온을 나누며 추운 날씨를 견딘다.

Q. 바닥에 떨어진 과자에 개미가 群がる 했다.

報ずる[1] ほうずる

Q. 부모님의 은혜에 반드시 報ずる 할 것이다.

Q. 은혜를 원수로 報ずる 하다니!

報ずる[2] ほうずる

Q. 뉴스에서 그 사건에 대해 크게 報ずる 했다.

Q. 사장님께 지금까지의 진행 상황을 報ずる 하도록 하게.

繋ぐ つなぐ

Q. 튼튼한 지지대에 밧줄을 繋ぐ 한 뒤 번지점프를 했다.

Q. 책들을 쌓아서 들기 좋게 끈으로 繋ぐ 했다.

費やす ついやす

Q. 필요 이상의 에너지를 費やす 하지 말자.

Q. 내 차는 휘발유를 많이 費やす 한다.

済ます すます

Q. 하던 일 다 済ます 하고 나서 전화할게.

Q. 그래서야 오늘 안에 다 済ます 할 수 있겠어?

踏(み)込む ふみこむ

Q. 한눈을 팔다가 물웅덩이에 踏(み)込む 했다.

Q. 홀로 적진에 踏(み)込む 하다니, 배짱도 좋구나!

差(し)掛かる[1] さしかかる

Q. 차가 내리막길에 差(し)掛かる 하자 속도가 붙었다.

Q. 여름이 지나고 어느덧 가을에 差(し)掛かる 했다.

差(し)掛かる[2] さしかかる

Q. 나무가 자라 지붕을 差(し)掛かる 해서 그림자가 생겼어.

Q. 건물이 무너져 밑에 있던 사람들을 差(し)掛かる 했다.

A

1동 군집하다

ありがむらがる
蟻が群がる 개미가 모이다

1동 보답하다, 갚다

おんをほうずる
恩を報ずる 은혜를 갚다

* 報じる 의 문어체

1동 알리다, 보도하다

じょうきょうをほうずる
状況を報ずる 상황을 알리다

* 報じる 의 문어체

1동 묶다, 연결하다

ひもでつなぐ
紐で繋ぐ 줄로 묶어놓다

* **표기 차이** 繫ぐ: 간소화된 표기, PC 환경에서 권장됨

1동 소비하다, 낭비하다

じかんをついやす
時間を費やす 시간을 소비하다

1동 끝내다, 해결하다

しゅくだいをすます
宿題を済ます 숙제를 끝내다

1동 빠지다

どろにふみこむ
泥に踏み込む 흙탕에 빠지다

* '발을 들여놓다'라는 뜻으로도 쓰임

1동 다다르다, 접어들다

やまにさしかかる
山に差し掛かる 산에 다다르다

1동 (위에서) 뒤덮다, 덮치다

やねにさしかかる
屋根に差し掛かる 지붕을 뒤덮다

Q A

ぼやく

Q. 과장님이 할 일이 너무 많다고 ぼやく 했다.
Q. 혼잣말로 ぼやく 하지 말고 할 말이 있으면 똑바로 해라.

1동 투덜거리다

ひとりでぼやく
一人でぼやく　혼자 투덜거리다

見渡す みわたす

Q. 창 너머로 흰 눈에 덮인 평원을 見渡す 했다.
Q. 끝없이 펼쳐진 바다를 見渡す 하니 가슴이 벅차올랐다.

1동 (멀리·넓게) 바라보다

うみをみわたす
海を見渡す　바다를 멀리 바라보다

及ぶ およぶ

Q. 전쟁으로 100만 명에 及ぶ 하는 난민이 발생했다.
Q. 다행히 다음 범행에 及ぶ 하기 전에 체포되었다.

1동 이르다, 다다르다

じゅうまんにんにおよぶ
十万人に及ぶ　10만 명에 달하다

沿う そう

Q. 이곳에 있는 동안은 저희가 정한 방침에 沿う 하십시오.
Q. 가이드의 안내를 沿う 해주세요.

1동 따르다

ほうしんにそう
方針に沿う　방침에 따르다

組み込む くみこむ

Q. 핸드폰에 지문 인식 기능을 組み込む 했다.
Q. 계획표 사이사이에 쉬는 시간을 組み込む 했다.

1동 짜 넣다, 집어넣다

けいかくにくみこむ
計画に組み込む　계획에 짜 넣다

辿る たどる

Q. 모르는 사람이 인사를 하길래 기억을 辿る 해보았다.
Q. 처음 오는 곳이었지만 지도에 의지하며 길을 辿る 했다.

1동 더듬다, 더듬어가다

きおくをたどる
記憶を辿る　기억을 더듬다

養う やしなう

Q. 어머니 혼자서 다섯 명의 자식을 養う 하셨다.
Q. 목장에서 소를 養う 한다.

1동 기르다, 부양하다

おやをやしなう
親を養う　부모를 부양하다

放り出す ほうりだす

Q. 화가 나서 물건을 밖으로 마구 放り出す 했다.
Q. 하던 과제를 放り出す 하고 놀러 나갔다.

1동 내팽개치다

しごとをほうりだす
仕事を放り出す　일을 내팽개치다

★ '일을 그만두다'라는 뜻으로도 쓰임

問う とう

Q. 허위사실 유포에 대한 법적 책임을 問う 하겠습니다.
Q. 행인들에게 길을 問う 해봤지만 아무도 알려주지 않았다.

1동 묻다

つみをとう
罪を問う　죄를 묻다

Q　A

投(げ)出す なげだす

Q. 집에 오자마자 가방을 바닥에 投(げ)出す 하고 나갔다.
Q. 시합도 投(げ)出す 하고 어디를 가려는 건데?

1동 내던지다

かばんをなげだす	
鞄を投げ出す	가방을 내던지다

* '포기하다'라는 뜻으로도 쓰임

濾す こす

Q. 반죽하기 전에 밀가루를 체에 濾す 했다.
Q. 망으로 濾す 해서 국물만 따로 빼세요.

1동 거르다, 여과하다

みずをこす	
水を濾す	물을 거르다

照(り)返す てりかえす

Q. 검은색은 빛을 흡수하고 흰색은 빛을 照(り)返す 한다.
Q. 거울에 햇빛을 照(り)返す 해서 얼굴을 비추다가 혼났다.

1동 반사하다

ひかりをてりかえす	
光を照り返す	빛을 반사하다

謹む つつしむ

Q. 謹む 하여 애도의 뜻을 표합니다.
Q. 실수하지 않도록 술을 慎む 해야겠다.

1동 경의를 표하다

つつしんでもうしあげます	
謹んで申し上げます	삼가 말씀드립니다

* 표기 차이 慎む 억제하다, 자제하다

賜う たまう

Q. 하느님이 賜う 하신 은혜.
Q. 임금님께서 賜う 하신 명령입니다. 따르셔야 합니다.

1동 주시다, 내리시다

ことばをたまう	
言葉を賜う	말씀을 내리시다

召す[1] めす

Q. 전하께서 신하를 궁으로 召す 하셨다.
Q. 신께서 그를 천국으로 召す 하신 겁니다.

1동 부르시다

かろうをめす	
家老を召す	가신을 부르시다

召す[2] めす

Q. 회장님께서는 술을 召す 하고 계십니다.
Q. 도련님. 날씨가 춥습니다. 코트를 召す 하십시오.

1동 ~하시다

おきにめすもの	
お気に召す物	마음에 드시는 물건

* 몸에 받아들인다는 뜻으로 먹거나 입을 때 쓰임

湯がく ゆがく

Q. 나물을 끓는 물에 1분간 湯がく 하다가 찬물로 헹구세요.
Q. 시금치를 끓는 물에 살짝 湯がく 해서 찬물에 담그세요.

1동 (주로 채소 등을) 데치다

やさいをゆがく	
野菜を湯がく	채소를 데치다

突っ張る[1] つっぱる

Q. 문이 열리지 않도록 온몸으로 막고 突っ張る 했다.
Q. 그는 마지막까지 결백을 주장하며 突っ張る 했다.

1동 버티다

あしでつっぱる	
足で突っ張る	발로 버티다

突っ張る[2] つっぱる

Q. 쥐가 나서 다리 근육이 突っ張る 한다.
Q. 어제 오랜만에 등산했더니 다리 근육이 突っ張る 한다.

1동 (근육 등이) 땅기다

きんにくがつっぱる
筋肉が突っ張る 근육이 땅기다

籠(も)る[1] こもる

Q. 불이 나서 집 안에 연기가 籠(も)る 했다.
Q. 내 정성이 가득 籠(も)る 한 요리야.

1동 가득 차다, 담기다

こころがこもる
心が籠もる 마음이 담기다

籠(も)る[2] こもる

Q. 그는 실연을 당해 며칠 동안 방에 籠(も)る 했다.
Q. 병사들은 성에 籠(も)る 해서 끝까지 저항했다.

1동 틀어박히다

しょさいにこもる
書斎に籠もる 서재에 틀어박히다

潜る[2] くぐる

Q. 물고기들이 찢어진 그물 사이로 潜る 했다.
Q. 갇혀있던 동물들이 헐거워진 울타리를 부수고 潜る 했다.

1동 (밑으로) 빠져나가다, 잠입하다, 잠수하다

かきねをもぐる
垣根を潜る 울타리 밑으로 빠져나가다

解く[2] ほどく

Q. 고양이가 가지고 놀다가 엉킨 실을 解く 했다.
Q. 나 아니라니까? 이제 그만 의심을 解く 하는 게 어때.

1동 (묶거나 엉킨 것, 의심 등을) 풀다

むすびめをほどく
結び目を解く 매듭을 풀다

衰える おとろえる

Q. 가스가 얼마 남지 않았는지 불기운이 衰える 하다.
Q. 나이를 먹을수록 건강이 급격하게 衰える 하다.

2동 쇠하다

ちからがおとろえる
力が衰える 힘이 쇠하다

早める はやめる

Q. 갈 길이 멀어 쉬지 않고 발걸음을 早める 했다.
Q. 스스로 죽음을 早める 한 것과 다름없다.

2동 앞당기다, 재촉하다

あしをはやめる
足を早める 걸음을 빨리하다

弱める よわめる

Q. 고기가 타니까 불을 弱める 해라.
Q. 진통제가 통증을 弱める 했다.

2동 약하게 하다

ひをよわめる
火を弱める 불을 약하게 하다

耽る ふける

Q. 게임에 耽る 해서 시간 가는 줄 몰랐다.
Q. 그는 도박에 耽る 했다.

2동 열중하다, 빠지다

どくしょにふける
読書に耽る 독서에 열중하다

Q　A

取(り)調べる とりしらべる

Q. 사건의 목격자들을 찾아 取(り)調べる 했다.
Q. 경찰은 용의자를 앉혀 놓고 取(り)調べる 했다.

2동 (사정을 들어가며) 조사하다 

じけんをとりしらべる
事件を取り調べる　사건을 조사하다

仕切る しきる

Q. 독서실 책상은 仕切る 해서 집중이 더 잘 된다.
Q. 화장실 안쪽을 仕切る 해서 샤워부스를 만들었다.

2동 칸을 막다, 칸막이하다

へやをしきる
部屋を仕切る　방을 칸막이하다

寝かせる1 ねかせる

Q. 동화책을 읽어주며 아이를 寝かせる 했다.
Q. 고기는 양념을 해서 하룻밤 寝かせる 해두세요.

2동 재우다

こどもをねかせる
子供を寝かせる　아이를 재우다

★ '발효·숙성시키다'라는 뜻도 있음

寝かせる2 ねかせる

Q. 창고에 오랫동안 寝かせる 해둔 재고품들을 싸게 팔다.
Q. 1년 동안 寝かせる 해둔 옷을 꺼내 입어 보았다.

2동 묵히다

そうこにねかせる
倉庫に寝かせる　창고에 묵히다

有り触れる ありふれる

Q. 공기는 有り触れる 해서 그 소중함을 잊기 쉽다.
Q. 제주도에는 감귤이 有り触れる 하다.

2동 흔하다

ありふれるはなし
有り触れる話　흔한 이야기

遮る さえぎる

Q. 구름이 달을 遮る 해서 어두운 밤.
Q. 햇살이 눈 부셔서 눈을 遮る 했다.

2동 가리다

ひかりをさえぎる
光を遮る　빛을 가리다

踏(ま)える1 ふまえる

Q. 펀치를 맞고 휘청댔지만, 간신히 땅을 踏(ま)える 했다.
Q. 버스가 흔들려서 넘어지지 않게 바닥을 踏(ま)える 했다.

2동 단단히 밟고 서다

だいちをふまえる
大地を踏まえる　대지를 밟고 서다

踏(ま)える2 ふまえる

Q. 증거물을 踏(ま)える 하면 그가 범인이 확실합니다.
Q. 추측만 가지고 말하지 마시고 사실을 踏(ま)える 하세요.

2동 근거로 하다, 고려하다

じじつをふまえる
事実を踏まえる　사실을 근거로 하다

化ける ばける

Q. 그는 가발을 쓰고 여자로 化ける 를 했다.
Q. 여우가 사람으로 化ける 하는 옛날이야기가 있다.

2동 둔갑하다, 가장하다

きつねがひとにばける
狐が人に化ける　여우가 인간으로 둔갑하다

Q A

恍ける[1] とぼける

Q. 누명을 쓴 그는 충격으로 恍ける 한 표정을 지었다.
Q. 바보처럼 恍ける 한 행동을 해서 비웃음을 샀다.

2동 얼빠지다

とぼけたことをいう
恍けたことを言う 얼빠진 소리를 하다

恍ける[2] とぼける

Q. 자기가 사고쳐놓고 아닌 척 恍ける 하고 있다.
Q. 네가 훔치는 거 다 봤는데 어디서 恍ける 하고 있어!

2동 시치미떼다

みすをしてとぼける
ミスをして恍ける 실수하고 시치미를 떼다

噛み切る かみきる

Q. 질긴 오징어를 이로 噛み切る 해서 먹었다.
Q. 강아지가 내 목걸이를 噛み切る 해서 화가 났다.

2동 물어 끊다

つなをかみきる
綱を噛み切る 밧줄을 물어 끊다

振(り)返る ふりかえる

Q. 그는 떠나기 전에 아쉬운 듯 자꾸만 振(り)返る 했다.
Q. 죽음을 앞두고 인생을 振(り)返る 하다.

2동 돌아다보다

かこをふりかえる
過去を振り返る 과거를 돌아보다

準じる じゅんじる

Q. 그들은 장관에 準じる 한 예우를 받았다.
Q. 평균 시세에 準じる 하는 가격으로 물건을 팔다.

2동 준하다

せいしゃいんにじゅんじるきゅうよ
正社員に準じる給与 정사원에 준하는 급료

* 표기 차이 準ずる: 옛 말씨

しくじる

Q. 그를 설득하려 했지만 しくじる 했다.
Q. しくじる 했다고 좌절하지 마.

2동 실패하다

しけんをしくじる
試験をしくじる 시험을 망치다

押(さ)える おさえる

Q. 그가 들어오지 못하도록 문을 押(さ)える 하고 있었다.
Q. 분노를 抑える 하고 애써 태연한 척을 했다.

2동 누르다

きずぐちをおさえる
傷口を押さえる 상처를 누르다

* 표기 차이 抑える: 억제하다

痛める いためる

Q. 그의 안타까운 사연이 내 마음을 痛める 했다.
Q. 탈색을 하다가 머리카락을 傷める 하고 말았다.

2동 (육신·마음이) 아프게 하다

あしをいためる
足を痛める 발을 다치다

* 표기 차이 傷める: 물건 혹은 머리카락, 손톱처럼 통각이 없는 부위가 손상·변질할 때 쓰임

擦れる[1] すれる

Q. 길이 좁아 지나가는 사람과 어깨가 擦れる 했다.
Q. 틈새에 빠진 열쇠에 손을 뻗었지만 擦れる 하지 않았다.

2동 스치다, 닿다

かたがすれる
肩が擦れる 어깨가 스치다

Q — A

擦れる[2] すれる

Q. 구두를 오래 신어서 굽이 擦れる 했다.
Q. 동해 물과 백두산이 마르고 擦れる 하도록.

2동 닳다

かかとがすれる
踵が擦れる 굽이 닳다

湿気る しける

Q. 김은 눅눅해지니 湿気る 하지 않는 곳에 보관해라.
Q. 장마철에는 湿気る 해서 곰팡이가 필 수 있다.

2동 습기가 차다

へやがしける
部屋が湿気る 방에 습기가 차다

垂れる たれる

Q. 종일 낚싯줄을 垂れる 했지만, 아무것도 잡지 못했다.
Q. 열매가 가득 열린 가지가 무거워서 垂れる 했다.

2동 늘어지다, 드리우다

つりいとをたれる
釣糸を垂れる 낚싯줄을 드리우다

弄る いじる

Q. 그는 긴장하면 귀를 弄る 하는 버릇이 있다.
Q. 그는 목이 답답한지 넥타이를 손으로 弄る 했다.

2동 주무르다, 만지다

ぱそこんをいじる
パソコンを弄る PC를 만지다

賭ける かける

Q. 각자 내기에 천 원씩 賭ける 했다.
Q. 마음에 드는 경주마에 큰돈을 賭ける 했다.

2동 걸다, 내기하다

いのちをかける
命を賭ける 목숨을 걸다

掲げる[1] かかげる

Q. 원조라는 간판을 掲げる 하고 장사하는 식당만 10개다.
Q. 현충일 아침에 태극기를 掲げる 했다.

2동 내걸다

しろはたをかかげる
白旗を掲げる 백기를 올리다

掲げる[2] かかげる

Q. 흙이 묻을까 봐 옷자락을 掲げる 했다.
Q. 아침이 되어 쳐놓았던 커튼을 掲げる 했다.

2동 들어 올리다, 걷어 올리다

すそをかかげる
裾を掲げる 옷자락을 걷어 올리다

耐える たえる

Q. 耐える 할 수 없는 고통이 밀려왔다.
Q. 그 회사는 결국 부채를 堪える 하지 못하고 도산했다.

2동 (물리적·정신적으로) 견디다

くつうをたえる
苦痛を耐える 고통을 견디다

* 표기 차이 堪える: 할 만하다, 감당하다

受(け)入れる うけいれる

Q. 내 성의를 受(け)入れる 해 주겠니?
Q. 패배를 겸허히 受(け)入れる 해라.

2동 받아들이다

ていあんをうけいれる
提案を受け入れる 제안을 받아들이다

定める さだめる

Q. 모임의 새로운 규정을 定める 했다.

Q. 법률이 定める 한 최저임금액에 미달하면 불법이다.

2동 정하다

おきてをさだめる
掟を定める 규정을 정하다

* 결정한 것을 일정 기간 유지할 때 쓰임

聳える そびえる

Q. 높은 탑이 하늘을 향해 聳える 해 있다.

Q. 구름 위로 聳える 한 봉우리가 장관이었다.

2동 우뚝 솟다

たいぼくがそびえる
大木が聳える 큰 나무가 우뚝 솟다

丸める まるめる

Q. 눈덩이를 丸める 해서 눈사람을 만들었다.

Q. 종이를 丸める 해서 쓰레기통에 던졌다.

2동 둥글게 하다, 뭉치다

ゆきのたまをまるめる
雪の玉を丸める 눈덩이를 둥글리다

設ける もうける

Q. 네 생일 때 다 같이 보게 자리 좀 設ける 해봐.

Q. 장사가 잘되어서 2호점을 設ける 하게 되었다.

2동 마련하다, 만들다

こうざをもうける
口座を設ける 계좌를 개설하다

煙る[1] けむる

Q. 덜 꺼진 담배에서 煙る 하고 있다.

Q. 화재 현장은 멀리서 보일 정도로 煙る 했다.

2동 연기가 나다 

たばこがけむる
タバコが煙る 담배 연기가 나다

煙る[2] けむる

Q. 아침 안개가 끼어 앞이 煙る 해 보인다.

Q. 비가 많이 내려 시야가 煙る 했다.

2동 부옇게 보이다

あめにけむる
雨に煙る 비로 부옇게 보이다

仕入れる[1] しいれる

Q. 정부는 농가로부터 쌀 수십만 톤을 仕入れる 했다.

Q. 수산시장에서 생선을 仕入れる 해서 팔다.

2동 사들이다

ざいりょうをしいれる
材料を仕入れる 재료를 사들이다

仕入れる[2] しいれる

Q. 맘에 드는 작품을 보이는 대로 仕入れる 하는 대부호.

Q. 선진국의 발전된 기술을 仕入れる 했다.

2동 얻다, 받아들이다

しょうひんをしいれる
商品を仕入れる 상품을 사들이다

老いる おいる

Q. 아버지도 이제 老いる 하셔서 흰머리가 많이 보였다.

Q. 老いる 하셨지만, 아직도 젊은 사고방식을 가지고 계신다.

2동 늙다

ひとはおいる
人は老いる 사람은 늙는다

Q **A**

洒落る しゃれる

Q. 디자이너답게 옷 입는 것도 洒落る 하다.

Q. 사귀는 사람 있다더니 엄청 洒落る 하고 다니는구나?

2동 세련되다, 멋을 내다

きこなしがしゃれる
着こなしが洒落る　옷차림이 멋지다

見合(わ)せる[1] みあわせる

Q. 그와 직접 얼굴을 見合(わ)せる 하고 대화하기로 했다.

Q. 화가 나서 얼굴조차 見合(わ)せる 하고 싶지 않았다.

2동 마주 보다

かおをみあわせる
顔を見合わせる　얼굴을 마주 보다

見合(わ)せる[2] みあわせる

Q. 뜻밖의 사고로 여행 일정을 見合(わ)せる 했다.

Q. 이 문제는 판단을 잠시 見合(わ)せる 해두기로 합시다.

2동 실행을 미루다, 보류하다

はんだんをみあわせる
判断を見合わせる　판단을 보류하다

見合(わ)せる[3] みあわせる

Q. 두 회사의 제안서를 見合(わ)せる 해 보았다.

Q. 두 책을 見合(わ)せる 해보고 한 권만 사기로 했다.

2동 비교하다, 대조하다

ふたつのあんをみあわせる
二つの案を見合わせる　두 안을 비교하다

老ける ふける

Q. 老ける 하면 주름이 생기는 건 자연스러운 일이다.

Q. 아버지도 이제 老ける 하셔서 흰머리가 많아지셨다.

2동 늙다, 나이를 먹다

めっきりふける
めっきり老ける　눈에 띄게 늙다

付け加える つけくわえる

Q. 마지막에 출처를 付け加える 했다.

Q. 편지 끝에 서명을 付け加える 했다.

2동 덧붙이다

せつめいをつけくわえる
説明を付け加える　설명을 덧붙이다

駆ける かける

Q. 말이 들판을 駆ける 한다.

Q. 경주마들이 경마장을 駆ける 한다.

2동 전속력으로 달리다 

うまがかける
馬が駆ける　말이 달리다

* 사람이나 동물이 달릴 때만 쓰임

懲りる こりる

Q. 매일 똑같은 음식을 먹다니 懲りる 하지도 않니?

Q. 같은 영화를 懲りる 할 때까지 봤어. 10번쯤 봤을 거야.

2동 질리다

いっかいでこりる
一回で懲りる　단번에 싫증 나다

束ねる[1] たばねる

Q. 머리끈으로 머리카락을 束ねる 했다.

Q. 안보는 책을 끈으로 束ねる 해서 내놓았다.

2동 묶다

いねをたばねる
稲を束ねる　벼를 다발로 묶다

束ねる[2] たばねる

Q. 대통령은 군대를 束ねる 하는 권한이 있다.
Q. 선생님이 학생들을 束ねる 해서 소풍을 하러 갔다.

2동 통솔하다

ぐんをたばねる
軍を束ねる 군대를 통솔하다

試みる こころみる

Q. 몇 번이고 실종자 수색을 試みる 했지만 실패했다.
Q. 증거 은폐를 試みる 한 정황이 드러났다.

2동 시도하다

せっとくをこころみる
説得を試みる 설득을 시도하다

緩める ゆるめる

Q. 목이 답답해서 넥타이를 조금 緩める 했다.
Q. 밥을 많이 먹으니 배가 불러서 허리띠를 緩める 했다.

2동 풀다, 느슨하게 하다

きんちょうをゆるめる
緊張を緩める 긴장을 완화하다

遣り遂げる やりとげる

Q. 나는 오늘까지 숙제를 遣り遂げる 해야 해.
Q. 신참이 임무를 遣り遂げる 하고 복귀한다고 합니다.

2동 완수하다

ひとりでやりとげる
一人で遣り遂げる 혼자서 해내다

遂げる とげる

Q. 내 꿈을 반드시 遂げる 하고 말 거야.
Q. 우승이라는 목표를 遂げる 하기 위해 얼마나 노력했던가.

2동 이루다

こころざしをとげる
志を遂げる 뜻을 이루다

唱える となえる

Q. 무당은 알 수 없는 주문을 한참 唱える 했다.
Q. 장터에 모인 사람들이 독립 만세라고 唱える 했다.

2동 소리 내서 외다, 외치다

じゅもんをとなえる
呪文を唱える 주문을 외다

葬る ほうむる

Q. 무덤에 시신을 葬る 했다.
Q. 땅속에 葬る 된 보물.

2동 매장하다

はかにほうむる
墓に葬る 무덤에 매장하다

震わせる ふるわせる

Q. 무서워서 손을 덜덜 震わせる 했다.
Q. 분노로 입술을 파르르 震わせる 했다.

2동 떨다

からだをふるわせる
体を震わせる 몸을 떨다

萎びる しなびる

Q. 햇빛을 받지 못해 꽃이 조금 萎びる 했다.
Q. 할머니의 萎びる 한 손을 잡으니 세월이 느껴졌다.

2동 시들다, 쭈그러들다

はながしなびる
花が萎びる 꽃이 시들다

Q — A

控える[1] ひかえる

Q. 민족 대명절 설을 控える 하고 기차표 예매가 한창이다.
Q. 수능을 일주일 控える 하고 마지막 정리를 시작했다.

2동 가까이 두다, 앞두다

しょうがつをひかえる
正月を控える 설을 앞두다

控える[2] ひかえる

Q. 쓸데없는 발언은 控える 해주시기 바랍니다.
Q. 건강을 위해 염분 섭취를 控える 하기로 했다.

2동 조심하다, 삼가다

はつげんをひかえる
発言を控える 발언을 삼가다

控える[3] ひかえる

Q. 화가 나서 일어서려는 그를 控える 하며 술잔을 권했다.
Q. 너는 잠시 옆방에서 控える 하고 있거라.

2동 말리다, 억제하다

がくやにひかえる
楽屋に控える 분장실에 대기하다

* '대기하다'라는 뜻으로도 쓰임

控える[4] ひかえる

Q. 중요한 연락처는 따로 수첩에 控える 해두었다.
Q. 요점을 간추려 노트에 控える 했다.

2동 기록하다, 메모하다

のーとにひかえる
ノートに控える 노트에 메모하다

構える かまえる

Q. 인테리어 업체를 통해서 집안을 화려하게 構える 했다.
Q. 없는 죄를 構える 해 남을 고발하여 무고죄가 적용되었다.

2동 꾸미다

いえをかまえる
家を構える 집을 꾸미다

経る へる

Q. 벌써 졸업한 지 20년이 経る 했다니.
Q. 오사카를 経る 해서 교토로 향했다.

2동 지나가다, 거치다

ねんげつをへる
年月を経る 세월이 지나다

整える ととのえる

Q. 상황 변화에 맞춰 세부사항은 整える 할 수 있다.
Q. 면접을 앞두고 복장을 整える 했다.

2동 조정하다, 정돈하다

ふくそうをととのえる
服装を整える 복장을 단정히 하다

絶える たえる

Q. 보급로가 막혀 식량 지원이 絶える 했다.
Q. 의료진의 노력에도 불구하고 숨이 絶える 하고 말았다.

2동 끊어지다

けっとうがたえる
血統が絶える 혈통이 끊어지다

据(え)付ける すえつける

Q. 사무실 천장에 에어컨을 据(え)付ける 하는 공사.
Q. 창문에 커튼 대신 블라인드를 据(え)付ける 했다.

2동 (고정해서) 설치하다

もーたーをすえつける
モーターを据え付ける 모터를 설치하다

据える[1] すえる

Q. 새로 산 책상을 둘이서 옮겨 방에 据える 했다.
Q. 옛날에는 건물을 지을 때 옥상에 물탱크를 据える 했다.

2동 놓다, 설치하다

きかいをすえる
機械を据える 기계를 설치하다

据える[2] すえる

Q. 손님을 상석에 据える 하는 게 예의에 맞다.
Q. 저는 그분을 회장으로 据える 해야 한다고 생각합니다.

2동 앉히다, 모시다

かみざにすえる
上座に据える 상석에 앉히다

据える[3] すえる

Q. 한의원에 가서 침을 맞고 뜸을 据える 했다.
Q. 집에서 혼자 뜸을 据える 하다가 화상을 입었다.

2동 (뜸을) 뜨다

きゅうをすえる
灸を据える 뜸을 뜨다

据える[4] すえる

Q. 각오를 据える 하고 담판을 지으러 나갔다.
Q. 떨리는 마음을 据える 하려고 청심환을 먹었다.

2동 (마음을) 가라앉히다, 단단히 먹다

はらをすえる
腹を据える 단단히 각오하다

強いる しいる

Q. 회식 자리에서 부하 직원에게 술을 強いる 하지 마세요.
Q. 당신의 생각을 남에게 強いる 하지 마.

2동 강요하다

さけをしいる
酒を強いる 술을 강요하다

打(ち)明ける うちあける

Q. 오랜 고민을 친구에게 打(ち)明ける 하고 의견을 구했다.
Q. 심리 상담 과정에서 속마음을 打(ち)明ける 했다.

2동 숨김없이 이야기하다

ほんしんをうちあける
本心を打ち明ける 본심을 털어놓다

染みる しみる

Q. 빗물이 땅속으로 染みる 하고 있다.
Q. 실수로 엎지른 잉크가 종이에 染みる 했다.

2동 스며들다

いんくがしみる
インクが染みる 잉크가 스며들다

腫れる はれる

Q. 삐끗한 발목이 퉁퉁 腫れる 했다.
Q. 벌레에 쏘인 데가 점점 腫れる 했다.

2동 붓다

りんぱせんがはれる
リンパ腺が腫れる 림프샘이 붓다

* 병이나 상처로 인해 신체가 부풀 때 쓰임

心掛ける こころがける

Q. 빙판길에 넘어지지 않게 心掛ける 해라.
Q. 밤중에는 안전 운전에 心掛ける 하세요.

2동 유의하다

つねにこころがける
常に心掛ける 항상 유의하다

Q

A

生ける[1] いける

Q. 8시간에 걸친 대수술 끝에 환자를 生ける 해낸 의료진.

Q. 부모님의 원수! 生ける 해서 보낼 수는 없다.

2동 살리다, 살려 두다

いけるもの
生ける物 살아있는 것

生ける[2] いける

Q. 꽃병에 꽃을 生ける 했다.

Q. 화단에 꽃을 生ける 했다.

2동 꽂다, 심다, 꽂꽂이하다

はちにいける
鉢に生ける 화분에 심다

揉める もめる

Q. 형제간에 경영권을 두고 揉める 했다.

Q. 윗집과 아랫집이 층간소음으로 揉める 했다.

2동 분쟁이 일어나다

かいぎがもめる
会議が揉める 회의에서 분쟁이 일어나다

栄える さかえる

Q. 사업이 栄える 하시기를 기원합니다.

Q. 지역 사회가 栄える 하도록 힘쓰자.

2동 번영하다

くにがさかえる
国が栄える 나라가 번영하다

告げる つげる

Q. 시계에서 자정을 告げる 하는 종소리가 울렸다.

Q. 여행지를 떠나면서 정든 사람들에게 작별을 告げる 했다.

2동 알리다, 고하다

わかれをつげる
別れを告げる 작별을 고하다

気触れる[1] かぶれる

Q. 새로 바꾼 화장품이 안 맞는지 피부가 気触れる 했다.

Q. 옻을 넣은 삼계탕을 먹고 気触れる 했다.

2동 염증이 생기다, 옻을 타다

うるしにかぶれる
漆に気触れる 옻이 오르다

気触れる[2] かぶれる

Q. 그는 공연에 완전히 気触れる 한 듯 보였다.

Q. 오랜 유학 생활로 완전히 서양 풍습에 気触れる 했다.

2동 심취하다, 물들다

あめりかにかぶれる
アメリカに気触れる 미국 풍습에 물들다

授ける さずける

Q. 임금이 공을 세운 장군에게 상으로 授ける 한 물건.

Q. 스승이 제자에게 비법을 授ける 했다.

2동 (윗사람이 아랫사람에게) 하사하다, 전수하다

しょうをさずける
賞を授ける 상을 내리다

蕩ける とろける

Q. 뜨거운 빵 위에 올려놓은 버터가 蕩ける 했다.

Q. 아이의 애교에 화가 눈 녹듯 蕩ける 했다.

2동 녹다, 누그러지다

こころがとろける
心が蕩ける 마음이 녹다

和らげる やわらげる

Q. 진통제를 먹어 고통을 和らげる 했다.
Q. 면접을 보기 전에 농담하며 긴장을 和らげる 했다.

2동 완화하다

きんちょうをやわらげる
緊張を和らげる 긴장을 완화하다

練る[1] ねる

Q. 수제비를 만들려고 밀가루를 練る 했다.
Q. 녹말가루를 물에 풀어 練る 했다.

2동 반죽하다, 개다

こむぎこをねる
小麦粉を練る 밀가루를 반죽하다

練る[2] ねる

Q. 무뎌진 칼을 날카롭게 練る 했다.
Q. 원고를 보내기 전 마지막으로 문장을 練る 했다.

2동 연마하다, 다듬다

うでをねる
腕を練る 솜씨를 연마하다

練る[3] ねる

Q. 생모시 천을 練る 해서 하얗게 만든다.
Q. 세탁 세제를 쓰기 전에는 練る 해서 천의 때를 뺐다.

2동 잿물에 삶다

きぬをねる
絹を練る 명주를 누이다

率いる ひきいる

Q. 수학여행 온 학생들을 率いる 하고 관광지를 돌았다.
Q. 선전포고도 없이 군대를 率いる 하고 쳐들어왔다.

2동 거느리다

ぐんをひきいる
軍を率いる 군대를 거느리다

ばてる

Q. 쉬지 않고 운동해서 온몸이 ばてる 했다.
Q. 연이은 야근으로 완전히 ばてる 했다.

2동 지치다, 기진하다

からだがばてる
体がばてる 몸이 지치다

案じる あんじる

Q. 내일 태풍이 온다는 소식에 농작물을 案じる 했다.
Q. 홀로 지내시는 어머니가 늘 案じる 하다.

2동 걱정하다, 궁리하다

けんこうをあんじる
健康を案じる 건강을 걱정하다

朽ちる くちる

Q. 朽ちる 한 나무에서 버섯이 자라고 있다.
Q. 땅에 떨어진 낙엽들이 朽ちる 해서 거름이 된다.

2동 썩다, 못쓰게 되다

きがくちる
木が朽ちる 나무가 썩다

沈める しずめる

Q. 침수가 심한 배를 포기하고 바닷속에 沈める 시켰다.
Q. 푹신한 침대에 몸을 沈める 하고 잠들다.

2동 가라앉히다

うみにしずめる
海に沈める 바다에 가라앉히다

Q　　A

綻びる ほころびる

Q. 꿰맨 실밥이 綻びる 해서 피가 새어 나왔다.

Q. 너무 신나서 입이 저절로 綻びる 했다.

2동 벌어지다, 터지다

つぼみがほころびる
蕾が綻びる　꽃봉오리가 벌어지다

仕立てる[1] したてる

Q. 실제 사건을 각색해 仕立てる 한 소설이래.

Q. 웨딩드레스를 자기 손으로 직접 仕立てる 했다.

2동 만들다, (옷을) 짓다

ようふくをしたてる
洋服を仕立てる　옷을 짓다

仕立てる[2] したてる

Q. 일선에서 물러나 제자를 仕立てる 하기로 했다.

Q. 유능한 인재들을 나라에서 지원해 仕立てる 하는 제도.

2동 키우다, 양성하다

でしをしたてる
弟子を仕立てる　제자를 양성하다

違える[1] ちがえる

Q. 여태까지 시도한 방식과 違える 하게 해보자.

Q. 양말의 색을 검은색과 하얀색으로 違える 하게 신었다.

2동 다르게 하다

やりかたをちがえる
やり方を違える　하는 방식을 달리하다

違える[2] ちがえる

Q. 비밀번호를 違える 하게 입력해서 문이 열리지 않았다.

Q. 절대 말하지 않기로 한 약속을 違える 하고 말았다.

2동 어기다, 어긋나게 하다

けいさんをちがえる
計算を違える　계산을 잘못하다

罵る ののしる

Q. 뒤에서 친구를 罵る 하다 걸려서 몹시 난처해졌다.

Q. 이웃끼리 시비가 붙어 서로 罵る 하며 주먹다짐을 했다.

2동 욕하다

たにんをののしる
他人を罵る　남을 욕하다

詰る なじる

Q. 소대장은 의욕이 없는 병사들을 다그치며 詰る 했다.

Q. 친구의 부정행위를 목격해 詰る 했다.

2동 힐책하다

ふせいこういをなじる
不正行為を詰る　부정행위를 힐책하다

顧みる[1] かえりみる

Q. 그는 떠나기 전 아쉬운 듯이 뒤를 한 번 顧みる 했다.

Q. 자서전을 쓰며 지금껏 살아온 인생을 顧みる 해 보았다.

2동 돌아보다

かこをかえりみる
過去を顧みる　과거를 돌이켜보다

顧みる[2] かえりみる

Q. 가정을 顧みる 하며 가장의 책임을 다했다.

Q. 내 앞가림도 못 하는데 남을 顧みる 할 여유가 어디 있니?

2동 돌보다

かていをかえりみる
家庭を顧みる　가정을 돌보다

重んじる おもんじる

Q. 아버지는 체면을 重んじる 하는 분이셨다.
Q. 그가 배신했을 리가 없어. 그는 의리를 重んじる 하니까.

2동 중히 여기다, 존중하다

ぎをおもんじる
義を重んじる 의를 중히 여기다

膨れる ふくれる

Q. 아이는 심술이 났는지 뺨을 膨れる 하고 있다.
Q. 발목을 세게 접질렸더니 점점 빨갛게 膨れる 했다.

2동 부풀다

ふくれてあかくなる
膨れて赤くなる 부어서 빨개지다

★ 원래 부풀지 않는 것이 어떤 원인으로 부풀 때 쓰임

怯える おびえる

Q. 전쟁이 일어날지도 모른다는 소문에 怯える 했다.
Q. 밤중에 이상한 소리가 들려 몹시 怯える 했다.

2동 무서워하다, 두려워 떨다

ふあんにおびえる
不安に怯える 불안에 떨다

名付ける なづける

Q. 아이에게 철수라는 이름을 名付ける 해주었다.
Q. 새로 태어난 강아지 이름을 뭐라고 名付ける 할까?

2동 (이름을) 짓다

いぬになづける
犬に名付ける 개에게 이름을 지어주다

冴える[1] さえる

Q. 아직 9월이지만 이제 밤에는 제법 冴える 하다.
Q. 한바탕 싸운 이후 그녀의 태도는 눈에 띄게 冴える 해졌다.

2동 춥다, 냉랭하다

よるはさえる
夜は冴える 밤은 춥다

冴える[2] さえる

Q. 아직 어린데도 그림 실력이 몹시 冴える 하구나.
Q. 너 요리 솜씨가 冴える 하구나. 음식점 차려도 되겠어.

2동 뛰어나다, 훌륭하다

わざがさえる
技が冴える 기술이 뛰어나다

冴える[3] さえる

Q. 나는 목소리가 탁해서 네 冴える 한 목소리가 부러워.
Q. 구름도 안개도 없으니까 달빛이 冴える 하고 예쁘다.

2동 선명하다, 또렷하다

いろがさえる
色が冴える 빛깔이 선명하다

ぼやける

Q. 안경을 벗으면 사물이 ぼやける 하게 보인다.
Q. 오래되어 ぼやける 한 어린 시절의 기억.

2동 흐릿해지다, 아련해지다

しょうてんがぼやける
焦点がぼやける 초점이 흐려지다

咎める とがめる

Q. 그가 또 실수를 저지르자 사람들이 일제히 咎める 했다.
Q. 너 자신을 咎める 할 필요 없어.

2동 책망하다, 비난하다

あやまちをとがめる
過ちを咎める 잘못을 책망하다

Q

A

恥じる はじる

Q. 양심에 손을 얹고 恥じる 할만한 행동은 한 적이 없다.
Q. 그동안 저지른 잘못이 공공연하게 드러나서 恥じる 했다.

2동 부끄러워하다

りょうしんにはじる
良心に恥じる 양심에 부끄럽다

誂える あつらえる

Q. 양장점에 가서 새 옷을 誂える 했다.
Q. 옷이 마치 誂える 한 것처럼 몸에 딱 맞아.

2동 주문하다, 맞추다

ににんまえあつらえる
二人前誂える 2인분을 주문하다

毟る[1] むしる

Q. 글이 너무 안 써져서 머리를 毟る 하며 소리를 질렀다.
Q. 주말 내내 마당에 난 잡초를 毟る 했다.

2동 잡아 뽑다, 쥐어뜯다

くさをむしる
草を毟る 풀을 뽑다

毟る[2] むしる

Q. 어머니가 생선 살을 먹기 좋게 毟る 해주셨다.
Q. 닭의 살코기를 毟る 하고, 뼈로 육수를 끓였다.

2동 발라내다

さかなのにくをむしる
魚の肉を毟る 생선 살을 발라내다

蘇る よみがえる

Q. 옛날 사진을 보니 어린 시절 추억이 蘇る 했다.
Q. 중환자실에 실려 갔지만, 그는 결국 蘇る 하지 못했다.

2동 되살아나다

きおくがよみがえる
記憶が蘇る 기억이 되살아나다

甘える[1] あまえる

Q. 아기가 엄마에게 안아달라며 甘える 했다.
Q. 막내라 그런지 다 커서도 부모에게 甘える 한다.

2동 응석 부리다

おやにあまえる
親に甘える 부모에게 응석 부리다

甘える[2] あまえる

Q. 친구의 호의를 甘える 해서 돈을 빌렸다.
Q. 부모님의 호의를 甘える 해서 전세 자금을 받았다.

2동 (호의를) 받아들이다

こういにあまえる
好意に甘える 호의를 받아들이다

傾ける かたむける

Q. 홀로 쓸쓸하게 술잔을 傾ける 했다.
Q. 시장님, 시민들의 의견에 귀를 傾ける 하시기 바랍니다.

2동 기울이다

さかずきをかたむける
杯を傾ける 술잔을 기울이다

* '집중하다'라는 뜻으로도 쓰임

抱きしめる だきしめる

Q. 10년 만에 만난 그들은 양팔로 서로를 抱きしめる 했다.
Q. 프리허그 팻말을 든 사람을 꼭 抱きしめる 해 주었다.

2동 껴안다

あかんぼうをだきしめる
赤ん坊を抱きしめる 갓난아기를 껴안다

叶える かなえる

Q. 열심히 노력해 결국 어릴 적 꿈을 叶える 했다.
Q. 요정이 나타나 나의 소원을 叶える 해주었습니다.

2동 이루다, 이루어 주다

ゆめをかなえる
夢を叶える　꿈을 이루다

帯びる[1] おびる

Q. 코가 항상 붉은 기를 帯びる 해서 딸기코라고 부른다.
Q. 비를 잔뜩 帯びる 한 먹구름이 몰려오고 있다.

2동 띠다, 머금다

あかみをおびる
赤味を帯びる　붉은 기를 띠다

帯びる[2] おびる

Q. 경찰은 허리에 권총을 帯びる 하고 있다.
Q. 생일선물로 받은 시계를 손목에 帯びる 했다.

2동 차다, 달다

けんじゅうをおびる
拳銃を帯びる　권총을 차다

訪れる おとずれる

Q. 서울을 訪れる 하는 해외 관광객들이 즐겨 찾는 명소.
Q. 전쟁이 끝나고 평화가 訪れる 했다.

2동 방문하다, 찾아오다

とつぜんおとずれる
突然訪れる　갑자기 방문하다

受(け)付ける うけつける

Q. 국가기술 자격검정 시험 원서를 受(け)付ける 했다.
Q. 경찰서에 고소장을 受(け)付ける 했다.

2동 접수하다

がんしょをうけつける
願書を受け付ける　원서를 접수하다

剝げる はげる

Q. 어제 산 안경의 도금이 벌써 剝げる 해서 화가 났다.
Q. 칠한 지 오래된 페인트가 갈라지고 剝げる 한다.

2동 벗겨지다

ぺんきがはげる
ペンキが剝げる　페인트가 벗겨지다

* **표기 차이** 剥げる: 간소화된 표기, PC 환경에서 권장됨

滅びる ほろびる

Q. 왜적의 침략으로 나라가 滅びる 할 뻔했다.
Q. 폼페이는 화산 폭발로 滅びる 한 도시이다.

2동 멸망하다, 사라지다 

くにがほろびる
国が滅びる　나라가 망하다

仕える つかえる

Q. 노부인을 곁에서 仕える 할 하녀를 고용했다.
Q. 아주 상전이야. 내가 너 仕える 하는 하인이냐?

2동 시중들다

しゅじんにつかえる
主人に仕える　주인을 모시다

持てる もてる

Q. 요즘 젊은이들에게 가장 持てる 하는 연예인.
Q. 잘생기고 성격도 좋아 여자들에게 持てる 한다.

2동 인기가 있다

がっこうでもてる
学校で持てる　학교에서 인기가 있다

Q **A**

組み合(わ)せる くみあわせる

Q. 기도할 때는 보통 두 손을 組み合(わ)せる 한다.
Q. 강팀끼리 싸우도록 組み合(わ)せる 한 대진표.

2동 짜 맞추다, 편성하다

ゆびをくみあわせる
指を組み合わせる 깍지를 끼다

途絶える とだえる

Q. 친구의 연락이 갑자기 途絶える 해서 걱정이 되었다.
Q. 방사선 누출 때문에 사람의 왕래가 途絶える 한 도시.

2동 끊어지다

ひとどおりがとだえる
人通りが途絶える 사람이 왕래가 끊어지다

結び付ける むすびつける

Q. 몸에 묶은 밧줄을 나무와 結び付ける 한 뒤 절벽을 탔다.
Q. 지진과 화산활동을 結び付ける 한 연구 결과.

2동 묶다

きにむすびつける
木に結び付ける 나무에 묶다

* '관련시키다'라는 뜻으로도 쓰임

取り寄せる[1] とりよせる

Q. 일어나지 않고 손을 뻗어 시계를 取り寄せる 했다.
Q. 옆에 쌓인 상자 중 하나를 取り寄せる 해서 열어보았다.

2동 가까이 끌어당기다

はこをとりよせる
箱を取り寄せる 상자를 끌어당기다

取り寄せる[2] とりよせる

Q. 하인에게 술상을 取り寄せる 해서 손님과 한잔했다.
Q. 전화로 피자를 주문해서 집까지 取り寄せる 했다.

2동 가져오게 하다, 보내게 하다

がいこくからとりよせる
外国から取り寄せる 외국에서 들여오다

休める やすめる

Q. 감기가 완치될 때까지는 집에서 몸을 休める 하세요.
Q. 오래 달리느라 지친 말을 休める 하고 주먹밥을 먹었다.

2동 쉬다, 휴식하게 하다

からだをやすめる
体を休める 몸을 쉬게 하다

申(し)入れる もうしいれる

Q. 연봉 두 배를 걸고 계약을 申(し)入れる 했지만 거절했어.
Q. 그에게 방송 출연을 申(し)入れる 하자 흔쾌히 수락했다.

2동 제의하다

こうしょうをもうしいれる
交渉を申し入れる 협상을 제의하다

舐める[1] なめる

Q. 입술 주위를 혀로 舐める 했다.
Q. 강아지가 혀를 날름거리며 아이스크림을 嘗める 했다.

2동 핥다

いぬがあしをなめる
犬が足を舐める 개가 발을 핥는다

* **표기 차이** 嘗める: 핥아서 맛을 보다

舐める[2] なめる

Q. 키가 작다고 舐める 하지 마. 큰코다쳐!
Q. 남이 舐める 하는 게 싫어서 대기업에 가고 싶었다.

2동 우습게 보다, 얕보다

わたしをなめるな
私を舐めるな 나를 얕보지 마

裂ける さける

Q. 지진으로 땅이 여러 갈래로 裂ける 했다.
Q. 새로 산 옷이 못에 걸려 裂ける 해서 비명을 질렀다.

2동 찢어지다, 갈라지다

だいちがさける
大地が裂ける 대지가 갈라지다

恐れ入る[1] おそれいる

Q. 자네 추리 솜씨엔 정말 恐れ入る 했네. 정말 명탐정이군!
Q. 대단한 실력이시군요. 恐れ入る 했습니다.

2동 두 손 들다, 놀라다

うでまえにおそれいる
腕前に恐れ入る 솜씨에 놀라다

恐れ入る[2] おそれいる

Q. 이렇게 환영해주시다니 恐れ入る 합니다.
Q. 일부러 여기까지 와주시다니, 정말 恐れ入る 합니다.

2동 황송해하다

ひどくおそれいる
酷く恐れ入る 몹시 송구해 하다

目覚める めざめる

Q. 조용히 해! 아기 잠들었으니까 目覚める 하게 하지 마.
Q. 시끄러운 알람 소리에 目覚める 했다.

2동 눈뜨다, 잠이 깨다

あさはやくめざめる
朝早く目覚める 아침 일찍 눈 뜨다

紛れる[1] まぎれる

Q. 범인은 인파에 紛れる 해서 도망쳤다.
Q. 어둠 속에 紛れる 해서 사라진 범인을 쫓고 있다.

2동 (뒤섞여서) 숨다

やみにまぎれてにげる
闇に紛れて逃げる 어둠에 섞여 도망치다

紛れる[2] まぎれる

Q. 그쪽은 파기하는 서류니까 紛れる 하지 않게 조심해.
Q. 학생들의 잡담에 紛れる 해서 선생님 목소리가 안 들린다.

2동 뒤섞이다, 헷갈리다

しょるいがまぎれる
書類が紛れる 서류가 뒤섞이다

捩れる ねじれる

Q. 주머니에 넣은 이어폰 선이 捩れる 해서 푸느라 고생했다.
Q. 영화 내용이 이리저리 捩れる 해서 이해가 안 된나.

2동 비틀어지다, 꼬이다

せいかくがねじれる
性格が捩れる 성격이 꼬이다

省みる かえりみる

Q. 잠자리에 누워 오늘 하루를 省みる 했다.
Q. 내가 예전에 저지른 잘못을 진심으로 省みる 했다.

2동 돌이켜보다

わがみをかえりみる
我が身を省みる 자기 자신을 반성하다

* '반성하다'라는 뜻으로도 쓰임

惚ける ぼける

Q. 잠이 덜 깨서 정신이 惚ける 했다.
Q. 나이를 먹었더니 기억력이 惚ける 했나 봐.

2동 (감각·의식 등이) 흐려지다

ねぼける
寝惚ける 잠에 취해서 멍하다

Q / **A**

打(ち)切る うちきる

Q. 그는 불만을 표하며 교섭을 그만 打(ち)切る 하자고 했다.
Q. 내부 인원이 많아 잠시 입장을 打(ち)切る 하겠습니다.

2동 중지하다, 중단하다 (미)

こうしょうをうちきる
交渉を打ち切る　교섭을 중단하다

引(き)下げる[1] ひきさげる

Q. 팔리지 않는 물건들의 가격을 引(き)下げる 했다.
Q. 죄인의 신분을 평민에서 노비로 引(き)下げる 했다.

2동 끌어내리다

ねだんをひきさげる
値段を引き下げる　가격을 인하하다

引(き)下げる[2] ひきさげる

Q. 극적인 합의로 상대가 소송을 引(き)下げる 해주었다.
Q. 부하를 引(き)下げる 한 뒤 대장끼리 1:1로 대결했다.

2동 뒤로 물리다, 철회하다

うったえをひきさげる
訴えを引き下げる　소송을 취하하다

取(り)混ぜる とりまぜる

Q. 여러 가지 과일을 믹서에 넣고 取(り)混ぜる 했다.
Q. 여러 가지 맛의 캔디를 取(り)混ぜる 한 종합 캔디.

2동 뒤섞다 

ざいりょうをとりまぜる
材料を取り混ぜる　재료를 뒤섞다

* **표기 차이** 取り交ぜる: 섞였지만 동화되지 않고 구분 가능함
取り雑ぜる: 섞여서 순수하지 않게 된 상태를 강조

煽てる おだてる

Q. 저 녀석은 금방 우쭐대니까 너무 煽てる 하지 마.
Q. 옆에서 어울린다고 煽てる 하는 바람에 나도 모르게 샀어.

2동 치켜세우다, 부추기다

ちょっとおだてる
ちょっと煽てる　좀 치켜세우다

受(け)止める うけとめる

Q. 날아오는 배구공을 간신히 受(け)止める 한 뒤 반격했다.
Q. 적의 공격을 受(け)止める 하기 위해 성벽을 쌓았다.

2동 받아내다

ぼーるをうけとめる
ボールを受け止める　공을 받아내다

* '막아내다'라는 뜻으로도 쓰임

逃れる のがれる

Q. 전쟁이 일어나자 도시를 逃れる 한 난민들.
Q. 그는 탈세자는 국민의 의무로부터 逃れる 하려고 했다.

2동 달아나다, 벗어나다

せきにんをのがれる
責任を逃れる　책임을 면하다

押(し)切る[1] おしきる

Q. 절단기로 종이 뭉치를 押(し)切る 했다.
Q. 시루떡을 押(し)切る 해서 한입 크기로 만들었다.

2동 꽉 눌러서 자르다

もちをおしきる
餅を押し切る　떡을 눌러 자르다

押(し)切る[2] おしきる

Q. 찬성자가 더 많으니 이대로 押(し)切る 하죠.
Q. 부모님은 반대하셨지만 내 뜻을 끝까지 押(し)切る 했다.

2동 밀어붙이다

かはんすうでおしきる
過半数で押し切る　과반수로 밀어붙이다

途切れる とぎれる

Q. 증인이 기절하는 바람에 재판이 잠시 途切れる 했다.

Q. 건물의 전기가 갑자기 途切れる 해서 일을 할 수가 없다.

2동 끊기다, 끊어지다

みちがとぎれる
道が途切れる 길이 중단되다

仕掛ける[1] しかける

Q. 지나가던 건달이 우리를 보고 시비를 仕掛ける 했다.

Q. 그녀에게 작업을 仕掛ける 하지만 늘 거절당한다.

2동 (작업·시비 등을) 걸다

けんかをしかける
喧嘩を仕掛ける 싸움을 걸다

仕掛ける[2] しかける

Q. 산 곳곳에 곰을 잡기 위한 덫을 仕掛ける 했다.

Q. 전차가 오는 길목에 대전차 지뢰를 仕掛ける 했다.

2동 장치하다

わなをしかける
罠を仕掛ける 덫을 놓다

取(り)立てる[1] とりたてる

Q. 백성들의 세곡을 무리하게 取(り)立てる 하는 탐관오리.

Q. 덩치 큰 사내들이 빚을 取(り)立てる 하려고 찾아왔다.

2동 징수하다

ぜいきんをとりたてる
税金を取り立てる 세금을 징수하다

取(り)立てる[2] とりたてる

Q. 유능한 사람을 取(り)立てる 해서 팀장 자리에 앉혔다.

Q. 이번에 김 대리를 과장으로 取(り)立てる 했다지?

2동 발탁하다, 등용하다

かちょうにとりたてる
課長に取り立てる 과장으로 등용하다

映える はえる

Q. 닮은 태양의 빛을 받아 映える 한다.

Q. 햇빛을 받아 아름답게 映える 하는 바닷가.

2동 (빛을 받아) 빛나다

ゆうひにはえる
夕日に映える 석양에 빛나다

漏れる もれる

Q. 바닥 좀 봐. 차에서 기름이 漏れる 하는 거 같아.

Q. 기밀이 밖으로 漏れる 한 모양이다. 스파이를 색출해!

2동 새다

みずがもれる
水が漏れる 물이 새다

* 액체 외에 소리, 정보 등 다른 표현에도 쓰임

添える そえる

Q. 금상첨화란 비단 위에 꽃을 添える 한다는 뜻이다.

Q. 선물에 마음을 담은 작은 편지를 添える 해서 보냈다.

2동 더하다, 덧붙이다

やさいをそえる
野菜を添える 야채를 곁들이다

呼(び)止める よびとめる

Q. 지은 죄도 없는데 경찰이 呼(び)止める 하면 겁이 난다.

Q. 손을 들어 택시를 呼(び)止める 했다.

2동 불러서 멈춰 세우다

つうこうにんをよびとめる
通行人を呼び止める 통행인을 불러세우다

Q

A

連ねる[1] つらねる

Q. 정체가 심해 차가 도로에 連ねる 하고 있다.

Q. 그는 요점도 없이 쓸데없는 말만 連ねる 했다.

2동 한 줄로 늘어놓다

びじれいくをつらねる
美辞麗句を連ねる 미사여구를 늘어놓다

連ねる[2] つらねる

Q. 왕의 행차에는 늘 많은 시종을 連ねる 한다.

Q. 그는 변호인을 連ねる 하고 법정에 들어섰다.

2동 동반하다

ともをつらねる
供を連ねる 시종을 거느리다

手掛ける[1] てがける

Q. 설계부터 공사까지 전부 내가 手掛ける 한 집이다.

Q. 아버지는 아직도 가게 일을 혼자서 手掛ける 하신다.

2동 직접 하다

てがけてきたしごと
手掛けて来た仕事 담당해온 일

手掛ける[2] てがける

Q. 그 직원은 입사할 때부터 내가 手掛ける 해서 잘 따른다.

Q. 스승님께서는 제자들을 자식처럼 手掛ける 하셨다.

2동 돌보다

ぶかにてがける
部下に手掛ける 부하를 돌보다

鍛える きたえる

Q. 쇠를 鍛える 해서 단단하고 날카로운 검을 만들다.

Q. 전쟁에 대비해 병사들을 혹독하게 鍛える 했다.

2동 단련하다

からだをきたえる
体を鍛える 몸을 단련하다

取(り)付ける[1] とりつける

Q. 어두운 복도에 전등을 取(り)付ける 했다.

Q. 방에 에어컨을 取(り)付ける 해서 올여름은 안심이다.

2동 설치하다

でんとうをとりつける
電灯を取り付ける 전등을 설치하다

取(り)付ける[2] とりつける

Q. 계약을 取(り)付ける 하기 위한 조건을 말씀드리죠.

Q. 파티 전에 이웃집에 양해를 取(り)付ける 할 필요가 있다.

2동 성립시키다

けいやくをとりつける
契約を取り付ける 계약을 성립시키다

★ '(약속·양해 등을) 확인시키다'라는 뜻으로도 쓰임

立(て)替える たてかえる

Q. 친구가 지갑을 놓고 와 내가 밥값을 立(て)替える 했다.

Q. 버스 카드를 놓고 왔다고 해서 대신 立(て)替える 해줬다.

2동 대신 내다

こうつうひをたてかえる
交通費を立て替える 교통비를 대신 내다

引(き)上げる ひきあげる

Q. 크레인이 화물을 引(き)上げる 하여 선적했다.

Q. 버스 요금을 내일 아침부터 200원 引(き)上げる 한다.

2동 끌어올리다, 인상하다

すいじゅんをひきあげる
水準を引き上げる 수준을 끌어올리다

読(み)上げる[1] よみあげる

Q. 자리에서 일어나 책을 큰소리로 読(み)上げる 해 보세요.
Q. 판사가 판결문을 読(み)上げる 했다.

2동 소리 내 읽다

なまえをよみあげる
名前を読み上げる 이름을 소리 내 읽다

読(み)上げる[2] よみあげる

Q. 한번 책을 펴면 앉은 자리에서 読(み)上げる 한다.
Q. 책이 너무 재미있어서 하루 만에 読(み)上げる 했다.

2동 끝까지 읽다

ひとばんでよみあげる
一晩で読み上げる 하룻밤에 다 읽다

申(し)出る もうしでる

Q. 소원이 있으면 뭐든 들어주지. 申(し)出る 해 보렴.
Q. 선생님의 도움이 필요한 사람은 언제든 申(し)出る 해.

2동 (희망·요구·의견 등을) 나서서 적극적으로 말하다

けいさつにもうしでる
警察に申し出る 경찰에 신고하다

捧げる ささげる

Q. 목숨을 捧げる 하더라도 꼭 지켜야만 하는 것이 있다.
Q. 그 과학자는 일생을 우주 연구에 捧げる 했다.

2동 바치다

いのちをささげる
命を捧げる 목숨을 바치다

差(し)支える さしつかえる

Q. 심한 폭설로 도시의 운송 체계에 差(し)支える 했다.
Q. 어제 과음을 해서 오늘 일에 差(し)支える 했다.

2동 지장이 생기다

よていにさしつかえる
予定に差し支える 예정에 지장이 있다

興じる きょうじる

Q. 클럽에 데려가서 같이 춤을 췄더니 신나서 興じる 하더라.
Q. 그 애는 아웃도어파야. 특히 공놀이를 興じる 하지.

2동 흥겨워하다

わらいきょうじる
笑い興じる 웃으며 즐기다

仕付ける しつける

Q. 자꾸 짖는 강아지를 仕付ける 하는 애견전문가.
Q. 버릇없는 아이는 仕付ける 할 필요가 있습니다.

2동 (예의범절을) 가르치다

きびしくしつける
厳しく仕付ける 엄하게 가르치다

果てる はてる

Q. 한 학기가 드디어 果てる 하고 방학이 됐다.
Q. 果てる 하지 않는 슬픔을 안고 평생을 살아가야 한다.

2동 끝나다

かいぎがはてる
会議が果てる 회의가 끝나다

★ '사라지다'라는 뜻으로도 쓰임

褪せる あせる

Q. 햇볕을 쬐어 색이 褪せる 한 오래된 포스터.
Q. 액자에 오래 걸어놔 빛이 褪せる 한 사진.

2동 바래다, 퇴색하다

いろがあせる
色が褪せる 빛깔이 바래다

Q

A

傷つける きずつける

Q. 행인이 사나운 들개에 물려서 다리를 傷つける 했다.

Q. 마구잡이로 비난을 해서 상대방의 마음을 傷つける 했다.

2동 다치게 하다

あいてをきずつける
相手を傷つける　상대를 다치게 하다

交える まじえる

Q. 허구와 사실을 적절히 交える 한 책.

Q. 둘이 무슨 말을 交える 했는지가 담긴 녹취록을 공개했다.

2동 섞다

ごをまじえる
語を交える　말을 주고받다

★ '주고받다'라는 뜻으로도 쓰임

解ける ほどける

Q. 구두끈이 解ける 해서 나도 모르게 끈을 밟고 넘어졌다.

Q. 면접을 마치고 나오니 이제야 긴장이 解ける 했다.

2동 풀어지다, 풀리다

おびがほどける
帯が解ける　띠가 풀리다

綴じる とじる

Q. 호치키스로 서류를 綴じる 해서 정리했다.

Q. 서류를 항목별로 파일에 綴じる 해서 서랍 속에 넣었다.

2동 철하다, 꿰매다

しんぶんをとじる
新聞を綴じる　신문을 철하다

押(し)寄せる[1] おしよせる

Q. 화가 난 사람들이 시위 현장에 押(し)寄せる 했다.

Q. 성문이 뚫리자 적군이 우르르 押(し)寄せる 해 왔다.

2동 몰려들다

なみがおしよせる
波が押し寄せる　파도가 밀려오다

押(し)寄せる[2] おしよせる

Q. 이삿짐은 일단 방 한구석에 押(し)寄せる 해두었다.

Q. 다 푼 시험지를 책상 한쪽에 押(し)寄せる 했다.

2동 밀어놓다

かたすみにおしよせる
片隅に押し寄せる　구석에 밀어놓다

備え付ける そなえつける

Q. 드디어 우리 학교도 교실마다 TV를 備え付ける 했다.

Q. 화재에 대비해 가게에 소화기를 備え付ける 했다.

2동 설치해 두다, 비치하다

しょうかきをそなえつける
消火器を備え付ける　소화기를 비치하다

問い合(わ)せる といあわせる

Q. 궁금한 사항이 있으시면 전화로 問い合(わ)せる 하세요.

Q. 아직 재고가 있는지 매장에 전화로 問い合(わ)せる 했다.

2동 문의하다

でんわでといあわせる
電話で問い合わせる　전화로 문의하다

転じる てんじる

Q. 태풍이 갑자기 진로를 転じる 해서 위쪽으로 올라왔다.

Q. 대화의 화제를 転じる 했다.

2동 돌리다, 바꾸다, 전환하다 

めをてんじる
目を転じる　눈을 돌리다

固める かためる

Q. 시멘트가 固める 할 때까지 건드리면 안 됩니다.
Q. 나는 이미 결심을 固める 했다.

2동 굳히다

けっしんをかためる
決心を固める 결심을 굳히다

染める[1] そめる

Q. 염색약으로 흰머리를 검게 染める 하니 젊어 보인다.
Q. 스케치를 끝내고 물감을 개서 붓으로 색을 染める 했다.

2동 물들이다, 칠하다

かみをそめる
髪を染める 머리를 물들이다

染める[2] そめる

Q. 육아에만 정성을 染める 하다 보니 서로에게 소홀했다.
Q. 스마트폰에 주의를 染める 하며 걷다 사고가 날 뻔했다.

2동 쏟다, 기울이다

こころをそめる
心を染める 마음을 쏟다

報じる[1] ほうじる

Q. 부모님의 원수! 원한을 報じる 하기 위해 수련해왔다.
Q. 꼭 성공하여 스승님에 대한 은혜를 報じる 할 것이다.

2동 보답하다, 갚다

うらみをほうじる
恨みを報じる 원한을 갚다

報じる[2] ほうじる

Q. 이사 간 친구가 편지를 보내 근황을 報じる 했다.
Q. TV에서 오늘 일어난 산불 소식을 報じる 했다.

2동 알리다, 보도하다

じけんをほうじる
事件を報じる 사건을 보도하다

拗れる[1] こじれる

Q. 예상치 못한 일로 계획이 拗れる 해서 수습하기 바빴다.
Q. 하는 일마다 拗れる 하기만 하고 제대로 풀리는 게 없다.

2동 (일이) 꼬이다

はなしがこじれる
話が拗れる 이야기가 꼬이다

拗れる[2] こじれる

Q. 먼지가 많은 곳에서 일했더니 천식이 拗れる 했다.
Q. 추운 곳에서 지내니까 감기가 점점 拗れる 하고 있다.

2동 (병이) 악화하다

びょうきがこじれる
病気が拗れる 병이 악화하다

埋める[2] うずめる

Q. 관객석을 가득 埋める 하는 팬들의 모습이 보였다.
Q. 아이는 엄마 품에 얼굴을 埋める 하고 엉엉 울었다.

2동 묻다, 메우다

かんきゃくせきをうずめる
観客席を埋める 관객석을 메우다

* '가득하게 하다'라는 뉘앙스로 쓰임

論じる ろんじる

Q. 독서 토론 모임에서 다양한 책에 관해 論じる 한다.
Q. 이 책을 읽지 않은 자와 인생을 論じる 하지 마라.

2동 논하다

とくしつをろんじる
得失を論じる 득실을 논하다

Q　　　　　　　　　　　　　　　　A

避ける[2] よける

Q. 달려드는 자동차를 간신히 避ける 했다.
Q. 몸을 비켜서 날아오는 돌을 避ける 했다.

2동 피하다, 비키다

くるまをよける
車を避ける　자동차를 피하다

* 다른 발음인 さける 와 달리 물리적인 동작에 쓰이는 표현

汚らわしい けがらわしい

Q. 익명게시판에 근거 없는 汚らわしい 한 소문이 퍼졌다.
Q. 汚らわしい 한 기름을 쓰면 엔진이 고장 날 수 있다.

い형 더럽다, 추잡스럽다

けがらわしいうわさ
汚らわしい噂　추잡스러운 소문

目覚(ま)しい めざましい

Q. 目覚(ま)しい 한 활약을 해서 팀을 승리로 이끌다.
Q. 그 회사는 꾸준한 혁신으로 目覚(ま)しい 한 성장을 했다.

い형 눈부시다

めざましいかつやく
目覚ましい活躍　눈부신 활약

でかい

Q. 두목님! 이 でかい 한 보석 좀 보십시오! 얼굴만 합니다!
Q. 입구에 있는 공룡 모형 봤어? 엄청나게 でかい 하더라!

い형 크다

でかいくちをきく
でかい口をきく　큰소리를 치다

* 大きい 보다 거친 어투

久しい ひさしい

Q. 헤어진 지 久しい 되어 얼굴도 기억이 안 난다.
Q. 어릴 적 친구를 만나는 게 너무 久しい 해서 어색하다.

い형 오래되다, 오래간만이다

ひさしいむかし
久しい昔　오랜 옛날

心細い こころぼそい

Q. 가진 돈이 많지 않아 노후가 心細い 하다.
Q. 밤에 혼자 있는 게 心細い 해서 친구를 불렀다.

い형 불안하다

ろうごがこころぼそい
老後が心細い　노후가 불안하다

良し よし

Q. 良し! 마침내 해냈구나!
Q. 이 정도면 良し 하다고 생각해. 고생했어.

い형 좋다

かえってよし
帰って良し　돌아가도 좋다

花花しい はなばなしい

Q. 혼자서 세 골을 넣는 花花しい 한 활약을 펼쳤다.
Q. 이번 시합에서 花花しい 한 활약을 한 선수.

い형 눈부시다

はなばなしいかつやく
花花しい活躍　눈부신 활약

辛抱強い しんぼうづよい

Q. 그는 辛抱強い 해서 끝까지 참고 기다렸다.
Q. 조급해하지 않는 辛抱強い 한 아이.

い형 참을성이 많다

しんぼうづよいひと
辛抱強い人　참을성이 많은 사람

何気無い なにげない

Q. 그는 심한 욕설을 듣고도 何気無い 한 표정이었다.
Q. 나는 何気無い 하게 던진 말인데 상대가 몹시 화를 냈다.

い형 무심하다, 태연하다

なにげなくいったことば
何気無く言った言葉 무심코 한 말

心強い こころづよい

Q. 같이 있으면 心強い 한 해결사 친구.
Q. 부모님은 언제나 날 응원해주는 心強い 한 아군이다.

い형 마음 든든하다

こころづよいみかた
心強い味方 믿음직스러운 아군

相応しい ふさわしい

Q. 그에게 딱 相応しい 한 배역을 맡았다.
Q. 공식적인 행사에 相応しい 한 정장이다.

い형 어울리다

ふさわしいふくそう
相応しい服装 걸맞은 복장

生臭い なまぐさい

Q. 나는 生臭い 한 게 싫어서 생선을 안 먹는다.
Q. 이 생선 너무 生臭い 한데 상한 거 아닌가요?

い형 비린내가 나다

れいぞうこがなまぐさい
冷蔵庫が生臭い 냉장고에서 비린내가 나다

欲深い よくふかい

Q. 나는 신발에 欲深い 해서 신발을 많이 사.
Q. 남의 몫까지 탐하다니 欲深い 한 녀석이다.

い형 욕심이 많다, 탐욕스럽다

よくふかいひと
欲深い人 욕심 많은 사람

見窄らしい みすぼらしい

Q. 우주 속에서 인간은 한없이 작고 見窄らしい 한 존재다.
Q. 그는 자신의 낡고 見窄らしい 한 집이 부끄러운 듯했다.

い형 초라하다

みすぼらしいいえ
見窄らしい家 초라한 집

情けない なさけない

Q. 문제 하나 못 푸는 情けない 한 모습을 보여주고 말았다.
Q. 그런 철없고 情けない 한 남자랑은 헤어져라.

い형 한심하다

なさけないせいせき
情けない成績 한심한 성적

擽ったい くすぐったい

Q. 맨살에 스웨터를 입었더니 살에 스쳐 擽ったい 했다.
Q. 여러 사람 앞에서 칭찬을 받으니 어쩐지 擽ったい 했다.

い형 간지럽다, 낯간지럽다

せなかがくすぐったい
背中が擽ったい 등이 간지럽다

鬱陶しい[1] うっとうしい

Q. 鬱陶しい 한 날씨에 내 기분도 가라앉았다.
Q. 면접에 떨어져 鬱陶しい 한 기분이었지만 애써 웃었다.

い형 음울하다

うっとうしいてんき
鬱陶しい天気 음울한 날씨

Q A

鬱陶しい[2] うっとうしい

Q. 이발을 오래 안 했더니 긴 앞머리가 鬱陶しい 했다.
Q. 싫다는 데도 鬱陶しい 하게 졸졸 따라다닌다.

い형 성가시다

うっとうしいしごと
鬱陶しい仕事 귀찮은 일

怠い[1] だるい

Q. 햇빛을 받으며 怠い 한 표정으로 앉아있는 고양이.
Q. 점심을 먹고 怠い 한 오후엔 커피를 마시며 힘을 낸다.

い형 나른하다

からだがだるい
体が怠い 몸이 나른하다

怠い[2] だるい

Q. 몹시 怠い 한 영화라 보다가 졸았다.
Q. 쉽지만 怠い 한 단순 반복 작업.

い형 지루하다

だるいしばい
怠い芝居 지루한 연극

虚しい むなしい

Q. 이룬 것 하나 없는 虚しい 한 인생이었다.
Q. 손써보지도 못하고 虚しい 한 죽음을 맞았다.

い형 허무하다

むなしいどりょく
虚しい努力 헛된 노력

儚い はかない

Q. 이룬 것도 없이 흘러간 儚い 한 세월.
Q. 술에 취해 길거리를 헤매던 儚い 한 청춘 시절.

い형 덧없다

はかないこい
儚い恋 덧없는 사랑

安っぽい やすっぽい

Q. 보기에는 安っぽい 한 가방인데 가격이 비싸다.
Q. 비싼 옷인데 왜 내가 입으니 安っぽい 한 옷처럼 보이지?

い형 싸구려 같다

やすっぽいふく
安っぽい服 싸구려 같은 옷

紛らわしい まぎらわしい

Q. 생긴 게 비슷해서 紛らわしい 한 한자.
Q. 진짜와 紛らわしい 할 정도로 비슷한 가짜.

い형 혼동하기 쉽다 

まぎらわしいもじ
紛らわしい文字 혼동하기 쉬운 문자

望ましい のぞましい

Q. 望ましい 한 조직문화를 만들기 위한 사내 소통 창구.
Q. 비판을 무조건 부정하는 건 望ましい 한 태도가 아니야.

い형 바람직하다

のぞましいこと
望ましい事 바람직한 일

待(ち)遠しい まちどおしい

Q. 세뱃돈을 받고 싶어서 待(ち)遠しい 했던 설날이 되었다.
Q. 내일부터 待(ち)遠しい 했던 휴가 기간이다.

い형 몹시 기다려지다 

なつやすみがまちどおしい
夏休みが待ち遠しい 여름방학이 기다려지다

容易い たやすい

Q. 문제가 너무 容易い 한데요? 이 정도는 누워서 떡 먹기죠.

Q. 容易い 하게 판단하지 말고 더 신중하게 고민해보자.

い형 쉽다, 경솔하다

たやすいごよう
容易い御用 쉬운 일

ややこしい

Q. 스토리가 ややこしい 한 소설이라 설명하기 힘들어.

Q. 복습해봐도 이해하기 힘든 ややこしい 한 문제.

い형 복잡하다, 까다롭다

ややこしいじけん
ややこしい事件 까다로운 사건

乏しい とぼしい

Q. 넌 젊어서 아직 경험이 乏しい 해. 좀 더 경험을 쌓으렴.

Q. 라면만 먹고 사는 乏しい 한 생활.

い형 모자라다

とぼしいけいけん
乏しい経験 부족한 경험

★ '가난하다'라는 뜻으로도 쓰임

夥しい おびただしい

Q. 성수기 해수욕장의 夥しい 한 인파에 깜짝 놀랐다.

Q. 투자한 주식이 상장 폐지되어 夥しい 한 손해를 봤다.

い형 (수나 양이) 엄청나다

おびただしいりょう
夥しい量 엄청난 양

★ 부정적인 뉘앙스로 '정도가 심하다'라는 뜻으로도 쓰임

悩ましい[1] なやましい

Q. 과중한 업무를 처리하느라 悩ましい 한 나날.

Q. 실직 후 悩ましい 한 마음을 술로 달랬다.

い형 괴롭다, 고통스럽다

なやましいひび
悩ましい日々 괴로운 나날

悩ましい[2] なやましい

Q. 마릴린 먼로의 悩ましい 인 매력.

Q. 성인을 대상으로 한 悩ましい 인 컨셉의 화보.

い형 관능적이다

なやましいすたいる
悩ましいスタイル 관능적인 스타일

平たい ひらたい

Q. 발바닥이 平たい 한 형태를 평발이라고 한다.

Q. 김치전은 平たい 한 접시에 담아서 줘.

い형 평평하다, 납작하다

ひらたいさら
平たい皿 납작한 접시

脆い もろい

Q. 얇고 脆い 한 그릇이니까 설거지할 때 조심해.

Q. 마음이 脆い 한 아이라서 작은 일에도 눈물을 흘린다.

い형 무르다, 여리다, 부서지기 쉽다

もろいたてもの
脆い建物 약한 건물

逞しい たくましい

Q. 우리 아들이 벌써 이렇게 커서 逞しい 한 군인이 되다니.

Q. 여자친구 앞에서 逞しい 한 모습을 보이고 싶은 남자.

い형 늠름하다, 씩씩하다

たくましいきんにく
逞しい筋肉 늠름한 근육

Q

A

生温い なまぬるい

Q. 식어서 生温い 한 음식을 전자레인지에 데웠다.

Q. 냉장고에 방금 넣은 맥주라서 生温い 해.

い형 미적지근하다

なまぬるいみず
生温い水 미지근한 물

切ない せつない

Q. 이루어질 수 없는 切ない 한 사랑.

Q. 헤어져야 하는 이산가족의 切ない 한 마음.

い형 애달프다, 안타깝다

せつないおもい
切ない思い 애달픈 심정

名高い なだかい

Q. 저분은 이름만 대면 다 아는 名高い 한 학자이다.

Q. 영화가 대히트하여 세계적으로 名高い 한 감독이 되었다.

い형 유명하다

なだかいがくしゃ
名高い学者 유명한 학자

物足りない ものたりない

Q. 내가 만든 작품이 볼수록 어딘가 物足りない 해서 아쉽다.

Q. 원하는 대학을 가기엔 物足りない 한 성적이다.

い형 좀 불만스럽다, 좀 부족하다

ものたりないかんじ
物足りない感じ 좀 부족한 느낌

すばしこい

Q. すばしこい 하게 달리는 소매치기를 잡지 못하고 놓쳤다.

Q. 고양이가 すばしこい 한 동작으로 쥐를 잡았다.

い형 재빠르다, 날렵하다

すばしこいこども
すばしこい子供 민첩한 아이

素早い すばやい

Q. 파리는 움직임이 素早い 해서 잡기 어렵다.

Q. 떨어지는 컵을 素早い 하게 받아냈다.

い형 재빠르다, 민첩하다

すばやいたいおう
素早い対応 재빠른 대응

著しい いちじるしい

Q. 잠깐 써봐도 알 수 있을 만큼 著しい 한 성능 차이.

Q. 매출이 평소보다 著しい 하게 적어 파리가 날릴 지경이다.

い형 현저하다, 뚜렷하다

いちじるしいしんぽ
著しい進歩 현저한 진보

卑しい いやしい

Q. 추파를 던지며 卑しい 한 농담을 해서 눈살을 찌푸렸다.

Q. 비록 卑しい 한 신분이었지만 야망을 품은 남자였다.

い형 천하다

いやしいこころ
卑しい心 천한 마음

煩わしい わずらわしい

Q. 밥을 챙겨 먹기 煩わしい 한 자취생들을 위한 즉석식품.

Q. 煩わしい 한 절차와 비용 때문에 소송을 포기했다.

い형 번거롭다, 귀찮다

わずらわしいかんけい
煩わしい関係 번거로운 관계

Q — A

素っ気無い そっけない

Q. 같이 놀자니까 단칼에 거절하다니, 素っ気無い 한 녀석.

Q. 素っ気無い 한 태도와 말투 때문에 다가가기 힘든 사람.

い형 무정하다

そっけないへんじ
素っ気無い返事 — 쌀쌀맞은 대답

馴れ馴れしい なれなれしい

Q. 처음 보는 사람에게도 馴れ馴れしい 한 태도를 보인다.

Q. 馴れ馴れしい 한 태도라서 손님이랑 금방 친해지는 점원.

い형 허물없다

なれなれしいくちをきく
馴れ馴れしい口を利く — 허물없이 말하다

真ん丸い まんまるい

Q. 지구는 真ん丸い 하게 보이지만 사실 타원형이다.

Q. 럭비공은 真ん丸い 한 다른 공들과 달리 타원형이다.

い형 아주 둥글다

かおがまんまるい
顔が真ん丸い — 얼굴이 아주 둥글다

情け深い なさけぶかい

Q. 情け深い 한 사람이라 어려운 사람을 보면 못 지나쳐요.

Q. 情け深い 한 이웃이 반찬을 많이 가져다주신다.

い형 인정이 많다

なさけぶかいひと
情け深い人 — 인정 많은 사람

浅ましい あさましい

Q. 반말을 하면서 침을 아무 데나 뱉는 浅ましい 한 사람.

Q. 돈에 집착하는 浅ましい 한 악당에게 걸맞은 최후였다.

い형 한심하다, 야비하다

あさましいこうい
浅ましい行為 — 야비한 행위

見苦しい みぐるしい

Q. 서로 책임을 전가하는 見苦しい 한 모습이 꼴불견이다.

Q. 취해서 난동을 부리는 見苦しい 한 모습에 정이 떨어졌다.

い형 보기 흉하다

みぐるしいすがた
見苦しい姿 — 보기 흉한 모습

しぶとい

Q. 아직도 따라오다니, 정말 しぶとい 한 사람이다.

Q. しぶとい 한 녀석! 그렇게 지고도 나와 대결할 셈이냐?

い형 끈질기다

しぶといてき
しぶとい敵 — 끈질긴 적

清清しい すがすがしい

Q. 일어나자마자 창문을 열고 清清しい 한 아침 공기를 마셨다.

Q. 산 정상에 올라 맑은 공기를 마시니까 기분이 清清しい 해!

い형 상쾌하다

すがすがしいあさ
清清しい朝 — 상쾌한 아침

快い こころよい

Q. 생일날 간만에 친구들과 모였더니 快い 해서 실컷 웃었다.

Q. 혼자서도 快い 하게 한잔할 수 있는 분위기 좋은 술집.

い형 상쾌하다, 기분 좋다

こころよいかぜ
快い風 — 상쾌한 바람

Q — A

あっけない

Q. 시작한 지 10초 만에 KO를 당한 あっけない 한 경기.

Q. 주인공이 갑자기 죽는 あっけない 한 결말로 끝났다.

い형 싱겁다, 어이없다

あっけないしにかた
あっけない死に方 — 어이없는 죽음

馬鹿馬鹿しい[1] ばかばかしい

Q. 보병 5명으로 탱크를 상대하다니 馬鹿馬鹿しい 한 짓이오.

Q. 줄 없이 번지점프를 하겠다고? 馬鹿馬鹿しい 한 짓이야!

い형 매우 어리석다

ばかばかしいはなし
馬鹿馬鹿しい話 — 매우 어리석은 이야기

馬鹿馬鹿しい[2] ばかばかしい

Q. 馬鹿馬鹿しい 하게 싸게 팔아서 도저히 안 살 수가 없다.

Q. 독재자는 馬鹿馬鹿しい 하게 큰 동상을 세웠다.

い형 엄청나다

ばかばかしいやすね
馬鹿馬鹿しい安値 — 엄청나게 싼 가격

嫌らしい いやらしい

Q. 嫌らしい 한 말투로 성희롱을 하는 사람을 고발했다.

Q. 여자를 嫌らしい 한 눈빛으로 바라보는 호색한.

い형 불쾌하다, 외설스럽다

いやらしいめつき
嫌らしい目つき — 외설적인 눈빛

好ましい このましい

Q. 내 딸에게 소개해주고 싶을 만큼 好ましい 한 청년이다.

Q. 소재가 매우 好ましい 한 책이라 기대된다.

い형 마음에 들다

このましいこうどう
好ましい行動 — 마음에 드는 행동

貴い とうとい

Q. 엄마가 애지중지하던 貴い 한 찻잔 세트를 깨뜨렸다.

Q. 선생님의 尊い 한 가르침은 절대 잊지 않겠습니다.

い형 소중하다, 가치 있다

とうといいのち
貴い命 — 귀한 생명

* 객관적인 표현으로, 주로 물건에 쓰임

* **표기 차이** 尊い: 주관적, 존중하고 공경하는 뜻에서의 귀함

煙たい[1] けむたい

Q. 트럭이 내뿜는 煙たい 한 연기에 기침이 나왔다.

Q. 환기가 안 되어서 눈이 煙たい 한 고깃집.

い형 (연기가) 맵다, 매캐하다

たばこがけむたい
煙草が煙たい — 담배 연기가 매캐하다

煙たい[2] けむたい

Q. 친구와 싸운 뒤 마주치기 煙たい 해서 일부러 피했다.

Q. 낯선 사람과 한방을 쓰는 煙たい 한 상황은 피하고 싶다.

い형 거북하다, 어렵다

けむたいひと
煙たい人 — 거북한 사람

荒っぽい あらっぽい

Q. 荒っぽい 한 운전 때문에 몇 번이나 가슴을 졸였다.

Q. 荒っぽい 한 성격이라서 툭하면 남들을 패고 다녔다.

い형 난폭하다

あらっぽいすぽーつ
荒っぽいスポーツ — 난폭한 스포츠

あくどい[1] あくどい

Q. 너무 あくどい 한 화장보다는 맨얼굴이 낫다.
Q. 화장을 あくどい 하게 해서, 마치 가면을 쓴 것처럼 보여.

い형 (색이나 맛 등이) 짙다, 칙칙하다

しきさいがあくどい
色彩があくどい 색채가 칙칙하다

あくどい[2] あくどい

Q. あくどい 한 수법으로 식량을 수탈하는 탐관오리.
Q. あくどい 한 상술로 물건을 강매하는 악덕 업자.

い형 악랄하다

あくどいてぐち
あくどい手口 과도한 수법

敵わない かなわない

Q. 한국팀은 독일팀을 敵わない 라고 생각했는데 승리했다.
Q. 혼자서는 敵わない 상대일지라도 함께라면 이길 수 있다.

형용사 표현 이길 수 없다

かれにはかなわない
彼には敵わない 그에겐 이길 수 없다

★ '동사+조동사' 구조의 연어

区区だ まちまちだ

Q. 10대에서 80대까지 区区だ 한 연령의 사람들이 모였다.
Q. 사람마다 의견이 区区だ 해서 통합하기가 힘들다.

な형 각기 다르다

まちまちなねんれい
区区な年齢 각기 다른 연령

不吉だ ふきつだ

Q. 13은 서양에서 不吉だ 한 숫자다.
Q. 거울이 깨지다니 실패를 예견하는 不吉だ 한 징조인가?

な형 불길하다

ふきつなゆめ
不吉な夢 불길한 꿈

ちっぽけだ

Q. ちっぽけだ 한 일에 너무 마음 쓰지 마.
Q. ちっぽけだ 한 일로 시간 낭비하지 마.

な형 작고 하찮다

ちっぽけなのぞみ
ちっぽけな望み 하찮은 희망

ふんだんだ

Q. ふんだんだ 한 식량이 있으니 안심이다.
Q. ふんだんだ 한 상품이 준비되어 있으니 도전하세요!

な형 많다, 충분하다

ふんだんなりょう
ふんだんな量 충분한 양

良質だ りょうしつだ

Q. 저희 은행은 良質だ 의 금융 서비스를 제공합니다.
Q. 저렴하면서도 良質だ 인 물건을 파는 가게.

な형 양질이다

りょうしつなしょくば
良質な職場 양질의 직장

冷淡だ れいたんだ

Q. 그의 호소에도 불구하고 冷淡だ 한 반응만 돌아왔다.
Q. 미국은 중국과 冷淡だ 한 태도를 유지했다.

な형 냉담하다

れいたんなめつき
冷淡な目つき 냉담한 눈초리

Q　A

貧弱だ ひんじゃくだ

Q. 그런 빼빼 마른 貧弱だ 한 몸으로 날 이기겠다고?
Q. 그런 貧弱だ 한 증거로는 재판에서 이길 수 없습니다.

な형 빈약하다

ひんじゃくなからだ
貧弱な体　빈약한 신체

高尚だ こうしょうだ

Q. 高尚だ 한 인품의 소유자.
Q. 그는 미술품 관람이라는 高尚だ 한 취미를 가지고 있다.

な형 고상하다

こうしょうなしゅみ
高尚な趣味　고상한 취미

不調だ ふちょうだ

Q. 과로에 감기까지 겹쳐 不調だ 한 몸 상태.
Q. 오래되어 느려지고 不調だ 한 핸드폰.

な형 상태가 나쁘다

からだのふちょうなひと
体の不調な人　몸 상태가 나쁜 사람

衝撃的だ しょうげきてきだ

Q. 영화 후반의 衝撃的だ 인 반전에 경악할 수밖에 없었다.
Q. 그의 죽음은 衝撃的だ 인 소식이었다.

な형 충격적이다

しょうげきてきなじけん
衝撃的な事件　충격적인 사건

長閑だ のどかだ

Q. 구름 한 점 없이 長閑だ 한 날씨다.
Q. 날씨가 長閑だ 하니 산책하러 나갈까?

な형 화창하다

のどかなはるのひ
長閑な春の日　화창한 봄날

清らかだ きよらかだ

Q. 구름 한 점 없이 清らかだ 한 푸른 하늘.
Q. 바닥까지 훤히 보이는 清らかだ 한 강물.

な형 맑다, 청아하다

きよらかなみず
清らかな水　깨끗한 물

ぶかぶかだ

Q. 살이 빠져 ぶかぶかだ 한 바지를 입고 허리띠를 졸랐다.
Q. 챙이 넓고 ぶかぶかだ 한 모자를 썼다.

な형 헐렁헐렁하다

ぶかぶかなくつした
ぶかぶかな靴下　헐렁헐렁한 양말

悲惨だ ひさんだ

Q. 그 낡은 건물에서의 悲惨だ 한 생활.
Q. 눈 뜨고 볼 수 없는 피난민들의 悲惨だ 한 참상.

な형 비참하다

ひさんなさいご
悲惨な最後　비참한 최후

無口だ むくちだ

Q. 그 사람, 無口だ 한 줄 알았더니 달변가였어.
Q. 말이 없는 無口だ 한 사람.

な형 과묵하다, 무뚝뚝하다

むくちなひと
無口な人　과묵한 사람

清純だ せいじゅんだ

Q. 그 여배우는 긴 생머리의 清純だ 한 스타일이다.
Q. 긴 머리에 원피스를 입은 清純だ 한 아가씨.

な형 청순하다

せいじゅんなこころ
清純な心 청순한 마음

婉曲だ えんきょくだ

Q. 그가 상처받지 않도록 婉曲だ 한 말투로 거절했다.
Q. 일본인들은 婉曲だ 한 화법을 사용한다.

な형 완곡하다

えんきょくなひょうげん
婉曲な表現 완곡한 표현

半端だ はんぱだ

Q. 준비가 半端だ 한 상황에서 적을 맞이해 패배하고 말았다.
Q. 자신의 半端だ 한 부분도 인정할 줄 알아야 한다.

な형 불완전하다

はんぱないち
半端な位置 어중간한 위치

愚かだ おろかだ

Q. 지혜로운 사람과 愚かだ 한 사람의 차이.
Q. 같은 편끼리 싸우다니, 愚かだ 한 짓이야!

な형 어리석다

おろかなひと
愚かな人 어리석은 사람

花やかだ はなやかだ

Q. 그녀는 배우들의 花やかだ 한 삶을 동경했다.
Q. 花やかだ 한 왕가의 의상이 전시된 박물관.

な형 화려하다

はなやかなすがた
花やかな姿 화려한 차림

密かだ ひそかだ

Q. 스파이와 密かだ 하게 접선하여 기술을 빼돌렸다.
Q. 지하실에서 密かだ 한 도박판이 벌어졌다.

な형 (계획·정보가) 은밀하다

ひそかなであい
密かな出会い 은밀한 만남

几帳面だ きちょうめんだ

Q. 그는 几帳面だ 한 직원이라 실수하는 법이 없다.
Q. 시작 단계에서부터 几帳面だ 한 계획을 세웠다.

な형 착실하고 꼼꼼하다

きちょうめんなひと
几帳面な人 착실하고 꼼꼼한 사람

無念だ[1] むねんだ

Q. 욕심도 집착도 없는 無念だ 한 상태.
Q. 마음이 無念だ 하고 무상한 부처의 성품.

な형 아무 생각이 없다

むそうむねんのじかん
無想無念の時間 무상무념의 시간

無念だ[2] むねんだ

Q. 無念だ 하고 억울한 마음에 잠을 이룰 수 없었다.
Q. 피해자의 無念だ 한 마음을 풀기 위해 꼭 범인을 잡겠다.

な형 분하다, 원통하다

むねんなし
無念な死 원통한 죽음

Q　　　A

不順だ ふじゅんだ

Q. 不順だ 한 날씨에 나들이를 취소하고 집에서 쉬었다.
Q. 여자를 만나려는 不純だ 한 동기로 동아리에 가입하다.

な형 불순하다, 순조롭지 않다

ふじゅんなきこう
不順な気候　　불순한 기후

* 표기 차이 不純だ: 순수하지 않다

有望だ ゆうぼうだ

Q. 그는 데뷔작으로 상을 받은 有望だ 한 신인배우다.
Q. 공부도 잘하고 성실한 장래가 有望だ 한 학생이다.

な형 유망하다

ぜんとがゆうぼうなひと
前途が有望な人　　전도가 유망한 사람

未練だ みれんだ

Q. 그는 未練だ 한 마음이 남아 자꾸 뒤돌아보았다.
Q. 아직도 헤어진 옛 애인에게 未練だ 한 마음이 남아있다.

な형 아쉽다

みれんなおとこ
未練な男　　미련을 못 버리는 남자

無難だ ぶなんだ

Q. 모난 데 없이 無難だ 한 성격이라 친구가 많다.
Q. 그의 실력이면 예선 통과는 無難だ 한 상황이다.

な형 무난하다

ぶなんなやりかた
無難なやり方　　무난한 방법

小柄だ こがらだ

Q. 그는 씨름 선수치고는 小柄だ 한 체격이다.
Q. 치와와는 小柄だ 한 견종이다.

な형 몸집이 작다

こがらなからだつき
小柄な体つき　　조그마한 몸집

温和だ おんわだ

Q. 재킷이 필요 없는 温和だ 한 날씨여서 카디건만 챙겼다.
Q. 일 년 내내 温和だ 한 기후여서 겨울옷이 필요 없다.

な형 온화하다

おんわなせいかく
温和な性格　　온화한 성격

和やかだ なごやかだ

Q. 회담은 和やかだ 한 분위기 속에 순조롭게 진행되었다.
Q. 그는 和やかだ 한 가정에서 사랑받고 자란 티가 난다.

な형 온화하다, 화목하다

なごやかなかてい
和やかな家庭　　화목한 가정

浮気だ うわきだ

Q. 그는 여자면 다 좋아하는 浮気だ 한 남자다.
Q. 浮気だ 한 남자는 한 번만 외도하지 않는다.

な형 바람기 있다, 변덕스럽다

うわきなおとこ
浮気な男　　바람기 있는 남자

健在だ けんざいだ

Q. 할아버지께서 여전히 健在だ 한 모습이셔서 기쁘다.
Q. 복귀전에서 자신의 健在だ 함을 과시했다.

な형 건재하다

けんざいなかいしゃ
健在な会社　　건재한 회사

無茶苦茶だ むちゃくちゃだ

Q. 방안을 無茶苦茶だ 하게 어질러 놓았다.
Q. 그가 나에게 한 말은 모두 無茶苦茶だ 한 거짓말이었다.

な형 형편없다, 엉망진창이다

むちゃくちゃにこむ
無茶苦茶に込む 지독하게 붐비다

俄だ にわかだ

Q. 그의 俄だ 한 죽음에 모두가 충격에 빠졌다.
Q. 예고 없는 俄だ 한 방문에 당황했다.

な형 갑작스럽다

にわかなへんか
俄な変化 갑작스러운 변화

切実だ せつじつだ

Q. 그의 切実だ 한 연설에 내 마음이 움직였다.
Q. 재해 지역은 여전히 도움이 切実だ 한 상황이다.

な형 절실하다

せつじつなねがい
切実な願い 절실한 소망

軽快だ けいかいだ

Q. 금요일에 퇴근하는 회사원들의 軽快だ 한 발걸음.
Q. 술집은 신나고 軽快だ 한 음악이 흐르고 있었다.

な형 경쾌하다

けいかいなどうさ
軽快な動作 경쾌한 동작

肯定的だ こうていてきだ

Q. 肯定的だ 인 협상 결과에 모두 만족했다.
Q. 어떤 상황에도 웃음을 잃지 않는 肯定的だ 인 성격.

な형 긍정적이다

こうていてきなたいど
肯定的な態度 긍정적인 태도

気まぐれだ きまぐれだ

Q. 気まぐれだ 한 날씨 때문에 우산을 가지고 나왔다.
Q. 그의 気まぐれだ 한 성격을 맞춰 주기가 힘들다.

な형 변덕스럽다

きまぐれなてんき
気まぐれな天気 변덕스러운 날씨

緊急だ きんきゅうだ

Q. 緊急だ 한 조치를 하지 않으면 사망할 수 있는 중상.
Q. 緊急だ 한 문제가 생겨 대원들이 전원 소집되었다.

な형 긴급하다, 시급하다 

きんきゅうなじたい
緊急な事態 긴급한 사태

厳密だ げんみつだ

Q. 厳密だ 한 의미에서 신품은 아니지만, 새것과 다름없다.
Q. 厳密だ 하게 말하면 네가 잘못한 거지.

な형 엄밀하다

げんみつなちょうさ
厳密な調査 엄밀한 조사

物好きだ ものずきだ

Q. 뱀을 키운다니 物好きだ 한 사람이네.
Q. 한겨울에 수영이라니, 物好きだ 한 사람이다.

な형 유별나다

ものずきなひと
物好きな人 유별난 사람

Q　　　　　　　　A

名誉だ めいよだ

Q. 참전용사들은 정부로부터 名誉だ 한 훈장을 받았다.
Q. 내가 훈장을 받다니 名誉だ 한 일이 아닐 수 없다.

な형 명예롭다

めいよなこと
名誉な事 명예로운 일

完璧だ かんぺきだ

Q. 나무랄 데 없이 完璧だ 한 계획.
Q. 더할 나위 없이 完璧だ 한 날.

な형 완벽하다

かんぺきなさくひん
完璧な作品 완벽한 작품

台無しだ だいなしだ

Q. 시험이 폐지되어 그동안의 공부가 台無しだ 하게 되었다.
Q. 갑자기 비가 와서 어제 한 세차가 台無しだ 하게 되었다.

な형 엉망이 되다, 잡치다

だいなしなこと
台無しな事 엉망이 된 일

憂鬱だ ゆううつだ

Q. 흐린 날씨에 나까지 憂鬱だ 한 기분이었다.
Q. 시험에 떨어져서 한동안 憂鬱だ 한 기분이었어.

な형 우울하다

ゆううつなきぶん
憂鬱な気分 우울한 기분

鈍感だ どんかんだ

Q. 남의 마음도 모르는 鈍感だ 한 사람.
Q. 돌려 말하면 알아듣지 못하는 鈍感だ 한 사람.

な형 둔감하다

どんかんなひと
鈍感な人 둔감한 사람

無邪気だ むじゃきだ

Q. 아이들의 無邪気だ 한 시선으로 세상을 바라보자.
Q. 아이들의 無邪気だ 한 미소.

な형 천진하다, 순진하다

むじゃきなこども
無邪気な子供 천진한 아이

軽率だ けいそつだ

Q. 낯선 사람을 신용한 것은 軽率だ 한 처사였다.
Q. 軽率だ 한 발언으로 물의를 빚은 정치인.

な형 경솔하다

けいそつなこうどう
軽率な行動 경솔한 행동

猛烈だ もうれつだ

Q. 내 결혼은 가족들의 猛烈だ 한 반대에 부딪혔다.
Q. 猛烈だ 한 폭풍우가 몰아치고 있다.

な형 맹렬하다

もうれつなこうげき
猛烈な攻撃 맹렬한 공격

円滑だ えんかつだ

Q. 자녀와의 円滑だ 한 의사소통을 위해 노력해야 한다.
Q. 귀경길 교통 상황은 다행히 円滑だ 할 것으로 보입니다.

な형 원활하다

えんかつなうんよう
円滑な運用 원활한 운용

鮮やかだ あざやかだ

Q. 마치 어제 일처럼 너무도 鮮やかだ 한 기억.
Q. 비싼 TV는 역시 鮮やかだ 한 화질이 돋보인다.

な형 또렷하다, 선명하다

あざやかなあか
鮮やかな赤　선명한 빨강

多忙だ たぼうだ

Q. 눈코 뜰 새 없이 多忙だ 한 생활.
Q. 할 일이 쌓여서 多忙だ 한 한 주가 될 것 같아.

な형 매우 바쁘다

たぼうなひび
多忙な日々　매우 바쁜 나날

一様だ いちようだ

Q. 10년이 지나도 사이가 좋은 一様だ 한 부부.
Q. 一様だ 한 노력으로 목표에 도달했다.

な형 한결같다

ぜんいんいちようなはんたい
全員一様な反対　전원 한결같은 반대

便宜だ べんぎだ

Q. 아래층에 편의점이 있어 便宜だ 한 오피스텔.
Q. 초고속 인터넷과 당일 배송으로 便宜だ 한 생활을 한다.

な형 편의하다

べんぎなほうほう
便宜な方法　편의한 방법

* 우리말과 달리 형용사로도 쓰임

有力だ ゆうりょくだ

Q. 당선이 有力だ 한 후보를 인터뷰하다.
Q. 그 강도 사건의 有力だ 한 용의자가 체포되었다.

な형 유력하다

ゆうりょくなこうほ
有力な候補　유력한 후보

強圧的だ きょうあつてきだ

Q. 당시 경찰은 強圧的だ 인 태도인 데다 영장도 없었다.
Q. 어른들의 強圧的だ 인 태도는 아이들의 반발을 부른다.

な형 강압적이다

きょうあつてきなたいど
強圧的な態度　강압적인 태도

空ろだ うつろだ

Q. 대나무는 가볍고 空ろだ 하지만 단단하다.
Q. 대게를 먹었는데 살은 없고 속이 空ろだ 해 있었어.

な형 속이 텅 비다

うつろなめ
空ろな目　얼빠진 눈

盛大だ せいだいだ

Q. 대표팀을 위한 盛大だ 한 환영식이 열렸다.
Q. 본 중에 가장 盛大だ 하고 화려한 결혼식이었다.

な형 성대하다

せいだいなけっこんしき
盛大な結婚式　성대한 결혼식

神秘だ しんぴだ

Q. 도깨비 목격담 같은 神秘だ 한 이야기를 좋아한다.
Q. 소원을 들어주는 神秘だ 한 요술램프.

な형 신비하다

しんぴなせかい
神秘な世界　신비한 세계

Q **A**

富裕だ ふゆうだ

Q. 돈이 많다고 마음도 富裕だ 한 것은 아니다.
Q. 세상에서 가장 富裕だ 한 사업가.

な형 **부유하다**

ふゆうなかてい
富裕な家庭 부유한 가정

知的だ ちてきだ

Q. 책을 많이 읽어서 知的だ 인 청년.
Q. 안경을 쓰면 知的だ 인 이미지를 어필할 수 있습니다.

な형 **지적이다**

ちてきなひと
知的な人 지적인 사람

誠実だ せいじつだ

Q. 맡은 일에 誠実だ 한 자세로 열심히 일하겠습니다.
Q. 誠実だ 한 청년이었죠. 게으름 피우는 걸 본 적이 없어요.

な형 **성실하다**

せいじつなぶか
誠実な部下 성실한 부하

幽かだ かすかだ

Q. 幽かだ 한 기억을 짚어가며 어릴 적 살던 곳을 찾았다.
Q. 안개 너머로 幽かだ 한 불빛이 보였다.

な형 **희미하다**

かすかなわらいごえ
幽かな笑い声 희미한 웃음소리

不服だ ふふくだ

Q. 상관의 부당한 명령에 不服だ 한 군인.
Q. 총리의 지시에 不服だ 한 장관들이 경질되었다.

な형 **불복하다**

しじにふふくなぐんじん
指示に不服な軍人 지시에 불복한 군인

身近だ[1] みぢかだ

Q. 어느새 身近だ 한 곳까지 다가온 새로운 위협.
Q. 핸드폰과 지갑은 늘 身近だ 한 곳에 가지고 있다.

な형 **자기 몸에 가깝다**

みぢかなばしょ
身近な場所 가까운 장소

身近だ[2] みぢかだ

Q. 어제 일 같은 身近だ 한 화제로 이야기를 나누었다.
Q. 매일같이 TV에 나와서 대중에게 身近だ 한 연예인.

な형 **일상이다, 익숙하다**

みぢかなわだい
身近な話題 일상적인 화제

急速だ きゅうそくだ

Q. 목격자의 등장으로 수사는 急速だ 한 진전을 보였다.
Q. 1인 가구와 혼밥족이 急速だ 한 증가세를 보인다.

な형 **급속하다**

きゅうそくなはってん
急速な発展 급속한 발전

細やかだ こまやかだ

Q. 목격한 상황에 대해 細やかだ 한 설명 부탁드립니다.
Q. 細やかだ 한 내용은 제품 설명서를 참조하세요.

な형 **자세하다, 세세하다**

こまやかなせつめい
細やかな説明 자세한 설명

無用だ むようだ

Q. 無用だ 한 물건은 다 버리자.
Q. 변명은 無用だ 하니 그만하시오. 다 알고 왔소.

な형 쓸데없다, 필요 없다, 하면 안 된다

むようなもの
無用な物 쓸데없는 물건

無駄だ むだだ

Q. 無駄だ 하게 돈 쓰지 말고 저축 좀 해.
Q. 최선을 다했지만 다 無駄だ 한 노력이었다.

な형 쓸데없다, 낭비다, 헛되다

むだなしゅっぴ
無駄な出費 쓸데없는 지출

疎かだ おろそかだ

Q. 중요한 손님이 오시니까 疎かだ 한 것이 없게 해라.
Q. 안전 조치에 疎かだ 한 건설 현장이 적발되었다.

な형 소홀하다

おろそかなとりあつかい
疎かな取り扱い 함부로 다룸

空腹だ くうふくだ

Q. 검사 전까지 물도 드시지 말고 空腹だ 인 상태로 오세요.
Q. 종일 아무것도 못 먹고 空腹だ 인 상태다.

な형 공복이다

くうふくなじょうたい
空腹な状態 공복인 상태

敏感だ びんかんだ

Q. 냄새에 敏感だ 한 체질이라 향수를 싫어한다.
Q. 작은 자극에도 敏感だ 한 피부를 위한 화장품.

な형 민감하다

びんかんなはだ
敏感な肌 민감한 피부

優美だ ゆうびだ

Q. 발레리나가 백조처럼 優美だ 한 동작으로 춤춘다.
Q. 저택 거실에는 優美だ 한 귀부인의 초상화가 걸려 있었다.

な형 우미하다[우아하고 아름답다]

ゆうびなぶんたい
優美な文体 우미한 문체

大胆だ だいたんだ

Q. 밝은 대낮에 벌어진 大胆だ 한 범행.
Q. 적진 한복판에서 포로를 구출해오는 大胆だ 한 작전.

な형 대담하다

だいたんなこうどう
大胆な行動 대담한 행동

ぞんざいだ

Q. 벌써 다 지었다고? ぞんざいだ 한 공사 아냐?
Q. 너무 ぞんざいだ 한 글씨라 못 알아보겠어. 다시 써 줘.

な형 날림으로 하다

じをぞんざいにかく
字をぞんざいに書く 글씨를 날림으로 쓰다

同等だ どうとうだ

Q. 법 앞에서는 누구나 同等だ 한 위치에 있다.
Q. 고등학교 졸업, 혹은 그와 同等だ 한 학력을 갖춘 자.

な형 동등하다

どうとうなさーびす
同等なサービス 동등한 서비스

Q / **A**

巧妙だ こうみょうだ

Q. 법망의 허점을 이용해 巧妙だ 한 방법으로 빠져나갔다.
Q. 巧妙だ 한 수법으로 진짜처럼 만들어진 가짜.

な형 교묘하다

こうみょうなしゅだん
巧妙な手段 교묘한 수단

不景気だ ふけいきだ

Q. 不景気だ 인 탓에 일자리도 줄어들었다.
Q. 극심하게 不景気だ 인 경제 상황 때문에 가게를 접었다.

な형 불경기다

ふけいきなよのなか
不景気な世の中 불경기인 세상

不審だ ふしんだ

Q. 不審だ 한 사람이 집 주변을 어슬렁거려서 신고했다.
Q. 역에서 不審だ 한 가방을 발견해서 경찰에 신고했다.

な형 의심스럽다

ふしんなてん
不審な点 의심스러운 점

不意だ ふいだ

Q. 그의 不意だ 한 방문에 얼굴도 씻지 못하고 문을 열었다.
Q. 자객의 不意だ 한 습격에 맥없이 당했다.

な형 느닷없다, 갑작스럽다

ふいなできごと
不意な出来事 갑작스러운 사건

極端だ きょくたんだ

Q. 단순히 선악으로 나누는 것은 極端だ 인 생각이다.
Q. 파시즘은 極端だ 인 사상이다.

な형 극단적이다

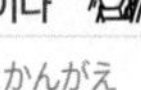

きょくたんなかんがえ
極端な考え 극단적인 생각

滑らかだ なめらかだ

Q. 비단결처럼 滑らかだ 한 머릿결.
Q. 관리를 잘해서 각질 하나 없이 滑らかだ 한 피부.

な형 매끄럽다

なめらかなかんしょく
滑らかな感触 매끈한 감촉

不明だ ふめいだ

Q. 조직의 보스는 정체가 不明だ 인 수수께끼의 인물이다.
Q. 조작 가능성이 있어 진위가 不明だ 인 영상이다.

な형 불명이다

ふめいなじょうたい
不明な状態 불명한 상태

孤独だ こどくだ

Q. 홀로 살다가 孤独だ 한 죽음을 맞이했다.
Q. 일본 드라마 孤独だ 한 미식가.

な형 고독하다

こどくなろうじん
孤独な老人 고독한 노인

独自だ どくじだ

Q. 발해는 중국의 연호가 아닌 独自だ 인 연호를 사용했다.
Q. 직접 고안한 기술로 独自だ 인 제품을 개발했다.

な형 독자적이다

どくじなちょうさ
独自な調査 독자적인 조사

詳細だ しょうさいだ

Q. 구상 단계이므로 詳細だ 한 일은 아직 결정하지 않았다.
Q. 詳細だ 한 설명이 필요하신 분은 상담사에게 말씀하세요.

な형 상세하다

しょうさいなせつめい
詳細な説明 상세한 설명

密接だ みっせつだ

Q. 서울과 密接だ 한 수도권의 도시들.
Q. 당뇨와 비만은 密接だ 한 연관이 있다.

な형 밀접하다

みっせつなかんけい
密接な関係 밀접한 관계

善良だ ぜんりょうだ

Q. 그는 항상 남을 배려하는 善良だ 한 성품을 가졌다.
Q. 저 사람은 법 없이도 살 善良だ 한 사람이다.

な형 선량하다

ぜんりょうなしみん
善良な市民 선량한 시민

神聖だ しんせいだ

Q. 소는 힌두교도들에게 神聖だ 한 동물이다.
Q. 제사장은 신을 받드는 神聖だ 한 의식을 거행했다.

な형 신성하다

しんせいなぎしき
神聖な儀式 신성한 의식

過密だ かみつだ

Q. 수도권의 過密だ 한 인구.
Q. 쉴 틈 없는 過密だ 한 스케줄에 지쳐 쓰러졌다.

な형 과밀하다

かみつなすけじゅーる
過密なスケジュール 빽빽한 스케줄

花車だ きゃしゃだ

Q. 가혹한 다이어트로 花車だ 한 몸매를 얻었다.
Q. 이런 花車だ 한 의자는 앉으면 부서질 것 같다.

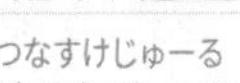

な형 가늘고 연약해 보인다

きゃしゃなからだつき
花車な体つき 날씬하고 연약한 몸매

煌びやかだ きらびやかだ

Q. 은하수가 펼쳐진 煌びやかだ 한 밤하늘에 넋을 잃었다.
Q. 煌びやかだ 한 공주의 모습을 보고 왕자는 사랑에 빠졌다.

な형 눈부시게 아름답다

きらびやかなふくそう
煌びやかな服装 눈부시게 아름다운 복장

精巧だ せいこうだ

Q. 精巧だ 한 세공이 들어간 공예품.
Q. 시계의 내부는 精巧だ 한 구조로 되어 있다.

な형 정교하다

せいこうなきかい
精巧な機械 정교한 기계

未開だ みかいだ

Q. 시민 의식이 낮은 未開だ 한 사회.
Q. 밀림에는 아직 未開だ 한 생활을 하는 부족들이 있다.

な형 미개하다

みかいなしゃかい
未開な社会 미개한 사회

Q

A

簡易だ かんいだ

Q. 초보자도 簡易だ 하게 부품을 교체할 수 있어요.

Q. 선인장은 집에서 누구나 簡易だ 하게 키울 수 있다.

な형 쉽다

かんいなほうほう
簡易な方法 쉬운 방법

★ 명사로 사용하면 '간이'라는 뜻

迅速だ じんそくだ

Q. 迅速だ 한 배달로 음식이 식기 전에 전해드립니다.

Q. 환자가 위급해요! 迅速だ 한 치료가 필요합니다!

な형 신속하다

じんそくなかいけつ
迅速な解決 신속한 해결

精密だ せいみつだ

Q. 큰 병원에 가서 精密だ 한 검사를 받아보세요.

Q. 첨단 장비를 이용해서 精密だ 한 치료를 합니다.

な형 정밀하다

せいみつなけんさ
精密な検査 정밀한 검사

相応だ そうおうだ

Q. 실적에 相応だ 한 보상을 해주겠다.

Q. 그 회사는 내 경력에 相応だ 한 보수를 주겠다고 약속했다.

な형 상응하다

ぶんそうおうなせいかつ
分相応な生活 분수에 맞는 생활

露骨だ ろこつだ

Q. 부모님은 露骨だ 인 태도로 형만 예뻐했다.

Q. 그들은 露骨だ 인 표현으로 나를 비난했다.

な형 노골적이다

ろこつなひょうげん
露骨な表現 노골적인 표현

巧みだ たくみだ

Q. 저 소아과 선생님은 아이를 다루는데 巧みだ 한 사람이야.

Q. 유능한 직원이 巧みだ 한 태도로 고객의 불만을 처리했다.

な형 능숙하다

たくみなふでづかい
巧みな筆遣い 능숙한 붓놀림

勇敢だ ゆうかんだ

Q. 씩씩하고 勇敢だ 한 전사가 전쟁을 승리로 이끌었다.

Q. 강도에게 달려들어 제압한 勇敢だ 한 청년.

な형 용감하다

ゆうかんなこうい
勇敢な行為 용감한 행위

無意味だ むいみだ

Q. 아무것도 하지 않고 보내는 無意味だ 한 시간.

Q. 결국 아무것도 얻지 못했으니 無意味だ 한 노력이었다.

な형 무의미하다

むいみなどりょく
無意味な努力 무의미한 노력

無茶だ むちゃだ

Q. 아무리 명품이라지만 無茶だ 한 가격이다.

Q. 올여름은 정말 無茶だ 한 폭염이다.

な형 터무니없다

むちゃなはなし
無茶な話 터무니없는 이야기

生真面目だ きまじめだ

Q. 교수님은 生真面目だ 한 사람이라 융통성이 없다.
Q. 농담도 진지하게 받아들이는 生真面目だ 한 성격의 청년.

な형 고지식하다, 몹시 성실하다

きまじめなせいねん
生真面目な青年 고지식한 청년

正当だ せいとうだ

Q. 正当だ 한 이유 없는 해고는 위법입니다.
Q. 열심히 일한 만큼, 正当だ 한 대가를 받고 싶을 뿐입니다.

な형 정당하다

せいとうなりゆう
正当な理由 정당한 이유

合法的だ ごうほうてきだ

Q. 合法的だ 인 시위를 하려면 집회 신고를 해야 한다.
Q. 미국에서는 合法的だ 인 약물이지만 한국은 불법입니다.

な형 합법적이다

ごうほうてきなしゅだん
合法的な手段 합법적인 수단

未定だ みていだ

Q. 휴가를 맞추느라 여행 날짜는 아직 未定だ 한 상태이다.
Q. 졸업 후 무엇을 할지는 여전히 未定だ 한 상태다.

な형 정해지지 않다

みていなじょうたい
未定な状態 정해지지 않은 상태

気障だ きざだ

Q. 気障だ 한 녀석이라 무슨 행동을 해도 맘에 안 든다.
Q. 부모의 권력을 믿고 거만하게 구는 気障だ 한 녀석이야.

な형 아니꼽다

きざなおとこ
気障な男 아니꼬운 남자

有益だ ゆうえきだ

Q. 알아두면 有益だ 한 법률 상식 100가지.
Q. 유산균은 장내에서 有益だ 한 역할을 하는 균이다.

な형 유익하다

ゆうえきなはなし
有益な話 유익한 이야기

無礼だ ぶれいだ

Q. 압박 면접이라며 無礼だ 한 질문을 받아서 불쾌했다.
Q. 귀하신 분을 몰라보고! 제 無礼だ 한 행동을 사과드립니다.

な형 무례하다

ぶれいなたいど
無礼な態度 무례한 태도

固有だ こゆうだ

Q. 탈춤은 우리나라의 固有だ 한 전통문화다.
Q. 온도에 따라 부피가 달라지는 금속의 固有だ 한 성질.

な형 고유하다

こゆうなせいしつ
固有な性質 고유한 성질

大柄だ[1] おおがらだ

Q. 저 씨름선수는 어릴 때부터 大柄だ 한 체격이었다고 한다.
Q. 大柄だ 한 우리 개는 생긴 거 답지 않게 겁쟁이다.

な형 몸집이 크다

おおがらなからだつき
大柄な体つき 큰 몸집

Q **A**

大柄だ[2] おおがらだ

Q. 이렇게 옷을 다 덮는 大柄だ 한 무늬의 옷은 부담스러워.
Q. 옷에 박힌 大柄だ 한 해바라기 무늬가 멀리서도 보인다.

な형 무늬가 크다

おおがらなきもの
大柄な着物 무늬가 큰 기모노

厳かだ おごそかだ

Q. 성당에서는 厳かだ 한 분위기 속에 미사가 진행되었다.
Q. 고인을 추모하며 厳かだ 한 분위기 속에 장례식을 치렀다.

な형 엄숙하다

おごそかなふんいき
厳かな雰囲気 엄숙한 분위기

健やかだ すこやかだ

Q. 여든의 나이에도 젊은이 못지않게 健やかだ 한 어르신.
Q. 얼른 나아서 健やかだ 한 모습으로 돌아오겠습니다!

な형 건강하다, 튼튼하다

すこやかなからだ
健やかな体 건강한 몸

壮大だ そうだいだ

Q. 세계여행을 하고자 壮大だ 한 계획을 세웠다.
Q. 나이아가라 폭포의 壮大だ 한 경치에 경외감이 들었다.

な형 장대하다, 웅대하다

そうだいなけしき
壮大な景色 장대한 경치

創造的だ そうぞうてきだ

Q. 創造的だ 인 사고와 창의적인 사고의 차이는 무엇일까?
Q. 세상에 없던 創造的だ 인 건축 아이디어.

な형 창조적이다

そうぞうてきなけんきゅう
創造的な研究 창조적인 연구

簡潔だ かんけつだ

Q. 방송 기사에는 짧고 簡潔だ 한 문장을 사용한다.
Q. 미니멀 라이프란 단순하고 簡潔だ 한 생활 방식을 뜻한다.

な형 간결하다

かんけつなこたえ
簡潔な答え 간결한 답

手軽だ てがるだ

Q. 1인 가구를 위한 手軽だ 한 간편 조리식품이 인기다.
Q. 김치찌개는 누구나 만들 수 있는 手軽だ 한 요리다.

な형 손쉽다, 간편하다

てがるなりょうり
手軽な料理 손쉬운 요리

権威的だ けんいてきだ

Q. 가부장적이고 権威的だ 인 태도는 갈등을 낳을 뿐이다.
Q. 꼰대는 権威的だ 인 사고를 가진 어른을 비하하는 은어다.

な형 권위적이다

けんいてきなひと
権威的な人 권위적인 사람

単一だ たんいつだ

Q. 다문화 사회가 되어 単一だ 한 민족이라고는 할 수 없다.
Q. 두 나라가 単一だ 한 팀을 이뤄 올림픽에 출전한다.

な형 단일하다

たんいつなぶっしつ
単一な物質 단일한 물질

あやふやだ

Q. 친구도 애인도 아닌 あやふやだ 한 사이.

Q. 좋은 건지 싫은 건지 모를 あやふやだ 한 반응이었다.

な형 애매하다

あやふやなたいど
あやふやな態度 애매한 태도

月並(み)だ つきなみだ

Q. 어디서든 흔히 볼 수 있는 月並(み)だ 한 사람 중 한 명.

Q. 전부 어디서 본 것 같은 月並(み)だ 한 스토리야.

な형 평범하다

つきなみなかんがえ
月並みな考え 평범한 생각

★ '진부하다'라는 뜻으로도 쓰임

私的だ してきだ

Q. 유명인들의 私的だ 인 생활을 캐내는 파파라치들.

Q. 이건 내 私的だ 인 문제니 내가 알아서 해결할게.

な형 사적이다

してきなもんだい
私的な問題 사적인 문제

無効だ むこうだ

Q. 유효 기간이 지나서 無効だ 인 면허증.

Q. 無効だ 인 메일 주소입니다. 다시 입력해주세요.

な형 무효이다

むこうなめんきょしょう
無効な免許証 무효인 면허증

★ '잘못되다'라는 뜻으로도 쓰임

粋だ いきだ

Q. 粋だ 한 옷 입는 방법을 알기 위해 패션 잡지를 구독했다.

Q. 粋だ 한 옷차림으로 트렌드를 선도하는 패셔니스타.

な형 멋지다, 세련되다

いきなかっこう
粋な格好 멋진 모습

単調だ たんちょうだ

Q. 학교 갔다가 집에 오는 単調だ 한 일상의 반복.

Q. 単調だ 한 식단은 지겨울 뿐만 아니라 건강에 나쁘다.

な형 단조롭다

たんちょうなせいかつ
単調な生活 단조로운 생활

不可欠だ ふかけつだ

Q. 산소는 지구상의 생명체에게 있어 不可欠だ 한 존재이다.

Q. 물은 인체를 구성하는 필수 不可欠だ 한 요소다.

な형 불가결하다

ふかけつなもの
不可欠な物 불가결한 것

雑だ ざつだ

Q. 이건 진품이 아니라 雑だ 한 복제품이야.

Q. 아마추어가 만들었는지 만듦새가 雑だ 한 물건이었다.

な형 조잡하다

ざつなもの
雑な物 조잡한 물건

良好だ りょうこうだ

Q. 보존 상태가 良好だ 한 유물의 발견에 학계가 술렁였다.

Q. 수술을 받은 뒤 良好だ 한 경과를 보여서 곧 퇴원한다.

な형 양호하다

りょうこうなせいせき
良好な成績 양호한 성적

Q **A**

臆病だ おくびょうだ

Q. 臆病だ 한 아이라서 밤에 혼자 잠도 못 자.
Q. 덩치는 크지만 臆病だ 한 탓에 공포영화를 못 본다.

な형 겁이 많다

おくびょうなひと
臆病な人 겁이 많은 사람

あべこべだ

Q. 장갑 잘못 낀 거 아냐? 좌우가 あべこべだ 인 거 같아.
Q. 도망치다 지원군이 오자 あべこべだ 인 형세로 바뀌었다.

な형 거꾸로 되다, 반대로 되다

あべこべないけん
あべこべな意見 뒤바뀐 의견

一般的だ いっぱんてきだ

Q. 一般的だ 인 상식으로는 이해할 수 없는 행동을 하더라.
Q. 황달은 간암의 一般的だ 인 증상이기도 하다.

な형 일반적이다

いっぱんてきなけいこう
一般的な傾向 일반적인 경향

円満だ えんまんだ

Q. 사춘기 자녀와의 円満だ 한 관계를 위한 대화 방법.
Q. 트러블 없이 円満だ 한 인간관계를 유지하고 싶다.

な형 원만하다

えんまんなふうふ
円満な夫婦 원만한 부부

活発だ かっぱつだ

Q. 자신의 분야에서 活発だ 한 활동을 벌이고 있다.
Q. 최근 몇 년간 쉼 없이 活発だ 한 저술 활동을 펼치는 작가.

な형 활발하다

かっぱつなせいかく
活発な性格 활발한 성격

大雑把だ おおざっぱだ

Q. 수리비가 얼마나 나올까요? 大雑把だ 인 견적을 알려줘요.
Q. 우선 친구에게 전화해서 여행의 大雑把だ 인 계획을 짰다.

な형 대충이다

おおざっぱなみつもり
大雑把な見積り 대략적인 견적

薄弱だ はくじゃくだ

Q. 작심삼일이라니! 정말 의지가 薄弱だ 한 녀석이군.
Q. 그 이론을 증명하기엔 아직 근거가 薄弱だ 한 모양이다.

な형 박약하다

はくじゃくなろんきょ
薄弱な論拠 박약한 논거

手ごろだ てごろだ

Q. 작지만 집세도 싸고 회사에서 가까워 手ごろだ 한 집이다.
Q. 비싸지만, 이 정도면 음식 수준에 手ごろだ 한 가격이다.

な형 알맞다, 적당하다

てごろなねだん
手ごろな値段 적당한 값

残酷だ ざんこくだ

Q. 残酷だ 한 살인 사건이 발생했다.
Q. 残酷だ 한 표현이 있는 영화답게 포스터도 피투성이다.

な형 잔혹하다

ざんこくなじけん
残酷な事件 잔혹한 사건

短気だ たんきだ

Q. 잠시도 기다리지 못하는 短気だ 한 사람.

Q. 엘리베이터에 타면 닫힘 버튼을 연타하는 短気だ 한 성격.

な형 성질이 급하다

たんきなひと
短気な人 성격이 급한 사람

明瞭だ めいりょうだ

Q. 부상자가 明瞭だ 한 의식을 유지하고 있어 대화도 가능함.

Q. 간단하고 明瞭だ 한 설명 덕분에 어려운 내용을 이해했다.

な형 명료하다

めいりょうなはつおん
明瞭な発音 명료한 발음

窮屈だ[1] きゅうくつだ

Q. 너무 窮屈だ 한 신발을 신으면 관절에 부담을 준다.

Q. 저 사람은 무뚝뚝해서 대화하기 窮屈だ 한 성격이다.

な형 답답하다, 거북하다

きゅうくつなくつ
窮屈な靴 꽉 끼는 구두

窮屈だ[2] きゅうくつだ

Q. 그런 窮屈だ 한 변명은 듣고 싶지 않아.

Q. 窮屈だ 한 변명만 늘어놓지 말고 책임을 지십시오.

な형 구차하다

きゅうくつなべんかい
窮屈な弁解 구차한 변명

窮屈だ[3] きゅうくつだ

Q. 하루 벌어 하루 먹고 사는 窮屈だ 한 생활이 이어졌다.

Q. 월급날까지는 라면만 먹으면서 窮屈だ 한 생활을 해야 해.

な형 궁핍하다

きゅうくつなくらし
窮屈な暮らし 궁핍한 생활

窮屈だ[4] きゅうくつだ

Q. 지나치게 원칙을 중시해 窮屈だ 한 사람으로 여겨졌다.

Q. 너무 窮屈だ 한 규칙을 강요하면 반발이 있을 겁니다.

な형 딱딱하다, 융통성 없다

きゅうくつなきそく
窮屈な規則 딱딱한 규칙

滑稽だ こっけいだ

Q. 그냥 입만 열어도 滑稽だ 한 최고의 코미디언.

Q. 너무 滑稽だ 한 이야기라서 다들 코웃음을 쳤다.

な형 익살스럽다

こっけいなしぐさ
滑稽なしぐさ 익살스러운 몸짓

* 비웃는 의미에서 '우습다'는 표현으로도 쓰임

著名だ ちょめいだ

Q. 著名だ 한 학자들을 많이 배출한 명문 학교.

Q. 그는 IT분야에서 이름만 대면 아는 著名だ 한 인사이다.

な형 저명하다

ちょめいながくしゃ
著名な学者 저명한 학자

痛切だ つうせつだ

Q. 전쟁으로 가족을 잃은 사람들의 痛切だ 한 눈물.

Q. 장례식장은 유족들의 痛切だ 한 울음소리로 가득했다.

な형 통절하다

つうせつなはんせい
痛切な反省 통절한 반성

Q A

簡素だ かんそだ

Q. 바쁜 아침은 우유와 시리얼로 簡素だ 한 식사를 한다.
Q. 양가 가족들만 참석한 簡素だ 한 결혼식.

な형 간소하다

かんそなせいかつ
簡素な生活 간소한 생활

気軽だ きがるだ

Q. 휴일에는 정장이 아닌 気軽だ 한 옷을 입고 외출한다.
Q. 사장님은 옆집 아저씨처럼 気軽だ 한 성격이다.

な형 소탈하다

きがるなせいかく
気軽な性格 소탈한 성격

健全だ けんぜんだ

Q. 학교폭력을 예방하여 健全だ 한 학교생활을 조성하자.
Q. 학업에 지장이 가지 않는 健全だ 한 이성 교제.

な형 건전하다

けんぜんなせいしん
健全な精神 건전한 정신

頑固だ がんこだ

Q. 아버지의 頑固だ 한 고집을 누가 꺾으랴.
Q. 협상단은 頑固だ 한 태도로 기존의 입장을 고수했다.

な형 완고하다

がんこなろうじん
頑固な老人 완고한 노인

淑やかだ しとやかだ

Q. 선 자리니까 화려한 옷보다는 淑やかだ 한 옷을 입으렴.
Q. 어머니는 늘 淑やかだ 한 여자가 되라고 잔소리하셨다.

な형 정숙하다, 품위 있다

おしとやかなひと
御淑やかな人 정숙한 사람

★ 여성의 품행을 표현할 때 쓰이는 경우가 많음

円らだ つぶらだ

Q. 까맣고 円らだ 한 곰 인형의 눈.
Q. 새끼 고양이들이 円らだ 한 눈동자로 나를 바라보았다.

な형 둥글고 귀엽다

つぶらなひとみ
円らな瞳 둥글고 귀여운 눈동자

強硬だ きょうこうだ

Q. 시위대를 強硬だ 한 태도로 진압하면서 부상자가 속출했다.
Q. 협조하지 않는다면 強硬だ 한 수단으로 밀어붙이겠다.

な형 강경하다

きょうこうなしゅだん
強硬な手段 강경한 수단

頻繁だ ひんぱんだ

Q. 지방 출장이 頻繁だ 한 직장이라서 차가 필요하다.
Q. 철수는 頻繁だ 한 지각으로 선생님께 혼이 났다.

な형 빈번하다

ひんぱんなちこく
頻繁な遅刻 빈번한 지각

対等だ たいとうだ

Q. 対等だ 한 국력을 가진 두 나라의 팽팽한 협상.
Q. 양국은 対等だ 한 입장에서 협력을 이어나갈 것입니다.

な형 대등하다

たいとうなかんけい
対等な関係 대등한 관계

肝心だ かんじんだ

Q. 너에게 꼭 해야 할 肝心だ 한 이야기가 있어.

Q. 진로 결정은 아이의 인생에서 肝心だ 한 문제이다.

な형 매우 중요하다

かんじんなはなし
肝心な話 중요한 이야기

★ 간과 심장이라는 두 중요 부위를 뜻하며, 매우 중요하다는 의미가 있음

手近だ てぢかだ

Q. 집에서 手近だ 한 곳에 편의점이 있어서 편리하다.

Q. 등잔 밑이 어둡다고, 手近だ 한 곳에 떨어져 있을 줄이야!

な형 가깝다

てぢかなれい
手近な例 가까운 예

貧乏だ びんぼうだ

Q. 찢어지게 貧乏だ 한 집에서 태어났다.

Q. 밥 한 끼 먹을 돈도 없는 貧乏だ 한 사람.

な형 가난하다

びんぼうなかてい
貧乏な家庭 빈곤한 가정

★ 물질적인 가난을 표현할 때만 쓰임

速やかだ すみやかだ

Q. 급한 일이니까 가능한 速やかだ 한 처리 부탁드립니다.

Q. 화재 발생! 速やかだ 한 출동 부탁드립니다.

な형 빠르다, 신속하다

すみやかなしょち
速やかな処置 빠른 조치

種種だ しゅじゅだ

Q. 감자는 굽고 찌고 볶는 등 種種だ 한 방법으로 요리한다.

Q. 種種だ 한 음식을 한 곳에서 즐기는 뷔페식당.

な형 갖가지다, 종류가 많다

しゅじゅなやりかた
種種なやり方 갖가지 방식

★ 부사로도 쓰임

★ 오도리지 種々だ 발음 차이 くさぐさだ

無知だ むちだ

Q. 책은 많이 읽었지만, 세상 물정에는 無知だ 한 사람.

Q. 법률에 無知だ 한 사람들을 위해 무료 상담을 하고 있다.

な형 무지하다

むちなひと
無知な人 무지한 사람

不当だ ふとうだ

Q. 책임을 한 사람에게 떠넘기는 것은 不当だ 한 일이다.

Q. 제대로 된 설명도 듣지 못하고 不当だ 한 해고를 당했다.

な형 부당하다

ふとうなようきゅう
不当な要求 부당한 요구

しなやかだ

Q. しなやかだ 한 동작으로 묘기를 선보이는 체조 선수.

Q. しなやかだ 한 말투와 몸짓을 보니 부잣집 아이인가 봐.

な형 유연하다

しなやかなどうさ
しなやかな動作 유연한 동작

★ '우아하다'라는 뜻으로도 쓰임

未熟だ みじゅくだ

Q. 아직 未熟だ 한 과일이니 더 익을 때까지 기다려야 해.

Q. 어리고 未熟だ 한 사람에게 중요한 일을 맡길 수 없다.

な형 미숙하다

みじゅくなうで
未熟な腕 미숙한 솜씨

Q **A**

柔軟だ じゅうなんだ

Q. 柔軟だ 한 몸을 만들기 위해 요가 교실에 다니고 있다.
Q. 상황이 급변해도 柔軟だ 하게 대처할 줄 알아야 해.

な형 **유연하다, 부드럽다**

じゅうなんなからだ
柔軟な体 유연한 몸

否定的だ ひていてきだ

Q. 否定的だ 인 사고방식을 버리고 긍정적으로 생각하자.
Q. 또 불평이네. 저 녀석은 매사에 否定的だ 인 성격이야.

な형 **부정적이다**

ひていてきなけんかい
否定的な見解 부정적인 견해

動的だ どうてきだ

Q. 소가 당장이라도 튀어나올 듯이 역 動的だ 인 그림.
Q. 그는 정적이라기보다는 動的だ 인 성격이다.

な형 **동적이다**

どうてきなひょうげん
動的な表現 동적인 표현

陰気だ いんきだ

Q. 춥고 햇빛도 없는 陰気だ 한 날씨다.
Q. 귀신이라도 나올 것 같은 陰気だ 한 분위기다.

な형 **음침하다**

いんきなてんき
陰気な天気 음침한 날씨

怠慢だ たいまんだ

Q. 怠慢だ 한 근무태도로 상사의 질책을 받았다.
Q. 그는 怠慢だ 한 성격이라 열심히 하는 걸 본 적이 없다.

な형 **태만하다**

たいまんなたいど
怠慢な態度 태만한 태도

先天的だ せんてんてきだ

Q. 그는 부모에게 물려받은 先天的だ 인 재능이 있다.
Q. 백호는 先天的だ 인 질환인 백색증을 하얗게 태어났다.

な형 **선천적이다**

せんてんてきなさいのう
先天的な才能 선천적인 재능

不振だ ふしんだ

Q. 팀의 不振だ 한 성적에 감독은 고개를 숙였다.
Q. 不振だ 한 경제 상황은 내년에도 회복되기 어려워 보인다.

な형 **부진하다**

ふしんなしょくよく
不振な食欲 부진한 식욕

明朗だ めいろうだ

Q. 밝고 明朗だ 한 성격이라 친구가 많다.
Q. 구김살 없이 明朗だ 한 아이.

な형 **명랑하다**

めいろうなせいねん
明朗な青年 명랑한 청년

不良だ ふりょうだ

Q. 전원이 켜지지 않아요. 不良だ 한 제품인가 봐요.
Q. 밤이 되면 不良だ 한 녀석들이 모이는 음침한 장소.

な형 **불량하다**

ふりょうなせいと
不良な生徒 불량한 학생

多様だ たようだ

Q. 세상에는 사람의 수만큼 多様だ 한 가치관이 존재한다.
Q. 미국에는 多様だ 한 인종의 사람들이 모여 살고 있다.

な형 다양하다

たようなもくてき
多様な目的 다양한 목적

優勢だ ゆうせいだ

Q. 이곳은 전통적으로 보수 진영이 優勢だ 한 지역이다.
Q. 적보다 우리 전력이 훨씬 優勢だ 한 상황이니 걱정 없다.

な형 우세하다

ゆうせいなかりょく
優勢な火力 우세한 화력

無能だ むのうだ

Q. 프로젝트를 말아먹은 無能だ 한 팀장.
Q. 유능한 사람은 선발하고 無能だ 한 사람은 탈락시켰다.

な형 무능하다

むのうなひと
無能な人 무능한 사람

冷酷だ れいこくだ

Q. 피도 눈물도 없이 冷酷だ 한 독재자.
Q. 도와주는 사람 하나 없는 冷酷だ 한 현실에 절망했다.

な형 냉혹하다

れいこくなしょばつ
冷酷な処罰 냉혹한 처벌

緩やかだ[1] ゆるやかだ

Q. 경사가 緩やかだ 한 고개라 걷기 힘들지 않다.
Q. 緩やかだ 한 커브 길이니까 핸들을 너무 확 틀지 마.

な형 완만하다

ゆるやかなしゃめん
緩やかな斜面 완만한 사면

緩やかだ[2] ゆるやかだ

Q. 평소 엄하지만, 손녀에겐 한없이 緩やかだ 한 할아버지.
Q. 緩やかだ 한 음주 단속 규정을 강화하기로 했다.

な형 관대하다, 엄하지 않다

ゆるやかなきそく
緩やかな規則 엄하지 않은 규칙

主だ おもだ

Q. 한국인이 소비하는 主だ 된 곡물은 쌀이다.
Q. 저희 매장의 主だ 된 상품은 신발입니다. 가방은 없어요.

な형 주되다, 주요하다

おもなけいこう
主な傾向 주된 경향

強烈だ きょうれつだ

Q. 한여름의 強烈だ 한 더위는 에어컨 없이는 견딜 수 없다.
Q. 골다공증이 심해져 무릎에 強烈だ 한 통증이 느껴졌다.

な형 강렬하다

きょうれつなしげき
強烈な刺激 강렬한 자극

怠惰だ たいだだ

Q. 오늘 할 일을 계속해서 내일로 미루는 怠惰だ 한 사람.
Q. 늦게 자고 늦게 일어나는 怠惰だ 한 생활을 만끽 중이다.

な형 게으르다

たいだなせいかつ
怠惰な生活 나태한 생활

Q **A**

安静だ あんせいだ

Q. 임시직이 아니라 安静だ 한 직장을 얻고 싶다.
Q. 요즘은 安静だ 한 일자리인 공무원이 인기다.

な형 **안정되다**

あんせいなじょうたい
安静な状態 안정된 상태

静的だ せいてきだ

Q. 静的だ 인 매체인 사진과 동적인 매체인 영상.
Q. 도서관의 静的だ 인 분위기가 답답해 카페를 갔다.

な형 **정적이다**

せいてきなび
静的な美 정적인 미

勤勉だ きんべんだ

Q. 우리 회사에서 가장 성실하고 勤勉だ 한 직원입니다.
Q. 결석하지 않는 勤勉だ 한 학생들이 성적도 좋다.

な형 **근면하다**

きんべんなせいかく
勤勉な性格 근면한 성격

違法的だ いほうてきだ

Q. 고문 등 違法的だ 인 방법으로 진술을 강요한 혐의.
Q. 법을 지키지 않고 違法的だ 인 방법으로 돈을 모은다.

な형 **위법적이다**

いほうてきなこうい
違法的な行為 위법적인 행위

重宝だ ちょうほうだ

Q. 重宝だ 한 사전이야. 특히 학원 갈 때는 꼭 챙기지.
Q. 스마트폰은 重宝だ 한 물건이라서 항상 휴대하게 된다.

な형 **편리해서 자주 쓰다**

ちょうほうなどうぐ
重宝な道具 편리해서 자주 쓰는 도구

社交的だ しゃこうてきだ

Q. 활발하고 社交的だ 인 성격이라서 친구가 많다.
Q. 社交的だ 인 사람이라서 어딜 가도 친구를 곧잘 사귄다.

な형 **사교적이다**

しゃこうてきなせいかく
社交的な性格 사교적인 성격

多量だ たりょうだ

Q. 多量だ 의 자료여서 전송하는 데 시간이 걸렸다.
Q. 창고 안에는 多量だ 의 식량이 보관되어 있었다.

な형 **다량이다**

たりょうのめーる
多量のメール 다량의 메일

適宜だ てきぎだ

Q. 정장은 장례식에 適宜だ 한 옷차림이다.
Q. 상황에 適宜だ 한 문장을 고르시오.

な형 **적당하다, 알맞다**

てきぎなしょち
適宜な処置 적당한 조치

オートマチックだ おーとまちっくだ

Q. オートマチックだ 인 문이라 손으로 열 필요 없다.
Q. 에어백은 충돌 시 オートマチックだ 인 작동이 기본이다.

な형 **자동적이다** 유래 automatic [오토매틱]

おーとまちっくなどあ
オートマチックなドア 자동문

取って とって

Q. 그는 나에게 取って 가장 소중한 친구야.
Q. 올해 取って 40세가 된다.

형용사 표현 ~있어서, ~에게는

わたしにとって
私に取って 나에게 있어서

★ '명사+조사' 구조의 연어
★ 나이를 셀 때 쓰기도 함

ユニークだ ゆにーくだ

Q. 뭔가 톡톡 튀는 ユニークだ 한 아이디어 없어?
Q. 거리에서 쉽게 볼 수 없는 ユニークだ 한 스타일의 옷.

な형 특이하다, 독특하다 유래 unique [유니크]

ゆにーくなあいであ
ユニークなアイデア 독특한 아이디어

ルーズだ るーずだ

Q. 그렇게 ルーズだ 한 태도로 일하니까 자꾸 실수하지.
Q. 그는 시간관념이 ルーズだ 한 사람이라 지각을 자주 한다.

な형 루스하다, 칠칠치 못하다 유래 loose [루스]

るーずなせいかく
ルーズな性格 칠칠치 못한 성격

ドライだ どらいだ

Q. 차갑고 ドライだ 한 겨울 날씨에는 가습기를 쓴다.
Q. 저는 여름에도 ドライだ 한 극 건성 피부입니다.

な형 건조하다 유래 dry [드라이]

どらいなはだ
ドライな肌 건조한 피부

タイムリーだ たいむりーだ

Q. 경찰의 タイムリーだ 한 도착으로 해결된 싸움.
Q. 요즘 세태를 잘 보여주는 タイムリーだ 한 영화였어.

な형 때맞추다, 시의적절하다 유래 timely [타임리]

たいむりーなはつげん
タイムリーな発言 시의적절한 발언

シックだ しっくだ

Q. 연예인들의 무심한 듯 シックだ 한 공항 패션.
Q. 카리스마 있고 シックだ 한 검은색 옷을 즐겨 입는다.

な형 시크하다[멋지다/세련되다] 유래 chic [시크]

しっくなよそおい
シックな装い 세련된 옷차림

インターナショナルだ いんたーなしょなるだ

Q. 전 세계에서 참여하는 インターナショナルだ 인 대회.
Q. 서울에서 열리는 インターナショナルだ 인 국제학술회의.

な형 국제적이다 유래 international [인터내서널]

いんたーなしょなるなたいかい
インターナショナルな大会 국제적인 대회

エレガントだ えれがんとだ

Q. 아름다운 드레스를 입은 エレガントだ 한 여성.
Q. 고풍스럽고 エレガントだ 한 건물.

な형 우아하다 유래 elegant [엘리건트]

えれがんとなどれす
エレガントなドレス 우아한 드레스

オープンだ おーぷんだ

Q. 사람을 사귈 땐 オープンだ 인 마인드를 가져라.
Q. 요리하는 모습을 볼 수 있는 オープンだ 인 주방 형태.

な형 개방적이다 유래 open [오픈]

おーぷんなまいんど
オープンなマインド 개방적인 마인드

Q — A

ナンセンスだ なんせんすだ

Q. 초등학생이 건물을 가지고 있는 ナンセンスだ 한 세상.
Q. 회장의 재산이 겨우 백만 원? ナンセンスだ 한 소리군.

な형 무의미하다, 말도 안 되다
유래 nonsense [넌센스]

なんせんすなこうどう
ナンセンスな行動　말도 안 되는 행동

ロマンチックだ ろまんちっくだ

Q. 화려한 조명에 재즈가 흐르는 ロマンチックだ 한 분위기.
Q. 이 영화는 ロマンチックだ 한 사랑 이야기이다.

な형 로맨틱하다　유래 romantic [로맨틱]

ろまんちっくなふんいき
ロマンチックな雰囲気　로맨틱한 분위기

イレギュラーだ いれぎゅらーだ

Q. 외국인인 그는 우리 사이에서 イレギュラーだ 한 존재였다.
Q. 매뉴얼에 따르지 않고 イレギュラーだ 한 행동을 했다.

な형 불규칙하다, 변칙적이다
유래 irregular [이레귤러]

いれぎゅらーなできごと
イレギュラーな出来事　변칙적인 사건

* 긍정적·부정적 표현 둘 다 가능

シャープだ しゃーぷだ

Q. 최신 TV의 シャープだ 한 화면을 봐. 눈이 맑아진 것 같아.
Q. 후벼파는 듯이 シャープだ 한 비평으로 유명한 사람.

な형 예민하다, 예리하다　유래 sharp [샤프]

しゃーぷなかんかく
シャープな感覚　예리한 감각

パーソナルだ ぱーそなるだ

Q. パーソナルだ 인 질문 하나 해도 될까요?
Q. パーソナルだ 인 소지품은 각자 챙기세요.

な형 개인적이다, 사적이다
유래 personal [퍼스널]

ぱーそなるなじじょう
パーソナルな事情　개인적인 사정

ビジュアルだ びじゅあるだ

Q. 글에 사진 같은 ビジュアルだ 인 자료를 곁들여 설명했다.
Q. 도표와 그림 등 ビジュアルだ 인 방법으로 표현된 데이터.

な형 시각적이다　유래 visual [비주얼]

びじゅあるなでざいん
ビジュアルなデザイン　시각적인 디자인

プライベートだ ぷらいべーとだ

Q. 우리 가족의 문제야. プライベートだ 인 일에 간섭하지 마.
Q. 면접 때 부모 직업 같은 プライベートだ 인 질문을 받았다.

な형 사적이다　유래 private [프라이빗]

ぷらいべーとなもんだい
プライベートな問題　사적인 문제

パーフェクトだ ぱーふぇくとだ

Q. 절대로 실패하지 않을 パーフェクトだ 한 계획을 세웠다.
Q. 날씨도 좋고 일도 잘 풀리는 パーフェクトだ 한 하루.

な형 완벽하다　유래 perfect [퍼펙트]

ぱーふぇくとなびなん
パーフェクトな美男　완벽한 미남

ベーシックだ べーしっくだ

Q. 대출을 받기 위한 ベーシックだ 인 조건은 충족했다.
Q. 어딜 가든 따라야 할 ベーシックだ 인 규칙들이 있다.

な형 기본적이다　유래 basic [베이식]

べーしっくなちしき
ベーシックな知識　기본적인 지식

パラレルだ ぱられるだ

Q. 도로는 강과 パラレルだ 한 상태로 뻗어 있다.
Q. 기찻길은 두 개의 パラレルだ 한 철길로 구성되어 있다.

な형 평행하다 유래 parallel [패러렐]

ぱられるなじょうたい
パラレルな状態 평행한 상태

アンバランスだ あんばらんすだ

Q. 고기만 먹는 アンバランスだ 인 식생활을 주의하라.
Q. 앞과 뒤의 길이가 다른 アンバランスだ 한 옷.

な형 불균형이다 유래 unbalance [언밸런스]

あんばらんすなしょくせいかつ
アンバランスな食生活 불균형한 식생활

アクティブだ あくてぃぶだ

Q. 쉬지 않고 몸을 움직이는 アクティブだ 인 성격이다.
Q. 적지 않은 나이에도 アクティブだ 인 저술 활동을 펼쳤다.

な형 활동적이다, 적극적이다 유래 active [액티브]

あくてぃぶなあそび
アクティブな遊び 활동적인 놀이

ユニバーサルだ ゆにばーさるだ

Q. 마이클 잭슨은 ユニバーサルだ 인 대스타이다.
Q. 영어는 전 세계에서 통용되는 ユニバーサルだ 인 언어다.

な형 세계적이다, 보편적이다 유래 universal [유니버설]

ゆにばーさるなきぼ
ユニバーサルな規模 전 세계적인 규모

オリジナルだ おりじなるだ

Q. 재료의 オリジナルだ 한 맛을 살리다.
Q. 처음부터 끝까지 내가 만든 オリジナルだ 인 작품이야.

な형 독창적이다, 고유하다 유래 original [오리지널]

おりじなるなきかく
オリジナルな企画 독창적인 기획

ネガティブだ ねがてぃぶだ

Q. ネガティブだ 인 사고방식에서 포지티브인 사고방식으로.
Q. ネガティブだ 인 태도는 그만! 네 능력을 믿고 당당해져.

な형 부정적이다 유래 negative [네거티브]

ねがてぃぶなひょうか
ネガティブな評価 부정적인 평가

* '소극적이다'라는 뜻으로도 쓰임

グローバルだ ぐろーばるだ

Q. 우리나라에 국한하지 말고 グローバルだ 한 관점으로 보자.
Q. 국내뿐 아니라 グローバルだ 한 시장에서 인기다.

な형 세계적이다 유래 global [글로벌]

ぐろーばるなしや
グローバルな視野 글로벌한 시야

ナショナルだ なしょなるだ

Q. 대통령을 뽑는 ナショナルだ 인 선거가 있는 날이다.
Q. ナショナルだ 인 문화유산이 화재로 훼손되었다.

な형 국가적이다, 전국적이다 유래 national [내셔널]

なしょなるなれんたいいしき
ナショナルな連帯意識 국가적인 연대 의식

ナチュラルだ なちゅらるだ

Q. 파마를 하지 않은 ナチュラルだ 한 머릿결.
Q. 화장을 안 한 것처럼 ナチュラルだ 한 스타일.

な형 자연스럽다 유래 natural [내추럴]

なちゅらるないめーじ
ナチュラルなイメージ 자연스러운 이미지

Q / **A**

パブリックだ ぱぶりっくだ

Q. 사적인 영역과 パブリックだ 인 영역을 잘 구분해야 한다.
Q. パブリックだ 인 자리에서 막말이라니 제정신인가?

な형 **공적이다** 유래 public [퍼블릭]

ぱぶりっくなばしょ
パブリックな場所 공적인 장소

プロフェッショナルだ ぷろふぇっしょなるだ

Q. 이혼 소송에 プロフェッショナルだ 인 변호사.
Q. プロフェッショナルだ 인 교육 없이는 의사가 될 수 없다.

な형 **전문적이다** 유래 professional [프로페셔널]

ぷろふぇっしょなるなしごと
プロフェッショナルな仕事 전문적인 일

とんだ

Q. 지진과 같은 とんだ 재난에 대비해 대피 훈련을 했다.
Q. 그런 とんだ 거짓말로 나를 속여넘길 셈이냐?

형(연체사) **뜻밖의, 터무니없는**

とんだまちがい
とんだ間違い 뜻하지 않은 실수

* 주로 부정적인 뉘앙스로 쓰임

碌な ろくな

Q. 점원에게 무례한 사람치고 碌な 인간을 본 적이 없다.
Q. 그런 책임감 없는 남자 말고 좀 碌な 남자를 만나라.

형(연체사) **제대로 된**

ろくなことない
碌なことない 변변한 일은 없다

来る[2] きたる

Q. 来る 여름에 그녀와 결혼합니다.
Q. 来る 15일에 투표를 시행합니다. 소중한 한 표 행사하세요.

형(연체사) **오는, 이번** 5동 오다

きたるなつ
来る夏 오는 여름

未だに いまだに

Q. 40이 훌쩍 넘은 未だに 독신이다.
Q. 未だに 그 집에 사시나요? 이사 안 가세요?

부 **아직껏, 아직도**

いまだにどくしんだ
未だに独身だ 아직껏 독신이다

堂堂 どうどう

Q. 승전국 군인들이 堂堂 하게 행진을 했다.
Q. 어른들 앞에서도 주눅 들지 않고 堂堂 히 따졌다.

부 **거침없이, 당당히**

どうどうとしたたいど
堂堂とした態度 당당한 태도

きっかり

Q. 먹다가 싸우지 않도록 きっかり 이등분해서 줬다.
Q. 12시에 きっかり 회의를 시작할 거니까 미리 모여주세요.

부 **딱, 정확하게**

きっかりにとうぶん
きっかり2等分 정확히 2등분

きっちり

Q. 뚜껑을 きっちり 닫아서 보관하셔야 합니다.
Q. 이해를 못 했구나? きっちり 설명해줄 테니까 잘 들어.

부 **꼭, 제대로**

きっちりむすぶ
きっちり結ぶ 꼭 묶다

いっそ

Q. 그런 식으로 할 바에는 いっそ 그만두는 게 낫다.
Q. 요즘은 いっそ 애를 낳는 사람이 더 드물다.

부 차라리, 오히려

いっそやめたほうがいい
いっそ止めた方がいい 차라리 그만두는 편이 낫다

先に さきに

Q. 타이타닉에서는 여성과 아이들을 先に 구명선에 태웠다.
Q. 저는 先に 가보겠습니다. 재밌게 노세요!

부 먼저, 앞서

さきにたべる
先に食べる 먼저 먹다

予て かねて

Q. 네가 이렇게 죽을지 予て 알았더라면 더 잘해줬을 텐데.
Q. 반갑소. 장군의 명성은 予て 들어서 알고 있었습니다.

부 미리, 전부터

かねてより
予てより 예전부터

前もって まえもって

Q. 배송이 지연될 것 같아 고객에게 前もって 양해를 구했다.
Q. 다음 주 진행할 할인 행사 날짜를 前もって 알려드립니다.

부 미리, 사전에

まえもっていう
前もって言う 미리 이야기하다

代(わ)る代(わ)る かわるがわる

Q. 공평하게 셋이 代(わ)る代(わ)る 보초를 서기로 했다.
Q. 두 아들이 아주 代(わ)る代(わ)る 속을 썩이네!

부 번갈아 가며

かわるがわるうんてん
代わる代わる運転 번갈아 가며 운전

突如 とつじょ

Q. 기지에 突如 폭격이 떨어져 혼비백산했다.
Q. 말도 없이 이렇게 突如 떠난다니 너무 섭섭해.

부 갑자기, 돌연

とつじょおこったじけん
突如起こった事件 갑자기 일어난 사건

あっさり

Q. 그녀는 고민도 하지 않고 あっさり 거절했다.
Q. 전력 차이가 너무 심해 우리 팀이 あっさり 졌다.

부 시원하게, 간단하게

あっさりとあきらめる
あっさりと諦める 시원스레 포기하다

殊に ことに

Q. 오늘 아침은 殊に 춥다.
Q. 위로해줘서 고맙다. 殊に 밥까지 사 주다니.

부 특히

ことにすぐれている
殊に優れている 특히 뛰어나다

いっきょに

Q. 암행어사가 나타나 모든 문제를 いっきょに 해결했다.
Q. 지원군이 도착하자 いっきょに 전세가 역전되었다.

부 일거에

いっきょにかたづける
いっきょに片付ける 단번에 해치우다

Q **A**

取り分け とりわけ

Q. 최근 몇 년과 비교해도, 올겨울은 取り分け 춥습니다.
Q. 모든 운동을 좋아하지만, 取り分け 수영을 즐긴다.

부 특히, 유난히

とりわけめだつふくそう
取り分け目立つ服装 유난히 눈에 띄는 복장

じっくり

Q. じっくり 관찰하니 문제점이 뭔지 알 수 있었다.
Q. じっくり 생각해보니 해결책이 떠올랐다.

부 차분히, 곰곰이

じっくりかんがえる
じっくり考える 차분히 생각하다

専ら もっぱら

Q. 휴일에는 아무것도 못 하고 専ら 아이만 돌본다.
Q. 그는 専ら 연구에만 몰두하는 과학자였다.

부 오로지

もっぱられんしゅうする
専ら練習する 오로지 연습하다

只管 ひたすら

Q. 전쟁에 나간 아들이 무사하기만을 只管 기도했다.
Q. 한시도 쉬지 않고 只管 공부했다.

부 오로지, 한결같이

ひたすらべんきょうする
只管勉強する 한결같이 공부하다

うんざり

Q. 또 그 소리야? 완전 옛날 일이잖아! 정말 うんざり 하다.
Q. 좋아하는 음식도 매일 먹으니 うんざり 하다.

부 지긋지긋

もううんざり 이제는 진절머리가 남

未だ[2] いまだ

Q. 일주일 전에 보낸 편지를 未だ 못 받았다고?
Q. 사고 원인은 未だ 밝혀지지 않았습니다.

부 아직

いまだはっきりしない
未だはっきりしない 아직 확실치 않다

* まだ 와 달리 부정문에 사용되는 경우가 많음

無論 むろん

Q. 無論 좋아해. 안 그러면 이걸 샀겠어?
Q. 無論 알고 계시겠지만 한 번 더 말씀드릴게요.

부 물론

むろんさんせい
無論賛成 물론 찬성

時折 ときおり

Q. 보통은 버스를 타고 가는데 時折 자전거를 타기도 해요.
Q. 저는 주로 홍차를 마시지만 時折 커피도 마십니다.

부 가끔

ときおりかぜがふく
時折風が吹く 가끔 바람이 분다

* ときどき 보다 간격이 있는 경우 쓰임

成る丈 なるたけ

Q. 급한 일이니 成る丈 빨리 처리해주세요.
Q. 이 약은 위가 상할 수 있으니 成る丈 식사 후에 드세요.

부 되도록

なるたけはやく
成る丈早く 되도록 빨리

おどおど

Q. 내성적인 아이에게 같이 놀자고 하니 おどおど 다가왔다.
Q. 지은 죄가 있어서 おどおど 눈치만 보고 있었다.

부 쭈뼛쭈뼛, 주저주저

おどおどしすぎ　너무 두려워함

自棄に やけに

Q. 몸이 아프니 엄마가 自棄に 보고 싶어진다.
Q. 옷을 두껍게 입었는데도 날씨가 自棄に 추워서 힘들었다.

부 몹시, 되게

やけにさむい
自棄に寒い　몹시 춥다

如何に いかに

Q. 앞으로 인생을 如何に 살아갈 것인가 고민이다.
Q. 홀로 지내면서 如何に 외로웠을까 짐작도 가지 않는다.

부 어떻게

いかにすべきか
如何にすべきか　어떻게 할 것인가

★ '얼마나'라는 뜻으로도 쓰임

如何にも いかにも

Q. 둘이 부딪히는 거 봤어? 如何にも 아파 보여.
Q. 혼자 해보니 如何にも 안 돼. 도와줄 수 있니?

부 정말로, 아주

いかにもいたそうだ
如何にも痛そうだ　정말로 아파 보인다

★ **발음 차이** どうにも: (부정어를 수반) 어떻게 해도, 정말로

余程 よほど

Q. 예상보다 余程 좋은 반응이다.
Q. 그것은 내 예상을 余っ程 뛰어넘는 어려운 문제였어.

부 상당히, 어지간히

よほどのすとれす
余程のストレス　상당한 스트레스

★ **표기 차이** 余っ程: よほど의 힘줌말. よっぽど

嫌に いやに

Q. 오늘따라 嫌に 조용한 밤이다. 귀신이라도 나올 것 같아.
Q. 이 방은 嫌に 덥네. 난방을 얼마나 세게 튼 거야?

부 이상하게

いやにしずかなよる
嫌に静かな夜　이상하게 조용한 밤

極めて きわめて

Q. 요즘은 極めて 바빠서 잘 시간도 부족해.
Q. 極めて 힘든 훈련을 견뎌냈다.

부 극히, 몹시

きわめてかんたん
極めて簡単　극히 간단

元来 がんらい

Q. 나는 元来 겁이 많지만, 이 영화는 하나도 안 무서웠어.
Q. 그는 元来 잘생긴 사람이지만, 꾸미니까 더 멋있어.

부 원래

がんらいしょうじきなひと
元来正直な人　원래 솔직한 사람

一先ず ひとまず

Q. 응급처치는 했으니 一先ず 안심이다.
Q. 一先ず 집에 한 번 돌아가서 짐을 놓고 나올 생각이야.

부 일단, 우선

ひとまずあんしん
一先ず安心　일단 안심

Q — A

くっきり

Q. 화질이 좋아서 くっきり 잘 보인다.

Q. 라식수술 후 글자가 くっきり 잘 보여서 너무 좋다.

부 또렷이

くっきりとみえる
くっきりと見える　　또렷이 보이다

ちょくちょく

Q. 자주는 아니지만, ちょくちょく 연락을 하며 지냈다.

Q. 멀리 사는 동생이 ちょくちょく 서울까지 놀러 오곤 했다.

부 이따금, 가끔

ちょくちょくたずねる
ちょくちょく尋ねる　　이따금 방문하다

大層 たいそう

Q. 폭포가 흐르는 경관이 大層 아름답군요.

Q. 선물을 받으시고 나서 大層 기뻐하셨습니다.

부 매우

たいそうあつい
大層暑い　　매우 덥다

★ 御大層 는 호들갑 떤다며 비꼬는 의미로 받아들여짐

遅くとも おそくとも

Q. 遅くとも 내일까지는 제출하셔야 합니다.

Q. 遅くとも 11시까지는 들어갈게요.

부 늦어도

おそくともじゅうじまで
遅くとも10時まで　　늦어도 10시까지

てっきり

Q. 문제를 단숨에 푸는 걸 보고 てっきり 영재라고 생각했지.

Q. てっきり 합격할 줄 알았는데 간발의 차로 떨어졌지 뭐야.

부 틀림없이

てっきりくるとおもった
てっきり来ると思った
꼭 온다고 생각했었다

きちっと

Q. 한눈팔지 말고 일이나 きちっと 해라.

Q. 잘못을 했으면 상대방에게 きちっと 사과해라.

부 제대로

きちっとあう
きちっと合う　　제대로 맞다

がっくり

Q. 호되게 혼이 난 아이는 고개를 がっくり 숙이고 있었다.

Q. 순간 긴장이 풀려 자리에 がっくり 주저앉았다.

부 푹, 탁

がっくりとたおれる
がっくりと倒れる　　푹 쓰러지다

★ 부러지거나 맥이 풀리는 모양을 뜻함

がっしり

Q. 수영을 많이 해서 がっしり 한 어깨.

Q. 다른 아기들보다 몸집이 がっしり 한 우량아였다.

부 튼튼하고 딱 벌어진 모양

がっしりしたかた
がっしりした肩　　딱 벌어진 어깨

がっちり

Q. 운동을 꾸준히 해서 がっちり 한 몸매.

Q. 방어 대형을 がっちり 하게 짜서 피해가 적었다.

부 튼튼한 모양

がっちりしたたてもの
がっちりした建物　　탄탄한 건물

ぐっと

Q. 마사지사가 양손으로 어깨를 ぐっと 눌렀다.
Q. 숨을 참고 한 번에 약을 ぐっと 삼켰다.

부 꾹, 쭉, 꿀꺽

ぐっといっきのみ
ぐっと一気飲み 꿀꺽 원샷

* 힘을 주어 단숨에 하는 모양을 뜻함

げっそり

Q. 장염에 걸려 설사를 했더니 배가 げっそり 해졌다.
Q. 꼭 밥도 못 얻어먹고 다닌 것처럼 볼이 げっそり 하다.

부 홀쭉히

かおがげっそり
顔がげっそり 얼굴이 홀쭉히

* 갑자기 여위는 모양을 뜻함

ずばり[1] ずばり

Q. 가위를 들고 머리카락을 ずばり 잘랐다.
Q. 아버지는 더 들을 것도 없다는 듯 내 말을 ずばり 잘랐다.

부 싹둑

ずばりときる
ずばりと切る 싹둑 자르다

ずばり[2] ずばり

Q. 점쟁이는 내가 생각하는 것들을 ずばり 맞추었다.
Q. 우물쭈물하지 말고 하고 싶은 말을 ずばり 말해봐.

부 딱, 거침없이, 정확히

ずばりとあてる
ずばりと当てる 딱 맞추다

ずるずる

Q. 옷이 큰지 바짓단이 바닥에 ずるずる 끌렸다.
Q. 일을 ずるずる 미루다가 마감기한을 넘기고 말았다.

부 질질

ずるずるひきずる
ずるずる引きずる 질질 끌다

すんなり[1] すんなり

Q. 길고 すんなり 잘빠진 손가락.
Q. 팔다리가 길고 すんなり 쭉 뻗어서 발레를 하면 좋겠어.

부 날씬하게, 매끈하게

すんなりとしたてあし
すんなりとした手足 늘씬한 손발

すんなり[2] すんなり

Q. 다행히 조원들은 내 의견을 すんなり 받아들여 주었다.
Q. 협상은 우호적인 분위기 속에서 すんなり 진행되었다.

부 척척, 순조롭게, 쉽게

すんなりとおる
すんなり通る 순조롭게 통과되다

ちやほや

Q. 틈만 나면 사장님 옆에서 ちやほや 거리는 게 꼴불견이다.
Q. 손주가 잘못해도 ちやほや 하니까 애가 버릇이 없다.

부 애지중지, 남의 비위를 맞추는 모양

ちやほやされる 추켜세워지다

ちらっと

Q. 옆자리 사람이 뭘 읽는지 ちらっと 훔쳐보았다.
Q. 울창한 나뭇가지 사이로 달이 ちらっと 보였다.

부 흘끗, 언뜻

ちらっとみる
ちらっと見る 흘끗 보다

Q A

てんで

Q. 그는 나 같은 건 てんで 상대도 해주지 않았다.
Q. 탱크는 태어나서 처음 봤어. てんで 크다!

부 (부정어를 수반하는 경우) 전혀, 아예

てんであいてにならない
てんで相手にならない 전혀 상대가 안 된다

* '(부정어 없이 쓰는 경우) 대단히, 매우'라는 뜻

どうやら

Q. 자꾸 내 눈을 피하는 게 どうやら 수상하다.
Q. 구름이 시커먼 것이 どうやら 비가 올 것 같은데?

부 아무래도

どうやらじじつらしい
どうやら事実らしい 아무래도 사실인 듯

とっさに

Q. 나이가 드니 기억이 とっさに 떠오르지 않을 때가 있다.
Q. 갑자기 아이가 튀어나와 とっさに 브레이크를 밟았다.

부 순간적으로, 즉시

とっさにかくれる
とっさに隠れる 순간적으로 숨다

びっしょり

Q. 예고 없이 쏟아진 소나기에 びっしょり 젖었다.
Q. 사우나 안에 오랫동안 앉아서 びっしょり 땀을 흘렸다.

부 흠뻑

びっしょりぬれる
びっしょり濡れる 흠뻑 젖다

ひょっと

Q. 숨어있던 친구가 ひょっと 얼굴을 내밀어 깜짝 놀랐다.
Q. TV를 보다가 ひょっと 친구 생각이 나서 전화를 걸었다.

부 갑자기, 불쑥

ひょっとたちあがる
ひょっと立ち上がる 불쑥 일어서다

ふらふら

Q. 술에 취해 중심을 못 잡고 ふらふら 걷고 있는 사람들.
Q. 목적지를 앞두자 다리에 힘이 풀려 ふらふら 걸었다.

부 비틀비틀, 흔들흔들

ふらふらあるく
ふらふら歩く 비틀거리며 걷다

もろに

Q. 좋고 싫은 것이 もろに 얼굴에 드러나는 성격이다.
Q. 화면을 들여다볼 때 악영향을 もろに 받는 것은 눈이다.

부 직접, 정면으로

もろにうける
もろに受ける 정면으로 받다

敢えて あえて

Q. 네가 그곳에 敢えて 가겠다면 말리지는 않겠어.
Q. 더 싼 것도 있었지만 敢えて 비싼 걸 샀다.

부 굳이, 일부러

あえてやってみる
敢えてやってみる 굳이 시도해보다

* 부정어를 수반할 때는 '결코, 별로'라는 의미

仮に かりに

Q. 그런 상황에서 仮に 내가 너라면 먼저 사과할 것 같아.
Q. 仮に 비가 내린다고 해도 훈련은 예정대로 실시합니다.

부 가령, 만일, 만약

かりにかねがあれば
仮に金があれば 만약 돈이 있다면

Q — A

強いて しいて

Q. 먹기 싫은 음식을 強いて 먹을 필요는 없다.
Q. 동물은 싫어하지만 強いて 고른다면 강아지가 좋아.

부 굳이, 억지로

しいていえば
強いて言えば 굳이 말한다면

格別 かくべつ

Q. 임신했을 때는 格別 하게 주의해야 할 것들이 있다.
Q. 노약자는 더운 날씨에 열사병을 格別 하게 주의하십시오.

부 각별히, 특히

かくべつちゅうい
格別注意 각별히 주의

今更 いまさら

Q. 책임지고 끝내겠다고 해놓고 今更 그만두겠다고?
Q. 今更 하는 말이지만, 사실 처음에는 네가 맘에 안 들었어.

부 이제 와서

いまさらこうかい
今更後悔 이제 와서 후회

幾多 いくた

Q. 전해 내려오는 幾多 의 전설을 기록한 두꺼운 책.
Q. 幾多 의 시련을 계속해서 이겨내고 결국 목표를 이뤄냈지.

부 수많은

いくたのしゅうさく
幾多の習作 수많은 습작

努めて つとめて

Q. 그는 努めて 평정을 가장했지만, 동요를 감추지는 못했다.
Q. 우울한 기분을 감추고 努めて 밝게 행동하려 했다.

부 애써, 가능한 한

つとめてれいせいなふり
努めて冷静なふり 애써 냉정한 척

断然 だんぜん

Q. 많은 화가 중에서도 그의 재능은 断然 뛰어났다.
Q. 상대 팀보다 우리 팀의 전력이 断然 우세했다.

부 단연

だんぜんはやい
断然速い 단연 빠르다

大方[2] おおかた

Q. 내일도 비가 오냐고? 大方 그럴걸. 장마철이니까.
Q. 먼저 출발한 사람들은 大方 지금쯤 숙소에 도착했을 거야.

부 아마

おおかたねてるだろう
大方寝てるだろう 아마 자고 있겠지

嘸 さぞ

Q. 아침부터 밤까지 쉬지 않고 일했으니 嘸 피곤하겠지.
Q. 이렇게 훌륭한 선물이라니, 영주 님도 嘸 기뻐하실 겁니다.

부 필시, 틀림없이

さぞおつかれでしょう
嘸お疲れでしょう 필시 피곤하시겠지요

* 추측할 때 쓰임

到底 とうてい

Q. 아무리 노력해도 到底 그를 이길 수가 없다.
Q. 대체 왜 그런 행동을 하는지 到底 이해를 할 수가 없다.

부 도저히

とうていむりだ
到底無理だ 도저히 무리다

Q　　A

颯と[1] さっと

Q. 구름이 몰려오더니 비가 颯と 내리기 시작했다.
Q. 갑자기 찬바람이 颯と 불어 옷깃을 더 여몄다.

부 휙

さっとふく
颯と吹く　휙 불다

* 비·바람이 갑자기 오는 모양을 뜻함

颯と[2] さっと

Q. 도둑은 경찰을 보자마자 몸을 颯と 돌려서 도망쳤다.
Q. 도둑은 어두운 골목으로 颯と 숨었다.

부 확, 홱

さっとかくれる
颯と隠れる　잽싸게 숨다

* 날렵하게 움직이는 모양을 뜻함

曾て かつて

Q. 그는 曾て 국가대표로 선출된 적도 있는 실력자이다.
Q. 그렇게 잘생긴 사람은 曾て 본 적이 없다.

부 예전에, 일찍이

かつてのどうりょう
曾ての同僚　과거의 동료

* 부정어를 수반할 때는 '전혀, 한 번도'라는 뜻

尚更 なおさら

Q. 원래 맛있었지만, 너랑 먹어서 그런지 尚更 맛있다.
Q. 같은 온도라도 습도가 높으면 尚更 덥게 느껴진다.

부 더욱

なおさらどりょくする
尚更努力する　더욱 노력하다

先達て せんだって

Q. 先達て 말씀드린 고장 증상 말인데요. 저절로 고쳐졌어요.
Q. 아, 저를 도와주신 분이군요! 先達て 는 감사했습니다.

부 요전, 지난번

せんだってきたひと
先達て来た人　앞서 온 사람

誠に まことに

Q. 저희 쇼핑몰을 찾아주신 고객님들께 誠に 감사드립니다.
Q. 문외한이 봐도 알 수 있을 만큼 誠に 훌륭한 작품이었다.

부 참으로, 정말로

まことにこまる
誠に困る　참으로 곤란하다

熟[1] つくづく

Q. 그는 누가 들어오는 줄도 모르고 熟 생각에 잠겨있었다.
Q. 사진을 熟 들여다보니 귀신처럼 보이는 형상이 찍혔다.

부 곰곰이, 자세히 

つくづくとかんがえる
熟と考える　곰곰이 생각하다

熟[2] つくづく

Q. 임금을 비교하니 대기업과 중소기업의 격차를 熟 느꼈다.
Q. 나에게는 아직 공부가 더 필요하다는 사실을 熟 느꼈다.

부 절실히

つくづくとかんじる
熟と感じる　절실히 느끼다

辛うじて かろうじて

Q. 치열한 접전 끝에 상대 팀을 1점 차이로 辛うじて 이겼다.
Q. 발에 불이 나도록 달려서 辛うじて 막차를 탈 수 있었다.

부 겨우

かろうじてたすかる
辛うじて助かる　겨우 살아나다

悉く ことごとく

Q. 첫 해외여행을 가니 눈에 보이는 것이 悉く 신기했죠.
Q. 도박으로 재산을 悉く 잃고 거리에 나앉았다.

부 모조리, 전부

ことごとくうしなう
悉く失う 전부 잃다

甚だ はなはだ

Q. 이런 못된 짓까지 하다니. 甚だ 괘씸한 녀석이군.
Q. 도서관에는 책이 甚だ 많아 평생을 봐도 다 읽기 힘들다.

부 매우, 몹시

はなはだざんねんだ
甚だ残念だ 심히 유감이다

* 大変 의 다소 거친 말투

案の定 あんのじょう

Q. 불안한 마음에 다시 확인하니 案の定 역시 오타가 있었다.
Q. 연습을 게을리하더니 案の定 무대 위에서 실수하잖아.

부 아니나 다를까

あんのじょうしっぱいした
案の定失敗した 아니나 다를까 실패했다

予め あらかじめ

Q. 다음 주 행사에 참석하실 분들은 제게 予め 알려주세요.
Q. 연말 파티에 필요한 물품은 저번 달에 予め 주문해두었다.

부 미리, 사전에

あらかじめじゅんびする
予め準備する 미리 준비하다

延いては ひいては

Q. 재활용은 자원 절약, 延いては 환경 보호로 이어진다.
Q. 내가 결혼을 하고, 延いては 부모가 될 수 있을까.

부 나아가서는

ひいてはくにのために
延いては国のために 나아가서는 국가를 위해

然も[2] さも

Q. 칭찬을 받은 아이의 얼굴은 然も 기뻐 보였다.
Q. 표정은 然も 슬퍼 보였지만 눈물 한 방울 흘리지 않았다.

부 아주, 매우
접속사 게다가(そのうえ 보다 감정적인 표현)

さもかなしそうに
然も悲しそうに 매우 슬픈 듯이

然程 さほど

Q. 이 동네는 어릴 적이랑 然程 달라진 것도 없네.
Q. 然程 춥지도 않은데 왜 이렇게 호들갑이야?

부 그다지, 별로

さほどむずかしくない
然程難しくない 그다지 어렵지 않다

遥か はるか

Q. 내가 고향을 떠난 것은 遥か 먼 옛날의 일이다.
Q. 遥か 먼 저 바다 너머에는 어떤 사람들이 살고 있을까?

부 아득히, 아득하게

はるかむかしのこと
遥か昔のこと 아득히 옛날일

一概に いちがいに

Q. 이야기를 들어보니 걔만 一概に 나쁘다고 할 수도 없네.
Q. 모든 품목에 一概に 10%의 관세를 부과하겠다고 밝혔다.

부 전적으로, 일률적으로

いちがいにけなす
一概に貶す 싸잡아 깎아내리다

Q　A

自ずから おのずから

Q. 그 오해는 시간이 지나면 自ずから 풀릴 것이다.
Q. 감기는 놔두면 自ずから 낫는 병이라고 생각했다.

부 저절로

おのずからしれる
自ずから知れる　저절로 알게 되다

正しく まさしく

Q. 내가 착각할 리 없지. 이 목소리는 正しく 내 동생이다.
Q. 내가 귀금속 전문가입니다. 이 보석은 正しく 진품이에요.

부 틀림없이, 확실히

まさしくほんものだ
正しく本物だ　틀림없이 진짜다

至って いたって

Q. 그녀는 至って 사교적인 성격이라 친구들이 많다.
Q. 또래 아기들과 비교해 보아도 至って 체격이 큰 아이였다.

부 매우, 극히

いたってげんき
至って元気　매우 건강

しょっちゅう

Q. 너는 집도 가까우면서 しょっちゅう 지각을 하는구나.
Q. 그는 점심시간에도 しょっちゅう 공부만 하고 있다.

부 항상, 언제나

しょっちゅうちこくする
しょっちゅう遅刻する　항상 지각하다

最早 もはや

Q. 그동안 계속 참아왔지만 最早 참을 수 없다.
Q. 이제 와서 후회해봐야 最早 늦었다.

부 이제는, 이미

もはやじゅうねん
最早十年　벌써 10년

兎角[1] とかく

Q. 우리에 관한 兎角 소문이 돌고 있는데 전부 헛소문이야.
Q. 바쁘게 兎角 준비를 하는 사이에 한 달이 훌쩍 지나갔다.

부 이런저런, 여러 가지

とかくいう
兎角言う　이러쿵저러쿵 말하다

兎角[2] とかく

Q. 과정이 복잡해서 兎角 실패하기 쉬운 일이다.
Q. 마지막 슛이 들어가서 다행이야. 兎角 질 뻔했어.

부 자칫하면

とかくしっぱいしがちだ
兎角失敗しがちだ　자칫하면 실패하기 쉽다

兎角[3] とかく

Q. 유통기한이 지났을지도 모르지만 兎角 배탈은 안 났어.
Q. 또 탈락이라니. 兎角 세상일은 뜻대로 안 된다니까.

부 아무튼, 여하튼

とかくきょうちゅうに
兎角今日中に　아무튼 오늘 중에

何卒 なにとぞ

Q. 신이시여, 何卒 제 소원을 들어주십시오.
Q. 여러분 모두 감사합니다. 何卒 앞으로도 잘 부탁드립니다.

부 제발, 부디, 아무쪼록, 어서

なにとぞよろしく
何卒よろしく　부디 잘 부탁합니다

丸ごと まるごと

Q. 커다란 고기를 자르지도 않고 丸ごと 입안에 넣고 씹었다.
Q. 생선을 머리까지 丸ごと 씹어먹었다.

부 통째로

まるごとたべる
丸ごと食べる 통째로 먹다

丸っ切り まるっきり

Q. 둘이 닮았다고? 내가 보기엔 丸っ切り 다른데?
Q. 나는 프랑스어에 대해서는 丸っ切り 모른다.

부 전혀

まるっきりかちがない
丸っ切り価値がない 전혀 가치가 없다

丸丸 まるまる

Q. 이 일을 다 끝내려면 丸丸 일주일은 걸릴 것이다.
Q. 사업을 시작했다가 돈, 시간 다 날리고 丸丸 손해만 봤어.

부 모두, 꼬박, 완전히

まるまるおぼえる
丸丸覚える 통째로 외우다

どうにか

Q. 너무 걱정하지 마. どうにか 되겠지.
Q. 이게 내 발명품이야. 어려웠지만 どうにか 완성했어.

부 어떻게든

どうにかなる 어떻게든 된다

* '간신히'라는 뜻으로도 쓰임

何だか なんだか

Q. 슬프지도 않은데 何だか 눈물이 날 것만 같았다.
Q. 복잡해서 뭐가 何だか 모르겠어요. 좀 알려주세요.

부 어쩐지, 왠지

なんだかおかしい
何だかおかしい 왠지 이상해

* '뭔지'라는 뜻으로도 쓰임

増して まして

Q. 둘이서 들어도 무거운데 増して 혼자서 옮기라니.
Q. 어른이 해도 힘든 일인데 増して 아이에게는 무리겠지.

부 더해

いつにもまして
いつにも増して 어느 때보다도 더

* 둘을 비교하여 후자도 같다는 의미

事に依ると ことによると

Q. 배송 중이 떴네. 事に依ると 오늘 저녁에는 받을지도.
Q. 태풍이 온대. 事に依ると 배가 뜨지 못할 수도 있어.

부사 표현 어쩌면

ことによるとたいへんかも
事に依ると大変かも 어쩌면 큰일일지도

* '명사+조사+동사+조사' 구조의 연어

悪しからず あしからず

Q. 부탁을 거절하는 것을 悪しからず 양해해 주시기 바랍니다.
Q. 불편하시겠지만 悪しからず 지시에 따라주십시오.

부사 표현 불쾌하게 생각 마시고

あしからずごりょうしょうください
悪しからずご了承ください 양해해주십시오

* '형용사+조동사' 구조의 연어

何より なにより

Q. 고마워. 네가 나를 믿어준 것이 何より 기뻤어.
Q. 이번 여행에서는 바다 구경이 何より 기대되는 일정이다.

부 무엇보다도

なによりあんぜんいちばん
何より安全一番 무엇보다도 안전 우선

Q　　　A

我 われ

Q. 我 는 그대로 정신을 잃었다. 눈을 떠 보니 병원이었다.
Q. 我 는 신이니라. 널 도우러 왔노라.

대명사 문어체 나

われはうみのこ
我は海の子　　나는 바다의 아이

奴 やつ

Q. 교활한 奴 니까 쉽게 믿으면 안 돼.
Q. 이런 버릇 없는 奴 를 보았나!

대명사 놈, 녀석, 자식

にくいやつ
憎い奴　　미운 놈

俺 おれ

Q. 지금 俺 랑 싸우자는 거냐?
Q. 俺 는 주말마다 친구들과 축구를 하는 게 취미야.

대명사 나

おれさま
俺様　　이 몸

* 거친 남자 말투

其処ら そこら

Q. 역이면 나와서 其処ら 를 둘러봐. 편의점이 보일 거야.
Q. 이 운동화? 잘 기억 안 나지만 5만 원 其処ら 주고 샀을걸.

대명사 그 근처

そこらがだとうだ
其処らが妥当だ　　그 정도가 타당하다

* '그 정도'라는 뜻으로도 쓰임

俺たち おれたち

Q. 俺たち 는 어릴 때부터 친한 친구 사이입니다.
Q. 俺たち 셋은 주말에 낚시갈 건데. 너도 같이 갈래?

대명사 우리들

おれたちのこえ
俺たちの声　　우리들의 목소리

* 남성적 말투, 관동 지방에서 주로 쓰임

俺ら おれら

Q. 俺ら 의 일그러진 영웅.
Q. 俺ら 와 너희들의 차이가 뭔지 아냐?

대명사 우리들

おれらのゆうじょう
俺らの友情　　우리들의 우정

* 남성적 말투, 관서 지방에서 주로 쓰임

諸君 しょくん

Q. 목표가 얼마 남지 않았다. 諸君 들, 건투를 빈다!
Q. 중대장은 諸君 에게 실망했다.

대명사 제군, 여러분

がくせいしょくん
学生諸君　　학생 제군

* 윗사람이 대등 혹은 아랫사람에게 경의를 갖고 쓰는 말

いざ

Q. いざ, 힘내서 출발해볼까?
Q. いざ, 정정당당하게 대결하자!

감동사 자

いざ、しゅっぱつ!
いざ、出発!　　자, 출발!

* 권유·분발할 때에 쓰임

よし

Q. よし, 한번 해 보자.
Q. よし, 이제 울지 마. 눈물 뚝 그쳐야지.

감동사 좋아, 자

なくな、よしよし
泣くな、よしよし　　울지마, 옳지 옳지

さ

Q. さ, 이번엔 네 차례야.
Q. 다들 모였지? さ, 이제 출발하자.

감동사 자

さ、いこう
さ、行こう 자, 가자

* 권유·결의 혹은 일을 시작할 때 지르는 소리

おおい

Q. おおい, 거기 자네 나 좀 도와주게.
Q. おおい, 거기 있는 게 누구요?

감동사 어이

おおい、きこえるかい?
おおい、聞こえるかい? 어이, 들리니?

* 멀리 있는 사람을 부르는 소리

否否 いやいや

Q. 否否, 제 말은 그런 뜻이 아니었습니다.
Q. 否否, 뭐 이런 걸 다 가져오고 그래!

감동사 아니 아니

いやいや、そうじゃない
아니 아니, 그게 아니야

* **표기 차이** 嫌嫌

オーケー おーけー

Q. オーケー, 그렇게 합시다.
Q. 그는 내 제안에 고개를 끄덕이며 オーケー 라고 말했다.

감동사 승낙 **유래** ok [오케이]

おーけーさいん
オーケーサイン 오케이 사인

サンキュー さんきゅー

Q. 초콜릿? 설마 나 주는 거야? サンキュー! 잘 먹을게.
Q. 영어로 고맙다는 말은 サンキュー 다.

감동사 감사합니다 **유래** thank you [땡큐]

のーさんきゅー
ノーサンキュー 노 땡큐

なんか

Q. 주말에는 영화 なんか 를 자주 보는 편입니다.
Q. 너 なんか 한테는 지지 않겠어.

조사 ~같은 것

えいがなんか
映画なんか 영화 같은 것

* 낮잡아보는 의미에서 '~따위'라는 뜻으로도 쓰임

と

Q. 친구들 と 여행을 가기로 했다.
Q. 마당에서 조카 と 공놀이를 하며 놀았다.

조사 ~와, ~과

かんこくごとにほんご
韓国語と日本語 한국어와 일본어

どころか

Q. 밥 どころか 죽도 못 얻어먹게 생겼다.
Q. 우승 どころか 예선 탈락이나 안 하면 다행이다.

조사 ~은 커녕

うれしいどころか、かなしい
嬉しいどころか、悲しい
기쁘기는커녕, 슬프다

きり

Q. 모두 집에 가고 둘 きり 가 되었을 때 고백을 했다.
Q. 이제 내게 남은 돈은 겨우 이것 きり 다.

조사 뿐, 만, 밖에

ふたりきり
二人きり 둘뿐

Q　A

於いて おいて

Q. 2020년 일본 도쿄 於いて 하계 올림픽이 개최된다.

Q. 경제 분야에 於いて 큰 업적을 세운 대통령.

조사 표현 ~에서, ~에 관해서

とうきょうにおいて
東京に於いて　도쿄에서

★ '동사+조사' 구조의 연어 / ~において의 형태로 쓰임

それ故 それゆえ

Q. 그는 아직 17살이고, それ故 술은 살 수 없었다.

Q. 나는 나답게 잘살고 있다. それ故 나는 행복하다.

접속사 그러므로

それゆえにおれはむりだ
それ故に俺は無理だ　그러므로 난 무리야

若しくは もしくは

Q. 사과 若しくは 바나나 중에 선택해.

Q. 운동장 若しくは 놀이터 중에 어디서 놀까?

접속사 또는

ばすもしくはちかてつ
バス若しくは地下鉄　버스 또는 지하철

及び および

Q. 대회에 입상하면 기념패 及び 상금을 받을 수 있다.

Q. 비타민C의 효능 及び 부작용에 대해 알아보자.

접속사 및

ひょうしょうじょうおよびきねんひん
表彰状及び記念品　표창장 및 기념품

乃至[1] ないし

Q. 원서는 우편 접수 乃至 직접 방문 접수만 가능합니다.

Q. 계약을 위해 본인 乃至 대리인의 서명이 필요합니다.

접속사 또는

でんわないしてがみ
電話乃至手紙　전화 또는 편지

乃至[2] ないし

Q. 목적지까지는 차로 1시간 乃至 2시간은 걸린다.

Q. 매일 저녁 한 병 乃至 두 병의 소주를 마신다.

접속사 ~에서

にだいないしごだい
二台乃至五台　2대에서 5대

然し乍ら しかしながら

Q. 그녀는 늘 상냥하다. 然し乍ら 화가 나면 아주 무섭다.

Q. 성능은 참 좋다. 然し乍ら 디자인은 끔찍한 수준이다.

접속사 그렇지만

しかしながらおかしいね
然し乍らおかしいね　그렇지만 이상하네

並びに ならびに

Q. 이곳에 이름 並びに 전화번호를 적어주세요.

Q. 원서 교부 並びに 접수 기간은 오늘부터 2월 26일까지.

접속사 및, 또한

せいめいならびにしょくぎょう
姓名並びに職業　성명 및 직업

にも拘らず にもかかわらず

Q. 대단히 어렵지만, にも拘らず 유익한 책.

Q. 어려울 때지. にも拘らず 우리는 희망을 잃지 말아야 해.

접속사 그럼에도 불구하고

にもかかわらずがんばった
にも拘らずがんばった　그런데도 힘냈다

Q ———— A

因って よって

Q. 증거가 불충분하다. 因って 피고에게 무죄를 선고한다.
Q. 임무 수행에 기여한 바가 큼. 因って 그에게 표창함.

접속사 따라서

きそくによってばっする
規則に因って罰する　규칙에 따라 벌하다

★ 従って 보다 객관적인 뉘앙스가 있으므로 최종 판결 등에서 쓰임

だったら

Q. 이제 집에 가야 한다고? だったら 내일 마저 하자.
Q. 만약 나 だったら 참지 못하고 그 자리에서 화냈을 거야.

접속사 그렇다면

だったら、うれしいわ
だったら、嬉しいわ　그렇다면, 기쁘겠네

★ 어미로 쓰일 때는 '~다면' 이라는 뜻

依然 いぜん

Q. 반복되는 실패에도 依然 하게 도전을 계속했다.
Q. 오늘도 依然 히 추운 날씨입니다. 옷을 두껍게 입으세요.

トタル 의연, 여전히

いぜんとしてある
依然としてある　여전하다

最 さい

Q. 세계에서 最 인 우리나라의 양궁 실력.
Q. 금메달은 실력이 最 인 선수에게 주어진다.

トタル 으뜸

さいたるもの
最たる者　으뜸가는 사람

★ 가장 정도가 높은 모양을 뜻함

公然 こうぜん

Q. 저 둘이 사귄다는 건 학과 내에서 公然 한 사실이지.
Q. 과거에는 인종차별이 公然 한 일이었다.

トタル 공공연하다

こうぜんとみとめる
公然と認める　공공연하게 인정하다

整然 せいぜん

Q. 한 치의 흐트러짐 없이 整然 하게 정돈된 상품 진열대.
Q. 상대가 트집을 잡자 그는 논리 整然 하게 반박했다.

トタル 정연

せいぜんとしたこうしん
整然とした行進　정연한 행진

茫然 ぼうぜん

Q. 그는 탈락을 믿을 수 없는지 茫然 한 표정이었다.
Q. 시험에 예상치 못한 문제들만 나와서 茫然 자실했다.

トタル 망연

ぼうぜんたるおももち
茫然たる面持ち　망연한 표정

★ '망연자실'에는 이 표기만 사용 가능
★ **표기 차이** 呆然: 어이없다, 어리둥절하다

悠悠 ゆうゆう

Q. 흐르는 구름처럼 悠悠 자적한 성격.
Q. 임진강의 悠悠 한 물결을 보니 마음이 편해진다.

トタル 유유

ゆうゆうたるものごし
悠悠たる物腰　유유한 태도

★ 느긋하거나 여유가 있는 모양을 뜻함
★ **오도리지** 悠々

漠然 ばくぜん

Q. 집에서 쫓겨나 앞으로 어떻게 살지 漠然 한 기분이다.
Q. 막상 내 가게를 차리려니 漠然 한 두려움이 느껴진다.

トタル 막연

ばくぜんとかんがえる
漠然と考える　막연하게 생각하다

본문에 포함되지 않은 **단어**

문법

명사	名詞 めいし
동사	動詞 どうし
타동사	他動詞 たどうし
조동사	助動詞 じょどうし
형용사	形容詞 けいようし
형용동사	形容動詞 けいようどうし
부사	副詞 ふくし
대명사	代名詞 だいめいし
감동사	感動詞 かんどうし
조사	助詞 じょし
접속사	接続詞 せつぞくし
연어 *복합어	連語 れんご
수사	数詞 すうし
주어	主語 しゅご
술어	述語 じゅつご
수식	修飾 しゅうしょく

글자 관련

취음 자 *뜻과 상관없이 소리만을 빌린 글자	当て字 あてじ
말을 카나로 표기하는 법	仮名遣(い) かなづかい
오쿠리가나 *한자를 쉽게 읽기 위해 한자 옆에 받치는 글자	送(り)仮名 おくりがな

학문

어학	語学 ごがく
문학	文学 ぶんがく
철학	哲学 てつがく
법학	法学 ほうがく
고고학	考古学 こうこがく
공학	工学 こうがく
인문 과학	人文科学 じんぶんかがく
자연 과학	自然科学 しぜんかがく

종교

신	神	かみ
신전	神殿	しんでん
신사	神社 | お宮	じんじゃ | おみや
토리이 *신사 입구에 세운 기둥 문	鳥居	とりい
교회	教会	きょうかい
성서	聖書	せいしょ
신자	信者	しんじゃ
절	寺	てら
부처	仏	ほとけ
불상	仏像	ぶつぞう
중, 승려, 스님	僧	そう
기도	祈り	いのり

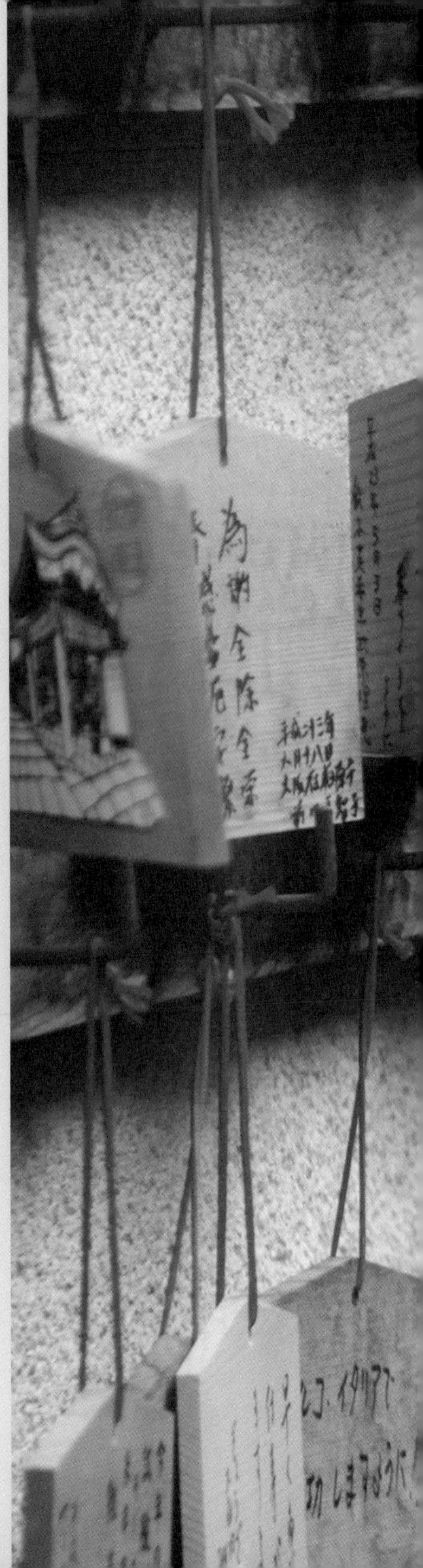

본문에 포함되지 않은 **단어**

신체

피부 *의학적 표현	皮膚	ひふ
혈액	血液	けつえき
혈관	血管	けっかん
혈압	血圧	けつあつ
신경	神経	しんけい
호르몬	ホルモン	ほるもん

감각

오감	五感	ごかん
시각	視覚	しかく
청각	聴覚	ちょうかく
후각	嗅覚	きゅうかく
미각	味覚	みかく
촉각	触覚	しょっかく
통각	痛覚	つうかく

의학·약학

약, 병 치료제	薬	くすり
바이러스	ウイルス | ビールス	ういるす | びーるす
백신	ワクチン	わくちん
인슐린	インシュリン	いんしゅりん
감기	風邪	かぜ
인플루엔자 *독감, 유행성 감기	インフルエンザ	いんふるえんざ
알레르기	アレルギー	あれるぎー
기침	咳	せき
결핵	結核	けっかく
암	癌	がん
골절	骨折	こっせつ
변비	便秘	べんぴ
설사	下痢	げり

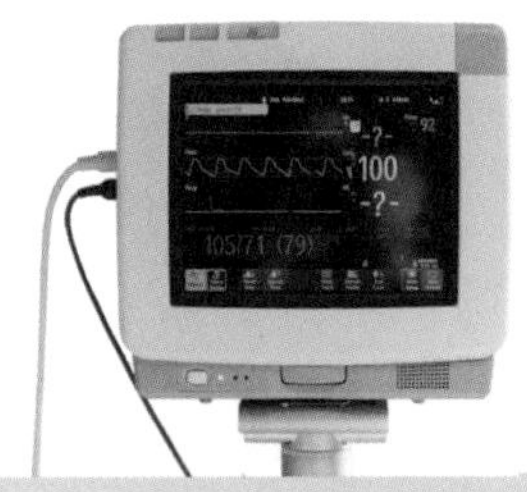

화학

산소	酸素 さんそ
탄소	炭素 たんそ
수소	水素 すいそ
질소	窒素 ちっそ
원소	元素 げんそ
산성	酸性 さんせい
산화	酸化 さんか
유기	有機 ゆうき

지구과학

경도	経度 けいど
위도	緯度 いど
적도	赤道 せきどう

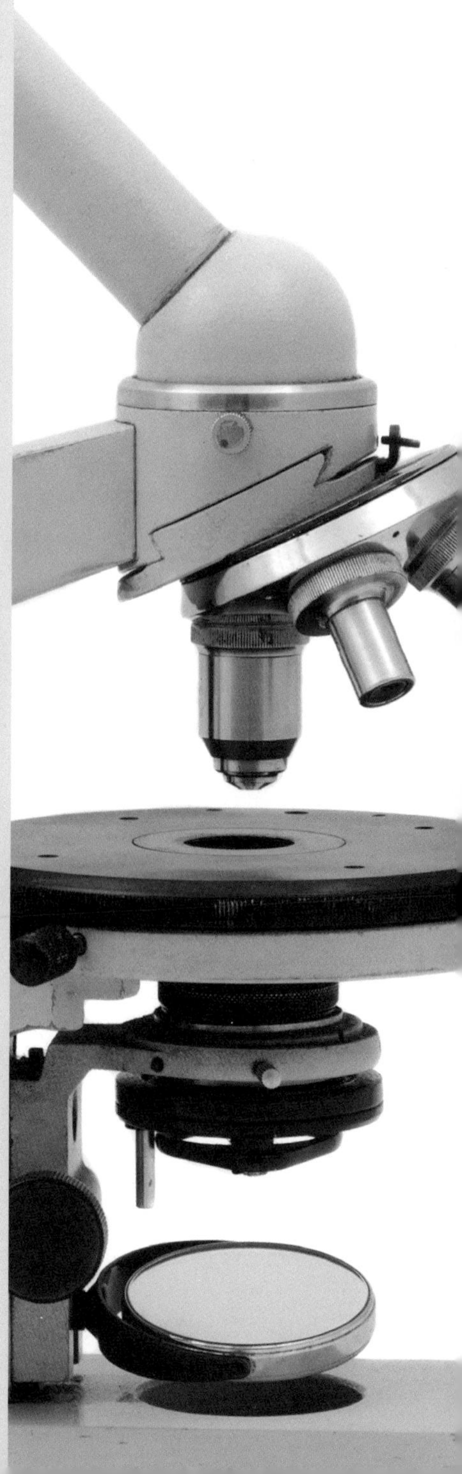